Promoció de la Salut i Suport Psicològic al Pacient

M.ª Henar Portillo Rubiales
Raquel M.ª Portillo Rubiales
Fuencisla Rodrigo Ruano

Formació Professional

macmillan education

ÍNDEX

Unitat 1

Unitat 2

Unitat 3

Unitat 4

ÍNDEX

Unitat 8

Unitat 9

Unitat 10

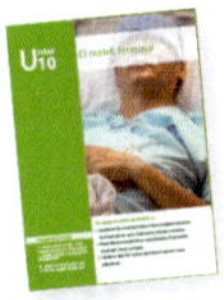

ÍNDEX

Unitat 1

Rol educatiu i de suport psicològic de l'auxiliar

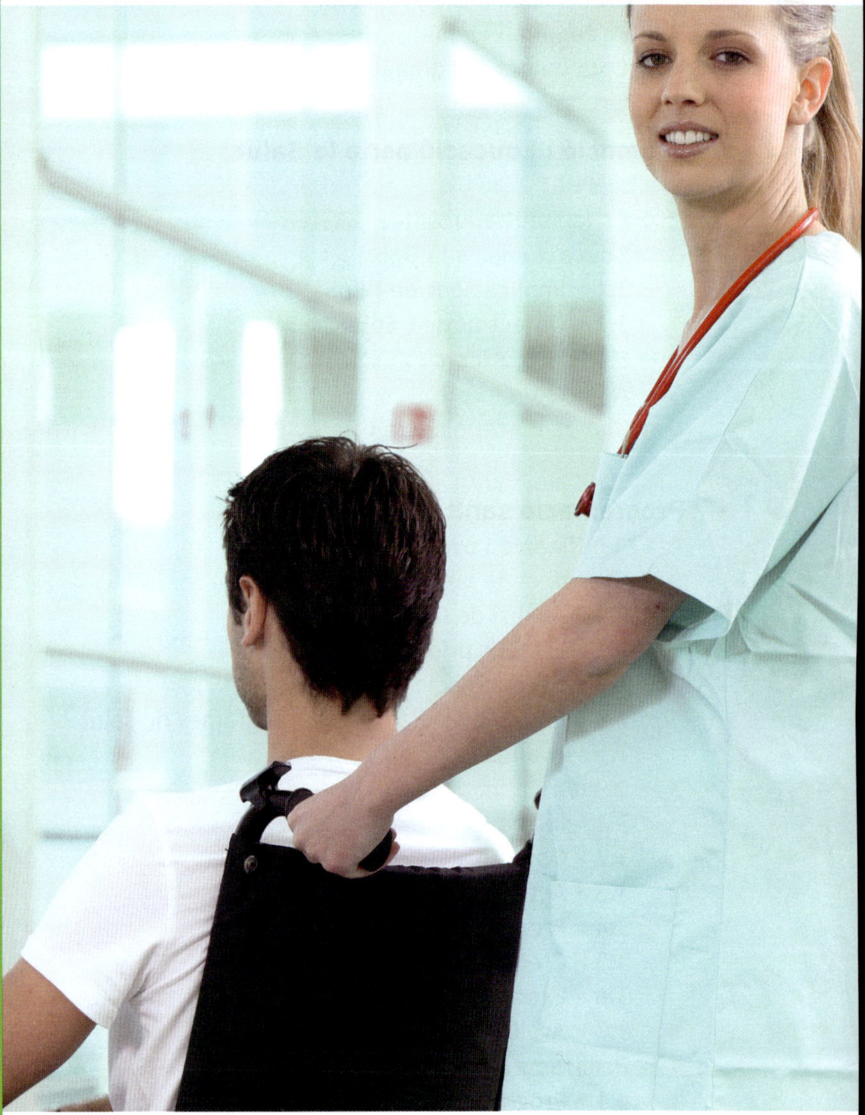

Preguntes inicials

1·· Has coincidit alguna vegada amb algun auxiliar d'infermeria?

2·· Com vas saber què era auxiliar?

3·· Quines tasques creus que ha de realitzar un auxiliar d'infermeria?

En aquesta unitat aprendràs a...

- Conèixer les funcions de l'auxiliar d'infermeria sobre la cura, el suport psicològic i l'educació sanitària al pacient.
- Utilitzar elements psicològics i educatius en la relació d'ajuda com a forma d'humanitzar l'assistència sanitària.

- **ROL EDUCATIU I DE SUPORT PSICOLÒGIC DE L'AUXILIAR**
  - **Competència professional de l'auxiliar d'infermeria**
    - Saber
    - Saber fer
    - Saber estar
    - Saber ser
  - **Qualitats professionals**
    - Valors comuns
    - Competències centrals
    - Competències de gestió
  - **Humanització de l'atenció sanitària**
    - Visió integral de l'individu
      - Dimensió cognitiva
      - Dimensió activa
      - Dimensió física
      - Dimensió social
    - Cures psíquiques i suport psicològic al pacient
  - **Educació sanitària**
    - Evolució històrica
    - Funció de l'auxiliar d'infermeria
  - **Equip de treball**
    - Avantatges de l'equip de treball
    - Estructura
      - Social
      - Tècnica
      - Organitzativa
    - Determinants de l'eficàcia

Per al projecte final

- Identificaràs les funcions de l'auxiliar d'infermeria en un equip de treball.
- Determinaràs els principis bàsics d'una relació d'ajuda.
- Desenvoluparàs les qualitats professionals comunes, centrals i de gestió pròpies de l'auxiliar.
- Reconeixeràs els elements que fan que un pacient estigui satisfet amb l'atenció sanitària rebuda.

1 >> Competència professional. El rol humà

Títol de l'Auxiliar d'Infermeria

El Reial Decret 546/1995 estableix el títol del Tècnic en Cures Auxiliars d'Infermeria i les ensenyances mínimes, i en concreta la referència al sistema productiu, les seves competències i domini professional.

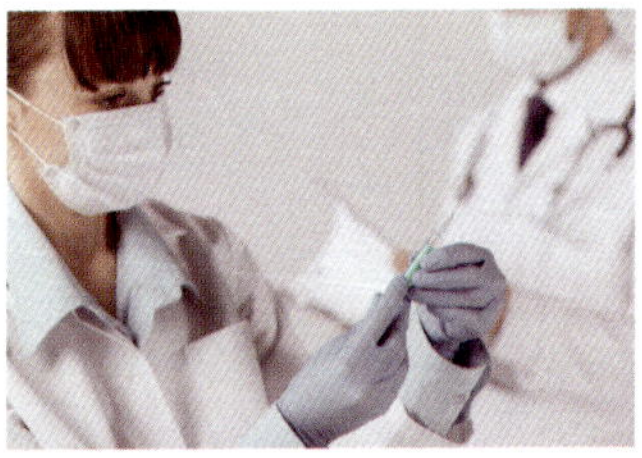

Treball segur, saludable i digne

El Dia Mundial de la Seguretat i Salut en el Treball (28 d'abril) té per finalitat centrar l'atenció internacional en la promoció i creació de treball segur, saludable i digne.

Ser **competent laboralment** suposa ser capaç de generar respostes adequades a les necessitats que sorgeixen en el treball diari. Per això, cal comptar amb una sèrie de recursos personals, com són els coneixements, habilitats, qualitats o aptituds, i amb altres recursos del context, com són relacions, documents, informacions i altres, que s'utilitzaran per donar aquestes respostes.

D'això se'n dedueix que l'auxiliar d'infermeria, per realitzar les seves funcions apropiadament, ha de saber, saber fer, saber estar i saber ser en el context sociosanitari en què desenvolupi la seva tasca professional. La competència professional en l'atenció sociosanitària es caracteritza per la **relació d'ajuda**, que consisteix en l'intercanvi humà i personal entre l'usuari/pacient/client i el professional de la salut, que captarà les seves necessitats i l'ajudarà a trobar alternatives, així com a acceptar i afrontar la situació per la qual està travessant.

Carl Rogers defineix aquesta relació d'ajuda com "tota relació en què almenys una de les parts intenta promoure en l'altra el creixement, el desenvolupament, la maduració i la capacitat de funcionar millor i d'afrontar la vida de manera més adequada. En altres paraules, la relació d'ajuda és aquella en què un dels participants intenta fer sorgir una millor apreciació i expressió dels recursos latents de l'individu i un ús més funcional d'aquests recursos".

Això suposa que la base de la relació d'ajuda es troba en el propi individu i que el professional sanitari només ha d'impulsar les seves capacitats i recursos latents (físics, cognitius, socials, comportamentals) que posseeix, però que ho desconeix o bé no ho reconeix.

Activitats

1 •• Observa l'esquema i adapta'l a la professió del tècnic en cures auxiliars d'infermeria.

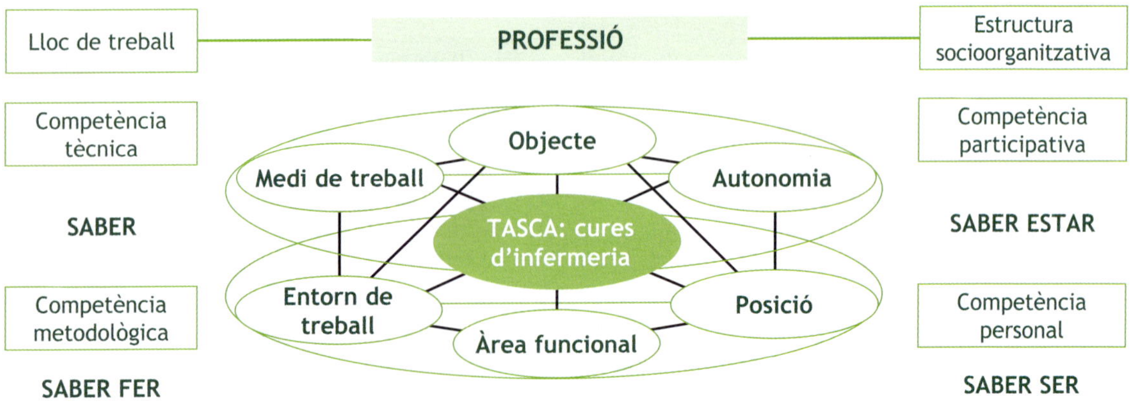

1

Font: Dr. Benito Echevarría, catedràtic de Formació Professional. Universitat de Barcelona. Esquema modificat.

Qualitats professionals

Són molts els estudis de Psicologia de les organitzacions que presenten les qualitats que han de posseir els bons professionals. Aquestes investigacions s'han realitzat principalment en l'àmbit de l'empresa privada.

En consonància amb aquests estudis, l'Organització de les Nacions Unides (ONU) estableix quines han de ser les qualitats del professional. A continuació, enumerem les que són d'especial rellevància per a l'auxiliar d'infermeria:

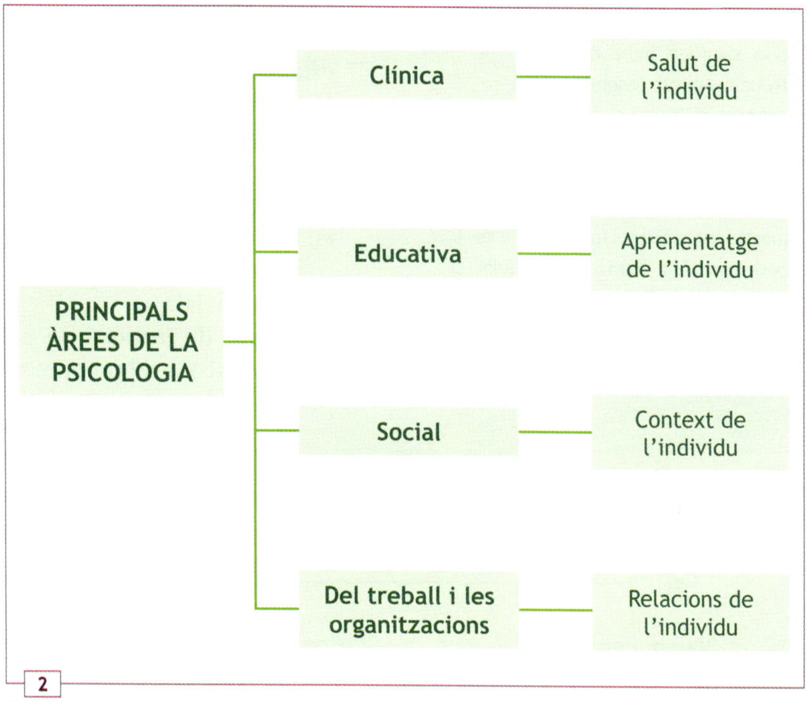

2 Principals àrees de la Psicologia.

– Valors comuns:
  - **Integritat.** Actuar sense considerar el profit personal.
  - **Professionalitat.** Demostrar competència professional i domini de les diferents tècniques i actituds que implica el seu treball. Tradicionalment, la tasca de l'auxiliar d'infermeria s'ha associat al saber fer, però no hem d'oblidar les altres competències professionals, igualment importants.
  - **Respecte de la diversitat.** Tractar totes les persones amb igual consideració.

– Competències centrals:
  - **Comunicació.** Escoltar els altres, interpretar els seus missatges i respondre de forma apropiada, en aquest ordre a ser possible.
  - **Treball en equip.** Col·laborar amb els companys de treball amb la intenció d'assolir les metes laborals plantejades.
  - **Capacitat de planificar i organitzar.** Assignar una quantitat apropiada de temps i recursos per completar el treball.
  - **Responsabilitat i capacitat de resposta.** Assumir les responsabilitats i complir els compromisos que es deriven del seu treball professional.
  - **Orientació al client.** Considerar com a "clients" totes les persones a qui es dóna servei i buscar la manera de veure les coses des del seu punt de vista, per arribar a comprendre millor les seves necessitats.
  - **Creativitat.** Oferir opcions noves i diferents per resoldre els problemes o satisfer les necessitats dels clients; no deixar-se portar per un pensament convergent ni per enfocaments tradicionals.
  - **Interès tecnològic.** Valorar i donar importància als avenços tecnològics, introduint-los en la pràctica professional.
  - **Compromís amb l'aprenentatge continu.** Actualitzar els coneixements de la professió.

www.sindicatosae.com

Pàgina web del sindicat d'auxiliars d'infermeria. Recull la publicació d'investigacions, informació sobre oposicions i sobre l'activitat sindical en les diferents comunitats autònomes.

> ***Karoshi***
>
> *Karoshi* és una paraula japonesa que significa mort per excés de treball. Aquest fenomen va ser reconegut al Japó, i el terme ha estat adoptat en tot el món. Uehata (1989) va utilitzar la paraula com a terme medicosocial que inclou les morts i incapacitats laborals que es poden produir quan el treballador amb una malaltia arterioscleròtica hipertensiva es veu sotmès a una forta sobrecàrrega de treball.

– Competències de gestió:
  - **Visió crítica.** Identificar temes estratègics, oportunitats i riscos.
  - **Lideratge.** Ser proactiu per desenvolupar estratègies de treball; establir i mantenir relacions amb les persones de l'equip, entenent les necessitats i aconseguint-ne el seu suport.
  - **Capacitat de donar poder o enfortir a altres.** Delegar responsabilitats, aclarir expectatives i donar autonomia a les persones.
  - **Capacitat de construir confiança.** Crear i mantenir un ambient en què les altres persones puguin parlar i actuar sense temor a les conseqüències. Tractar de forma apropiada la informació delicada o confidencial.
  - **Capacitat de judici i de presa de decisions.** Reunir informació rellevant abans de prendre decisions, considerant els beneficis i els perjudicis de cada una.

3
Qualitats que cal desenvolupar per ser professionalment competent.

Activitats

2·· L'ONU considera la creativitat com un element necessari per a qualsevol professional.

a) Com pot l'auxiliar ser creatiu en la seva feina?
b) Elabora un llistat de deu contribucions de la creativitat al camp de la salut.

3·· Per què creus que són valors comuns a totes les professions la integritat, el respecte a la diversitat i la professionalitat?

4·· Des de la teva perspectiva com a auxiliar d'infermeria, com creus que podries afavorir l'apoderament dels pacients i donar-los autonomia? Exemplifica la teva resposta.

5·· Quines àrees de la psicologia creus que mantenen una vinculació més estreta amb la tasca professional de l'auxiliar d'infermeria?

6·· Quines implicacions ha d'establir una relació d'ajuda amb el pacient/client?

2 >> Humanització de l'atenció sanitària

2.1 > Atenció sanitària

L'atenció sanitària és aquella que té per objecte la salut de l'individu. És aplicada pels **professionals de la salut** independentment del context on es produeixi.

En els països occidentals, aquesta atenció ha patit profunds canvis, principalment deguts a dos factors: la tecnificació de l'atenció i l'augment de l'esperança de vida, amb el conseqüent augment de les pluripatologies en els individus longeus. Per contrarestar la tecnificació, es planteja com a objectiu prioritari la **humanització** de l'atenció, aspecte que analitzarem a l'epígraf següent; i, per respondre a les noves necessitats d'aquests individus, sorgeix **l'atenció sociosanitària.**

L'atenció sociosanitària

L'atenció sociosanitària comprèn el conjunt de cures destinades als malalts, generalment crònics que, per les seves característiques especials, es poden beneficiar de l'actuació simultània i sinèrgica dels serveis socials i sanitaris amb la finalitat d'augmentar-ne l'autonomia, pal·liar-ne les limitacions o sofriments i facilitar-ne la reinserció social.

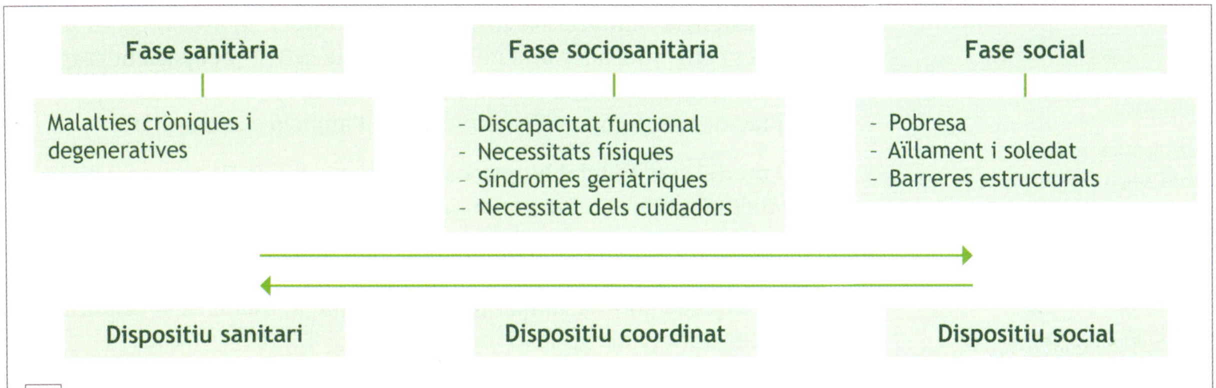

4

Font: *Fundamentos del modelo de atención socio-sanitaria. Atención de las personas en situación de dependencia en España. Libro Blanco.* Cap. VII, p. 5. Esquema modificat.

La **relació assistencial no és simètrica.** El pacient vol alguna cosa del professional i aquesta és la principal raó per la qual es concentra major poder en els metges, infermeres, auxiliars, zeladors, etc. Enfront d'això, els professionals de la salut adopten diferents postures: poden respondre assumint tota la responsabilitat en la relació (estil autocentrat: el centre és el sanitari) o bé establir una bidireccionalitat en què els participants en la relació assumeixen diferents responsabilitats.

Al quadre següent, podem observar algunes diferències entre els estils de comportament en la relació assistencial:

Diferències entre estils de relació assistencial

	Autocentrat	Heterocentrat
Tipus de relació	Tècnica	Humana
Protagonista	El personal sanitari	El consultant/pacient/usuari
Causes de salut o malaltia	Biològiques	Biopsicosocials
Objectiu assistencial	Resoldre els problemes que el pacient consulta	- Millorar la qualitat de vida - Atendre les necessitats globals de salut de l'individu

2.2 > Humanització i tecnificació

L'assistència sanitària ha de conjugar la humanització i la tecnificació.

L'assistència sociosanitària està determinada per valors intrínsecament humans i per coneixements científics i tècnics; per això, la formació dels professionals sanitaris s'ha de basar en la Psicologia, la Filosofia, l'Antropologia i l'Educació, sense renunciar al tecnològic.

El *Diccionari de l'Institut d'Estudis Catalans,* defineix **humanitzar** com "fer humà, portar a l'abast de l'ésser humà". En el món sanitari, la humanització ha de ser el centre de la relació terapèutica, però a vegades el treball es basa en la medicalització i en una visió purament biologicista del l'individu, la qual cosa fa oblidar-ne la dignitat. La tecnificació de l'assistència sanitària ha cosificat l'ésser humà. Moltes vegades sentim frases com "vaig a fer una radiografia al de la 312" i el pacient es queixa de ser tractat com una cosa. Així, doncs, es fa imprescindible replantejar el factor humà com a element clau en l'atenció sociosanitària.

El **model assistencial biopsicosocial** tracta d'unir els elements biològics (predominants en el model biomèdic anterior) amb els psicosocials per explicar la complexitat dels determinants de la salut i de la malaltia. D'aquesta forma, dotar l'individu de totes les seves qualitats humanes no es queda en una simple teoria, sinó que té una sèrie d'implicacions pràctiques per als professionals sanitaris:

- Impregnar la relació sanitari-pacient d'un **clima emocional terapèutic.** Suposa observar i reconduir les emocions, donar confiança, canalitzar l'ansietat del consultant, tractar-lo de manera global i ajudar-lo a entendre's. Així es crea un context propici per al canvi en el pacient.
- Diferenciar entre la **demanda** que faci el pacient i la seva **necessitat de salut** global. D'aquesta manera, si el pacient acut per un lumbago, el professional es fixarà en altres problemes que pugui presentar, ja que potser no sigui tan important el lumbago com la seva necessitat de controlar el colesterol.
- Recordar les **dimensions físiques, psíquiques i socials** de la salut. Així, per exemple, quan tenim una faringitis, no només tenim inflamada la faringe —això és la part física—, sinó que també ens sentirem molestos, cansats i frustrats perquè no podrem parlar —variable emocional— i reconeixerem la variable social si no podem cridar la nostra mare perquè ens prepari una sopa curativa.

El més valorat pels pacients en l'assistència sanitària és:

- L'eficàcia, és a dir, que el seu problema es resolgui.
- La informació que se'ls facilita sobre el seu procés.
- L'actitud del personal envers seu, de respecte i dignitat.
- El tracte humà que reben, amable i no paternalista.
- El confort de les instal·lacions, habitacions individuals, seients i llits còmodes, etc.

Plans d'humanització de l'assistència sanitària

L'objectiu dels plans d'humanització de l'assistència sanitària és situar el ciutadà com a eix del sistema assistencial, solucionar els problemes que plantegen els pacients i donar-los assessorament i informació útil a favor de la seva autonomia.

Bioètica

La bioètica, entesa en el seu sentit més ampli, és l'ètica de la relació amb els éssers vius. Així és com originàriament la va concebre Potter (1970).

www.humanizar.es

L'objectiu d'aquesta pàgina és difondre la cultura d'humanització de l'assistència i atenció a les persones que pateixen. Hi podem trobar investigacions al respecte, així com cursos de formació.

Casos pràctics

1

La Júlia comença a treballar a oncologia

La Júlia és auxiliar d'infermeria, té vint anys i ha començat a treballar a la planta de malalts oncològics. El seu to de veu amb els pacients és molt elevat, quan els parla sol tocar-los la mà o el braç, els mira als ulls i els diu a tots "fill" o "filla". Si parla amb el seus companys, es refereix als pacients pel número de llit. Sempre que ha de dur a terme alguna tècnica, l'explica al pacient i la seva família. Determina quines conductes de la Júlia afavoreixen el tracte humà i quines no.

Solució

En una planta d'oncologia es concentra l'activitat amb els pacients diagnosticats de càncer. Aquesta patologia té moltes repercussions psicològiques associades a la pròpia malaltia i al tractament, i és freqüent que comporti l'aparició de trastorns adaptatius i depressius en el pacient.

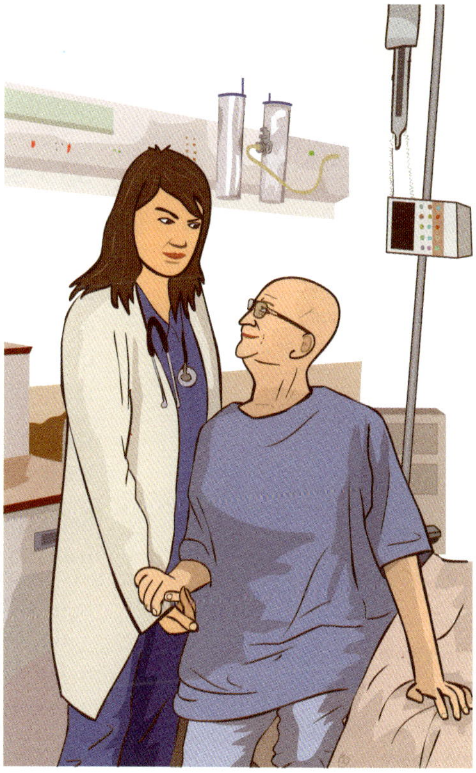

En general, els tons de veu elevats produeixen un estrès acústic que repercuteix en l'estat d'ànim de les persones i donen lloc a major irritabilitat, expressions d'agressivitat i confrontació, o per contra inhibició i retraïment. Mantenir un to de veu elevat amb els pacients oncològics no és una conducta adequada, no afavoreix el seu confort psíquic i va en contra del nostre objectiu: canalitzar les seves ansietats, angoixes, fantasies, pors i mecanismes de defensa, implícits i explícits, enfront de la malaltia, el tractament, el deteriorament i la mort.

Ser afectuosos amb aquests pacients, de forma discreta i mesurada i mirar-los als ulls, per exemple, propicia un clima càlid de comunicació que es converteix en una correcta estratègia terapèutica. Ser afectiu no s'ha de confondre amb la grolleria ni el paternalisme, ja que el malalt no demana que siguem el seu pare o la seva mare, ni un amic, sinó un professional que sàpiga actuar de la millor manera en cada ocasió.

Cridar la persona pel seu nom, en presència o absència seva, suposa conferir-li les qualitats humanes que li són inherents. La dignitat no s'ha de perdre per estar ingressat en un centre hospitalari; així, cal conèixer els noms dels pacients i utilitzar-los en tots els casos. No és apropiat dir-los "fill" o "filla", ni utilitzar termes per l'estil.

És important explicar les tècniques i els tractaments que es realitzaran a un pacient. D'aquesta manera, disminueix l'ansietat que pugui tenir envers el desconegut i se'n propicia la col·laboració. En aquest cas, la Júlia ho fa de forma adequada.

La família és una peça clau, ja que el càncer no afecta només el pacient sinó també els seus familiars, que poden presentar nivells elevats d'ansietat i fins i tot desenvolupar una depressió. Per tant, requereixen, per part del professional sanitari, una intervenció activa amb la finalitat d'evitar-ho. El suport que la família ofereix al pacient que està en aquesta situació vital té un caràcter decisiu en la recuperació. Per això, tenir cura de la família també és tenir cura del malalt. La Júlia ho té molt present en la seva actuació.

3 >> Cures psíquiques i suport psicològic

El **suport psicològic** i les **cures psíquiques** al pacient són instruments terapèutics —és a dir, curatius— fonamentals per afrontar adequadament la malaltia, així com la recuperació i el manteniment de la salut. Qualsevol intervenció sanitària, ja sigui de promoció de la salut, prevenció o curació de la malaltia, rehabilitació o reinserció, s'ha d'acompanyar de suport psicològic. Això suposa reconèixer que les cures d'infermeria parteixen d'una atenció integral al pacient.

Salutogènesi

Salutogènesi és el terme encunyat per Aaron Antonovsky, que pretén substituir el de patogènesi. Segons aquest sociòleg, el que hauríem de conèixer realment és per què la gent està sana, no per què emmalalteix. En sintonia amb aquest autor, Norman Cousins afirma que els estats emocionals feliços són capaços de preservar la salut somàtica i curar malalties.

L'auxiliar d'infermeria, com a personal sanitari, contribueix a **l'atenció completa del pacient-client**, col·laborant en la prestació de cures psíquiques i realitzant, dins de les seves competències, l'aplicació de tècniques de suport psicològic.

3.1 > Salut emocional

La dimensió psíquica de la salut no sempre s'ha tingut en compte, però actualment és un element prioritari per aconseguir el benestar de les persones. Les emocions, els pensaments, les motivacions, etc., es poden manifestar a través de malalties somàtiques o psicosomàtiques i, d'altra banda, poden ser un element bàsic per a la curació de la malaltia.

Daniel Goleman, acreditat expert en intel·ligència emocional, reconeix les implicacions de les emocions i del pensament sobre la salut.

Sense perdre la referència dels aspectes físic i social, dins de la salut cal treballar l'aspecte emocional, que inclou:

- **La dimensió cognitiva.** Abraça la valoració subjectiva de l'assoliment de les aspiracions en cada moment de la vida.
- **La dimensió socioafectiva.** Es refereix als sentiments de satisfacció-insatisfacció, a les emocions positives-negatives que les persones experimenten habitualment i que constitueixen els estats d'humor, tot això en un marc sociocultural concret.
- **La dimensió conductual.** És la tendència a respondre d'una forma determinada. Actuem en sintonia amb el que sentim i pensem.

Sobreviure

La vida no dubta, tota forma de vida conté un impuls, un 'conatus', a sobreviure i a fer-ho buscant el benestar.

Antonio Damasio, *En busca de Spinoza.*

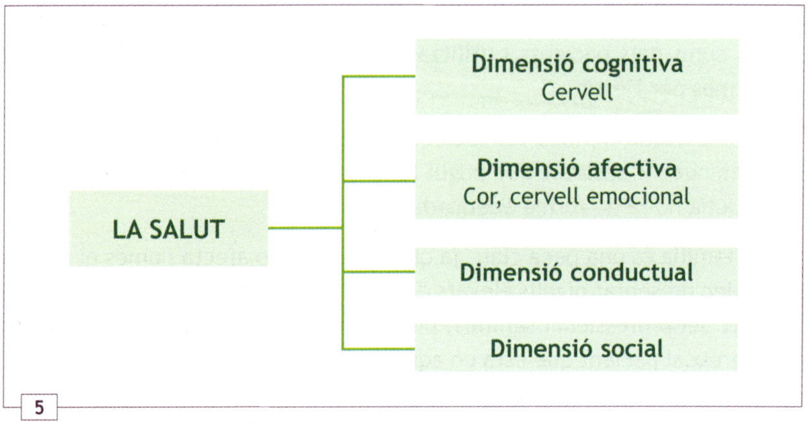

5 Diferents dimensions de la salut.

3.2 > Claus del suport psicològic i de les cures psíquiques

Per dur a terme una adequada atenció psicològica als pacients, és necessari partir dels següents principis bàsics:

- Detectar les **necessitats psicològiques bàsiques** i **conductes anòmales** que influeixen en la salut dels diferents tipus de pacients: malalt crònic, malalt terminal, ancià, infant, etc.
- Prestar **suport psicològic bàsic**, per millorar les seves condicions de vida.
- Promoure **actituds d'autocura** en associacions i grups d'autoajuda.
- Ajudar les persones a **manejar sentiments negatius**, com la ira, la por o l'ansietat, per prevenir i curar les malalties.
- Intervenir en la **formació i promoció d'hàbits saludables**: d'alimentació, d'higiene personal i del medi, i sobre les formes de vida en pacients o clients, familiars i col·lectius.

Autoajuda *(self-help)*

En el context de la promoció de la salut: l'autoajuda és el conjunt de mesures dutes a terme per profans, és a dir, no professionals sanitaris, amb la finalitat de mobilitzar els recursos necessaris per promoure, mantenir o restaurar la salut dels individus i de les comunitats.

En aquest camp, cobra especial importància la **satisfacció del pacient** com un altre element més que cal tenir en compte en el suport psicològic i les cures. Aquesta satisfacció és fruit de la relació entre dues variables: la percepció de servei, és a dir, com es percep l'ajuda rebuda en la seva relació amb el sistema sanitari, i les expectatives.

És necessari que l'auxiliar d'infermeria es prepari per actuar correctament en el suport psicològic i en les cures psíquiques del pacient. Per això, cal interessar-se per la Psicologia evolutiva, el desenvolupament de la personalitat i les característiques personals dels individus en general, les habilitats comunicatives i les emocions, entre altres.

6

La satisfacció del pacient és un element més que cal tenir en compte en el suport psicològic i les cures psíquiques.

Activitats

7·· Determina, en cada una de les següents situacions, sobre quina dimensió humana hauries d'incidir i com actuaries des de les teves funcions com a auxiliar d'infermeria.

a) El Mohamed ha de formalitzar els papers necessaris per tal que els seus fills rebin l'atenció sanitària bàsica. No parla català ni castellà i pul·lula pels passadissos del centre de salut.

b) El Joan és a la sala d'espera de la consulta del centre de salut i està molt ofès perquè fa tres quarts d'hora que s'espera. Ha vist entrar diverses persones i creu que s'està produint una injustícia. Per això, es posa a cridar pel passadís i començar-se a queixar-se.

c) L'Helena està molt nerviosa, ja que acaba de rebre el resultat de la seva mamografia i el ginecòleg li ha dit que l'ha d'intervenir quirúrgicament per a la resecció de la massa que s'ha trobat. L'Helena hi ha anat sola i, en sortir de la consulta, s'ha posat a plorar.

d) El Pere té vuitanta-nou anys i és un ancià alegre i disposat. Viu sol i ha anat a urgències del centre de salut perquè ha caigut en entrar a la banyera de casa seva. Li fa un reconeixement i li diagnostiquen contusions, però el Pere segueix preocupat i no para de parlar.

4 >> Educació sanitària en el rol professional

Dr. Abraham Horwitz

Va ser director de l'Organització Mundial de la Salut de 1958 a 1975 i va posar especial èmfasi en la relació entre la salut i el desenvolupament econòmic. A l'assemblea de l'OMS de 1969, va indicar que la incultura i la pobresa són les principals causes de la malaltia, i va afirmar que "homes i dones emmalalteixen perquè són pobres, es tornen més pobres perquè estan malalts i més malalts perquè són més pobres."

L'educació sanitària és un pilar fonamental per al treball en les ciències de la salut i, per tant, influeix en el rol professional de l'auxiliar d'infermeria. L'auxiliar ha de col·laborar en l'Educació per a la Salut, per la qual cosa ha de conèixer i aplicar, en les diferents activitats i programes que dugui a terme, diversos mètodes i mitjans d'educació sanitària, així com valorar-ne els resultats obtinguts.

L'educació sanitària ha passat per diferents moments, en què s'entenien de forma diferent l'abast i els objectius, els responsables d'aquesta educació, així com els factors que influeixen en la salut i en la malaltia.

Al **segle XIX**, els avenços en el coneixement mèdic es concentren en unes poques persones. Es tracta d'una transmissió jeràrquica, és a dir, del personal sanitari al pacient, sense permetre la retroalimentació. Per tant, es deslegitima el saber que no procedeixi d'aquest grup i se centra en la malaltia i no tant en l'educació sanitària.

Fins al **segle XX**, no es parla d'educació sanitària de forma explícita. Es responsabilitza l'individu de la seva pròpia salut, i el seu objectiu és modificar la seva conducta per al foment i la protecció d'aquesta salut. L'educació sanitària passa de ser un element complementari en els tractaments mèdics a ser un element central de la intervenció mèdica, no tant per actuar sobre la situació de malaltia, sinó per promoure la salut i prevenir la malaltia.

A partir dels **anys 70**, l'enfocament de l'educació sanitària s'amplia i es reconeix la **importància de l'ambient**, alliberant l'individu d'una responsabilitat exclusiva que es fonamentava en els factors interns al propi individu. Així, s'identifica un altre tipus de factors: els externs a l'individu, els ambientals i els socials. Aquest període va ser especialment fructífer teòricament parlant, ja que, a més, es va introduir l'educació de pacients, és a dir, els individus malalts són objecte de l'educació sanitària, en comprovar-se que la conducta humana és fonamental tant en la fase de protecció de la salut com en la de restauració de salut.

Al quadre següent es mostra un esquema amb les etapes de l'educació sanitària:

Característiques de les etapes de l'educació sanitària

	Primera generació	Segona generació	Tercera generació
Concepte	Educació sanitària informativa	Educació sanitària centrada en el canvi de comportament	Educació per a la salut participativa
Responsabilitat	Individual	Individual	Col·lectiva i social
Objectiu	Transmissió de coneixements	Modificació de conductes	Canvi social
Determinants de la malaltia	Factors biològics	Factors conductuals	Factors socials, culturals, econòmics

5 >> L'equip de treball

La complexitat dels processos de salut i malaltia exigeix la configuració **d'equips interdisciplinaris**, en què cada un aporti els seus coneixements per assolir un objectiu comú. En l'atenció sociosanitària, hi treballen un gran nombre de professionals: zeladors, treballadors socials, auxiliars d'infermeria, infermers, metges, tècnics, administratius, cuiners, etc. Cada un d'aquests professionals té diferents responsabilitats i competències. L'atenció de qualitat passa per la correcta coordinació i col·laboració de tots ells.

Sinèrgia

La sinèrgia és el context de l'equip de treball, fa referència al fet que els resultats són superiors als que es podria esperar si es realitzés un treball individual. És fruit de la motivació i la cohesió de l'equip.

Grup de treball i equip de treball

Els professionals que treballen en un mateix context i que busquen assolir la mateixa finalitat (que el pacient-usuari estigui sa) poden compartir un mateix espai, però sense que existeixi interrelació, constituint un grup de treball. Si, a més de compartir el mateix espai i context, busquen la millor manera d'aconseguir una **meta conjunta i consensuada per tots**, constitueixen un equip de treball.

Al quadre que apareix a continuació, podem veure les diferències entre les característiques de l'equip i del grup de treball:

Diferències entre les característiques de l'equip de treball i del grup de treball

	Equip de treball	Grup de treball
Responsabilitat	Individual i del grup	Individual
Reconeixement	Individual i del grup	Individual
Coordinació	Interdependent	Independent
Lideratge	Líder amb responsabilitat formal, però amb sentit de grup	Líder clar i definit
Resultat	Global, fruit del treball de tots	Segmentat, fruit del treball de cadascú

Entre els avantatges del **treball en equip**, es troben els següents:

- Permet una visió global de l'individu i el seu entorn. El treball en equip fa possible realitzar tasques complexes que no es podrien fer individualment.
- Afavoreix tant el desenvolupament personal com professional, ja que cada membre hi participa amb les seves qualitats i competències.
- La comunicació fluida és una característica del treball en equip. Augmenta el ventall de coneixements i habilitats dels seus membres.
- Cada treballador coneix les seves pròpies responsabilitats i ha de contribuir a realitzar el treball, podent ser objecte de crítiques o elogis, segons la seva actuació.
- El dinamisme de l'equip de treball comporta la recerca de formes diferents de treballar i organitzar-se, fet que ajuda a millorar l'atenció sanitària.
- El clima de treball que es deriva d'aquest tipus d'organització és estimulant i positiu per als diferents professionals.

El clima laboral

És el resultat del compromís, la seguretat, la motivació, la participació, l'aprenentatge i la comunicació dels membres d'un equip de treball.

Possibilitats

Deixa de pensar en termes de limitacions i comença a pensar en termes de possibilitats.

Ferry Josephson

Estructura d'un equip de treball

El bon funcionament dels equips de treball depèn de:

- **Dimensió social:** les persones i les seves relacions interpersonals.
- **Dimensió tècnica:** els grups professionals, amb les seves competències concretes i ben definides.
- **Estructura organitzativa:** podrà ser jeràrquica o democràtica, però hauran d'existir vies de comunicació, procediments i recursos definits.

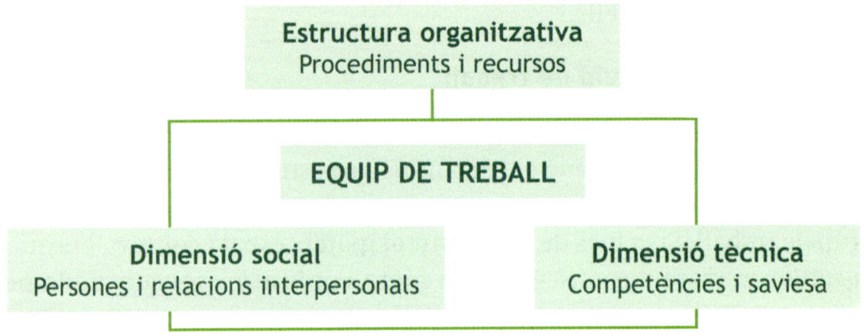

7 Elements que constitueixen un equip de treball.

Elements determinants de l'eficàcia de l'equip de treball

Per al bon funcionament d'un equip de treball, és necessari que els professionals que el formen col·laborin conjuntament en accions consensuades i coordinades.

L'eficàcia de l'equip de treball depèn dels elements següents:

- **Contingut de l'equip**, és a dir, l'acumulació de tècniques, coneixements, informació i intuïció que cada component posseeix. Conèixer aquest element incrementa el rendiment i l'autoestima col·lectiva i de cada membre.
- **Procés.** El procés és la forma en què l'equip utilitza i relaciona els coneixements i les habilitats de cada un dels seus membres. Implica:
  - Determinació dels objectius comuns.
  - Repartiment de responsabilitats.
  - Divisió dels esforços en funció de les responsabilitats.
  - Interaccions i xarxes de comunicació per a l'assoliment dels objectius.
  - Revisió de les conseqüències de les accions de l'equip.
- **Estil de lideratge.** La forma en què s'exercita l'autoritat en l'equip és determinant per a la creació o no d'un clima de treball favorable.
- **Rendiment.** El rendiment mesura el producte o resultat del treball efectuat. Cal valorar les metes aconseguides tenint en compte l'esforç realitzat.
- **Satisfacció dels components de l'equip.** Cada membre s'ha de sentir satisfet amb la seva contribució a l'objectiu general.
- **Rendiment enfront de satisfacció.** Tots dos elements són interdependents: només amb rendiment, l'equip s'acabaria esgotant, i només amb satisfacció, no seria un grup de treball sinó un grup d'amics.

Comunicació en l'equip de treball

El millor estil de comunicació és l'assertiu. Es caracteritza per:

- La capacitat d'escolta.
- Repetir el missatge per transmetre una postura que denoti insistència i convenciment.
- Afrontar les pressions, per no fer alguna cosa que un no desitja.
- Dir no, de forma directa, sense posar excuses ni sentir-se culpable.
- Admetre les crítiques constructivament, per a la qual cosa cal demanar-ne detalls i mostrar-hi algun grau de coincidència.
- Respectar el dret del crític a tenir la seva pròpia opinió i agrair la crítica.
- Buscar acords viables i indicar el canvi que es realitzarà.

Activitats finals

1·· Determina si les següents afirmacions són vertaderes o falses. Justifica la teva resposta:

a) Dir a un pacient "fill" li proporciona seguretat i, per tant, n'afavoreix la recuperació.
b) No és necessari explicar al pacient ni la seva família la tècnica de verificació de la permeabilitat d'una sonda neogàstrica que s'ha de realitzar, ja que no tenen els coneixements necessaris per entendre-la.
c) A l'equip format per metges, infermers, auxiliars i zeladors només els metges tenen funcions pròpies. La resta es limita a acatar ordres.
d) En un equip de treball, el rendiment es basa en aconseguir que les relacions hi siguin afables i càlides.
e) Un pacient satisfet és el que percep l'ajuda rebuda de forma positiva i en què una part de les seves expectatives es compleixen.

2·· Què s'entén per relació d'ajuda? I per humanització de l'atenció sociosanitària? Busca els elements comuns i els que diferencien els dos conceptes.

3·· Com que en l'ésser humà no es poden fer divisions excloents, a quina dimensió pertanyen prioritàriament les següents afirmacions: a la dimensió social, la dimensió conductual, la dimensió afectiva o la dimensió cognitiva?

a) Contribuir al fet que la família entengui la malaltia i doni suport al malalt, sense generar-li més estrès.
b) Tapar al malalt les diferents parts del cos a mesura que s'han netejat i assecat.
c) Adreçar-se al pacient al qual acaben de diagnosticar de diabetis mellitus amb una frase del tipus: "La diabetis es pot controlar mitjançant una alimentació adequada, l'exercici físic i la medicació, en cas necessari".
d) Explicar a un pacient que té col·locada una via al braç quins passos ha de seguir per posar-se la part de dalt del pijama.
e) Al pacient que, en sortir del quiròfan amb una colostomia, diu "no podré amb això", respondre-li "al principi, és difícil, però a poc a poc se'n va aprenent el maneig i després li resultarà molt més fàcil".
f) Comentar a una pacient anciana, que està especialment trista després de ser ingressada per una ruptura de maluc que l'impossibilita de moure's, que "no ha d'estar trista, ja que no passa res".

4·· Indica quina de les característiques següents pertanyen al grup de treball i quines a l'equip de treball:

a) La responsabilitat és tant grupal com individual.
b) La coordinació de cada membre és independent.
c) Existeix una interdependència.
d) L'estructura és jeràrquica, amb un líder clar i definit.
e) El producte del treball és segmentat.

5·· Sintetitza l'exposat al tema a través d'un mapa conceptual.

6·· El Macodu acaba d'arribar del Senegal i els seus coneixements d'espanyol i del sistema de salut del nostre país són escassos. L'ingressaran per a una intervenció programada. Creu que a l'hospital tindrà a la seva disposició una habitació per a ell i la seva família. A més, estàs segur que només s'hi estarà dos dies i que de seguida li donaran l'alta, tal com li va dir el seu metge de família. Té una mica de por i no sap gaire bé com afrontar-la. Quines són les seves expectatives ideals, prèvies, normatives i/o no formades? Com creus que influiran en el seu ingrés?

7·· La Sheila s'ha incorporat com a auxiliar d'infermeria a un nou centre de salut. El seu company sempre deixa la sala de cures sense recollir i amb l'instrumental brut. Com creus que ha d'afrontar aquest conflicte amb l'ús d'un estil de comunicació assertiu?

8·· A les societats primitives, la malaltia era càstig diví i conseqüència dels esperits malignes i, per restablir la salut o prevenir l'aparició de malalties, es feien invocacions i ritus. En l'actualitat, encara existeixen bruixots i xamans. Sobre quina dimensió humana creus que es basa el seu èxit fins als nostres dies? Per què creus que existeix un auge en la seva demanda?

Casos finals

1·· La conformació d'un equip de treball

Fa poc temps, tres dones emprenedores han inaugurat la residència d'ancians "Rei Wamba" i estan posant els pilars de l'organització. El personal d'infermeria treballa a torns i els treballadors que surten i entren en cada torn es reuneixen un quart d'hora abans de produir-se el canvi. D'aquesta reunió s'aixeca una acta que recull les persones que hi assisteixen, la informació que s'han donat i les aportacions de cada una. L'Andreu és un auxiliar d'infermeria d'aquesta residència; és molt treballador, però a vegades, amb les presses, s'oblida el que tenia programat.

La Marisa és una de les seves companyes i està disgustada amb la seva feina, ja que diu que cada vegada que ell comença una tasca sempre li passa alguna cosa i li ha de recordar o l'ha d'acabar fent ella. El pitjor és que, quan sembla que ja s'han acomodat a treballar junts, han de rotar a equips diferents. Un altre problema és que a l'Andreu li costa relacionar-se amb els ancians i només va a les habitacions quan té alguna tasca; pensa que fer-ho d'una altra manera és perdre el temps. La majoria dels ancians són dependents, amb alguna demència i immobilitat, i això li produeix una sensació d'incomunicació i despersonalització. Les directores de la residència observen que això també els ocorre a altres empleats.

Com aconseguiran millorar el rendiment i la satisfacció del personal? De quina manera poden reconduir les situacions negatives?

2·· El suport psicològic i les cures psíquiques

El Joan és un jubilat al qual recentment li han diagnosticat hipertensió arterial i una diabetis mellitus tipus II. És un assidu visitant del centre de salut on treballes, especialment des que es va quedar vidu. Al centre tots el coneixeu, no només per les seves visites freqüents, sinó també per les seves constants queixes sobre el temps d'espera, els serveis del centre, l'actitud dels joves que passen sense saludar, el Govern i el copagament sanitari, etc. Quan ell és a la sala d'espera, generalment l'ambient es torna tens. A més, tu el coneixes perquè sol anar a la mateixa hora i al mateix lloc on tu vas a prendre cafè amb els companys de feina cada dia. Has observat que ell es pren un cafè amb una magdalena de xocolata i una copeta d'orujo.

Com concretaries el suport psicològic i les cures psíquiques en un pacient com el Joan? Creus que per ajudar-lo has d'utilitzar la informació que coneixes sobre ell de fora de l'àmbit sanitari?

3·· Com afrontar la paraplegia

El Robert té quaranta anys, està casat i té dos fills. Fa aproximadament sis mesos va tenir un accident de trànsit en el trajecte des de casa seva a la feina. Un cop determinades les lesions, va ser traslladat a l'Hospital de Barcelona, ja que presentava una lesió medul·lar dorsal, fet que fa suposar una paraplegia amb absència de tota manifestació tant sensitiva com motora. Un cop donat d'alta, acut al centre de salut, on treballes com a auxiliar d'infermeria, desplaçant-se en cadira de rodes, per sol·licitar la medicació que li han prescrit a l'hospital. Porta una "guia de cures" editada per l'hospital i te la mostra. És una guia adreçada a pacients i familiars, en què s'inclou la informació següent: antecedents històrics; anatomia de la columna vertebral i de la medul·la espinal; síndrome de la lesió medul·lar espinal i epidemiologia; alteracions en la termoregulació, higiene i prevenció de les infeccions; la pell, les úlceres per pressió i la seva prevenció; atenció urològica; alteracions digestives; cures respiratòries i fisioteràpia respiratòria; sistema esquelètic i ossificacions periarticulars; escoliosi i utilització de la cotilla en les escoliosis paralítiques; ús de la cadira de rodes; teràpia ocupacional i rehabilitació psíquica del lesionat medul·lar; i recursos útils de la rehabilitació complementària.

Després d'ensenyar-te cada un d'aquests apartats, et pregunta: "com creus que puc viure amb tot això?". Què li respondries? Quina creus que hauria de ser la teva actitud envers seu com a professional sanitari?

Autoavaluació

1. Indica la resposta correcta:

a) La competència professional de l'auxiliar d'infermeria es basa en realitzar correctament les tècniques pròpies de les seves funcions.
b) Dins de la tasca de l'auxiliar d'infermeria influeixen aspectes relacionats amb la competència participativa, personal, metodològica i tècnica.
c) La relació d'ajuda representa una tasca exclusiva del personal mèdic i dels infermers.
d) No hi ha cap tipus de relació entre la competència tècnica de l'auxiliar d'infermeria i el context on la realitza.

2. Identifica quines són les competències centrals d'un bon professional:

a) La integritat, la professionalitat, la tolerància i el respecte a la diversitat.
b) La visió crítica, el lideratge, la confiança, l'apoderament i el judici crític.
c) La comunicació, el treball en equip, la responsabilitat, la creativitat, la formació contínua, l'interès tecnològic i la capacitat d'organitzar.
d) L'assertivitat, l'empatia, la negociació i el lideratge.

3. La relació assistencial d'estil heterocentrat es caracteritza per:

a) Basar-se exclusivament en els aspectes tècnics i biològics.
b) Considerar la salut com a fruit d'aspectes biopsicosocials.
c) Considerar protagonista el personal sanitari.
d) Limitar la seva atenció a aspectes de la consulta mèdica.

4. Ser assertiu significa:

a) Saber dir "no" sense ofendre.
b) Buscar punts en comú en casos de conflicte.
c) Ser capaç d'escoltar atentament i parafrasejar.
d) Totes les respostes anteriors són correctes.

5. Humanitzar l'atenció sociosanitària implica:

a) Tocar els pacients i adreçar-s'hi de manera afectuosa.
b) Crear espais no agressius o hostils que no intimidin els pacients.
c) Realitzar les tècniques d'infermeria de manera protocol·lària i precisa.
d) Reconèixer la recuperació de la salut es limita a la superació de la malaltia.

6. El més valorat de l'assistència sanitària és:

a) Que els problemes que presenten els pacients atesos deixin d'existir.
b) Que no se'ls proporcioni informació, ja que no tenen coneixements mèdics per entendre-la.
c) Que se'ls tracti de manera asèptica i formal.
d) Que se'ls tracti de forma propera i només se'ls expliquin les coses necessàries.

7. Són avantatges del treball en equip:

a) La visió global de l'individu i el seu entorn.
b) La potenciació dels professionals.
c) La creació d'un clima de treball òptim per maximitzar resultats.
d) Totes les respostes anteriors són incorrectes.

8. Sobre la salut emocional, és correcte:

a) La màxima "sento, penso, actuo" no hi té cap mena de relació.
b) Els pensaments no tenen relació amb els sentiments.
c) Els pensaments no tenen a veure amb la forma en què ens comportem.
d) Totes les respostes anteriors són incorrectes.

9. Indica la resposta correcta sobre la dimensió social de la salut emocional:

a) Un exemple és que una dona musulmana es tregui el vel davant d'un home.
b) La salut no ha de ser en cap cas entesa des d'un punt de vista social.
c) La salut s'ha de tenir en compte només fora de l'àmbit hospitalari.
d) Totes les respostes anteriors són incorrectes.

10. Ensenyar a un pacient com posar-se i treure's la part de dalt d'un pijama és un exemple de:

a) Detecció de les necessitats psicològiques bàsiques i conductes anòmales del pacient.
b) Suport psicològic bàsic.
c) Ensenyança que promou l'autocura.
d) Forma de promoure hàbits saludables.

11. L'equip de treball es caracteritza per:

a) Ser individual i treballar de forma independent.
b) Existir un líder clar i definit.
c) Estar segmentat i ser individual.
d) Mantenir un equilibri entre l'individu com a agent i el grup com a conjunt de persones amb el mateix objectiu.

Unitat 2

Psicologia de la salut i del desenvolupament

Preguntes inicials

1·· Quina ciència creus que estudia el comportament humà?

2·· Què entens per conductes de risc? I de protecció?

3 ·· Quan penses en el teu passat, creus que has evolucionat? En quins aspectes?

En aquesta unitat aprendràs a...

- Conèixer i utilitzar adequadament el vocabulari bàsic de la Psicologia i la Psicologia de la salut.
- Establir la relació entre el comportament humà i el procés de salut i malaltia.
- Identificar les característiques dels processos psicològics que tenen lloc en cada etapa del desenvolupament evolutiu.

- **PSICOLOGIA I CURES D'INFERMERIA**
  - **Psicologia de la salut**
    - Patrons i pautes de comportament relacionats amb la salut
      - Sentit de coherència
      - Fortalesa de caràcter
      - Control/sensació de control
      - Disposició optimista
      - Autoestima i autoeficàcia
      - Suport social
    - Patrons i pautes de comportament de risc
  - **Psicologia evolutiva o del desenvolupament**
    - Models teòrics en Psicologia evolutiva
      - Mecanicistes
      - Organicistes
      - Contextual dialèctic
    - Teories sobre el desenvolupament
      - Teoria del cicle vital
      - Perspectiva etològica
      - Teories cognitives
      - Teoria historicocultural
      - Teoria ecològica
      - Teoria de l'aprenentatge
      - Teories psicodinàmiques
    - Etapes evolutives
      - Primera i segona infància
      - Adolescència
      - Edat adulta
      - Vellesa
        - (totes les etapes) Canvis físics
        - Canvis psicològics
        - Canvis socials

Per al projecte final

- Identificaràs els factors determinants de la salut i organitzaràs les cures d'infermeria al seu voltant.
- Col·laboraràs en els suports socials per a la recuperació i el manteniment de la salut.
- Aplicaràs tècniques psicològiques bàsiques per a la modificació d'hàbits i conductes de risc.
- Adaptaràs les cures i el suport psicològic a l'etapa evolutiva de l'individu.

1 >> Psicologia

Els diccionaris normatius recullen diverses definicions del terme *Psicologia,* entre altres la de **ciència que estudia els processos mentals en persones i en animals** (*psico:* "ment o ànima" / *logia:* "ciència"). Aquesta disciplina es considera ciència, ja que aplica el mètode científic en el seu estudi. De forma que es podria definir de la manera següent:

> La **Psicologia** és l'estudi objectiu, mitjançant l'ús del mètode científic, del comportament i de les estructures i els processos que ho fan possible.

Des del punt de vista de les cures d'infermeria, és fonamental conèixer, especialment, la **Psicologia de la salut**, la **Psicologia evolutiva** i la **Psicologia de la personalitat**, juntament amb **principis generals de la Psicologia** (motivació, habilitats comunicatives, emocions, etc.). Aquestes disciplines estudien el comportament de les persones durant el procés de salut-malaltia i ajuden els professionals sanitaris a preveure conductes i a treballar de forma conscient els aspectes psicològics en l'assistència sanitària.

Cures d'Infermeria i Psicologia

Cap a la segona meitat del segle XX, van sorgir diferents models d'Infermeria per determinar com hauria de ser aquesta professió i quina funció social desenvoluparia, i així van definir una base teòrica per al seu exercici pràctic. Per això, es van utilitzar coneixements científics propis, juntament amb els d'altres disciplines, especialment de la Psicologia.

Les principals raons per les quals és necessari aplicar els principis generals de la Psicologia a les cures d'infermeria són:

- Per la concepció de l'individu com un ésser biopsicosocial que interacciona amb el seu entorn.
- Per la realització professional: hem de saber què es fa amb aquests elements determinants, com es fa i per què es fa.
- Per la possibilitat de promoure canvis de conducta que millorin la salut en l'individu.

Maximiliam Wundt (1832-1920)

Se li ha atorgat l'honor de ser el fundador de la Psicologia científica (1879) per considerar-la com una ciència independent d'altres i obrir un laboratori de Psicologia, dotant-la així d'una base teòrica al mateix temps que experimental.

L'experiència

L'experiència no és el que et succeeix, sinó el que fas amb el que et succeeix.

Aldous Huxley

Cognició

La cognició és el conjunt de processos mentals per mitjà dels quals els humans adquireixen i apliquen els coneixements.

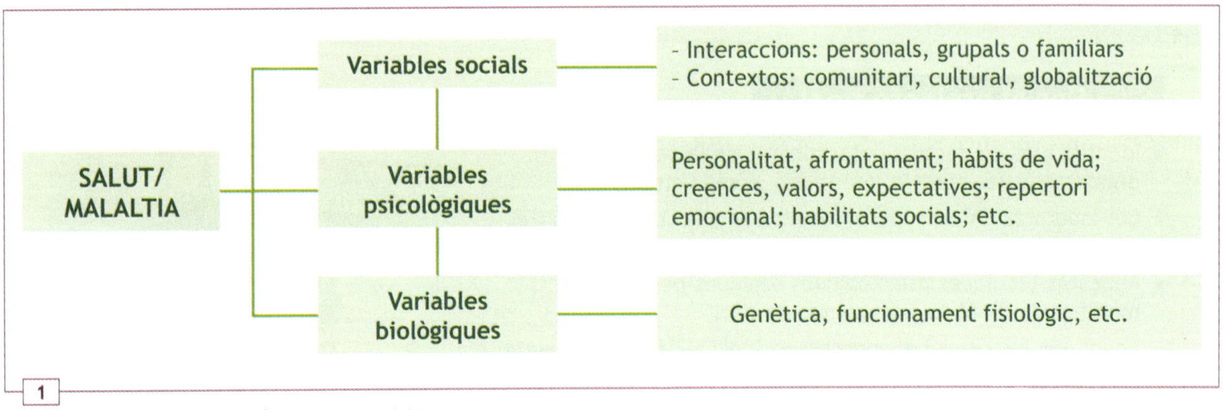

1

Factors determinants del procés de salut i malaltia.

2 >> Psicologia de la salut

La Psicologia de la salut és una variant de la Psicologia. La seva importància rau en ser el punt de connexió entre la Medicina i la Psicologia.

A través de la Psicologia de la salut, s'estudia el paper del comportament en les malalties i en la salut des d'una doble vessant: la del pacient/consultant i la del professional. La podem definir de la manera següent:

La **Psicologia de la salut** és el conjunt de contribucions específiques –educatives, científiques i professionals– de la Psicologia a:

- La promoció i el manteniment de la salut, la prevenció i el tractament de la malaltia, i la rehabilitació i reinserció social.
- La identificació de les causes i diagnòstics de salut, de malaltia i de disfuncions relacionades.
- L'anàlisi i la millora del sistema de salut i la política sanitària.

Podem concretar tres tipus de **relacions entre la conducta i la salut:**

1. Existència de comportaments amb efectes directes sobre la salut a **curt termini;** per exemple, una conducció temerària.
2. Estils de vida i hàbits diaris que posen en perill o potencien la salut a **mig o llarg termini.** L'exercici moderat, per exemple.
3. La forma en què la gent **percep i s'enfronta a la malaltia** com un factor de facilitació o empitjorament d'aquestes relacions.

2.1 > Patrons i pautes de comportament relacionats amb la salut

A través de l'epidemiologia, s'han establert les connexions entre els estats de salut dels individus i algunes pràctiques de la seva vida diària, el comportament i la personalitat.

Una sèrie de **característiques de la personalitat** permet a l'individu enfrontar-se a les dificultats que se'ls presenten d'una manera adequada, és a dir, de forma ferma alhora que flexible, persistent i optimista, i això donarà lloc a un manteniment de la seva salut. Són de destacar els aspectes següents:

- **Sentit de coherència.** Una persona amb un alt sentit de coherència es considerarà capaç de manejar el problema quan sorgeixi, controlant els elements estressants que incideixen sobre la seva salut.
- **Fortalesa de caràcter.** Té tres components:
  - Compromís amb la vida: valora les seves experiències com a interessants. Estima la vida i aposta per ella.
  - Repte: valora situacions estressants com un repte a superar.
  - Control: pensa que pot actuar sobre el que ocorre.
- **Control/sensació de control.** És el contrari a deixar-se portar sense pensar. Si la salut és un dels objectius del subjecte, buscarà mantenir-la i respondre de la forma més adaptativa quan s'enfronti a una situació de malaltia.

Psiquiatria

La psiquiatria és la branca de la Medicina especialitzada en la prevenció, avaluació, diagnòstic, tractament i rehabilitació dels trastorns mentals. El seu objectiu és l'alleujament del sofriment mental associat als trastorns de la salut mental.

Epidemiologia

L'epidemiologia és una disciplina que estudia, en les poblacions humanes, la dinàmica de la salut-malaltia i els factors que hi influeixen, així com els mètodes d'intervenció diagnosticoterapèutics.

Control

El control en Psicologia significa una manipulació intencional d'una situació per produir un resultat desitjat.

Biaix optimista

Els efectes il·lusoris són quelcom tan humà com considerar que els esdeveniments desitjables són més probables i els menys desitjables són menys probables. Pot ocórrer a la inversa, que un succés sigui probable fa que sigui desitjable, o també en sentit negatiu. Això dóna lloc a un biaix optimista, des del punt de vista sanitari, a una convicció que nosaltres no contraurem una malaltia o no tindrem un accident, etc.

- **Disposició optimista.** Es poden valorar els fets de forma optimista o pessimista. Ser optimista suposa tenir expectatives positives sobre les coses. En aquest sentit, les persones optimistes tenen escassos símptomes físics en situacions de normalitat, s'enfronten activament a les realitats estressants i tenen una recuperació més ràpida quan emmalalteixen.
- **Autoestima i autoeficàcia.** L'autoestima positiva suposa considerar-se a si mateix com algú competent per enfrontar-se als reptes de la vida. D'aquesta manera, les persones saludables tenen una autoestima positiva. L'autoeficàcia és la creença d'una persona en la seva habilitat per afrontar amb èxit una tasca concreta. Així mateix, es considera que té efectes protectors sobre la salut i la prevenció de la malaltia, i resulta terapèutica.
- **Suport social.** És el número de contactes i interaccions que manté una persona (aspecte quantitatiu), així com la percepció de pertinença a un grup social i l'obligació mútua que una persona té amb una altra (aspecte qualitatiu). A més, també es considera que formen part del suport social les accions o els ajuts objectius que li proporcionen, juntament amb la valoració que el receptor els atorga (aspecte funcional).

Efectes directes del suport social sobre la salut (extret de Kaplan *et al.*, 1993)

Ambient social / suport social	Modelització	Salut i benestar
	Reforçament de conductes de salut	
	Alè/estímul	

2.2 > Patrons i pautes de comportament de risc

Els **comportaments de risc** són aquells que afavoreixen el desenvolupament de malalties i ens fan viure menys i/o en pitjors condicions. Per això, quan s'estimen els factors de risc, s'ha de fer en consonància amb els contraposats, els factors saludables, del subjecte concret.

Per poder entendre les dificultats que existeixen a l'hora de modificar un comportament de risc, és important saber que:

1. Tota conducta té una **finalitat.** El que fem, ho fem per i per a algú; existeix, doncs, una intencionalitat, encara que la seva funció no sigui sempre evident.
2. La conducta només pot ser compresa en el **context** en què ocorre. No s'ha de descontextualitzar.
3. Tota conducta implica dos **aspectes contradictoris:** es pot dur a terme o no. Enfront d'aquesta ambivalència, el subjecte elegeix la conducta que és més congruent a la seva manera de pensar i **evita la dissonància interna,** o malestar psicològic que es produeix quan no s'actua segons els propis principis bàsics.

Així, doncs, les nostres conductes són fruit de l'equilibri entre aquests tres principis.

Patògens conductuals

Són els estils de vida que resulten factors de risc per al desenvolupament o agreujament d'una malaltia.

Casos pràctics 1

La vida segueix... igual?

En el canvi de torn, el personal d'infermeria reunit es planteja el cas de la Maria, de 35 anys d'edat. Va ingressar per realitzar-se una coronariografia diagnòstica, després d'un electrocardiograma alterat en el reconeixement mèdic de la seva empresa. En la coronariografia s'observa una disminució del diàmetre de les tres artèries coronàries de caràcter greu. La pregunta que tots es fan es si el podrà superar i seguir amb la seva vida habitual.

En quines característiques de la Maria ens hem de fixar per parlar amb coneixement de causa? Com recopilaríem aquesta informació?

Solució

Existeixen comportaments que afavoreixen la recuperació en situacions de malaltia i que potencien l'evolució positiva envers la salut. Hi ha tres formes d'objectivar aquestes conductes: a través de l'anamnesi, informalment (en conversacions intencionals per la nostra part) i amb l'observació.

En l'anamnesi, es preguntarà directament sobre possibles conductes de risc: fumar, menjar en excés, sedentarisme, tipus de personalitat, etc., o sobre factors protectors com activitat física diària, alimentació equilibrada, etc. D'aquesta forma, valorarem compensadament els comportaments de risc enfront dels protectors de la salut.

En conversacions informals, es tractarà de saber quina consideració té de si mateixa, quines expectatives té sobre el seu futur i sobre la malaltia, si es creu una persona resolutiva o no, en qui confia i qui li dóna suport. La imatge que la Maria tingui sobre si mateixa, de la seva eficàcia i el seu caràcter, o dels seus suports, serà una ajuda o un obstacle per a la seva recuperació.

Hem d'**observar:**

- Abans de la prova diagnòstica, si va mantenir una conducta controlada, sense expressions emocionals fora de lloc, com plors, crits o actituds d'indefensió. I si el tipus de verbalitzacions que va fer sobre la seva situació van ser esperançades, com: "Això ja et passarà", o pessimistes com: "Tinc molt mala sort". Les dues dades ens informaran sobre la seva fortalesa de caràcter i la seva sensació de control sobre el que li està passant; elements afavoridors per a la recuperació. Per valorar el seu suport social, és convenient saber qui l'acompanya i el tipus de relació que hi manté: hostilitat, afecte, complicitat, etc. Aquesta és una mostra del suport social que té.
- Després de la prova, la forma en què respon al dolor, la proliferació de símptomes, el malestar general, si les queixes són freqüents, si sol·licita analgèsics i el número de demandes d'assistència. Tot això ens explica com la Maria s'enfronta a la situació, de forma activa o passiva, essent dependent o tractant de millorar el seu estat. Les verbalitzacions optimistes o pessimistes en aquest moment són una mostra de les expectatives de la Maria.

Estudiats els comportaments protectors de la salut i de risc, es podria valorar quins aspectes positius i negatius té per recuperar-se, la qual cosa ens serveix per treballar amb la Maria els aspectes positius per potenciar-los i reforçar-los o, per contra, per neutralitzar els negatius. Tot això està adreçat a proporcionar unes cures d'infermeria de qualitat.

3 >> Psicologia evolutiva o del desenvolupament

Una altra subdisciplina de la Psicologia és la Psicologia evolutiva o del desenvolupador. Explora com i per què les persones canvien a mesura que avança la seva edat i com hi influeix la seva cultura.

La **Psicologia evolutiva** s'ocupa de la descripció, explicació i modificació dels canvis del comportament de l'individu al llarg de la vida, establint diferències i similituds amb altres persones.

Els **objectius** de la Psicologia evolutiva són:

- Descriure i identificar els processos de canvi.
- Explicar els processos de canvi i per què es produeixen.
- Intervenir en els processos de desenvolupament amb la finalitat de maximitzar-los.

Els psicòlegs experts en desenvolupament no es posen d'acord sobre si l'evolució és un **procés continu o discontinu**; és a dir, si va a salts (d'etapa a etapa) o si es tracta de canvis progressius sense interrupció. Tampoc es posen d'acord sobre si és més important **l'herència o l'entorn** del subjecte en el seu desenvolupament. Si pensem que l'herència és el fonamental, la nostra capacitat d'actuar sobre el subjecte és nul·la, i només ens queda esperar que l'enginyeria genètica ens faci homes i dones models. Si creiem que el medi influeix en el subjecte, considerarem que els actes i les accions personals i professionals influeixen sobre la persona i en faciliten el desenvolupament.

Genotipus versus fenotipus

La càrrega genètica dels individus constitueix el seu genotipus, i el fenotipus és el resultat de l'expressió d'aquesta càrrega genètica i de les interaccions del genotipus amb l'ambient al llarg del cicle vital. Aplicat a la medicina, es parla de predisposició genètica (genotipus) que només es desenvolupa (fenotipus) en ambients afavoridors. Recentment, s'ha obert el debat de la conveniència o no de les mastectomies preventives com a reflex d'aquest enfrontament entre els gens i la seva expressió o no en l'individu.

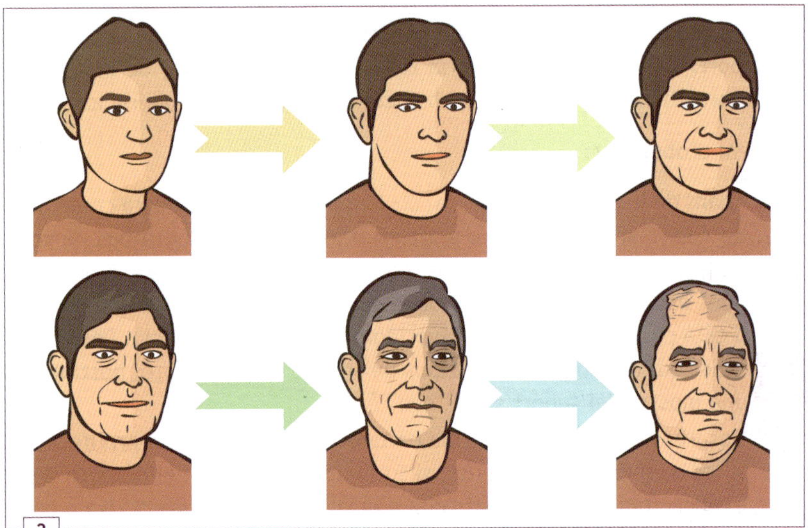

2

Canvis físics al llarg del desenvolupament de l'individu.

La història del nen salvatge d'Avinyó

Víctor va ser trobat l'any 1800, amb una edat aproximada de dotze anys, després d'haver-se criat durant aquest temps en un entorn salvatge. Va ser tractat pel doctor Itard. A través dels seus estudis, va valorar com l'entorn afavoreix o entorpeix el desenvolupament de les capacitats innates dels subjectes.

Activitats

1·· De què s'ocupa la Psicologia evolutiva?

2·· Quins són els principals objectius de la Psicologia evolutiva?

3.1 > Models teòrics en Psicologia evolutiva

El desenvolupament humà no és gens simple i les respostes que l'expliquen tampoc ho són.

Existeixen tres models teòrics o paradigmes que estableixen diferències i similituds entre les diferents teories que tracten de trobar les raons per les quals evolucionem al llarg de la nostra vida.

Característiques dels models			
	Mecanicista	Organicista	Contextual dialèctic
Metàfora	L'ésser humà és una màquina.	Organisme viu.	Interacció dialogada.
Naixem	Sense res, com un full en blanc.	Amb unes característiques innates, tot ja està donat.	Biològic, sociocultural i històric.
Actitud del subjecte	Individu reactor, reacciona als estímuls.	Individu actor.	Actor i reactor. Interactiu.
Edat	No importa l'edat evolutiva.	Determina el pensament.	No té transcendència.
Tipus de canvi	- Extern. - Quantitatiu. - Continu.	- Intern. - Qualitatiu. - Seqüència invariable.	- Intern/extern. - Multidimensional. - Multidireccional. - Quantitatiu/qualitatiu.
Desenvolupament	- Extern. - Relatiu. - Multidireccional. - Programable.	- Intern. - Universal. - Unidireccional. - Espontani.	Programable/espontani.
Aprenentatge	Gràcies a ell, ens desenvolupem (l'aprenentatge produeix el desenvolupament).	Només aprenem quan les nostres estructures mentals orgàniques estan preparades (el desenvolupament és previ a l'aprenentatge).	Major pes de l'aprenentatge o del desenvolupament segons l'etapa de la vida en què ens trobem.

3.2 > Teories sobre el desenvolupament

Les teories sobre el desenvolupament són un conjunt sistemàtic d'hipòtesis i principis que intenten explicar el desenvolupament i proporcionen un marc per a futures investigacions.

Teories associades a cada model	
Model	Teories
Mecanicista	- Conductisme - Teories d'aprenentatge social - Teories relacionades amb el processament de la informació
Organicista	- Teoria psicoanalítica - Teoria piagetiana - Teories biològiques
Contextual dialèctic	- Teoria historicocultural - Teoria del cicle vital - Teoria ecològica

Hipòtesi

Una hipòtesi és una suposició de quelcom possible o impossible per treure'n una conseqüència. És una resposta temptativa a un problema i es posa a prova per determinar-ne la validesa.

Teoria del cicle vital

El desenvolupament de cada persona es prolonga al llarg de tota la vida i és fruit de **tres tipus d'influències:**

- Influències normatives relacionades amb **l'edat.** Afecta els individus de la mateixa edat i deriven dels processos maduratius i de socialització. Els determinants bàsics són biològics. Són els factors ontogènics de l'espècie humana.
- Influències normatives relacionades amb la **història.** Són els esdeveniments que tenen lloc en un moment cultural concret, associats als canvis biosocials. Els determinants bàsics són fruit de la interacció de la biologia i de l'ambient. Són els factors generacionals.
- Influències **no normatives.** Es caracteritzen per la seva irregularitat; són experiències individuals. Els determinants bàsics són ambientals (per exemple, la professió) i de tipus individual (per exemple, la salut).

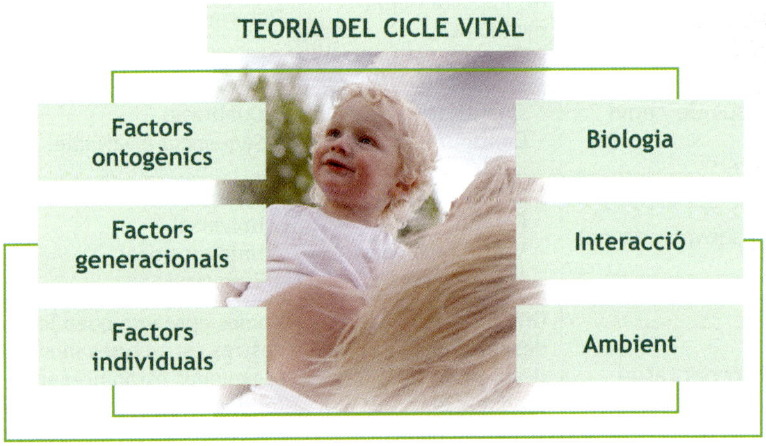

3
Teoria del cicle vital.

Filogènia

La filogènia és l'origen i el desenvolupament evolutiu de les espècies.

Ontogènia

L'ontogènia es refereix al desenvolupament de l'individu, en especial en el període embrionari.

Creixement

El creixement és l'augment quantitatiu de les estructures corporals en els diferents moments evolutius.

Maduració

La maduració són els canvis que es produeixen en l'individu determinats per factors genètics o endògens. Es tracta de processos que apareixen de forma espontània per l'acció de determinants biològics.

Perspectiva etològica

L'etologia és l'estudi biològic de la conducta dels individus que pretén elaborar un inventari dels models de comportaments fixos, estables i espontanis de cada espècie, juntament amb la funció biològica que compleix per a la seva supervivència.

Les grans preguntes de l'etologia

- Com evoluciona el comportament?
- Quina és la causa d'aquest comportament?
- Quina és la seva funció biològica?
- Com va evolucionar fins a arribar a ser el que és?

Activitats

3·· Compara les característiques dels models mecanicistes i organicistes en Psicologia evolutiva.

4·· Esmenta les teories del desenvolupament que apareixen en aquest apartat de la unitat.

5·· Segons la teoria del cicle vital, quins tres tipus d'influències actuen en el desenvolupament?

6·· Quan parlem del desenvolupament, en què consisteix la perspectiva etològica?

7·· Quines són les característiques del model contextual dialèctic?

Teories cognitives

Les de major vigència actual són:

a) Teoria del desenvolupament cognitiu (Piaget). El desenvolupament cognitiu busca l'adquisició d'un equilibri millorant; és a dir, un estat d'harmonia mental. Per això, configura les seves experiències a través d'una estructura o un esquema mental que no és més que una forma general de pensar sobre els objectes o sobre l'ambient i d'interactuar-hi. Mitjançant l'adaptació, el subjecte ajusta noves experiències i idees amb les que ja té. L'adaptació es pot dur a terme a través de **dos processos:**

- **Assimilació:** procés mitjançant el qual els estímuls exteriors s'adapten a les pròpies estructures mentals internes. És la interpretació de les dades exteriors en funció del sistema cognitiu del moment.
- **Acomodació:** procés a través del qual les estructures mentals s'adapten a les dades externes, les demandes i els requeriments que l'entorn imposa al subjecte.

Limitacions de la teoria de Piaget

- En les seves observacions, no va tenir en compte el context de l'infant ni que les tasques que li sol·licitava eren abstractes i descontextualitzades.
- No va diferenciar entre competència i desenvolupament, en atribuir els errors a la falta de capacitat i no, per exemple, a la falta de motivació o de familiaritat amb la tasca.

Períodes de Piaget sobre el desenvolupament cognitiu

Edat	Període	Característiques
0-2 anys	Sensoriomotor	El bàsic per entendre el món són els sentits i les aptituds motores. Les coses existeixen en la mesura del que l'infant pot fer amb elles.
2 - 6 anys	Preoperacional	Pensament simbòlic. Utilitza el llenguatge per comprendre el món.
7 - 11 anys	Operacions concretes	L'infant entén i aplica operacions lògiques que l'ajuden a interpretar les experiències de forma objectiva i racional en comptes de fer-ho intuïtivament.
+ 12 anys	Operacions formals	És capaç de pensar sobre abstraccions o hipòtesis. Especula sobre el possible i el real.

b) Teoria del processament de la informació. S'inspira en la tecnologia moderna. Desenvolupa els passos del pensament i els equipara a la forma en què un ordinador processa i emmagatzema la informació (classifica, categoritza, emmagatzema i extrau).

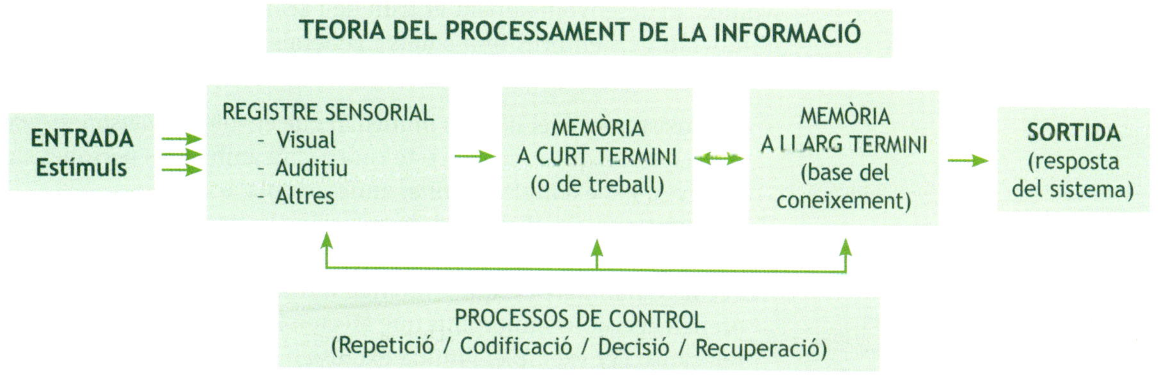

4

Teoria del processament de la informació.

> **Lev Semenovich Vigotsky (1896-1934)**
>
> Pertanyent a la Psicologia soviètica, no va ser descobert per la Psicologia occidental fins al 1960, any en què es van començar a traduir les seves obres. La seva contribució a les ciències del comportament encara segueix essent objecte d'estudi i discussió.

Teoria historicocultural (Vigotsky). Perspectiva sociocultural

Segons aquesta teoria, per explicar l'evolució de les persones, cal tenir en compte els canvis històrics i culturals que afecten el comportament. El desenvolupament és un procés d'adquisició dels instruments de mediació simbòlica de la cultura (eines culturals, símbols i llenguatge, etc.). El desenvolupament humà és fruit de la **interacció social individu-cultura.** Els adults són el referent per als infants en un context de participació dirigida, i els instrueixen sobre habilitats pràctiques (encendre una ràdio), habilitats socials (saludar en entrar en una botiga) i habilitats intel·lectuals (utilitzar regles de càlcul), fet que els porta així fins a la seva **zona de desenvolupament pròxim.**

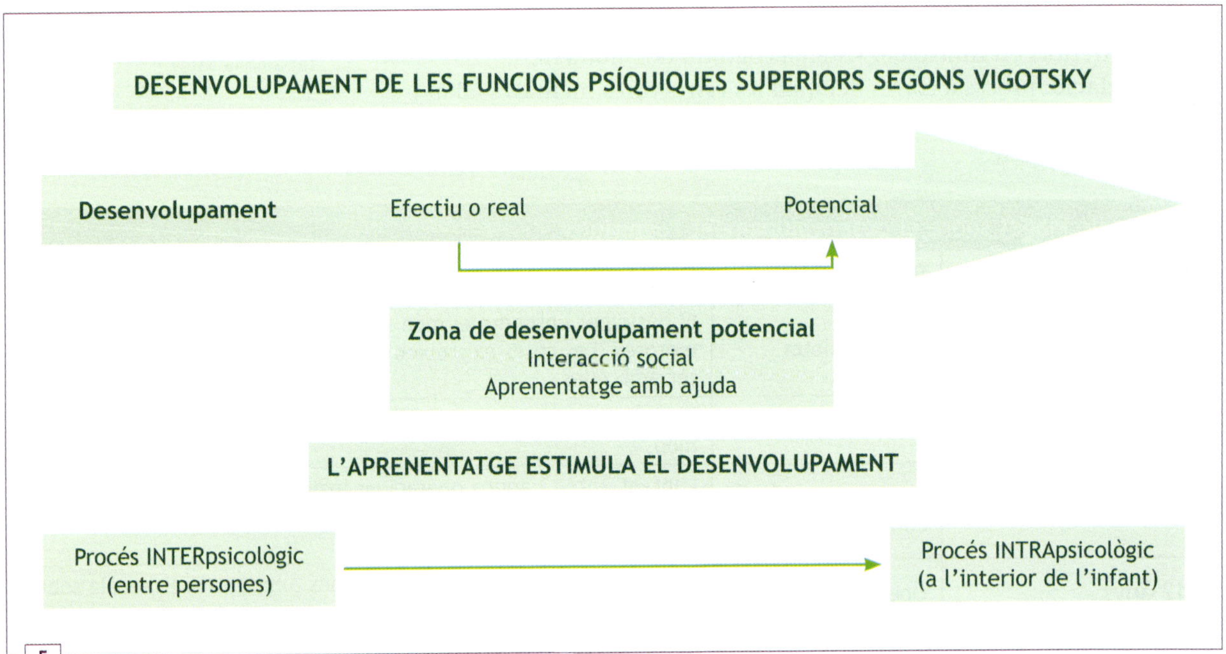

5
Perspectiva sociocultural de Vigotsky.

Teoria ecològica (Bronfenbrenner)

La teoria ecològica considera que el desenvolupament cal estudiar-lo des de **contextos naturals,** és a dir, els llocs on la gent viu i es desenvolupa. El desenvolupament és fruit de l'acomodació que es dóna entre l'individu i els entorns immediats i generals on viu. Així, s'estableixen les relacions següents:

- **Microsistema:** és el sistema immediat que envolta les persones; genera situacions en què es té contacte cara a cara amb altres persones significatives. Per exemple: família, amics, escola, etc.
- **Mesosistema:** és el sistema de relacions entre els microsistemes de l'infant.
- **Ecosistema:** marc en què l'infant/adult no participa, però en què es prenen decisions importants que afecten l'infant o l'adult en les seves relacions. Per exemple: família extensa o serveis sanitaris.
- **Macrosistema:** pautes i esquemes que defineixen i organitzen la vida de la societat. Per exemple: ideologia política o contracte social imperant.

> ***L'ecologia del desenvolupament humà***
>
> En aquest llibre, Bronfenbrenner explica tota la seva teoria sobre el desenvolupament, i ofereix noves línies d'estudi a la Psicologia evolutiva i a l'acció social.

Teories de l'aprenentatge

Són les teories que posen de relleu les seqüències i els processos de condicionament que es troben darrere de la major part de les conductes dels animals i també humanes. Les teories de l'aprenentatge més significatives són:

Estímul

Des de la perspectiva psicològica, s'entén que un estímul és qualsevol fet que provoca una resposta, tant voluntària com reflexa.

a) Conductistes

L'aprenentatge es produeix quan es dóna un canvi en la conducta. Aquesta conducta canvia en funció de l'estímul. Una part de l'aprenentatge es produeix per mitjà del condicionament, ja sigui a través de l'associació de dos estímuls o bé a través del reforçament o càstig. Existeixen dos tipus de condicionaments:

- **Condicionament clàssic o condicionat (Pavlov):** l'aprenentatge es produeix perquè s'associa un estímul significatiu a un altre de neutre, de forma que aquest últim provoca una resposta similar a l'anteriorment provocada pel primer.

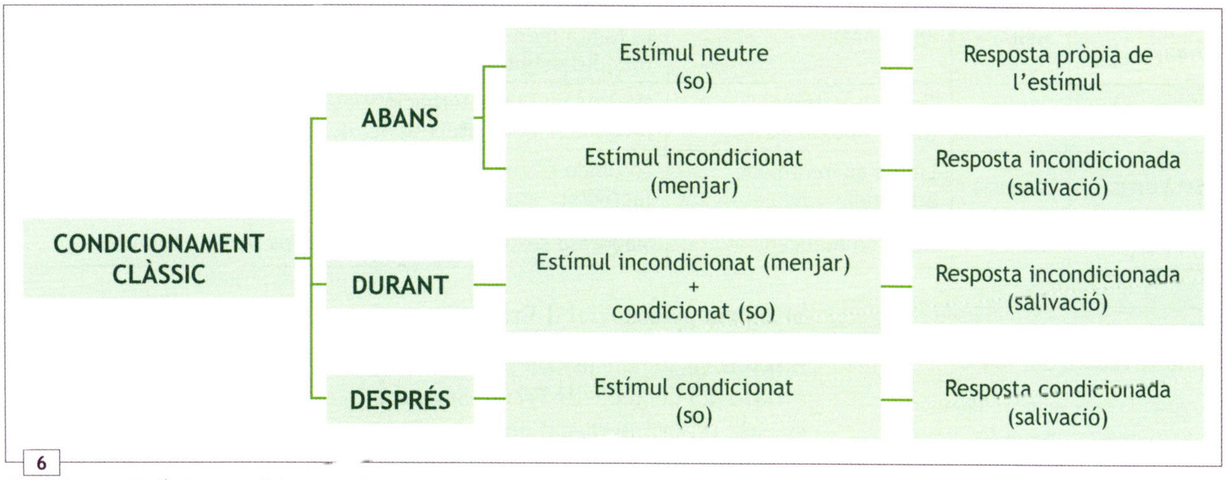

6
Condicionament clàssic o condicionat (Pavlov).

- **Condicionament operant o instrumental (Skinner):** a través d'aquest condicionament, l'organisme aprèn que una conducta particular produeix una conseqüència particular i, si és útil o plaent, l'organisme repetirà la conducta; però si, per contra, és desagradable, intentarà evitar-la. Es denomina així perquè es produeix una **conducta instrumental** dirigida a aconseguir un determinat resultat o efecte.

El reforç versus el càstig

El reforç pot ser negatiu o positiu, però en tots dos casos augmenta la probabilitat o força de la resposta. Per la seva banda, el càstig la debilita o l'evita.

b) Aprenentatge social (Bandura)

Segons aquesta teoria, l'aprenentatge té lloc a través de la **imitació** i la identificació amb altres persones significatives. Bandura es va basar en el conductisme per desenvolupar la seva teoria, i hi va afegir la importància de les variables personals i ambientals.

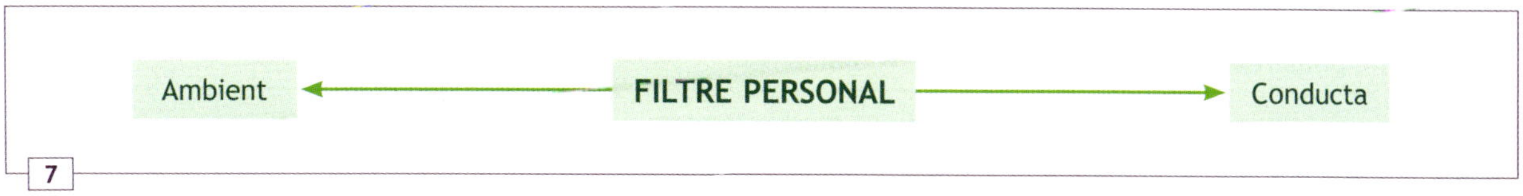

7
Aprenentatge social (Bandura).

Teories psicodinàmiques

> **www.psicomundo.com**
>
> Web de Psicologia llatinoamericana en què es té accessos directes a diferents revistes digitals especialitzades amb un enfocament clarament psicoanalític.

Interpreten el desenvolupament humà en termes de forces i motius intrínsecs, partint del fet que aquestes forces bàsiques i subjacents influeixen en el pensament i en la conducta. Les principals teories són:

a) Psicoanàlisi de Freud

El motor de la conducta és la **libido**, o les pulsions sexuals instintives conforme al principi del plaer. Les experiències precoces són determinants per al desenvolupament futur del subjecte. Segons aquest autor, les **etapes** del desenvolupament són:

Etapes del desenvolupament psicosexual segons Freud			
Edat	Etapa	Zona de gratificació	Experimentació
0-18 mesos	Oral	Boca	Reducció de la tensió amb l'alimentació i el plaer de la succió.
18 mesos 3 anys	Anal	Regió anal	Experimentació de plaer en la defecació, en la retenció de la femta o en la neteja de la zona. Adquireixen el control de tots dos esfínters.
3-6 anys	Fàl·lica	Genitals externs (plaer autoeròtic)	Manipulació i masturbació. Desig inconscient de posseir el progenitor del mateix sexe i desfer-se del propi.
6-12 anys	Latència	Libido aparentment adormida	La libido es recanalitza a un altre tipus d'activitats (activitats escolars, jocs, esport, etc.).
+ 12 anys	Genital	Plaer no autocentrat	Maduresa sexual. Pubertat. Relacions sexuals adultes.

> **El joc com a activitat sintetitzadora del "Jo"**
>
> Erikson va associar joc i creixement, i va considerar que el joc infantil tenia diferent sentit i funció que el de l'adult. Segons Erikson, el joc serveix com a instrument diagnòstic i terapèutic en l'etapa infantil.

b) Teoria psicosocial d'Erikson

Erikson va ser un psicòleg dels Estats Units especialitzat en Psicologia evolutiva i deixeble de Freud. Segons aquest autor, el desenvolupament es basa en la interacció entre les forces psicològiques internes i les influències socials externes.

Existeixen vuit etapes en el desenvolupament, cada una de les quals posseeix una dificultat concreta o crisi que cal resoldre, ja que fer-ho permet adquirir la capacitat bàsica de l'etapa o virtut:

Etapes del desenvolupament psicosocial d'Erikson		
Edat	Crisi	Virtut
0-12 mesos	Confiança enfront de desconfiança	Esperança
1-3 anys	Autonomia enfront de vergonya i dubte	Voluntat
3-6 anys	Iniciativa enfront de culpa	Propòsit
7-11 anys	Destresa enfront d'inferioritat	Destresa
Adolescència	Identitat enfront de confusió de rols	Fidelitat
Edat adulta primerenca	Intimitat enfront d'aïllament	Amor
Adultesa	Creativitat enfront d'estancament	Cura
Vellesa	Integritat enfront de desesperació	Saviesa

4 >> Etapes evolutives

Per comprendre millor el canvi evolutiu, el desenvolupament humà es divideix en àmbits i franges d'edat. Els nous corrents en Psicologia evolutiva consideren que el temps, en si mateix, no és la causa del canvi de les persones, sinó els factors que apareixen i exerceixen la seva influència al llarg del temps. De cada etapa o estadi evolutiu n'analitzarem **tres àmbits** fonamentals, per la importància de les seves variacions al llarg del desenvolupament:

- **Físic:** es refereix al creixement, el desenvolupament físic i els factors socioculturals que afecten aquest creixement i desenvolupament.
- **Psíquic:** al·ludeix als processos mentals a través dels quals les persones pensen, es comuniquen i aprenen.
- **Social:** relacions amb els altres, emocions que es produeixen en les interaccions i variables de personalitat que influeixen en aquestes interaccions.

Aquests tres àmbits donen lloc a un concepte diferent d'edat paral·lel:

- **Edat biològica:** fa referència a les característiques físiques, maduresa i capacitat funcional dels òrgans, així com al potencial de desenvolupament en el cicle vital.
- **Edat psicològica:** reflecteix les capacitats adaptatives de les persones, incloent els comportaments.
- **Edat social:** representa els rols assignats a cada edat, així com les expectatives i les conductes esperades.

Estadi

L'estadi aplicat a la Psicologia del desenvolupament significa que:

- Els canvis que es produeixen són qualitatius.
- Els continguts són homogenis.
- La seqüència és invariable i, per tant, predictible.
- Els estadis superiors integren els èxits dels anteriors.

Etapes evolutives

Fase		Edat cronològica	Clau física	Clau psicològica
Prenatal		9 mesos	- Concepció - Naixement	Expectatives dels pares: infants desitjats
Primera infància		0 anys 2 anys	- Sedestació - Caminar - Parlar	Formació d'afeccions
Segona infància	Primerenca	6 anys	Control d'esfínters	Domini d'habilitats bàsiques
	Tardana	11 anys	Finalitza amb la pubertat	Operacions concretes
Adolescència		20 anys	Maduresa física	Construcció de la identitat personal i sexual
Vida adulta	Joventut		Màxim desenvolupament de les potencialitats físiques	Estabilitat, independència econòmica i personal
	Mitjana edat	40 anys 65 anys	Menopausa / Andropausa	Expansió dels compromisos personals i socials, augment de responsabilitats
Vellesa		Mort	Processos d'envelliment cel·lular	Jubilació. Reformulació del rol personal i social

4.1 > Primera i segona infància

Des del **zero als onze anys**, ens trobem amb aquestes **característiques:**

- **A nivell físic.** Durant els primers anys de vida, el repte per als infants és conèixer i controlar el seu cos. La importància de fer-ho és tan gran que alguns autors defensen que el pensament es construeix amb l'experiència del moviment i l'acció.
- A **nivell psíquic.** Els canvis que es produeixen són molts i marcats. Si seguim els patrons del desenvolupament cognitiu donats per Piaget, observem el següent:
  - **De 0 a 2 anys.** L'infant es troba en **l'etapa del desenvolupament sensoriomotor.** Està determinada per les sensacions que l'infant experimenta i les reaccions davant seu són de tipus motor. El nadó es relaciona amb el món a través dels **sentits** i **l'acció.**
  - **Dels 2 als 7 anys.** Es tracta del **període preoperacional.** Adquireix la funció simbòlica, és capaç d'utilitzar objectes, paraules (adquisició del llenguatge), i fins i tot accions com símbols per pensar i comunicar-se. Les accions interioritzades van ser denominades per Piaget com a **intuïcions.**

  El **pensament intuïtiu** es caracteritza per:

Relació del nadó amb el seu entorn físic

La relació amb el seu entorn, permet al nadó:

- Establir relacions entre objectes i accions (causalitat).
- Distingir entre mitjans i finalitats (intencionalitat).
- Construir la noció de permanència de l'objecte.
- Elaborar una idea de l'espai.
- Elaborar les primeres representacions i accedir així a la funció simbòlica.

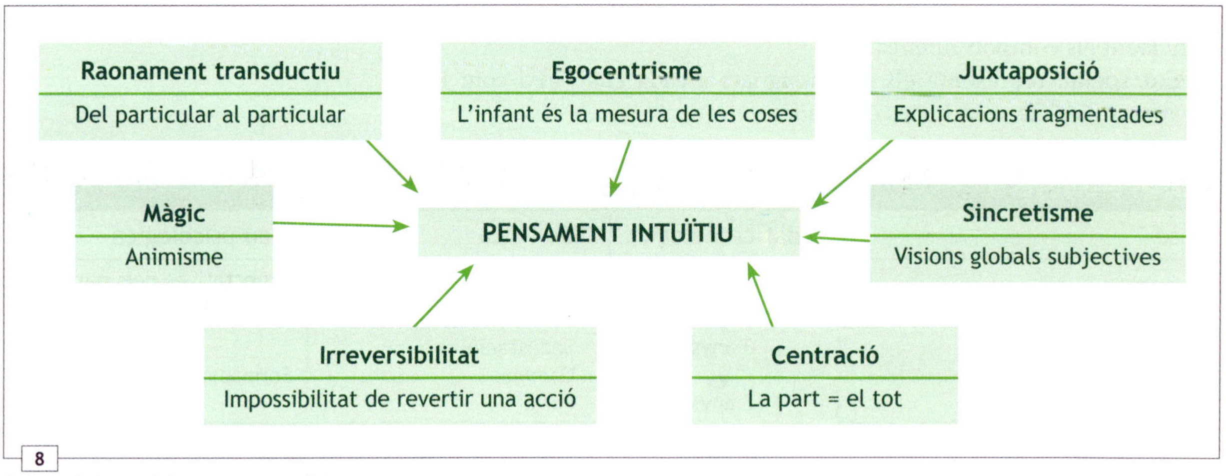

8
Característiques del pensament intuïtiu.

  - **Dels 7 als 11 anys.** És el **període de les operacions concretes,** en què la seva intel·ligència es torna operacional o lògica. El pensament de l'infant s'independitza de les aparences perceptives externes i és capaç de fer inferències partint d'informació tangible i concreta. El pensament és més lògic, menys dependent de l'aquí i l'ara.
- A **nivell del desenvolupament emocional,** ens trobem amb el següent:
  - Durant els **dos primers anys de vida,** es produeix el **desenvolupament de l'afecció.** L'afecció és un vincle afectiu, una relació consolidada per les conductes infantils i del cuidador principal, que es complementen recíprocament i que donen lloc a una relació emocional privilegiada. L'afecció produeix en l'infant sentiment de seguretat, plaer i benestar.

Explicació de l'afecció

L'origen de l'afecció s'associa a:

- La satisfacció de les necessitats bàsiques de l'infant (psicoanàlisi).
- Un procés d'aprenentatge (conductisme).
- Una necessitat innata de contacte (etologia).

- **Dels 2 als 7 anys.** Existeix major diferenciació, control i anticipació de les emocions. La seva mobilitat física li permet ampliar el seu món d'influència. A partir dels tres anys, comença el desenvolupament de l'autoconcepte i l'autoestima. L'infant es descriu a si mateix de forma global i arbitrària. L'obstinació o tossuderia és una forma d'exercitar la pròpia voluntat acabada de descobrir i contribueix al creixement i l'enfortiment de la seva personalitat.
- **Dels 7 anys a l'adolescència.** L'autoconcepte es fa més psicològic que social i es fonamenta menys en les característiques físiques. El desenvolupament cognitiu li permet percebre's a si mateix diferent de la resta, valorant-se en funció de les creences pròpies.

– A **nivell social.** L'adquisició més important és la **socialització**, que és el procés d'adquisició de conductes, valors, normes, creences i motius propis del context social, cultural, etc. de l'entorn de l'individu.

Els **referents socials màxims** per a l'infant són:

- **La família.** És l'entorn de socialització primari. Els pares són els models més eficaços i influeixen en la construcció de l'autoconcepte de l'infant, de la seva personalitat.
- **Els mestres.** Contribueixen a la socialització de manera secundària. Han d'existir els mateixos valors i normes que a la família per tal que no apareguin contradiccions que impedeixin a l'infant socialitzar-se de forma adequada.
- **Les relacions amb els seus iguals** (infants d'edat similar). També contribueixen a la socialització. Aquestes relacions tenen diferents característiques segons l'edat:

– Dels 3 als 5 anys: l'amic és qui està a prop i juga amb ell.
– Dels 5 als 8 anys: l'amic és qui li presta coses i l'ajuda; es tracta d'amistat interessada i fluctuant.
– Dels 8 als 12 anys: l'amistat comença a ser desinteressada, introduint-se principis de reciprocitat, confiança i afecte.

9
La família és el primer agent socialitzador en la infància.

Estils educatius familiars

- **Estil democràtic:** expressió oberta d'afecte i interessos. Exigències i control. Normes clares adaptades a les possibilitats de l'infant. Disciplina sensible a les necessitats de l'infant, flexible i que controla i guia les conductes desitjables dels infants.
- **Estil permissiu:** sobreprotecció i comoditat. Escassa consistència en les normes de disciplina. Excessiva vulnerabilitat respecte del fill.
- **Estil autoritari:** expressió d'afecte controlat. Escassa sensibilitat i empatia. Centrat en l'adult. Afirmació del poder a través de disciplina coercitiva. Control a través de la imposició per inhibir, mitigar o anul·lar conductes indesitjables.
- **Estil negligent:** postures extremes d'excés o d'absència de control. Falta d'implicació en les necessitats i els interessos de l'infant.

Agents socialitzadors

Al llarg de la vida, es considera que els agents i mediadors bàsics per al desenvolupament socioemocional són:

- Les relacions diàdiques (mare, pare i parella sexual).
- Els pares, els germans i la família.
- L'escola o llocs formatius.
- Els iguals.
- Els mitjans de comunicació.
- Els jocs i les joguines.
- El context social general.

4.2 > Adolescència

Margaret Mead (1901-1978)

Els estudis d'aquesta antropòloga cultural van posar de manifest que l'adolescència es caracteritza per ser una etapa conflictiva i de rebel·lia només en el món occidental, mentre que en la resta de societats es realitzen ritus de transició que serveixen per franquejar la barrera que separa l'infant de l'adult. Per això, va basar la seva investigació en l'estudi dels joves de Samoa.

L'adolescència és una etapa de canvis físics, psíquics i socials notables, condicionada per una transició progressiva des d'un estatus infantil a la vida i el món adults. És un procés psicològic i social que només es presenta en alguns grups humans; tot i això, el que sí que és universal són els canvis físics, és a dir, la **pubertat**.

- A **nivell físic:** entre els 10 i els 16 anys d'edat, es produeixen una sèrie de transformacions biològiques i morfològiques (pubertat). Tenen lloc la maduració sexual i un creixement en un principi desproporcionat.
- A **nivell psicològic:** l'adolescent és capaç de dur a terme un **pensament formal,** treballar amb el real com un subconjunt del possible, utilitzar el mètode hipoteticodeductiu i establir relacions lògiques entre diferents proposicions. Pot processar millor la informació i és capaç d'adquirir més coneixements, a més de poder pensar sobre el seu pensament (metaconeixement). En aquesta etapa, es reestructura la imatge psicològica i física que té de si mateix.

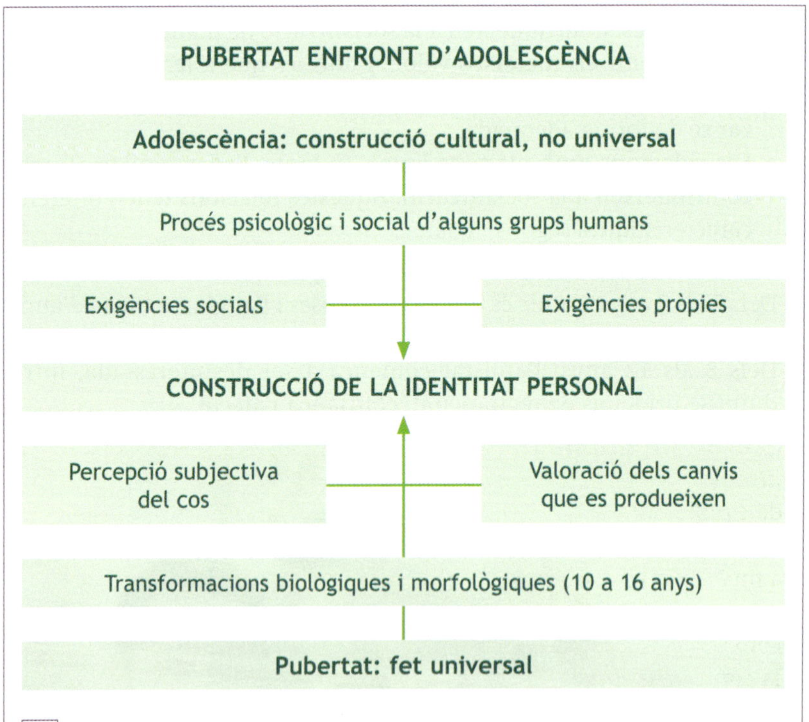

10 La pubertat i l'adolescència.

- **Canvis socials:** la socialització de l'adolescent depèn del context en què viu, mitjançant la societat i la seva cultura. En la família, existeix una ambivalència entre la dependència i l'autonomia. Es redefineixen els vincles familiars, en què el pes de les opinions i les idees dels adolescents comencen a tenir valor propi. La importància dels iguals en l'adquisició de la identitat personal és fonamental, ja que proporcionen a l'adolescent una identitat grupal, protecció, seguretat i sentit de pertinença.

Amenaces de la xarxa

L'ús de les noves tecnologies suposa un nou risc per a infants i adolescents. Exemples: el *grooming* (entabanament), que es refereix a la forma d'establir llaços emocionals i de guanyar-se la confiança d'un internauta menor d'edat; el *cyberbullying* (o ciberpersecució), que és la persecució i l'assetjament entre menors en l'entorn d'una xarxa de comunicacions; o el *sexting*, que consisteix en l'enviament de continguts de tipus sexual a menors.

4.3 > Edat adulta

Aquesta etapa s'ha estudiat poc en Psicologia evolutiva. Un dels tòpics ha estat considerar-la com una etapa d'estabilitat i absència de canvis. Així, se n'estudien diferents aspectes, com són:

- A **nivell físic**: a l'inici d'aquesta etapa, s'està en plena **esplendor física.** Amb el temps, es descompensen els processos de creixement i d'envelliment de l'organisme envers aquest últim.
- A **nivell psicològic**: l'adult es troba en **l'estadi postformal**, i s'hi realitzen operacions dialèctiques i es juga amb la contradicció i la flexibilitat en l'aplicació del pensament a la resolució de situacions. S'interrelacionen coneixements i realitats, i se situen els criteris de veritat no en l'esfera personal, sinó en la interpersonal. Es disposa **d'autocontrol** i s'autoregulen les conductes.
- A **nivell afectiu**, són tres els **esdeveniments** més importants:

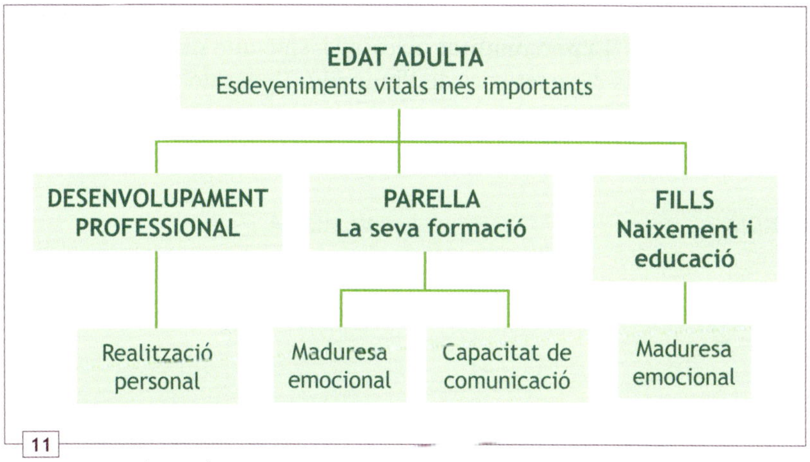

11 Esdeveniments vitals més importants en l'edat adulta.

- **Canvis socials**: la constitució de la família i el desenvolupament professional són variables afectives i socials que condicionen la vida de l'individu adult. El **cicle evolutiu familiar** reuneix les diferents etapes per les quals passen els individus que constitueixen les famílies a nivell social i afectiu. Cada una de les etapes té característiques diferents, i resulta necessari disposar d'unes habilitats bàsiques en totes, com són el domini de la negociació, de la resolució de problemes i de la comunicació. El **treball** és una experiència psicològica i social que deixa de ser beneficiosa quan es viu per treballar i no es treballa per viure. L'adult s'ha d'adaptar al sistema productiu per assolir la satisfacció laboral i aconseguir una remuneració econòmica, que li permeti viure segons les seves possibilitats. L'estabilitat laboral contribueix a l'estabilitat afectiva i a la inversa.

Subsistemes de la família

- Subsistema conjugal: format per la parella, és a dir, dues persones adultes que decideixen compartir el seu temps i la seva intimitat.
- Subsistema parental: format per la parella que decideix tenir fills. Les seves responsabilitats són tenir-ne cura, educar-los i proporcionar-los afecte i seguretat.
- Subsistema filial: format pels fills. Els germans tenen les seves pròpies formes i normes de relació.

Activitats

8·· Elabora un esquema on es reflecteixin el desenvolupament cognitiu i les seves diferències en el període sensoriomotor, preoperatori i de les operacions concretes.

4.4 > Vellesa

Les **característiques** principals d'aquesta etapa són:

- A **nivell físic:** apareix una tendència a l'atròfia i també es produeix una disminució de l'eficàcia funcional. Això té la seva correspondència física en l'organisme.
- A **nivell psicològic:** la modificació en les **funcions cognitives** es caracteritza per ser un procés lent, influït per aspectes personals, culturals, educacionals i de l'entorn. Per això, les manifestacions en el comportament individual són diferents i també ho és l'acceptació d'aquests canvis.

  L'edat, per si sola, no sembla ser un factor que modifiqui de forma apreciable la utilització de les facultats mentals, ja que l'individu elabora estratègies de compensació que amorteixen aquests canvis, mantenint una estabilitat.
- A **nivell afectiu:** se suposa que l'edat proporciona una maduresa **emocional** basada en l'experiència, encara que només per l'edat no s'aconsegueix. La **personalitat** no canvia, sinó que simplement s'aguditzen els trets característics de l'individu. L'edat no proporciona res que no es posseeixi de base.

La sonrisa etrusca

Escrit per José Luis Sampedro, aquest llibre tracta sobre l'envelliment i descriu magistralment els aspectes físics, psicològics i socials que l'acompanyen, des d'una perspectiva emocional i humana.

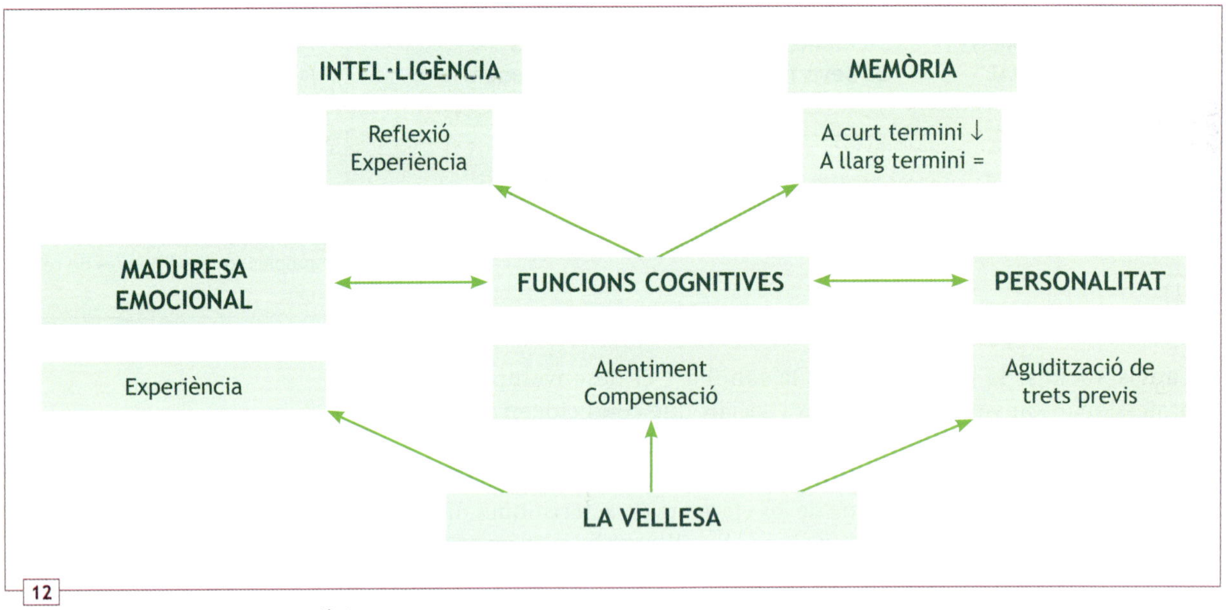

12

La vellesa des del punt de vista psicològic.

- A **nivell social:** nous models sobre el desenvolupament evolutiu (Shaie i Willis, 2002) estableixen que les persones grans passen per tres etapes diferents:
  - Etapa reorganitzadora: després de la jubilació és el moment de reorganitzar i planificar de nou la vida i els recursos personals i materials de què es disposa.
  - Etapa reintegradora: se selecciona allò a què es vol dedicar major esforç.
  - Etapa de llegat: suposa la valoració de la vida passada i la preparació per a la mort.

www.imsersomayores.csic.es

Portal MAYORES. Aquesta pàgina web està dissenyada sota criteris d'accessibilitat, i està especialitzada en Gerontologia i Geriatria. A l'apartat "Secciones", hi trobem legislació, psicologia i salut, residències, etc., amb abundant informació actualitzada.

Activitats finals

1·· Quines diferències trobes entre la Psicologia evolutiva i la Psicologia de la salut? Existeixen elements en comú?

2·· Quins efectes té sobre l'individu, en situacions de malaltia, el suport social?

3·· Determina quina de les següents afirmacions són exemples d'egocentrisme infantil, centració, juxtaposició o sincretisme:

a) El Roger, parlant amb la seva àvia per telèfon, li mostra la seva nova joguina.
b) El Nicolau nega rotundament que la seva àvia Raquel també pugui ser la mare de la seva mare.
c) El Daniel li explica al seu pare el que ha fet de la forma següent: "I vam anar al parc, i vam veure ànecs, i vam comprar galetes, i vam pujar a la barca...".
d) La Irene, a la nit, li explica al seu pare que "el sol no cau perquè és groc i està calent".

4·· Pot ser una conducta de risc en la infància i en l'adolescència l'ús de les noves tecnologies sense control parental? Pot influir sobre la salut de l'infant o l'adolescent? Raona la teva resposta.

5·· Què és la socialització?

6·· Quina relació trobes entre la teoria ecològica de Bronfenbrenner i els referents socials màxims en l'infant?

7·· Dins dels aspectes socials de la vellesa, quines tres etapes destaquen?

8·· En relació amb la teoria psicosocial d'Erikson, associa cada crisi amb la virtut que s'adquireix després de la seva superació:

Crisi	Virtut
1. Confiança enfront de desconfiança	a) Saviesa
2. Autonomia enfront de vergonya i dubte	b) Propòsit
3. Iniciativa enfront de culpa	c) Voluntat
4. Destresa enfront d'inferioritat	d) Destresa
5. Identitat enfront de confusió de rols	e) Amor
6. Intimitat enfront d'aïllament	f) Fidelitat
7. Creativitat enfront d'estancament	g) Cura
8. Integritat enfront de desesperació	h) Esperança

9·· Aprofundeix sobre les principals característiques de l'adolescent occidental incidint sobre els tòpics d'aquesta etapa, les exigències socials i personals, el judici moral i la identitat personal. Elabora un mapa conceptual amb aquestes variables.

10·· Els períodes prenatal, perinatal i postnatal són crítics en el desenvolupament? Determina per què.

11·· Recopila notícies sobre l'enginyeria genètica en diferents mitjans de comunicació.

12·· Realitza un quadre sobre la Psicologia de la salut en què estableixis quins són els objectius, els àmbits i les actuacions pròpies.

13·· Amplia els teus coneixements sobre les teories del desenvolupament humà. Busca'n informació en llibres especialitzats o a Internet.

Casos finals

1·· La crisi dels quaranta?

El Josep acaba de complir quaranta anys, treballa com a llauner i porta quinze anys casat. La seva dona, la Laura, treballa al servei domèstic. Tenen dos fills, el Joan Pau, de quinze anys, i la Victòria, de set. El Josep va tenir un accident de treball. Fa dues setmanes que acut en dies alterns al centre de salut per curar-se d'una ferida oberta a la zona tibial de la cama esquerra que s'ha complicat amb una infecció, deguda, entre altres coses, a la insuficiència venosa que té.

Últimament, va molt desanimat a les cures. Mentre l'atenen, la conversació amb la Isabel, la infermera, i l'Emili, l'auxiliar, és constant. Afirma que tot li va malament i que els quaranta no se li han posat gens bé: la Laura no l'entén, el Joan Pau està pitjor que mai i es porta a matar amb la seva germana Victòria, els crits a casa són freqüents, etc.

Què creus que busca el Josep en la Isabel i l'Emili? Què hem de fer nosaltres com a professionals sanitaris?

2·· El cost de les imprudències

El Lluís és fill de pare espanyol i mare dominicana. Té 21 anys i viu a casa dels seus pares. Va abandonar els estudis als 16 anys sense haver-se titulat i ara els seus pares l'han obligat a reprendre'ls, ja que no troba cap feina no qualificada que pugui realitzar.

Coneixes el Lluís perquè acut amb regularitat al teu centre de salut a buscar les receptes dels medicaments del seu pare, que és hipertens i diabètic. Estableixes una relació de confiança amb ell i t'explica que cada divendres i cada dissabte surt amb els amics i queden per beure alcohol al parc del seu barri. Com que és tímid i li costa desinhibir-se, va començar a beure alcohol i el mes passat va perdre el coneixement tres vegades, però els seus amics en van tenir cura i no va ser necessari posar en marxa cap tipus d'atenció sanitària. Ara està més content, perquè no li ha tornat a passar, encara que segueix bevent igual; creu que ja hi s'hi està acostumant i té més resistència, però s'adona que torna a mostrar-se inhibit, sobretot amb les noies. Fa dos caps de setmana va tastar unes pastilles que li va oferir un amic i no recorda gaire bé què li va passar. Els seus amics li diuen que "va lligar amb un noia" i creu que va tenir-hi relacions sexuals, però no recorda si va usar algun tipus de protecció. Ell no portava preservatius, això sí que ho recorda, ja que se'ls va oblidar a casa. Des d'aquell cap de setmana, circulen per la xarxa fotos seves compromeses per la poca roba usada i per la postura. No ho vol explicar als seus pares i no sap gaire bé què fer.

Com creus que podries ajudar el Lluís?

3·· Comportament infantil en les hospitalitzacions

La Sònia té 3 anys i ingressa a la planta de pediatria per a la col·locació d'uns drenatges transtimpànics i l'extracció de les amígdales palatines, després de múltiples infeccions respiratòries de vies altes i d'observar que la seva funció auditiva està compromesa com a conseqüència d'una mala ventilació de l'oïda mitjana.

Durant el preoperatori, la Sònia es mostra mimosa, capriciosa i queixosa, amb plors continuats i inconsolables. No es vol separar de la seva mare i posa dificultats a tot el que se li ha de fer. La teva paciència s'està acabant i no saps gaire bé com reconduir la situació.

Què creus que podries fer des del punt de vista de la Psicologia evolutiva?

Autoavaluació

1. La Psicologia estudia:

a) Com creixen els infants i quins percentils han de tenir.
b) El comportament, les estructures i els processos que ho fan possible.
c) La forma d'emmalaltir i de recuperar-se de les persones.
d) Totes les respostes anteriors són correctes.

2. Les cures d'infermeria s'han d'impregnar de principis psicològics:

a) Perquè les malalties mentals així ho requereixen.
b) Per aplicar les tècniques sense que el pacient es queixi.
c) Per aportar una visió holística de l'individu, possibilitar el canvi de conducta i donar qualitat a la realització professional.
d) Totes les respostes anteriors són incorrectes.

3. Entre els factors determinants del procés de salut i malaltia, ens trobem:

a) Les interaccions personals, grupals i familiars.
b) La personalitat, l'afrontament, els hàbits de vida, les creences, els valors, les expectatives, el repertori emocional i les habilitats socials.
c) La genètica i el funcionament fisiològic.
d) Totes les respostes anteriors són correctes.

4. La Psicologia evolutiva s'ocupa de:

a) El desenvolupament segons l'edat.
b) La descripció precisa dels comportaments.
c) L'evolució al llarg de la nostra vida.
d) La descripció, l'explicació i la modificació dels canvis del comportament de l'individu al llarg de la vida, establint diferències i similituds amb altres persones.

5. Són característiques positives de la personalitat per a la recuperació de la salut:

a) El sentit tràgic de la vida i la indefensió.
b) La fortalesa de caràcter i l'autoestima negativa.
c) El biaix optimista que limita les conductes de risc.
d) La disposició optimista que permet tenir expectatives positives.

6. Què significa que una conducta és funcional?

a) Que aconseguim alguna cosa a través seu; per exemple, estar més tranquils si fumem.
b) Que funciona sense tenir en compte el context.
c) Que és coherent amb el que sentim i/o pensem.
d) Totes les respostes anteriors són correctes.

7. Són objectius de la Psicologia evolutiva:

a) Descriure i identificar els diferents processos de canvi.
b) Explicar els processos de canvi i per què es produeixen.
c) Intervenir en els processos de desenvolupament amb la finalitat de maximitzar-los.
d) Totes les respostes anteriors són correctes.

8. Determina quina de les següents afirmacions és correcta:

a) La perspectiva etològica i la teoria ecològica són dues mateixes realitats.
b) En la teoria del cicle vital, l'edat, la història i les experiències individuals són els tres tipus d'influències sobre el desenvolupament.
c) Per a Piaget, l'acomodació i l'assimilació són dues variables molt similars.
d) En la teoria del processament de la informació, el pensament es basa fonamentalment en un estímul i una resposta.

9. Segons la teoria ecològica, en un infant de 3 anys, el mesosistema seria:

a) La relació entre l'escola i la família, per exemple.
b) La família on viu.
c) El sistema polític que li toca viure.
d) Els serveis sanitaris que l'envolten.

10. En el condicionament clàssic:

a) Un estímul neutre sempre acaba essent condicionat.
b) Un estímul incondicionat acaba en una resposta incondicionada.
c) Només els estímuls incondicionats acaben essent condicionats.
d) Totes les respostes anteriors són incorrectes.

11. L'aprenentatge per imitació és propi de:

a) La teoria ecològica.
b) La teoria ecològica i l'etològica.
c) L'aprenentatge social.
d) Totes les respostes anteriors són incorrectes.

12. Respecte de l'adolescència, és cert que:

a) És el mateix que la pubertat.
b) És comú a totes les societats i cultures.
c) El pensament és postformal.
d) Totes les respostes anteriors són incorrectes.

Unitat 3

Psicologia de la salut i de la personalitat

Preguntes inicials

1·· Com et definiries com a persona?

2·· Què és el que més valores de tu mateix?

3·· En què creus que has de millorar?

4·· Penses que tots afrontem un fet de la mateixa manera? Per què?

En aquesta unitat aprendràs a...

- Conèixer els principals fenòmens i processos de comportament que reflecteixen la personalitat.
- Analitzar el comportament com a expressió de la personalitat i utilitzar la teràpia conductual.
- Reconèixer la relació entre la personalitat i els processos de salut i malaltia.

- **PERSONA I PERSONALITAT**
  - **Conceptes bàsics**
    - Personalitat
    - Temperament
    - Caràcter
  - **Psicologia de la personalitat**
    - Models teòrics
  - **Perspectiva psicodinàmica o psicoanalítica**
    - Estructura de la ment
    - Estructura de la personalitat
    - Mecanismes de defensa del jo
  - **Perspectiva de les disposicions**
    - Eysenck
    - Costa i McCrae
    - Aproximació biològica
  - **Perspectiva ambiental**
    - Teràpia conductual
      - Tècniques d'adquisició
      - Tècniques d'extinció
      - Tècniques de manteniment
  - **Perspectiva de les representacions**
    - Rogers
    - Mischel
    - Autoconcepte i autoestima
  - **Trastorns de la personalitat**
    - Grup A
    - Grup B
    - Grup C

Per al projecte final

- Establiràs la relació bàsica existent entre la salut i la personalitat de l'individu.
- Analitzaràs les conductes de l'individu i en determinaràs les causes i conseqüències.
- Identificaràs les conductes que expressen la personalitat de l'individu i reconeixeràs si són positives o negatives per al manteniment de la seva salut.
- Utilitzaràs les tècniques bàsiques de modificació de conducta.

1 >> Conceptes i nocions fonamentals en Psicologia de la personalitat

Conèixer una persona

Si vols conèixer una persona, no li preguntis què pensa, sinó què estima.

Sant Agustí

No tots els psicòlegs estan d'acord amb l'existència de la **personalitat**, que representa la convicció que el comportament de les persones respon a predisposicions estables. En el llenguatge col·loquial, es parla de "tenir o no tenir personalitat", però, des de la perspectiva científica, sempre se'n té, encara que les característiques que la defineixin es presentin en major o menor grau.

Concepte de personalitat

La **personalitat** es pot classificar en funció dels aspectes en què es posa més èmfasi. Així, tindríem les categories **següents:**

- **Additives:** són aquelles definicions que creuen que la personalitat és la suma de totes les característiques que té un individu i el defineixen.
- **Integratives o confirmacionals:** consideren la personalitat com un conjunt d'elements que defineixen un individu (en això coincideixen amb la perspectiva additiva), però posen més de relleu el caràcter organitzat i estructurat d'aquestes característiques, així com el caràcter dinàmic i evolutiu de la personalitat.
- **Jeràrquiques:** fan referència als elements que conformen la personalitat, juntament amb les seves relacions, donant lloc a un conjunt organitzat.
- **D'ajust:** consideren la personalitat com un conjunt integrat i organitzat de característiques de l'individu, que determinaran el seu peculiar ajust al medi.
- **Distintivitat:** posen èmfasi en allò que diferencia els éssers humans; la personalitat és el més definitori i essencial de l'individu.

El comú i el diferent de les persones

Totes les persones tenen alguna cosa en comú amb la resta de persones. Totes les persones tenen alguna cosa en comú amb alguna altra persona.

Totes les persones tenen alguna cosa única, no compartida per cap altra persona.

Kluckhohn, Murray i Schneider, 1965

Aquesta definició de personalitat recull tots aquests aspectes:

La **personalitat** és una organització única i dinàmica de les característiques d'una persona particular, físiques i psicològiques, que influeixen en la conducta i en les respostes a l'ambient social i físic.

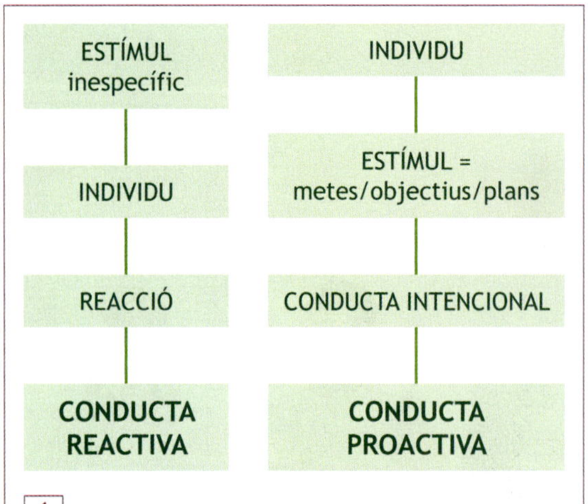

1

Conducta proactiva versus conducta reactiva.

Com a conclusions, podem afirmar que la personalitat:

- Abraça tota la **conducta** (manifestació més experiència privada).
- Està constituïda per **característiques consistents i duradores**, que són la base de les prediccions de les conductes de l'individu.
- És quelcom que **s'infereix a través de la conducta**. És una construcció teòrica que s'ha creat per comprendre millor les persones.
- És situacionalment **interactiva**, és a dir, no és únicament el que ens diferencia dels altres en respondre de forma diferent a un estímul (conducta reactiva), sinó que també és proactiva, la qual cosa significa que organitza la conducta del subjecte segons les seves pròpies metes, objectius i plans.

Conceptes afins al terme "personalitat"

Amb freqüència, utilitzem indistintament termes com **"caràcter"** i **"temperament"** per parlar de personalitat.

Per **temperament** entenem les diferències individuals de tipus constitucional, que es manifesten en els processos de reactivitat fisiològica i d'autoregulació, sotmeses a la influència, al llarg del temps, de l'herència, la maduració i l'experiència. És la part biològicament determinada de la personalitat.

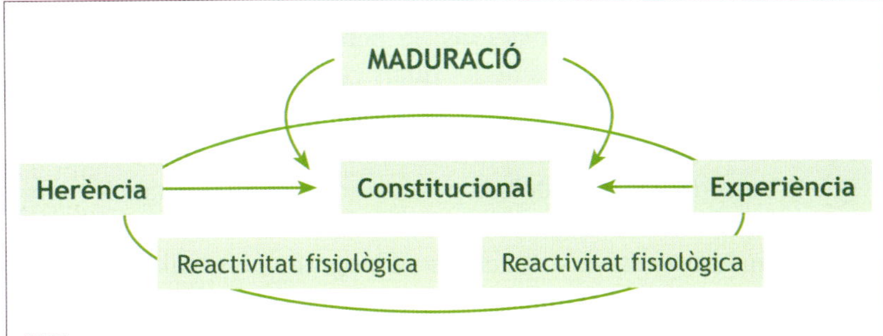

2
Constitució del temperament.

El **caràcter** consisteix en el conjunt de costums, sentiments, ideals o valors que fan relativament estables i predictibles les reaccions d'un individu. En contraposició amb el temperament, el caràcter es refereix als processos històrics i socials del subjecte, i incideix sobre la forma de ser de l'individu.

Psicologia de la personalitat

La Psicologia de la personalitat estudia aspectes de la **conducta normal**, com són:

- Quin tipus de persona és l'individu en cada cas; és a dir, tracta de descriure les dimensions rellevants de la seva personalitat.
- Com ha arribat a ser el que es; és a dir, quin ha estat el procés que l'ha portat a conformar la seva personalitat actual.
- Quines condicions provoquen aquesta organització peculiar; és a dir, quines situacions personals i històriques han contribuït a la seva estructura personal.
- Com podem explicar la conducta o predir un comportament; és a dir, preveure, amb certa precisió, la probabilitat que es produeixin diferents conductes en aquest individu.
- Com cada persona és diferencialment estable en els seus diferents comportaments.

Podem concloure dient que:

La **Psicologia de la personalitat** estudia les característiques psicològiques que identifiquen un individu o un col·lectiu d'individus, la seva gènesi, estructura i funcionalitat, des del seu origen fins a la seva desaparició.

Les emocions creen hàbit

S'entén per tret emocional la tendència o disposició d'una persona a comportar-se d'una forma determinada. Les persones que experimenten amb freqüència emocions negatives tendiran a desenvolupar personalitats depressives, i a la inversa si amb freqüència experimenten emocions positives.

Singularitat biològica i singularitat psíquica

La singularitat d'una persona s'ha de moure entre evitar la massificació i, per tant, la pèrdua d'identitat que sumeixi els subjectes en l'anonimat de la indiferenciació, i evitar la diferenciació excessiva, que causa problemes d'integració i de pertinença al grup.

Zinder i Fromkin, 1980

Models teòrics de la Psicologia de la personalitat

Per a què serveix una teoria en l'àmbit científic?

- Per organitzar i aclarir l'observat fins al moment.
- Per afavorir-ne la comprensió.
- Per dirigir les investigacions futures.

Tot i els intents duts a terme al llarg de la història de la Psicologia, avui dia no existeix una única teoria general de la personalitat que reculli la diversitat de dades i fenòmens coneguts i/o suposats associats amb el **concepte de personalitat.** Així, són quatre les perspectives a través de les quals s'ha estudiat al personalitat:

– **Perspectiva o model psicoanalític o psicodinàmic:** segons aquest model, la personalitat és impulsada per una o més forces subjacents dins de la persona.
– **Perspectiva de les disposicions:** la personalitat és un conjunt de característiques duradores de les quals cada persona en posseeix un grau i intensitat diferent.
– **Perspectiva ambiental:** mitjançant aquesta perspectiva, es considera que la personalitat és modelada per condicions i circumstàncies externes que incideixen sobre l'individu. De la seva interacció amb l'ambient, en deriva i es constitueix la seva biografia personal i es dissenya una personalitat concreta.
– **Perspectiva de les representacions:** la personalitat és un reflex de la forma en què els individus es representen mentalment a si mateixos i als altres, als objectes i als esdeveniments que experimenten.

Els teòrics de la personalitat, segons la seva perspectiva, utilitzen diferents **instruments d'avaluació.** Les **entrevistes i els qüestionaris** pregunten al subjecte i recullen les informació per interpretar-ne, posteriorment, les respostes. Altres vegades, la informació s'obté a través de **l'observació directa** o en preguntar a terceres persones; aquestes són les **impressions alienes.** No s'utilitza un sol instrument d'avaluació i la informació obtinguda es contrasta per extraure o comprovar les conclusions.

Activitats

1·· Classifica les següents definicions de personalitat segons la categorització exposada a l'apartat 1.4:

a) La personalitat és la suma total dels patrons de conductes actuals o potencials d'un organisme, en tant que estan determinants per l'herència i l'ambient. S'origina i es desenvolupa mitjançant la interacció funcional de quatre sectors que donen lloc a patrons de conducta i que estan organitzats en: sector cognitiu-intel·ligència-processament de la informació, sector conatiu-caràcter-voluntat, sector afectiu-temperament i sector somàtic-constitució (Eysenck).
b) La personalitat és el conjunt de repertoris conductuals d'un subjecte (Staats).
c) La personalitat és l'organització mental total d'un ésser humà en qualsevol dels estadis del seu desenvolupament (Warren).
d) La personalitat és el que identifica un subjecte al llarg del cicle vital (Pelechano).

2·· Defineix si els següents individus estan subjectes a una alta reactivitat o proactivitat en les situacions següents:

a) El Joan es va posar en marxa quan el van cridar per treballar a l'hospital.
b) L'Alfons va passar per la direcció de l'Àrea de Salut i va sol·licitar informació sobre com inscriure's a la llista de substitucions.
c) La Carla només va al centre de salut quan està malalta, però no s'ha fet mai cap revisió.

2 >> Perspectiva psicoanalítica

Al llarg d'aquest punt, analitzarem les teories més rellevants de la perspectiva psicoanalítica:

2.1 > La Psicoanàlisi de Freud

El fundador de la Psicoanàlisi va ser Sigmund Freud. Per Freud, els subjectes es mobilitzen gràcies a la **libido**, ja que és la font d'energia que utilitza l'individu per actuar. Freud va organitzar la **ment** en les **estructures** següents:

- **Inconscient:** és la part de la ment que no és directament accessible. És el "lloc" on s'emmagatzemen sentiments i idees que generen ansietat al subjecte. Quan hi arriben, exerciran una influència contínua sobre accions posteriors i experiències conscients.
- **Preconscient:** representa la memòria ordinària. Els seus elements estan fora de la consciència, però es poden recuperar amb facilitat.
- **Conscient:** és la part de la ment de la qual ens adonem, de la qual coneixem i sabem què pensa.

Segons Freud, la **personalitat** té **tres components** que donen lloc al **comportament**:

- **Allò *(id)*:** és el component innat de la personalitat, amb el qual naixem. Es regeix pel **principi del plaer**. Busca la satisfacció immediata dels instints; si no són satisfets, es produeix un estat de tensió que busca la seva solució. La forma en què l'allò descarrega les seves tensions s'anomena **"procés primari"**. El principi del plaer no imposa restriccions a la forma en què les necessitats s'han de satisfer.
- **Jo *(ego)*:** com que l'allò no pot manejar la realitat objectiva, es desenvolupen les funcions psicològiques del jo o l'ego. El seu punt de partida és l'allò. Els processos del jo tracten que els impulsos de l'allò s'expressin d'una manera adequada per al context del subjecte: és el **principi de realitat.** Els processos intel·lectuals es produeixen en el jo.
- **Superjò *(super-ego)*:** és l'últim component de la personalitat en desenvolupar-se. S'aprèn a la infància a través dels valors socials i paterns, amb la internalització de les recompenses i els càstigs en un **procés d'identificació.** La internalització és gradual, fins que l'autocontrol reemplaça el control ambiental. Diferencia el que està malament i el que és correcte, i s'esforça per aconseguir la perfecció.

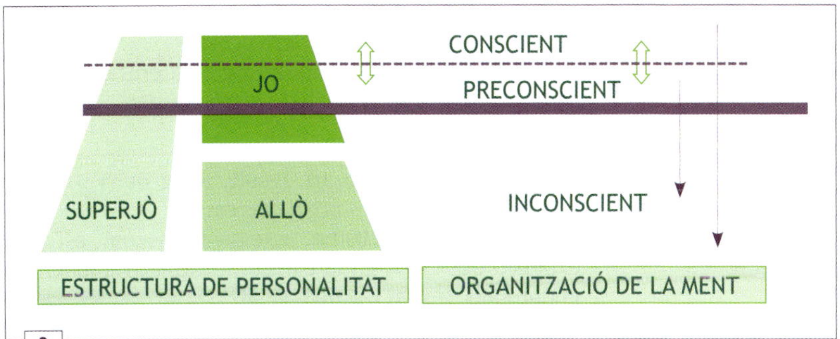

3
Relació entre l'estructura de la personalitat i l'organització de la ment, segons Freud.

Freud, l'iceberg i l'estructura de la ment

Per explicar l'estructura de la ment, Freud utilitzava la metàfora de l'iceberg: la seva punta representa el conscient; la part submergida que es pot veure seria el preconscient; l'inconscient constitueix la base, la part profunda i de majors dimensions.

Instints

Freud considerava que els instints eren d'origen intern, biològics, una força constant que no es pot evitar, dels quals deriven tots els aspectes de la personalitat. Els va classificar en dues categories:

- **Instints sexuals i de vida** (Eros): conjunt de pulsions relacionades amb la supervivència, la reproducció i el plaer. La libido és l'energia produïda pels instints de vida.
- **Instints de mort** (Thanatos): instints innats i autodestructius que caracteritzen els éssers humans. Freud va afirmar que "la meta de tot allò viu és la mort".

Conflicte intrapsíquic

Segons Freud, el conflicte intrapsíquic sorgeix de la interacció entre les exigències de l'allò, les condicions de la realitat i les limitacions imposades pel superjò. Per resoldre'l, hi ha tres possibilitats:

- Eliminar una part de la pulsió.
- Expressar la pulsió directament.
- Canviar la direcció de la pulsió.

Si el nostre jo realitzés el seu treball a la perfecció, mai sentiríem ansietat, ja que els impulsos de l'allò serien alliberats en la mesura justa i en el moment adequat, i el jo no faria mai res que el superjò pogués desaprovar. Tot i això, cap jo funciona tan bé. Els **mecanismes de defensa del jo** es caracteritzen per operar de manera inconscient i transformar o falsificar la realitat d'una manera o una altra, així com evitar que els pensaments disruptius o conflictius i fora de la consciència s'expressin de forma directa. El jo utilitza els següents mecanismes de defensa:

- **Repressió**: a través de la repressió s'exclouen de forma activa els pensaments amenaçadors, és a dir, manté els impulsos inacceptables fora del conscient. Aquest és el mecanisme més elemental i rudimentari. Els pensaments reprimits exerceixen una gran quantitat d'energia per mantenir-los centrats, per la qual cosa es poden produir filtracions a la consciència.
- **Negació**: suposa negar-se a creure que un esdeveniment ha ocorregut o que algú pot arribar a existir. Però això, es reconstrueix el significat del fet, de forma que l'amenaça desaparegui. Una de les formes de negació és la fantasia o el joc, a través dels quals aconseguim un alleujament temporal a la nostra realitat opressiva.
- **Regressió**: es produeixen retrocessos en l'etapa de desenvolupament psicosexual en què el subjecte es troba. Quan un subjecte no supera l'etapa de desenvolupament que li correspon, s'hi queda fixat. És a dir, la fixació suposa quedar parcialment detingut en alguna etapa primerenca del desenvolupament sexual i implica l'abandonament d'una forma més avançada d'afrontament a favor d'una de més primitiva i infantil.

Al quadre següent, s'observen les característiques de la personalitat que es deriven de fixacions en estadis de desenvolupament anteriors (oral/anal/fàl·lic):

Etapa de fixació	Característiques de la personalitat
Oral	**Caràcter oral:** preocupació per les qüestions de donar i prendre. Canvis extrems d'optimisme a pessimisme. Sarcasme i agressió verbal. Ús de canals orals de gratificació (menjar, fumar, etc.) per abordar la frustració. Dependència, credulitat i gelosia.
Anal	**Anal expulsiu:** es fixen a la fase anal sàdica; deixadesa, descurança, malbaratament, extravagància, crueltat i destrucció. **Anal retentiu:** es fixen en la fase anal eròtica; obstinació, ordre i pulcritud, meticulositat, puntualitat i avarícia.
Fàl·lica	**Caràcter fàl·lic:** temerari, resolt, segur de si mateix, amb vanitat i orgull excessiu. En els **homes:** masclisme, agressivitat sexual, esforç excessiu per l'èxit en la carrera; alternativament, impotència sexual i ocupacional. En les **dones:** conducta seductora que no condueix a l'intercanvi sexual.

Actes fallits freudians o lapsus freudians

Són errors comesos en parlar, llegir o actuar que revelen les intensions "reals" o els pensaments més "íntims" de la persona, ja que, segons Freud, res succeeix per casualitat. En el llenguatge col·loquial, parlem de "lapsus freudians" per referir-nos als errors en la parla que semblen suggerir sentiments o desigs ocults.

- **Anul·lació:** a través d'aquest mecanisme, el subjecte tracta de compensar simbòlicament un impuls o acte inacceptable. Aquest mecanisme és utilitzat pels maltractadors, que primer peguen, però que manifesten posteriorment estima i afecte, amb els quals tracten de compensar l'acció prèvia.
- **Formació reactiva:** consisteix en protegir-se contra l'alliberació d'un impuls inacceptable posant l'èmfasi en l'oposat. La passivitat i la timidesa poden ser una formació reactiva contra un fort impuls dominant. En aquests casos, és difícil saber si un acte és una manifestació d'un impuls o del seu oposat.
- **Projecció defensiva:** implica atribuir els propis impulsos o desigs inacceptables a altres persones o coses. Es busca un boc expiatori que permeti al subjecte defensar-se d'un pensament que li desagrada. Consta de tres passos: reprimir l'impuls amenaçador, projectar l'impuls en una altra persona i distanciar-se'n.
- **Desplaçament:** suposa canviar l'objecte inicial d'un impuls per un altre de més acceptat. Per exemple, no ens enfrontem amb el nostre cap quan ens critica; tot i això, ens descarreguem amb la persona que tenim més a prop i que menys culpa té.
- **Racionalització:** l'individu redueix la seva ansietat en trobar una explicació racional per a una conducta que en realitat va dur a terme per raons inacceptables.
- **Identificació defensiva:** consisteix en adoptar les característiques d'una altra persona; per exemple, per abordar l'enveja que sentim envers seu.
- **Sublimació:** permet que els impulsos de l'allò siguin expressats en transformar-los en una forma més acceptable i fins i tot admirada. Freud pensava que la religió, la ciència i l'art són les principals vies de sublimació.

2.2 > Teories neopsicoanalítiques

Els neofreudians recullen les contribucions més importants del fundador de la Psicoanàlisi i divergeixen del pensament de Freud d'una manera més o menys profunda. En general, les teories neopsicoanalítiques accentuen **la importància del conscient i del jo** i donen més importància als **factors socials i culturals** que als sexuals. S'introdueixen aspectes com el sentit de la vida i el paper de les aspiracions i les metes; finalment, tenen una **visió positiva** de les persones. Entre els neofreudians més eminents figuren Jung, Erikson, Adler, McClelland o Klein.

2.3 > Limitacions de la perspectiva psicoanalítica

La Psicoanàlisi ha estat objecte de crítiques, i no només procedents dels defensors d'altres perspectives.

Les **crítiques** més comunes de què és objecte la Psicoanàlisi són: que, en valorar els mateixos fets diferents psicoanalistes, no sempre arriben a les mateixes conclusions; que els conceptes estan mal definits; que les propostes de la Psicoanàlisi no són adjectivables; que és manifestament sexista (la importància que l'autor dóna a l'absència del penis en la dona i la seva enveja per posseir-lo n'és una mostra) i que no concorda amb la visió científica de la Psicologia de la personalitat.

Complex d'Èdip

El complex d'Èdip és l'expressió encunyada per Freud per denominar el conflicte que els infants de tres a sis anys experimenten quan desenvolupen un desig incestuós envers la seva mare i, al mateix temps, una rivalitat gelosa i hostil envers el seu pare.

Complex d'Electra

El complex d'Electra es refereix a l'enveja que les nenes entre tres i sis anys tenen pel penis del seu pare, incloent la seva recerca com a objecte sexual amb l'esperança de compartir l'òrgan que no tenen.

Feminisme i Psicoanàlisi

Karen Horney, contemporània de Freud, es va oposar als seus postulats portant-los a l'extrem oposat. Horney va afirmar que els homes tenen un paper tan insignificant en la creació i la cura d'una nova vida humana que això els genera un profund sentiment d'inferioritat, que tracten de compensar a través de diferents assoliments, com l'èxit laboral.

Somnis

Els somnis són les experiències mentals que succeeixen en dormir i que consisteixen en imatges visuals, sovint vívides i considerades com a reals. Freud els considerava productes mentals molt significatius. Són el resultat de la interacció dinàmica entre:

- Els desigs inconscients.
- Els mecanismes de censura del jo.
- Els successos de la vida diürna.

3 >> Perspectiva de les disposicions

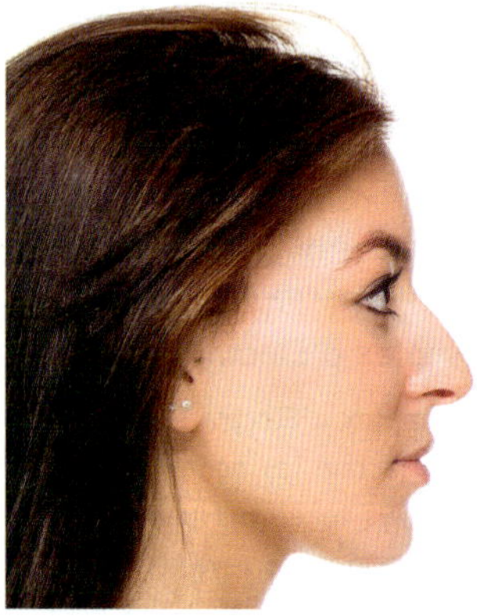

Teoria dels trets d'Allport

Allport va classificar els trets segons el grau en què dominen la personalitat del subjecte:

- Disposicions cardinals: les que sobresurten en l'individu.
- Disposicions centrals: les que tendeixen a ser peculiars de la persona.
- Disposicions secundàries: les que només funcionen en entorns limitats.

En comparar diferents persones, s'observa que existeixen trets comuns. Això fa les persones diferents en la seva organització interna, basada en unes motivacions, trets i estil personal únic.

Si Sigmund Freud va ser el fundador de la Psicoanàlisi, **Gordon W. Allport** ho va ser de la Perspectiva de les disposicions. Les **disposicions o trets** són les característiques de la personalitat estables en el temps, relativament consistents al llarg de les situacions, que fan les persones diferents entre si. Així, el tret o disposició és la **causa interna** del comportament o el seu **resum descriptiu.** Les **característiques** de les disposicions són: **estabilitat relativa** (elements inherents a la personalitat); **consistència i generalitat**, que afecten el comportament en la majoria de les situacions i contextos en què l'individu es relaciona (transituacionals); són comunes a tots els individus però alhora existeixen **diferències individuals**: som únics; **quantitatives**, és a dir, ens diferenciem per obtenir diferents puntuacions en el tret; són **bipolars o unipolars**; si són bipolars, els extrems són oposats i, en el cas que siguin unipolars, la diferència es troba en la seva intensitat; per exemple, l'hostilitat com a tret pot ser molta o poca.

3.1 > Tipus i nivells d'Eysenck. Model P-E-N

Eysenck es va concentrar en un número limitat de trets i tipus: psicoticisme (P), extraversió (E) i neuroticisme (N), i va ressaltar **l'estructura jeràrquica de la personalitat**:

- En el primer pla apareixen les **respostes específiques**, que són les respostes que el subjecte dóna i a partir de les quals els individus creen els seus hàbits.
- En un segon pla es troben els **hàbits**, que són conductes una mica més estables, similars a les que altres individus tindrien en circumstàncies similars.
- El tercer pla de la personalitat, segons Eysenck, el constitueixen els **trets**, que sorgeixen de la interrelació dels hàbits i de les respostes específiques de la persona.
- Els **tipus** són el quart pla, cima de l'estructura de la personalitat; es tracta de les interrelacions de tots els factors i defineixen la personalitat del subjecte de forma genèrica.

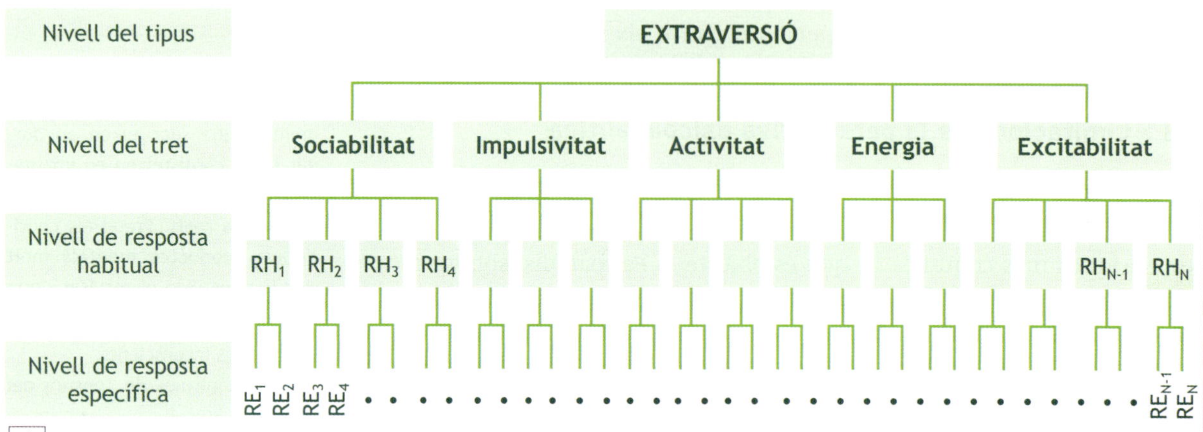

4

Model jeràrquic de la personalitat d'Eysenck.

La **personalitat**, segons Eysenck, s'entén a través de tres tipus bàsics: el psicoticisme, l'extraversió i el neuroticisme:

- **El psicoticisme:** les persones amb alts nivells de psicoticisme es caracteritzen per ser impulsives, egocèntriques, tenir un caràcter antisocial i falta d'empatia i fredor d'afectes. Des de la perspectiva psicodinàmica, el contrari al psicoticisme seria la força del superjò.

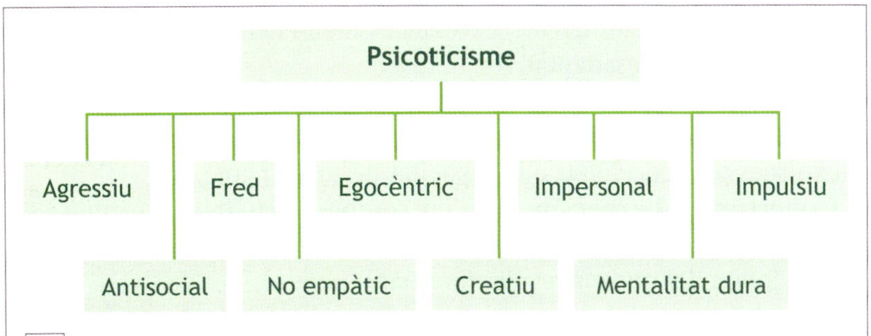

5

Característiques del psicoticisme.

- **L'extraversió:** és el tipus de la personalitat que caracteritza les persones que reaccionen davant d'estímuls procedents del seu entorn, ambientals, socials o físics.
  La persona extravertida és dinàmica, sociable, optimista, impulsiva i afable. L'extrem oposat és la introversió, que suposa una orientació cap a l'interior de les persones. Es tracta de persones sòbries, reservades, controlades, etc.
- **El neuroticisme:** determina l'estabilitat o inestabilitat emocional del subjecte. Els individus que puntuen alt en neuroticisme manifesten major inestabilitat emocional i a la inversa. Són ansiosos, inquiets, irritables, i fins i tot agressius. Segons aquest autor, el neuroticisme, com a tipus de personalitat, amplifica els efectes que l'estrès té sobre els individus.

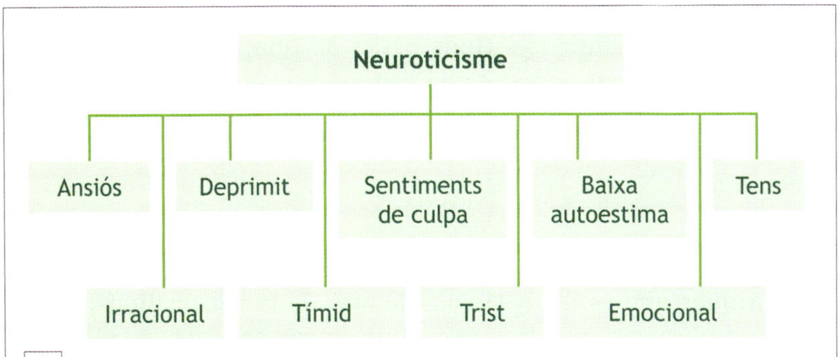

6

Característiques del neuroticisme.

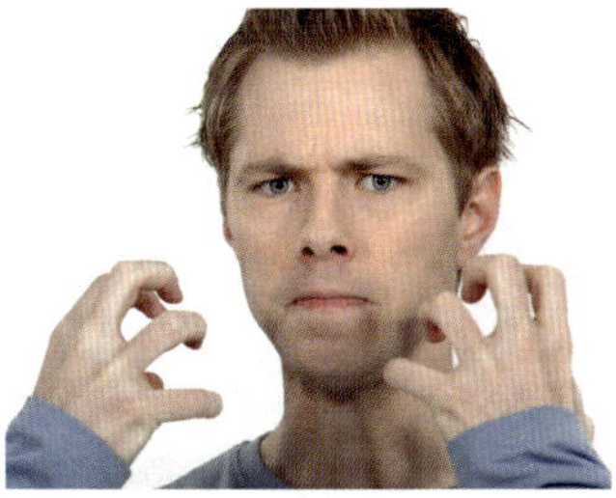

Patró de conducta tipus A

Dos cardiòlegs, Meyer Friedman i Ray Rosenman, van investigar la personalitat dels subjectes que han patit problemes cardíacs, i van arribar a la conclusió que els individus amb aquests problemes tenen una personalitat característica, que van denominar "patró de conducta tipus A". Els individus amb aquest patró es caracteritzen per ser subjectes amb una adaptació emocional molt deficient, impacients i irritables; són iracunds (senten ira, ressentiment, amargura, desconfiança i suspicàcia), fet que dóna lloc a relacions interpersonals problemàtiques; desenvolupen hostilitat cínica i tenen relacions amb els altres que es van deteriorant. Per la seva naturalesa suspicaç, han de mantenir un estat de vigilància constant per protegir-se.

Activitats

3·· Quan Eysenck parla de l'estructura jeràrquica de la personalitat, a què es refereix?

4·· Exemplifica el que podrien ser respostes habituals dels tres tipus definits per Eysenck: neuroticisme, psicoticisme i extraversió.

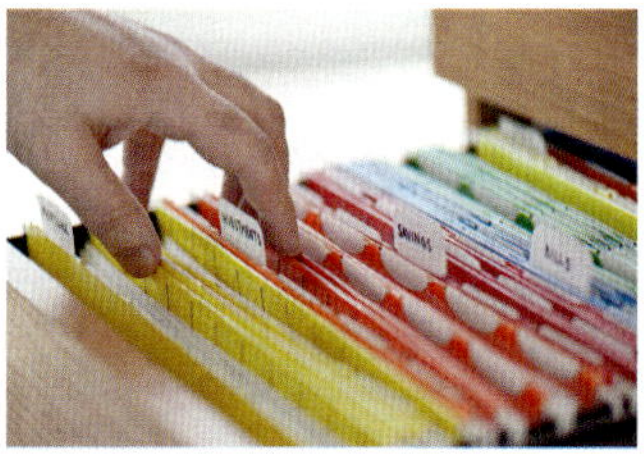

Taxonomia

Taxonomia equival a "classificació", de forma que seria la disciplina que tracta dels principis, mètodes i finalitats de la classificació.

3.2 > Model dels cinc grans factors de Costa i McCrae

Costa i McCrae van elaborar una **taxonomia** de les dimensions bàsiques de la personalitat.

Segons aquests autors, les cinc grans **dimensions de la personalitat** són les següents:

- **El neuroticisme**, que identifica els individus amb tendència al malestar psicològic, idees irreals, excessiva vehemència o ànsia i respostes d'afrontament desadaptatives.
- **L'extraversió**, que recull la quantitat i intensitat de les relacions interpersonals, el nivell d'activitat, la necessitat de ser estimulat per fonts externes per reaccionar o la capacitat de gaudi i goig.
- **L'obertura a l'experiència** té en compte l'activitat i l'estima dels subjectes per les experiències noves, la tolerància i les explicacions que donen del que els resulta familiar.
- **L'amabilitat o afabilitat** representa la qualitat de les relacions interpersonals, els sentiments i les conductes.
- **La responsabilitat** valora com les persones es motiven i com organitzen la seva conducta de forma persistent per assolir les metes proposades.

3.3 > Aproximació biològica al concepte de personalitat

L'aproximació biològica al **concepte de personalitat** recull un conjunt de teories que consideren que el comportament dels subjectes està condicionat per la seva biologia, i és precisament el grau en què això ocorre el punt de discrepància entre els diferents investigadors.

Krestschmer va treballar sobre les arrels biològiques de la personalitat. Posteriorment, **Sheldon** va idear una taxonomia per a l'estructura física dels subjectes i per al seu temperament (somatotipus), i va descriure tres **tipus corporals** bàsics: endomòrfic (Sancho Panza), mesomòrfic (David, de Miquel Àngel) i ectomòrfic (Don Quixot).

Al seu torn, va definir tres **tipus** bàsics de **temperament**: viscerotonia (domini visceral), somatotonia (corporal) i cerebrotonia (cerebral). Finalment, va arribar a la conclusió que l'endomòrfia s'associa a la viscerotonia, la mesomorfia amb la somatotonia i l'ectomorfia amb la cerebrotonia.

Característiques dels tres tipus de temperament segons Sheldon

La viscerotonia coincideix amb el subjecte físicament endomòrfic i que podríem anomenar "grassonet". És relaxat en postures i moviments, de reacció lenta, complaent, tolerant, extravertit i de comunicació fàcil.

La somatotonia es representa físicament amb l'individu musculós, mesomòrfic, amb una postura física activa, energètica, que valora i busca el risc i l'atzar, gaudeix de l'exercici i és combatiu.

La cerebrotonia s'associa amb el subjecte ectomòrfic, físicament escanyolit. La seva postura és rígida i tensa, prefereix la intimitat i és reservat; les seves reaccions són ràpides i la seva atenció és excessiva.

3.4 > Limitacions de la perspectiva de les disposicions

Les **crítiques** que es fan a la consideració de la personalitat com un conjunt de disposicions o trets se centren en part en el fet que no té conceptes teòrics propis (fa ús del d'altres teories), en què no té en compte les situacions ni les circumstàncies en la determinació de la conducta i en què no es valora adequadament com es desenvolupa i canvia la personalitat, en ignorar la dinàmica del seu desenvolupament.

Activitats

5·· Descriu tres accions de la teva vida en què prevalguin l'allò, el jo i el superjò.

4 >> Perspectiva ambiental

Aquesta perspectiva posa l'èmfasi en com el **medi ambient extern** influeix en la conducta de l'individu, basant-se en el conductisme i en l'aprenentatge social. La personalitat està constituïda per tota la gamma de conductes que mostra un individu, que són específiques per a cada situació. Totes les teories de la perspectiva ambiental **es caracteritzen** per desenvolupar explicacions simples, de tipus estímuls i resposta, per fer un ús mínim de constructes teòrics, per no plantejar cap força o estructura per a la personalitat i pel fet que tots els seus estudis són de laboratori i només tenen en compte fets.

El canvi ambiental de la personalitat

El conjunt dels procediments dirigits a produir canvis en la conducta es denomina **"teràpia conductual"**, i implica elaborar una **anàlisi conductual**:

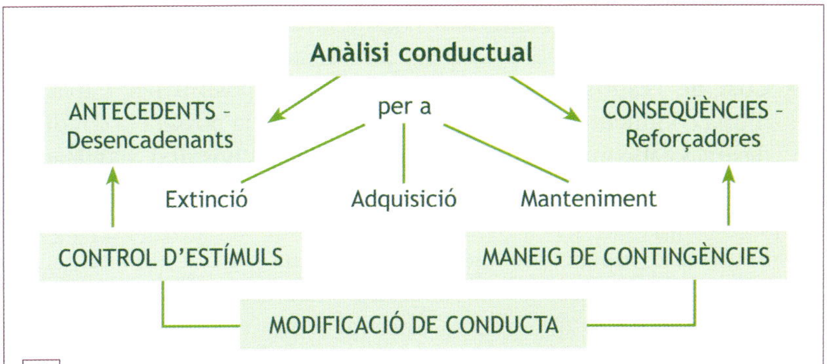

7
Procés d'anàlisi conductual.

Les tècniques bàsiques de modificació de conducta són:

– **Tècniques d'adquisició:**
  - **Reforçament positiu:** augmenta la freqüència d'una conducta prèvia, generant una conseqüència positiva per al subjecte. Per exemple, donar un caramel a un infant quan ha fet alguna cosa bé.
  - **Reforçament negatiu:** incrementa la freqüència d'una conducta prèvia, eliminant un estímul o objecte aversiu posterior. Per exemple, anar a la velocitat adequada per evitar una multa.
  - **Modelització:** consisteix en crear una conducta que no té el subjecte o augmentar-ne la freqüència en exposar-lo a models que manifesten aquesta conducta. Així, si observem que a un altre company el feliciten per la seva actitud, repetirem aquesta conducta per obtenir també reconeixement.
  - **Modelatge:** es tracta de generar en l'individu una conducta que no es troba en el seu repertori conductual; per exemple, quan ensenyem a un infant diabètic com s'ha de punxar.
  - **Premack:** es busca que el subjecte dugui a terme una conducta que no realitza freqüentment i que no valora, a través d'una conducta que valora i que realitza habitualment. Per exemple, podré anar al festival de cine si aconsegueixo estudiar una hora cada dia.

Teoria de l'autoeficàcia percebuda

Bandura va idear aquesta teoria, segons la qual el fet que una persona iniciï una tasca depèn, en part, del nivell en què percebi la seva eficiència en relació amb la tasca. Aquesta teoria es relaciona, al seu torn, amb què coneixem com a "profecia autocomplerta", que és una predicció que, un cop feta, és en si mateixa la causa que es faci realitat.

Rols socials i conducta

Els rols socials són el conjunt de totes les actituds i conductes adequades per a un grup socialment determinat. També la biologia determina l'adquisició d'alguns d'aquests rols, com és el cas del sexe, que marca l'adquisició de construccions socials que determinen què és l'adequat per a una dona o un home en un context sociocultural concret; és a dir, els rols converteixen el sexe en gènere.

Fases de l'aprenentatge vicari o per observació

1. Exposició (observació): la persona ha de presenciar i, a més, atendre la conducta del model.
2. Adquisició (aprenentatge i record): pot ser encoberta; el més usual és que es demostri a través d'una conducta oberta, en l'explicació verbal o en la reproducció física que l'observador fa del comportament del model.
3. Acceptació: s'observa quan el subjecte, en una situació similar a la d'adquisició, té la llibertat per imitar la conducta o contraimitar-la.

Crítiques a la perspectiva ambiental

Principalment, es considera que és simplista i que no pot estudiar fenòmens variats; també que priva el subjecte de la seva identitat, en ser clarament determinista.

– **Tècniques d'extinció:**

- **Extinció:** s'elimina una conducta que es manté per unes conseqüències específiques, evitant tots els reforçadors que la mantenen. Per exemple, el Jesús és un nen que està ingressat en un hospital i que eleva el to de veu per cridar l'atenció; amb la tècnica d'extinció, s'ignorarà aquest comportament per tal que no el segueixi tenint.
- **Temps fora:** es fa desaparèixer una conducta traient el subjecte de la situació que la manté. Al Jesús se'l trauria de l'ambient en què actua d'aquesta manera durant un breu període de temps.
- **Càstig:** eliminació d'una conducta gràcies al fet que s'aplica un estímul aversiu a la conducta que volem eliminar. Si el Jesús, malgrat tot, segueix xisclant per cridar l'atenció, se'l castiga a no veure la televisió aquest dia per haver molestat.
- **Reforçament de respostes incompletes:** a través d'aquesta tècnica, pretenem que el subjecte dugui a terme una conducta positiva en comptes d'una altra que es considera inadequada. Quan el Jesús es queda parlant amb el seu company d'habitació no crida l'atenció amb els seus crits. Així, cada vegada que vegem que parla amb el seu company, el lloarem per ser tan sociable i agradable.
- **Cost de resposta:** es retira un reforçador positiu per l'aparició d'una conducta inadequada quan el subjecte ja posseïa la conducta desitjada adequada. El Jesús, per no cridar a l'hospital, havia aconseguit que el pallasso passés cinc minuts més amb ell; si torna a cridar, el pallasso ja no el passarà a veure.
- **Sacietat o sobrecorrecció:** es repeteix un estímul amb tanta freqüència que perd les seves propietats de reforçador per convertir-se en una situació que genera ansietat i que el subjecte, per tant, tractarà d'evitar. Si el Jesús persisteix en el seu comportament, se l'obliga a gravar-se i a escoltar durant una hora els seus crits de forma constant.

– **Tècniques de manteniment. Programes de reforçament:**

Aquestes tècniques tracten de consolidar les conductes ja adquirides. En el cas de **programes de reforçament continu,** la conducta ha estat recentment adquirida. Es produeix el reforçament sempre que es dugui a terme la conducta: el Jesús ja no crida, i quan vol alguna cosa la demana adequadament; així, cada vegada que fa això, li diem que la seva forma de comportar-se és la d'un nen educat i gran, per exemple. Els **programes de reforçament intermitent** treballen sobre conductes que ja s'han adquirit adequadament i s'han generalitzat, i tracten d'anar eliminant el reforçament per aconseguir que les conductes se sistematitzin sense un reforçament artificial. Podem dur a terme diferents tipus de reforçament intermitent:

Programa de reforçament intermitent		
Segons **quan** s'aplica el reforçador	En funció del **número** de conductes observades	En funció del **temps** transcorregut entre les conductes
Fix (sempre)	Raó fixa	Interval fix
Variable (sense criteri previ)	Raó variable	Interval variable

Casos pràctics 1

Les addiccions als centres de salut mental

La Victòria treballa al centre de salut mental de la seva ciutat. És auxiliar d'infermeria i li han donat aquesta plaça després d'haver aprovat l'oposició. En la seva nova feina, proporciona, al seu nivell, suport i cures psicològiques als pacients que acuden al centre. Es troba una mica despistada, ja que l'últim pacient amb què ha tractat era un politoxicòman, i ella no entén què pot portar una persona a maltractar el seu cos d'aquesta manera. Per aprofundir sobre el tema, ha decidit fer una anàlisi de la conducta d'aquest pacient. Com l'haurà de realitzar?

Solució

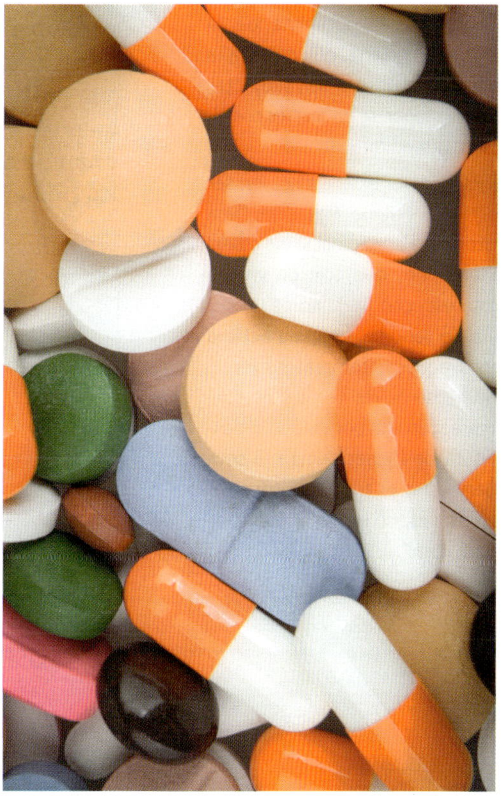

El primer que cal fer a l'hora de realitzar una anàlisi conductual, és definir clarament la **conducta objectiu.** En aquest cas, en ser un pacient politoxicòman, el punt de partida serà la conducta d'ingestió de drogues. Existeixen unes **variables de base** que el subjecte posseeix i que marquen tota l'anàlisi conductual, com són, per exemple, el maneig habitual de fàrmacs opiacis o narcòtics, els antecedents familiars de consum d'ansiolítics i una bona receptivitat al consum de drogues (en provar-les, no es va posar "a morir", sinó tot el contrari). Després, cal definir els **estímuls antecedents** rellevants per al consum de drogues; és a dir, què està fent exactament el pacient i amb qui està abans de tenir ganes de consumir drogues. Amb aquesta anàlisi, es definirà, per exemple, si consumeix droga preferentment durant els caps de setmana o al vespre, després d'un dur dia de treball, si és quan està molt nerviós, sol o avorrit, o si està escoltant música *heavy*, etc., ja que tot això contribueix al fet que el subjecte es trobi en una situació que el predisposa per al consum de drogues. A continuació, es defineix la **conducta-problema,** que es descriu segons:

- Què fa el subjecte **—conductes motores—**: consum mitjà, esporàdic o constant, tipus de drogues que mescla, forma d'adquirir les drogues, manera de pagar-les, etc.
- Què sent **—conductes psicofisiològiques—**: adormiment o insomni, cansament, pèrdua de gana, etc.
- Què pensa **—conductes cognitives—**: estratègies de planificació per aconseguir droga, dificultats per concentrar-se, invenció de mentides per justificar les despeses, atribucions errònies en relació amb els efectes negatius de les drogues (del tipus "això no fa res, jo ho puc controlar"), etc.

Per últim, es valoren les **conseqüències mantenidores de la conducta-problema,** i es descriuen diferents **reforçadors:**

- **Positius:** l'efecte euforitzant, el sentiment de pertinença a un grup, facilitació del son, etc.
- **Negatius:** reducció del nivell d'ansietat, evitació del desig de tenir la droga, eliminació de la sensació d'avorriment, no percepció del dolor ni necessitat corporal, etc.

Tot això contribueix a fer que el pacient consumeixi drogues, i és el moment de posar en funcionament la **teràpia conductual.** Existeixen diferents mètodes, però tots respecten el principi que no es pot eliminar una conducta sense abans haver-ne instaurat una altra que la substitueixi.

5 >> Perspectiva de les representacions

Segons aquesta perspectiva, la personalitat reflecteix la forma en què la gent **imagina el seu entorn** i l'experimenta mentalment. Les seves **característiques** són: aborden les funcions mentals un cop satisfetes les necessitats bàsiques; els subjectes són actius; el present i el futur són el fonamental i, per últim, consideren que les persones estan en un procés continu de canvi i evolució.

Psicologia humanista i Psicologia existencial

L'estratègia de les representacions abraça la Psicologia humanista i l'existencial. La Psicologia humanista es basa en el fet que la personalitat es reflecteix en les inclinacions úniques de cadascú per desenvolupar-se i canviar en direccions particulars, i tot això des d'una visió optimista de la naturalesa humana, que destaca la tendència intrínseca dels subjectes a desenvolupar-se en formes positives i d'automillora.

La Psicologia existencial va ser descrita per Rollo May com "una actitud, una aproximació als éssers humans, més que com un grup o escola especial [...]. No és un sistema de teràpia, sinó una actitud envers aquesta teràpia; no és un conjunt de noves tècniques, sinó una preocupació per entendre l'estructura de l'ésser humà i la seva experiència; es tracta de conèixer les persones, no només de saber-ne alguna cosa".

Aproximació fenomenològica

Per entendre una persona, és necessari comprendre com interpreta les seves experiències. **Carl Rogers**, en la seva **teoria sobre el desenvolupament i el funcionament normal de la personalitat**, determina dos pilars: d'una banda, la personalitat es regeix per una **tendència innata a la realització** (són les necessitats biològiques i psicològiques específiques del subjecte) i, d'altra banda, tots els individus **necessiten posseir una consideració positiva** (retroalimentació social positiva basada en l'acceptació, el respecte, la simpatia, l'amor, etc.).

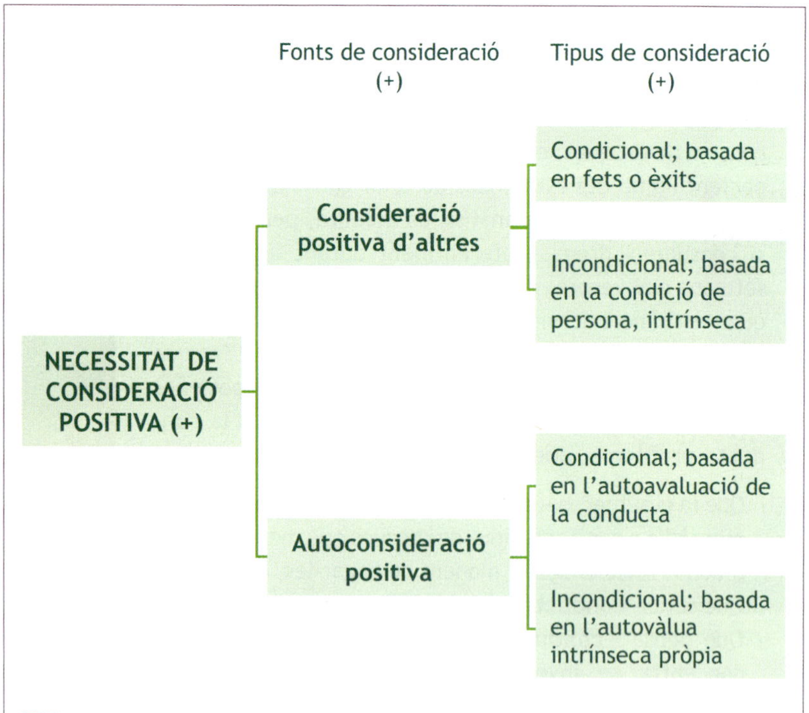

8

Necessitat de consideració positiva de Rogers.

Aproximació ideogràfica enfront a la nomotètica

Una aproximació psicològica ideogràfica posa de relleu que les persones són úniques, es concentren en la unicitat de cadascú i minimitzen les comparacions entre els individus. La conducta humana està determinada per la visió subjectiva que cada persona té del món.

L'aproximació psicològica nomotètica està relacionada amb el terme grec nomo, que significa "llei", i destaca les comparacions entre les persones.

Aproximació cognoscitiva social

Per a **Walter Mischel**, són cinc les variables crucials per a l'estudi de la personalitat:

- **Competències:** conjunt de destreses cognoscitives o conductuals que té una persona.
- **Estratègies de codificació i constructes personals:** formes en què categoritzem i classifiquem el que ens succeeix.

- **Expectatives:** estimacions de la probabilitat que determinats resultats es produeixin com a final a la nostra acció.
- **Valors personals:** tots considerem aquests possibles resultats d'una manera concreta.
- **Sistemes autoreguladors i plans:** recompenses que l'individu s'atorga i les metes o plans personals que s'estableix.

Segons Mischel, la **conducta** està determinada fonamentalment per tres factors: les exigències i les restriccions de la situació, les variables individuals del subjecte i les interaccions entre variables situacionals i les de persona.

L'autoconcepte i l'autoestima

Molts dels termes que utilitzem fan referència a aquests conceptes, per exemple: autovàlua, autoresponsabilitat, autoconfiança, etc.

L'autoconcepte designa el conjunt de **percepcions** i **creences** que una persona té sobre si mateixa en diferents àrees o aspectes, és a dir, són factors de tipus intraindividual.

És fruit d'un procés de valoració, anàlisi i integració de la informació derivada de la pròpia experiència i de la retroalimentació que ens fan les persones significatives per a nosaltres.

L'autoestima es pot considerar com **l'actitud** que posseeix un subjecte envers si mateix, i pot ser d'acceptació o de rebuig. Els **factors** que afavoreixen una autoestima baixa o alta són els següents:

- La **retroalimentació social:** representa la valorització que altres persones fan de nosaltres. No totes les avaluacions rebudes s'admeten i s'accepten de la mateixa manera.
- La **comparació social:** en comparar-nos amb els altres individus, tenim un referent social que ens orienta sobre on ens trobem dins del nostre grup.
- **Èxits i fracassos:** afecten l'autoestima a través de quatre mecanismes: informen sobre els nivells de competència personal, generen poder i influència, dirigeixen l'atenció d'altres persones sobre nosaltres, i mereixen i a vegades reben l'apreciació social.
- Els **factors socials i culturals:** ha d'existir una concordança entre els valors que posseeix el subjecte, i els socials i culturals de la comunitat en què viu.

Limitacions de la perspectiva de les representacions

Les teories suposen que pràcticament tot el que es necessita per conèixer una persona es recopila de les seves experiències conscients i momentànies, i s'ignoren les experiències inconscients.

No determinen la possible influència del passat sobre la conducta, i les seves explicacions impedeixen una possible generalització dels seus descobriments en lleis.

A més, no es té en compte el desenvolupament de la personalitat i, per últim, es critica la seva concepció positiva i optimista de la naturalesa humana.

Fórmula de l'autoestima

William James (1889) va establir una fórmula per establir els nivells d'autoestima que la persona podria tenir:

$$\text{Autoestima} = \frac{\text{Èxits}}{\text{Expectatives}}$$

Nivell alt d'autoestima

Les característiques d'una persona amb nivells alts d'autoestima són:

- Afecte positiu, ja que existeix una relació negativa amb emocions com l'ansietat, la depressió, etc.
- Major efectivitat en el maneig de diferents reptes i tasques, fins i tot per demanar ajuda quan el subjecte no se sent competent.
- Persones més autònomes; assumeixen riscos i són proactives.

La desindividuació

Apareix quan l'individu, a l'empara del grup i les seves normes, actua contra els seus principis, contra altres persones o contra els seus béns, actuació que suposadament no entra en la seva gamma de conductes habituals. Les persones, a l'empara del grup, augmenten la seva activació emocional i perden la seva capacitat crítica.

Són moments de caràcter temporal en què es duen a terme coses que, de forma individual, no es farien. Les barbàries col·lectives són un exemple de desindividuació.

6 >> Trastorns de la personalitat

Theodore Millon va proposar un **model de tipus biosocial** que considera que existeix un contínuum entre "normalitat" i "patologia". Segons Millon, no hi ha una clara línia divisòria entre les dues: la personalitat normal i la patològica comparteixen els mateixos principis i mecanismes de desenvolupament, però la gran diferència rau en el fet que les personalitats "normals" són més flexibles i s'adapten millor al seu entorn, mentre que les personalitats amb trastorns mostren conductes més rígides i, per tant, poc adaptatives.

Els **trastorns de personalitat** són patrons, pautes, trets permanents i inflexibles (no adaptatius) d'experiència interna (percepcions, pensaments i emocions) i comportaments que s'aparten acusadament de les expectatives de la cultura del subjecte. Són estils de funcionament desadaptatiu que donen lloc a deficiències, desequilibris o conflictes en la capacitat per relacionar-se.

Els **criteris per diagnosticar un trastorn en la personalitat** són:

- Ser un patró permanent d'experiència i comportament.
- Apartar-se de les expectatives de la cultura de l'individu.
- Afectar alguna d'aquestes àrees: afectiva, cognoscitiva, control d'impulsos i/o relacions interpersonals.
- Ser inflexible i dominant temporalment i situacionalment.
- Iniciar-se en l'adolescència (a vegades en la infància) o en la primera etapa de la vida adulta, i consolidar-se en la maduresa.
- Provocar malestar clínic, deteriorament social o laboral.
- No ser atribuïble a cap altre trastorn mental, ni als efectes fisiològics directes d'una substància ni a una malaltia mèdica.

Quan es compleixen aquests criteris, s'estableix el **tipus de trastorn de la personalitat.** El *Manual diagnòstic i estadístic dels trastorns mentals,* en la seva cinquena edició (DSM 5), estableix **quatre grups:**

- **Grup A:** coincideix amb **individus rars i excèntrics** que, de forma sistemàtica, presenten problemes en l'adequació de l'expressivitat emocional, fins al punt d'aparèixer com a individus freds i distants; fins i tot mostren sentiments hostils i rancuniosos (trastorns de la personalitat paranoide, esquizoide i esquizotípic).
- **Grup B:** classifica els individus amb **personalitats erràtiques, dramàtiques i emocionals** que tenen en comú una expressivitat emocional desbordada, i que dramatitzen contínuament amb la finalitat de fer-se notar, juntament amb una falta de solidaritat amb els altres (trastorn de la personalitat antisocial, límit, histriònica i narcisista).
- **Grup C:** són **individus temorosos, amb marcada ansietat,** emocionalment inestables. Es caracteritzen per la passivitat personal i el sofriment (trastorn de la personalitat evasiva, dependent i obsessivo-compulsiva).
- **Altres trastorns de la personalitat:** són els que no es poden incloure en cap dels grups anteriors.

Criteris d'anormalitat

Són un conjunt de normes per designar les propietats sobre la base de les quals una persona es categoritza com a psicopatològica. Existeixen els següents criteris d'anormalitat:

- Criteris biològics: la biologia és la causa del manteniment de la malaltia mental; es produeix per una alteració en el sistema nerviós.
- Criteris estadístics: sortir-se de la norma, és a dir, del que és més freqüent, determina l'anormalitat.
- Criteris socials: establerts per les normes socials, que determinen l'esperable i, per tant, normal, i l'inadequat, i per tant, anormal, de la conducta.
- Criteris subjectius: proposats pel propi individu. Se sustenten sobre la consciència que l'individu té de la seva situació.

La campana de Gauss

Representa gràficament les distribucions de probabilitat d'una variable contínua que amb més freqüència poden aparèixer en fenòmens reals. Representa la normalitat i anormalitat estadística, ja sigui per defecte (baixa freqüència) o per excés.

En Psicologia, s'usa per determinar la normalitat i l'anormalitat sota criteris estadístics.

Activitats finals

1·· Què s'entén per "personalitat"?

2·· Quines són les característiques de la personalitat, d'acord amb tot l'exposat?

3·· Identifica entre quines de les estructures de la personalitat es troba el conflicte en les següents situacions:

a) Elegir entre una recompensa petita o una de més gran que exigeix un temps d'espera major.
b) Determinar si retornem la diferència quan ens paguen de menys o quan cobrem de més.
c) Decidir si cal prendre represàlies contra una persona que considerem més dèbil que nosaltres o si hem de parar l'altra galta.
d) Resoldre el conflicte intern que suscita usar un preservatiu, encara que la nostra religió ens ho prohibeixi.

4·· Relaciona les característiques del jo i de l'allò freudià.

5·· Descriu amb un exemple cada un dels tipus de reforçament intermitent.

6·· Recull les limitacions de cada una de les perspectives d'estudi de la personalitat (psicodinàmica, de les disposicions, de les representacions i ambiental), compara-les i, a continuació, explica com es podrien pal·liar aquestes deficiències.

7·· Determina quins mecanismes de defensa del jo s'utilitzen en els casos següents:

a) El Narcís va anar a fer piragüisme i va caure a l'aigua. Ara procura no pensar-hi perquè va passar molta vergonya.
b) El Marc, quan va al metge, es mossega les ungles fins al punt de fer-se sang.
c) L'Arnau és el menys popular de la seva classe: és el company invisible; tot i això, en els seus jocs, ell assumeix el paper de líder.
d) El Joan ha patit la mort del seu fill; de tota manera, segueix esperant la seva trucada i pensa que, en qualsevol moment, pot entrar per la porta.
e) El Ramon pega el seu fill, i quan ho fa es renta les mans constantment; d'aquesta manera, sent que elimina la seva culpa.
f) La Júlia és addicta a les sèries televisives d'amor i a les novel·les roses. Milita en una associació en pro de l'abstinència sexual com a forma d'evitar les MTS (malalties de transmissió sexual).
g) L'Anna està enfadada amb l'Emili, ja que ell creu que l'Anna s'ha endut a casa seva un llibre de la planta de l'hospital. L'Anna es diu a si mateixa: "El lladre es pensa que tots roben".

8·· Busca a Internet els trastorns de personalitat. Classifica'ls i defineix-los.

9·· Creus que la teràpia conductual és la millor forma de modificar una conducta? Descriu-ne postulats a favor i en contra.

10·· Quines creus que són les raons per les quals tu creus a algú o, tot el contrari, desacredites els seus comentaris i opinions? Fonamenta la teva resposta en experiències personals.

11·· Quins són els criteris que serveixen per diagnosticar un trastorn de la personalitat?

12·· Quina considera Millon que és la gran diferència entre personalitats "normals" i les que presenten algun trastorn?

13·· Quins factors afavoreixen el desenvolupament d'una autoestima baixa o alta?

14·· De què és fruit l'autoconcepte?

15·· Quines són les variables crucials per a l'estudi de la personalitat segons Mischel?

16·· Busca informació sobre les tècniques projectives més comunes utilitzades per Freud. Defineix les característiques bàsiques de cada una.

Casos finals

1·· El malestar psicològic en un nen amb asma

El Ricard, que té dotze anys, va ser diagnosticat als quatre anys d'asma bronquial. Un cop fetes les proves, s'ha comprovat que és al·lèrgic als àcars de la pols. Té una crisi asmàtica cada setmana, tot i que la seva mare afirma que segueixen estrictament les indicacions rebudes respecte del tractament farmacològic.

Has de dur a terme una avaluació del problema realitzant una anàlisi de conducta. Proposa algun tipus d'intervenció amb el Ricard.

2·· Tolerància zero al maltractament

La Diana és auxiliar d'infermeria al centre de salut del barri; en el seu exercici professional, es troba amb l'Amina, que treballa de cambrera de pisos en un hotel de la ciutat i és víctima de la violència masclista. Si en fem una anàlisi situacional, observarem que l'Amina procedeix d'un context cultural en què la violència està comunament acceptada i s'usa com a forma de control; serveix per reproduir i mantenir la dominació masculina.

Ella ja havia viscut el maltractament del seu pare a la seva mare, de forma que el normalitza. En el seu cas, el justifica, perquè, a més, segons ella, les lesions que li provoca el Jesús, la seva parella, són mínimes; atribueix la seva actuació violenta al fet que a vegades ell no es troba bé (estressat, frustrat, enfadat, etc.), a la beguda, o a la ingesta d'alguna pastilla que l'ha desinhibit i ha pogut més que ell; també el justifica argumentant que, a vegades, ella l'incita amb el seu comportament (està cansada, la seva feina a vegades la deprimeix, o està trista, no li fa les coses al seu gust, etc.).

Quan la Diana li pregunta com definiria al Jesús, l'Amina diu que és un home treballador i valorat pels seus amics, amable, amb sòlids principis i amb una idea clara de què és bo i què és dolent. L'Amina creu que el Jesús, en realitat, no té la culpa d'aquestes reaccions, ja que no quadren amb la seva personalitat.

Des que festejaven, ell es vanagloriava de ser un "mascle ibèric", i sempre va ser impetuós, i fins i tot violent en les relacions sexuals. Amb el pas del temps, s'ha anat mostrant canviant entre relacions dolces i harmonioses i relacions impetuoses i violentes. L'Amina no se sent a gust amb els atacs de violència del Jesús, encara que els justifica, d'aquí que no s'atreveixi a dir-ho. En el fons, no veu maldat en els comportaments del seu marit, simplement creu que es descontrola; ella l'estima però no sap com ajudar-lo, i tampoc sap com fer-ho per no provocar aquests comportaments. Mai li ha provocat cap lesió greu; a més, sempre que la pega, després es mostra tan afectuós que la desarma.

a) Duu a terme una anàlisi situacional i determina les característiques del context cultural de l'Amina i el Jesús?
b) Com creus que podries ajudar l'Amina?
c) Pots ajudar l'Amina sense ajudar el Jesús i més quan tots dos volen seguir junts?
d) Quins factors de la seva personalitat creus que fan l'Amina més vulnerable?
e) Penses que existeix un prototipus de dona víctima de violència de gènere? I d'home maltractador?
f) Coneixes algun programa oficial de prevenció de la violència de gènere?

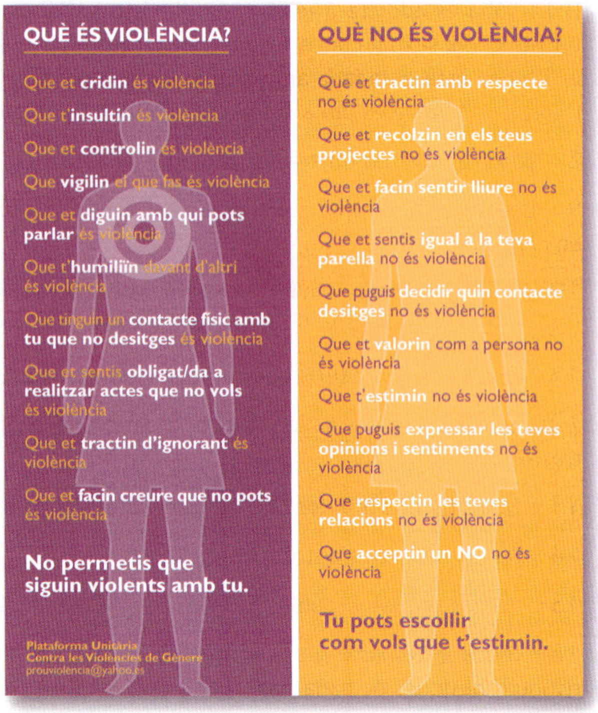

Autoavaluació

1. Quina de les afirmacions següents és falsa en relació amb els trastorns de la personalitat?

a) Són patrons temporals que es van alternant en el temps.
b) Són culturalment valorats.
c) Provoquen malestar només en l'àmbit laboral, no en el familiar i menys encara en el social.
d) Totes les afirmacions anteriors són incorrectes.

2. Quan el Jordi no pega el seu germà durant una hora, els seus pares li fan una abraçada, la qual cosa és un exemple de:

a) Reforçament continu.
b) Reforçament intermitent.
c) Reforçament intermitent de raó fixa i interval variable.
d) Reforçament intermitent de raó variable i interval fix.

3. Quan un subjecte s'empara en el grup per fer coses que individualment no faria, ens trobem davant d'un cas de:

a) Desindividuació.
b) Desrealització.
c) Despersonalització.
d) Conductes vandàliques.

4. Els factors que determinen fonamentalment l'autoestima són:

a) D'índole exclusivament personal.
b) D'índole exclusivament social.
c) Fonamentats en factors socials i culturals.
d) Totes les respostes anteriors són correctes.

5. En relació amb l'autoconcepte, cal dir que:

a) Està constituït per un grup de percepcions i creences pròpies.
b) Està constituït per factors de tipus intraindividual.
c) Es deriva de la integració de la retroalimentació d'altres.
d) Totes les respostes anteriors són correctes.

6. L'aproximació cognoscitiva social de la personalitat valora:

a) Les competències del subjecte i la seva forma de codificar les seves experiències.
b) Les expectatives i els valors personals.
c) El sistema d'autoregulació i plans.
d) Totes les respostes anteriors són correctes.

7. Segons Roger, quines són les tendències innates a la realització?

a) Les necessitats biològiques bàsiques i les psicològiques específiques de cada individu.
b) Les necessitats bàsiques de son i menjar.
c) La retroalimentació positiva social, el respecte i la simpatia, entre altres.
d) Totes les respostes anteriors són incorrectes.

8. L'autoconsideració positiva es basa en:

a) En l'autoavaluació de la conducta i l'autovàlua intrínseca.
b) La condició intrínseca de la persona i els seus èxits.
c) La informació que altres ens donen sobre el que fem.
d) Totes les respostes anteriors són incorrectes.

9. És una tècnica de sobrecorrecció:

a) Demanar a un nen que reculli un paper i el llenci a la paperera 20 vegades.
b) Dir-li que escrigui 20 vegades: "No he de llençar papers al terra".
c) Treure-li la consola durant 20 dies.
d) Associar llençar els papers a la paperera amb un bombó.

10. Què determina que una conducta sigui normal?

a) Els criteris estadístics.
b) La compatibilitat amb les normes culturals.
c) La sensació subjectiva de benestar del subjecte.
d) Totes les respostes anteriors són correctes.

11. Cada vegada que l'Enric llença els retoladors al vàter, els ha de treure i netejar, la qual cosa és un exemple de:

a) Càstig.
b) Extinció.
c) Temps fora.
d) Reforçament de respostes incompletes.

12. En quina de les següents situacions s'està utilitzant el Premack?

a) Cada vegada que rentem la ferida a l'Anna i no plora, li deixem veure la televisió 15 minuts.
b) Si l'Anna imita com renta la ferida la infermera, veurà la televisió 15 minuts.
c) Si l'Anna no plora quan li renten la ferida, aconsegueix un caramel de pal.
d) Totes les respostes anteriors són incorrectes.

Unitat 4

Habilitats comunicatives

Preguntes inicials

1·· T'has plantejat alguna vegada si et comuniques eficaçment?

2·· En situacions de conflicte, quin creus que és el teu estil de resolució?

3·· Pensa en una persona que consideris socialment hàbil. Quines són les seves característiques personals?

4·· Ets conscient que els teus sentiments influeixen en la teva actitud i el teu comportament?

En aquesta unitat aprendràs a...

- Establir procediments d'atenció als usuaris mentre maneges eficaçment les habilitats socials i la comunicació terapèutica.
- Reflexionar sobre la importància de l'autoconeixement en la relació terapèutica.
- Afrontar situacions de conflicte de manera adequada.

HABILITATS COMUNICATIVES

- **Comunicació**
  - Axiomes de la comunicació humana
  - La comunicació en relació amb el context
  - La comunicació terapèutica
- **Sentiments i emocions**
  - Concepte d'emoció
  - Perspectives biològiques i cognitives de les emocions
  - Funcions de les emocions
    - Funció adaptativa
    - Funció informativa
    - Funció social
    - Funció motivacional
  - Valoració de la situació emocional
  - Classificació de les emocions
    - Emocions positives
    - Emocions negatives
  - Educació i emocional
- **Motivació**
  - Components de la motivació
  - Procés motivacional
  - Tipus de motius
    - Motius primaris, innats o biogènics
    - Motius secundaris o socials
  - Motivació i presa de decisions
- **Habilitats socials bàsiques**
  - Tècniques de resolució de conflictes
  - Respondre a objeccions i rèpliques
  - Fer crítiques
  - Rebre crítiques
  - Afrontar l'hostilitat
  - Afrontar l'escepticisme i el desànim
  - Resoldre conflictes

Per al projecte final

- Usaràs de forma eficaç les habilitats comunicatives i la comunicació terapèutica.
- Reconeixeràs els sentiments que, en cada cas, es donen en els pacients i els reconduiràs en pro de la seva salut.
- Identificaràs els motius que porten el pacient a comportar-se com ho fa.
- Utilitzaràs les estratègies bàsiques per a la gestió d'emocions.
- Manejaràs de forma constructiva les situacions de conflicte.

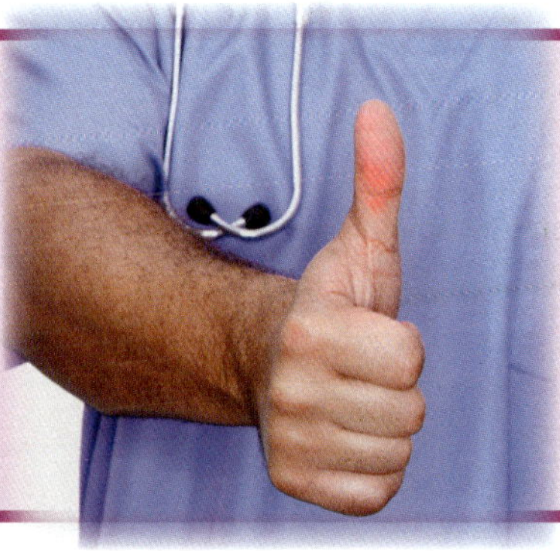

1 >> Comunicació

Relacions simètriques i complementàries

Entre el personal sanitari i el malalt que en pretén alguna cosa, existeix una relació complementària; d'una banda, hi ha el pacient que demana i, de l'altra, el professional que atén aquesta petició. Al seu torn, els diversos professionals que estan tractant aquesta persona en comentaran l'estat de salut, el possible tractament, l'evolució, etc., i hi establiran una relació simètrica.

Existeix la falsa creença que, quan aprenem a parlar, aprenem a comunicar-nos, però les habilitats de comunicació són un fenomen més complex. La **comunicació** és un procés d'interacció i influència social que dóna origen a una relació significativa entre les persones que hi participen.

Les relacions interpersonals són fonamentals per al manteniment de la salut i en el procés de curació del malalt; han de constituir una cura més. D'aquí que sigui fonamental estudiar la comunicació.

1.1 > Axiomes de la comunicació humana

Watzlawick recull cinc aspectes de la comunicació humana:

- **És impossible no comunicar.** Tot comportament transmet alguna cosa de la persona.
- **Tota comunicació té un aspecte de contingut i un altre de relació.** Diem alguna cosa (contingut) i, al mateix temps s'estableix una relació, que va més enllà de les paraules que diem en aquest moment.
- **La naturalesa de la relació depèn de les seqüències de comunicació entre els comunicants**; un parla i l'altre contesta en una interacció constant.
- **Tots els intercanvis de comunicació són simètrics o complementaris.** En l'intercanvi simètric, les dues persones estan al mateix nivell (comunicació entre germans); en canvi, en l'intercanvi complementari, existeix una asimetria (un cap i el seu empleat).
- **Existeix una comunicació verbal i una altra de no verbal o analògica**, i les seves diferències es concreten a la taula següent:

Diferències entre el llenguatge verbal i l'analògic	
Verbal	Analògic
- Transmet notícies, comunica continguts - És arbitrari, creat per les persones - A través del seu ús, es pot mentir - Té un grau de complexitat i abstracció	- Diu el que les paraules no poden dir - Transmet sentiments - És natural - És difícil mentir - És un llenguatge gairebé universal, resulta fàcil codificar-lo

Durant la comunicació, la **conducta no verbal** es pot relacionar amb la conducta verbal de sis maneres diferents:

- **Repetició**: el que es diu amb els gestos (missatge no verbal) és el mateix que es diu amb la paraula (missatge verbal).
- **Contradicció**: el missatge no verbal s'oposa al verbal.
- **Substitució**: s'ometen les paraules perquè s'entén amb el gest.
- **Complementació**: el llenguatge no verbal completa el que es diu oralment.
- **Accentuació**: amb el gest, emfasitzem el que es diem amb les paraules.
- **Regulació**: la comunicació no verbal permet una comunicació fluida, sense silencis molestos, i ajuda a respectar els torns de paraula.

Comunicació no verbal

La comunicació no verbal és aquella classe d'acte comunicatiu que transcendeix la paraula parlada o escrita.

Knapp, 1972

1.2 > La comunicació en relació amb el context

En la comunicació es produeix una interacció entre els interlocutors i s'estableixen uns **esquemes de relacions** que seguiran diferents pautes segons amb qui es dugui a terme i en quin context.

Observant aquesta **interacció**, podem conèixer com ens comuniquem. Així, davant d'un intercanvi, el receptor pot rebutjar obertament el proposat; tot i això, també ho pot acceptar sense límits, entendre-ho malament, desqualificar la comunicació, evitar-la de manera subtil realitzant canvis de tema, etc.

L'intercanvi interactiu de la comunicació	
Jo	Emissor
T'estic dient alguna cosa	Missatge-contingut i relació
A tu	Receptor
En una situació	Context
Que produeix una resposta-judici: rebutjar el missatge, acceptar-lo, desqualificar-lo, etc.	Retroalimentació

Paraula i silenci

Som esclaus de les nostres paraules i senyors dels nostres silencis.

Anònim

Els esquemes relacionals que es produeixen en el **context sanitari** entre els usuaris i el personal d'infermeria tenen uns aspectes específics:

- La **comunicació** està **intercedida per la tasca.** La interacció, és a dir, la comunicació sanitari-pacient, s'estableix en els moments en què s'ha de realitzar una activitat professional. Per exemple, no es va a l'habitació del pacient només per preguntar-li com es troba, sinó per posar-li el termòmetre.
- **El temps dedicat és escàs.** Alguns estudis consideren que el temps que el personal d'infermeria dedica als pacients de forma individual només suposa el 16% de la seva jornada laboral.
- **Tipificar.** El sanitari pot tractar les persones pel tipus de malaltia, de pacient, de conducta, etc.
- Els professionals de la salut desenvolupen una sèrie de **conductes que despersonalitzen i controlen la relació**, ja de per si asimètrica. Les estratègies es concreten en:
  - **Monopolitzar la interacció**, de tal manera que gairebé no es deixa parlar l'usuari o interlocutor.
  - **Evitar temes psicològics o socials** que incomodin.
  - **Usar preguntes tancades**, on només es pot respondre sí o no, o realitzar preguntes de les quals ja se sap la resposta d'entrada.
  - **Respondre inadequadament.** El personal d'infermeria pot respondre de manera inapropiada, traient importància als sentiments del pacient amb expressions del tipus: "Fill, no passa res", "no es preocupi", "això és així", etc., i altres vegades usant la fugida mitjançant un tancament de la conversació precipitat i frustrant per a l'usuari, dient, per exemple: "Això és així, no pot ser d'una altra manera".

Comunicació inconscient

Ray Birdwhistell, expert internacional en comunicació no verbal, afirma: "Gran part de la comunicació humana es desenvolupa en un nivell inconscient, en què les paraules només tenen una rellevància indirecta". Segons ell, la comunicació inconscient pot arribar a constituir el 65% del total de la informació transmesa durant una conversació quotidiana.

1.3 > La comunicació terapèutica

La comunicació té un **efecte beneficiós** en si mateixa, però és realment terapèutica quan el sanitari l'usa per influir sobre el pacient amb la intenció d'ajudar-lo a resoldre els seus problemes de salut, en la seva vessant física, psíquica o social. Per aconseguir-ho, s'utilitzen sobretot els mecanismes següents:

- **Identificació:** s'aprofita el procés d'imitació i identificació de l'usuari amb el professional.
- **Neutralitat:** el personal d'infermeria aparenta neutralitat per:
  - Ser més convincent que quan usa la persuasió directa.
  - Augmentar la seva credibilitat: les persones són més receptives si creuen que se'ls parla sota un coneixement científic inqüestionable.
  - Evitar crítiques. Per exemple, la resposta serà diferent si diem a un hipertens: "Vostè ha de controlar el seu pes, deixar de fumar, reduir el consum de sal, evitar l'alcohol, fer exercici, reduir l'estrès i prendre la medicació", que se li plantegem: "Davant de la hipertensió, és aconsellable controlar el pes, disminuir la sal...".

La sobregeneralització

Generalitzar és un dels errors típics en el pensament quotidià; es tracta de confondre un fet amb el patró general de la persona i creure que es manté en el temps ("sempre em passa el mateix", "mai aconsegueixo el que vull", "ell ho fa tot malament").

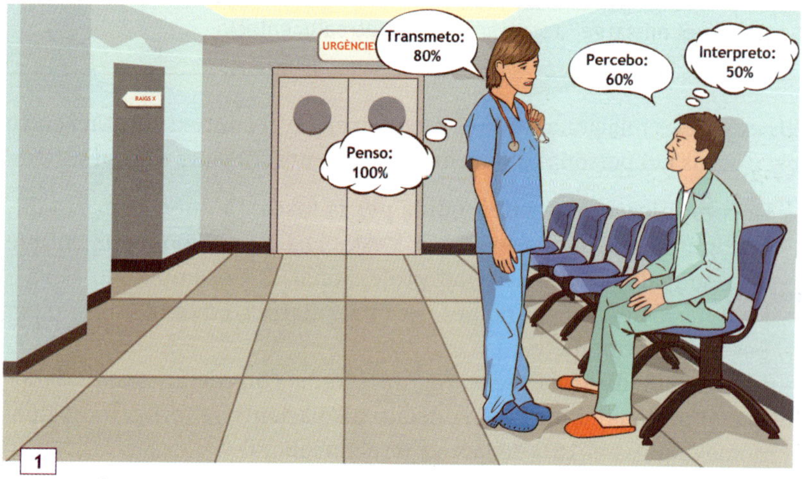

1

En tot procés de comunicació, cal tenir en compte que no tota la informació emesa es rep ni es processa.

Activitats

1·· Determina el tipus de relació existent entre el llenguatge verbal i el no verbal en aquests casos:

a) El Joan està parlant amb el Manel i li explica que, a la planta, han tingut dues crisis hipertensives en pacients als quals havien implantat *stents* coronaris el dia anterior. Mou el cap de dreta a esquerra i d'esquerra a dreta i diu: "No tots els dies poden ser iguals".

b) L'endemà, en el canvi de guàrdia, el Joan li pregunta com va al Manel, i ell li respon que bé, inclinant el cap i arrufant les celles.

c) El Joan es troba el Manel pel passadís i li pregunta com li va la vida. El Manel li respon amb el puny tancat i el dit polze cap enlaire i segueix el seu camí.

2·· Imagina que estàs davant d'un pacient en el postoperatori. Formula cinc preguntes tancades on el pacient només pugui respondre amb monosíl·labs (sí/no, bé/malament, etc.); seguidament, formula-les de forma oberta per tal que el pacient s'expressi amb més llibertat i pugui explicar-se millor.

2 >> Sentiments i emocions

Coneixem realment el que ens emociona? Sabem expressar el que sentim? Generalment, les paraules resulten insuficients per definir el que sentim o ens emociona.

Concepte d'emoció

Entre les definicions d'emoció, destaquem la següent:

> L'**emoció** és un estat complex de l'organisme caracteritzat per una excitació o pertorbació que predisposa a una resposta organitzada. Les emocions es generen habitualment com a resposta a un esdeveniment extern o intern.

Els tres **components de les emocions** són:

- **Manifestacions neurofisiològiques** (canvis en l'activitat fisiològica). Són de caràcter involuntari, com per exemple taquicàrdia, diaforesi, vasoconstricció, etc.
- **Comportament.** Si observem el comportament d'un subjecte, podem saber quines emocions està experimentant. Reconeixerem uns gestos o expressions corporals associats a les diferents emocions (l'infant nerviós es mossega les ungles, per exemple).
- **Cognició.** És la vivència personal, subjectiva, del que ens ocorre; es tracta del que anomenem "sentiments" i ens permet qualificar les nostres emocions i donar-los nom: tristesa, goig, ràbia, etc.

Perspectives biològiques i cognitives de les emocions

Per què es produeixen les emocions? El debat se centra en saber si les emocions són en essència biològiques; és a dir, si existeix una base anatòmica o són sobretot cognitives, fruit de processos mentals (pensament). Actualment, es considera que les dues idees són correctes. Una part és innata, espontània, fisiològica i de reacció involuntària; l'altra part, per contra, es fonamenta en l'**experiència** i la seva base és sociocultural; d'aquesta n'és responsable el neocòrtex.

Les emocions i la salut

La medicina holística s'ha basat en les proposicions aportades per Cousins el 1976, segons les quals els estats emocionals feliços són capaços de preservar la salut somàtica i curar les malalties, i, per la seva banda, els estats infeliços o estressants promouen les malalties.

Diccionari dels sentiments

José Antonio Marina i Marisa López Penas, al *Diccionari dels sentiments*, parlen de tribus o categoritzacions, dins de les quals situen els sentiments i les seves definicions. Com a exemple d'alguna tribu, ens trobem amb l'experiència de la pròpia vitalitat i energia o l'experiència d'aversió física, psicològica o moral, sentiments negatius contra el que obstaculitza el desig, etc.

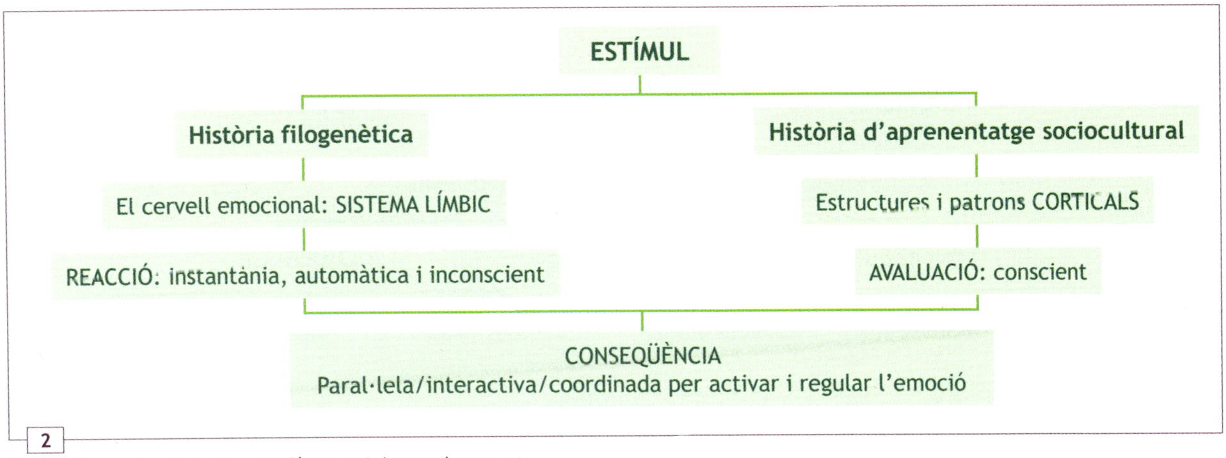

2
Activació emocional: bases neurològiques i desenvolupament.

> **Intel·ligència emocional aplicada al món de la salut**
>
> Daniel Goleman, autor de l'obra *La intel·ligència emocional* (1995), valora la implicació de la intel·ligència emocional en la salut, i afirma que és favorable en el nivell preventiu, perquè les persones amb un bon estat d'ànim tendeixen a estar menys malaltes, i en el nivell terapèutic, com a part essencial de les cures dels professionals de la salut.

Funcions de les emocions

Les emocions ens permeten respondre més adequadament a l'entorn. Les seves funcions són les següents:

- **Funció adaptativa.** Facilita la conducta apropiada de l'individu enfront d'un estímul.
- **Funció informativa.** Té una doble vessant: d'una banda, és una informació per als altres i, de l'altra, també és una informació per a un mateix.
- **Funció social.** Les emocions serveixen per comunicar a la resta com ens sentim i per influir en els altres.
- **Funció motivacional.** Poden donar lloc a conductes motivades o ser-ne conseqüència.

Una **persona emocionalment madura** posseeix tres tipus de **coneixements:**

- **Reconeix els senyals socials**, sap què és el que genera emocions positives i negatives en les persones de l'entorn i, després, reconeix les conseqüències d'aquestes emocions en la interacció amb els altres.
- **Utilitza les regles d'expressió de sentiments**, és a dir, coneix el que està permès fer, expressar o dir, segons el lloc, la situació o la circumstància en què es produeixin.
- **Maneja les emocions**, sap què fer amb els seus sentiments.

Valoració de la situació emocional

El que provoca una emoció és un estímul, ja sigui intern o extern, davant del qual l'individu valora si és necessari respondre. Això és el que anomenem **"avaluació valorativa"**. Quan la persona decideix que la situació o l'estímul exigeix una resposta, s'activa l'emoció (activació emocional). L'avaluació comença amb una valoració ràpida i poc conscient de la situació.

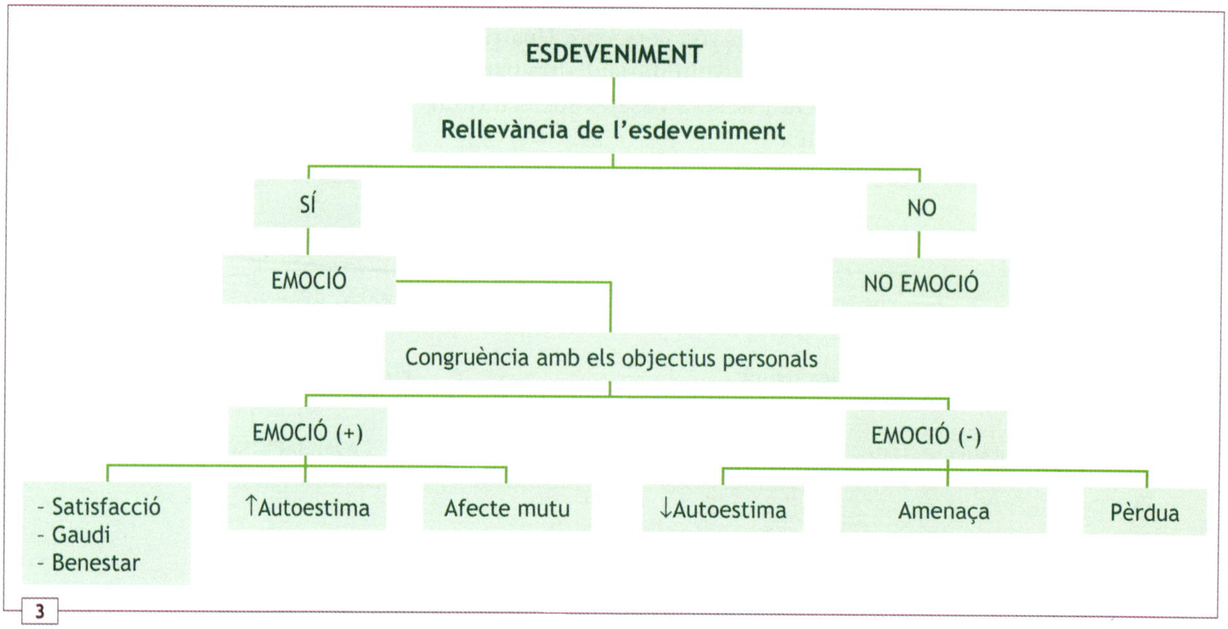

3 Procés de valoració d'una situació emocional.

Classificació de les emocions

Una de les possibles classificacions de les emocions se centra en el plaer i en el desplaer.

Les **emocions negatives** s'experimenten quan no arribem a un objectiu proposat, sentim una amenaça o patim una pèrdua. Les emocions positives s'experimenten quan arribem a la finalitat proposada i es gaudeix del que suscita aquest èxit.

Existeixen altres emocions, **ambigües, problemàtiques o neutres**, que no són ni agradables ni desagradables, o poden ser totes dues coses, segons les circumstàncies, de forma que resulten equívoques; per exemple, una sorpresa és una emoció que pot ser positiva o negativa.

- **Emocions negatives.** Entre les emocions negatives, es troben:
  - La **por.** La seva causa és un perill present i imminent. Es controla pensant racionalment, controlant la respiració i/o utilitzant tècniques de relaxació.
  - La **ira.** Es caracteritza per irritació, fúria o gran enuig, i està causada per la indignació en sentir vulnerats els nostres drets. Es controla a través de la distracció (pensar en una altra cosa) o la relaxació.
  - La **tristesa.** Es produeix com a resposta a successos considerats com a no plaents i denota pena o malenconia. Requereix la posada en marxa de recursos socioafectius per afrontar-la.
  - El **fàstic.** És causat per la repugnància que es té a alguna cosa o per una impressió desagradable. S'afronta a través del rebuig manifest, la fugida o l'evitació.
  - La **vergonya.** És un sentiment penós de pèrdua de dignitat per una falta o un error comès per un mateix, o bé per una humiliació o un insult. Per superar-la, hem d'eliminar els sentiments d'inferioritat i de timidesa.
  - L'**ansietat.** És un estat d'agitació, inquietud i angoixa sense raó aparent, causat per les preocupacions o una amenaça no real. Aquest concepte serà estudiat de forma més específic a la unitat següent.
- **Emocions positives.** Són emocions positives les següents:
  - La **felicitat.** És la forma en què s'avaluen la vida o els seus aspectes més significatius des d'una visió positiva. Hem de meditar sobre les coses que ens provoquen aquests sentiments i plantejar-nos un gaudi conscient.
  - L'**alegria.** Es diferencia de la felicitat en el fet que es produeix davant d'un succés favorable, mentre que la felicitat es refereix a com es valora la nostra existència de forma general.
  - L'**amor.** És una emoció experimentada per una persona envers una altra o envers un animal, una cosa o una idea. Diferenciem diferents tipus d'amor segons el seu destinatari.
  - L'**humor.** Les condicions en què es troba la persona són favorables per fer alguna cosa, inspiren alegria i fan riure. Es poden desencadenar per una gran varietat d'estímuls, incloses algunes drogues.

Emocions ambigües

Les emocions ambigües més rellevants són:

- La sorpresa: és una reacció causada per quelcom imprevist o estrany. Els estímuls causals són innovadors, irrompen en la nostra vida, són bruscos i inesperats.
- L'esperança: consisteix en témer el pitjor per anhelar el millor; existeix una incertesa. Cal diferenciar entre optimisme i esperança. En l'optimisme, no existeix l'anhel i la incertesa propis de l'esperança.
- La compassió: és una preocupació altruista pel sofriment d'altres amb el desig d'ajudar-los i alleujar-los. Alguns autors la relacionen amb l'empatia.

Emocions estètiques

Dins de la classificació de les emocions, alguns autors inclouen les estètiques, que són les que es produeixen quan reaccionem emocionalment davant de certes manifestacions artístiques (escultura, pintura, literatura, música, dansa, etc.); són, per tant, emocions complexes.

Logoteràpia

V. Frankl, el 1938, va utilitzar per primera vegada el terme "logoteràpia". La logoteràpia considera que l'essència de l'existència humana rau en la capacitat de ser responsable.

Mindfulness o consciència plena

Aquest nou corrent psicològic planteja el triangle del benestar com l'estructura formada per les relacions (informació i energia), el cervell (l'estructura física per on circula aquest flux d'informació i energia) i la ment (procés que regula aquest flux). El *mindsight* és un procés que ens permet observar i canviar aquesta energia i informació a través de la consciència i la intenció.

Reestructuració cognitiva

La reestructuració cognitiva és un mètode terapèutic que procura que l'individu pensi racionalment i no se centri només en pensaments negatius, per tal que disposi de recursos suficients per resoldre problemes i conflictes.

Educació i teràpia emocional

L'**educació** emocional es basa en la prevenció dels efectes negatius de les emocions i el desenvolupament de les emocions positives. La **teràpia** emocional, per la seva banda, tracta de neutralitzar les pertorbacions emocionals que experimenten els individus.

L'**educació emocional** es considera com un procés educatiu, continu i permanent que pretén potenciar el desenvolupament emocional com a complement indispensable del desenvolupament cognitiu; tots dos constitueixen els elements essencials del desenvolupament de la personalitat integral. Per això, es proposa el desenvolupament de coneixements i habilitats sobre les emocions amb l'objectiu de capacitar l'individu per afrontar millor els reptes que es plantegen en la vida quotidiana. Tot això té com a finalitat augmentar el benestar personal i social.

La **teràpia emocional** considera que les dificultats emocionals i comportamentals que les persones tenim rauen en la forma poc realista i negativa amb què pensem sobre nosaltres mateixos o sobre els que ens envolten. Existeixen diferents enfocaments psicoterapèutics que se centren en les emocions: la Psicoanàlisi, la teràpia centrada en el pacient de Rogers, la relació d'ajuda de Carkhuff i els enfocaments cognitius. D'aquests últims, destaquem la **psicoteràpia racional-emotiva d'Ellis**, que busca que les persones recuperin el control sobre les seves emocions i comportaments, des del descobriment de les percepcions distorsionades que tenen sobre la realitat. Ellis és un dels principals representants de la **reestructuració cognitiva**.

La psicoteràpia racional-emotiva substitueix les idees il·lògiques per altres de més racionals i lògiques, a través de les **fases** següents:

- Mostrar al subjecte el que és il·lògic, i explicar-li com i per què va arribar a aquest estat intern.
- Convèncer-lo que el seu passat o la seva infància no són la causa del seu estat actual.
- Influir-lo per tal que tracti de canviar la seva actitud.
- Presentar-li una forma de vida més racional.

Activitats

3·· Agrupa les següents emocions segons siguin emocions negatives/positives o ambigües: ràbia, terror, angoixa, depressió, culpabilitat, hostilitat, entusiasme, hilaritat, afecte, goig, sorpresa, còlera, desesperació, horror, decepció, timidesa, menyspreu, eufòria, riallada, afecte, tranquil·litat, esperança, rancúnia, pànic, aflicció, inseguretat, acritud, excitació, rialla, tendresa, pau interior i compassió.

4·· Fes una llista amb sis tipus d'amor que es puguin donar en funció del destinatari.

5·· Recull expressions, refranys o dites populars que usin el terme "amor", i valora el significat que té en cada cas.

6·· En què consisteix la psicoteràpia racional-emotiva i quines fases comprèn?

7·· Creus que les emocions i els sentiments es poden canviar i controlar? Raona la teva resposta.

3 >> Motivació

La motivació explica quelcom tan fonamental com el per què fem les coses.

La **motivació** és el que causa el nostre comportament, el que és igual a un procés multideterminat que activa, encamina i fa persistir la conducta.

Els **indicadors motivacionals** serveixen per saber si una persona està motivada. En el nivell **conductual,** ens trobem: el grau d'activació d'una persona (en anglès, *arousal*) l'elecció entre el conjunt de possibilitats d'acció, la concentració o atenció envers una tasca, la perseverança davant d'una activitat, etc.

En el nivell **fisiològic,** es valora la resposta de diferents òrgans del cos i obtenim indicadors, com la freqüència cardíaca i respiratòria o la secreció hormonal. En **l'autoavaluació o testimoni,** és el propi subjecte qui ens defineix la seva motivació, responent a un qüestionari sobre el tema.

Teoria de la motivació d'èxit

La teoria de la motivació d'èxit va ser proposada per Atkinson, i postula que les necessitats individuals d'èxit depenen de la corresponent probabilitat d'èxit en la tasca i el seu valor d'incentiu per triomfar en aquesta tasca.

3.1 > Components de la motivació

Els components de la motivació responen a la intenció amb què duem a terme una tasca. N'hi ha dos de fonamentals: els components de valor i d'expectativa.

Component motivacional de valor

L'individu posseeix unes **creences centrals en què es recolza per determinar què ha de fer o no fer.** Aquests valors són determinats, al seu torn, per les regles socials imperants, però realitzaríem una acció, per molt valorada que estigués socialment, si ens sentíssim incapaços de dur-la a terme o no n'obtinguéssim res a canvi? La resposta és no, perquè hem d'afegir-hi les expectatives de poder-la dur a terme i el valor de l'incentiu; en cas contrari, ni ho intentaríem. Les expectatives de l'èxit i el valor de l'incentiu són determinants de la motivació de l'èxit. D'aquesta forma, s'han diferenciat **quatre aspectes** que configuren el **valor de la tasca:**

- **Valor de l'èxit:** importància que s'atorga a realitzar una determinada tasca (fer un gol/descobrir una vacuna).
- **Valor intrínsec o interès:** satisfacció que obtenim en actuar o en desenvolupar una activitat. És l'interès subjectiu que manifestem per alguna cosa.
- **Valor d'utilitat:** és la forma en què l'acció es relaciona amb les nostres metes futures.
- **Valor de cost:** suposa considerar tots els aspectes negatius que implica el fet de dur a terme una determinada acció. Aquest element és fonamental en la persistència en l'acció i afecta, per tant, l'autoregulació (m'ha de compensar molt estar aquí estudiant en comptes d'anar-me'n de festa un divendres a la nit).

Teoria d'expectativa × valor

Vromm va pensar que la motivació per aproximar-se o evitar un objecte o una situació és el producte de dos factors: de l'expectativa d'èxit o de resultat i del valor (atracció o rebuig subjectiu de la persona a aquest objecte o ambient).

$$\begin{array}{r} \text{expectativa} \\ \times\ \text{valor} \\ \hline \text{motivació} \end{array}$$

Component motivacional d'expectativa

L'expectativa, creure que podem fer alguna cosa, està unida a **l'autoconcepte**, és a dir, a com ens veiem a nosaltres mateixos en relació amb diferents àrees o aspectes. Expectativa i autoconcepte són, per tant, elements que depenen de les nostres idees i percepcions, ja que són intraindividuals. L'autoconcepte és fruit d'un procés de valoració, anàlisi i integració de la informació derivada de la pròpia experiència i de la retroalimentació que ens facin els altres.

Ens trobem amb uns elements bàsics dins d'aquest component motivacional:

- **Percepció de competència o eficàcia.** Es construeix a través d'experiències prèvies, de les pròpies actuacions del subjecte: "Jo treballo bé amb malalts mentals". Si el subjecte es considera capaç de dur a terme alguna cosa, això determinarà el seu esforç i persistència.
- **Les expectatives de resultats.** És l'apreciació sobre la probabilitat que es donin les conseqüències o els resultats previstos. Per exemple: "Em donaran l'enhorabona per treballar tan bé amb ells".
- **Component afectiu i emocional de la motivació.** Sentim com pensem (si penso "tot això és horrible", acabo sentint pena o frustració) i pensem com sentim (si sento ràbia, penso "això ho arreglo jo com sigui"). És a dir, les nostres actuacions no només dependran dels pensaments, sinó també dels sentiments. Podem pensar que el nostre èxit, a l'hora d'aprovar els exàmens, per exemple, és fruit d'un treball dur o bé que hem tingut sort, és a dir, que la causa de l'èxit és interna o externa a nosaltres **(dimensió causal interna/externa).** També podem creure que la nostra malaltia és quelcom incontrolable, sobre la qual no podem actuar, només ser-ne mers pacients; o bé considerar que la capacitat d'intervenir sobre la nostra vida i el nostre entorn és real i efectiva **(dimensió de controlabilitat).** Podem descobrir que hi ha causes estables i inestables, i així considerem la sort francament inestable; no sempre ens toca la loteria, però les malalties cròniques són, sens dubte, una "loteria" per a tota la vida **(dimensió causal estable/inestable).** Tot això ho sabem, hem après a descodificar-ho al llarg del nostre permanent aprenentatge social i s'associa a uns sentiments. A la taula següent, s'explica aquest component en relació amb l'èxit o el fracàs en una activitat segons la seva dificultat o esforç, la capacitat i la sort que tingui el subjecte per dur-la a terme.

Errors del pensament quotidià

El pensament de "tot o res" es tradueix en mirar els successos de manera radical, sense que hi hagi possibilitats intermèdies. Així, per exemple: "o estàs amb mi o estàs en contra meu".

Teoria atribucional de Weiner

La clau de la teoria atribucional és que les persones busquen de forma espontània descobrir i comprendre per què ocorren les coses. Aquesta curiositat és de per si un fort element motivador, al mateix temps que ens ajuda a comprendre millor el que ocorre al nostre voltant. El punt de partida es troba en un resultat que genera, al seu torn, una reacció afectiva immediata i, a partir d'aquí, es comencen a buscar les causes d'aquest resultat.

	Factors causals de l'èxit o fracàs d'una actuació				
		Capacitat	Dificultat de l'acció-fet	Esforç	Sort
Dimensions causals	- Intern - Extern	Interna	Externa	Intern	Externa
	- Estable - Inestable	Estable	Estable	Inestable	Inestable
	- Controlable - No controlable	Incontrolable	Controlable	Controlable	Incontrolable

3.2 > Procés motivacional

Què fa que estem motivats o no? Per respondre aquesta pregunta, hem de considerar l'existència d'uns **determinants interns:** herència (programes genètics de l'organisme), homeòstasi (equilibri, variables biològiques), creixement (necessitat de control sobre l'entorn), processos cognitius (plans, propòsits, intencions, metes, emocions) i uns **determinants externs**, com són, entre altres, l'aprenentatge, l'hedonisme i la interrelació social. La intenció, o acció raonada, és fruit d'una sèrie de processos cognitius. A continuació, analitzarem quins són aquests **processos** i com organitzen **l'acció dins de la motivació:**

- **Plans:** s'avaluen la situació real i ideal; quan es diferencien molt es provoca en nosaltres la intenció de canviar.
- **Metes:** pensem cap on dirigir els nostres esforços; elaborem estratègies per aconseguir el que ens proposem. Per exemple: "seré auxiliar, estudiaré per aconseguir-ho".
- **Dissonància cognitiva:** no sempre fem el que creiem que hem de fer; és a dir, pot ser que actuem en contra dels nostres valors o creences. Aleshores es produeix una incomoditat psicològica.
- **Expectatives:** són les valoracions subjectives que realitzem sobre la possibilitat d'assolir la meta anteriorment proposada: "Aprovaré l'oposició d'auxiliar".
- **Atribucions:** es tracta de com valorem les causes dels fets que ens ocorren. Entre aquestes causes, figuren les següents:
  - **Internalitzat/externalitat.** El lloc en què es troba la causa pot ser:
- *Locus* o lloc de control intern: les coses ocorren perquè hem treballat sobre elles; en som el desencadenant. Per exemple: "Faig bé les coses perquè m'hi esforço".
- *Locus* o lloc de control extern: les causes se situen fora de nosaltres i no les podem controlar; el fracàs i l'èxit provenen, per exemple, de la sort, l'acció d'altres, etc. Així: "Això ha sortit bé per casualitat".
  - **Estabilitat:** la temporalitat o freqüència amb què es produeix la causa que provoca el succés.
  - **Controlabilitat:** el grau de control que es té sobre la causa que ha produït el succés. Per exemple: "Jo no hi puc fer res".

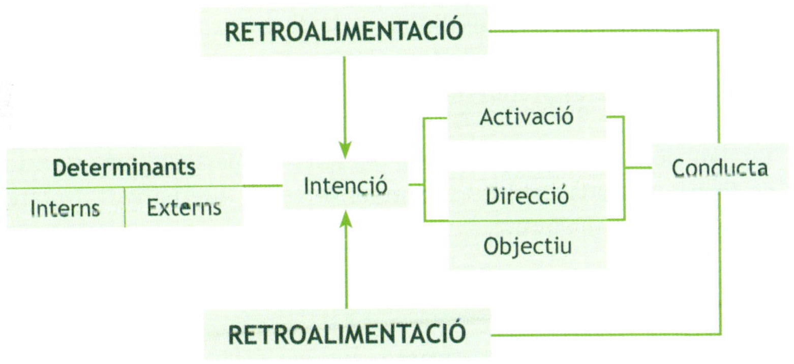

4
Procés motivacional.

Teoria de la dissonància cognitiva

Festinger va tractar d'explicar per què la gent busca coherència entre els seus pensaments i comportaments i com buscar aquesta coherència es converteix en un incentiu o motiu de canvi.

Activació motivacional

L'activació motivacional és un principi d'energització; és la variable responsable de l'inici, el manteniment, la intensitat i la finalització de la conducta motivada.

Direcció del comportament

La direcció del comportament suposa la tendència a aproximar-se o a evitar un determinat objectiu o meta. Quan s'ha dut a terme la conducta, la retroalimentació incideix sobre la intenció, i comença de nou el procés de la motivació.

3.3 > Tipus de motivacions

Podem classificar les motivacions en motius **primaris, innats** o **biogènics**, i motius **secundaris** o **socials**. Els primers estan relacionats amb la subsistència o supervivència de l'individu i de l'espècie: set i conducta de beure; gana i conducta de menjar; curiositat i conducta exploratòria; son i conducta de dormir; sexe i conducta sexual. Els motius secundaris o socials són adquirits, apresos; estan determinats pel medi ambient i la cultura: motivació d'èxit, desig de fer les coses el millor possible, etc. La taula següent recull les principals fonts dels motius humans:

Font dels motius humans

Necessitats	Cognicions	Emocions	Successos externs
Fisiològiques: set, gana, curiositat i son	Jo: autoesquema, possibles jo, identitat i desenvolupament de l'ego	Biològiques o primàries: por, ira, tristesa, fàstic, felicitat i sorpresa	Estímuls ambientals: incentius i conseqüències
Psicològiques: - Orgàniques: competència, tendència, realització i gregarisme - Adquirides: èxit, afiliació, intimitat i poder	Atribucions: internalitat, estabilitat i controlabilitat	Cognitives o secundàries: ansietat, hostilitat, amor/afecte i humor	Contextos socials: relacions interpersonals i climes comunicatius
	Expectatives: reactància, desemparança apresa i autoeficàcia		
	Discrepàncies: plans, objectius i creences/valors	Afecte i estat d'ànim	

3.4 > Motivació i presa de decisions. La seva funcionalitat en el camp de la salut

El personal sanitari ha d'aconseguir que l'individu senti un conflicte entre els hàbits que són nocius per a la seva vida i els que hauria de portar. Aquest conflicte suposa una incompatibilitat davant de la qual cal elegir una forma o una altra d'actuar. Recollim cinc de les possibles maneres en què **l'individu pot respondre**:

- Seguir la inèrcia no conflictiva: es fa cas omís de les recomanacions rebudes.
- Canvi no conflictiu a un nou comportament: s'assumeix el que s'ha proposat.
- Evitació defensiva: es posposa la resposta (i, d'aquesta forma, se'ns oblida); es deriva la responsabilitat de la decisió a altres. Per exemple, el pacient que diu: "Vostè és el que en sap".
- Hipervigilància: es produeix quan elegim de forma ràpida, impulsiva i irreflexiva.
- Vigilància: la informació es passa pel sedàs, es personalitza i s'avalua de forma acurada, tenint en compte totes les alternatives, i només aleshores es duu a terme.

Resiliència

Aquest terme es va agafar de la Física (propietat d'alguns materials per absorbir i emmagatzemar energia de deformació) i es va extrapolar al món de la Psicologia per definir la capacitat humana d'assumir amb flexibilitat situacions límit i sobreposar-s'hi. La persona resilient sobreviu a l'adversitat i en surt enfortida.

Activitats

8·· Analitza l'última decisió que has pres. Quins criteris has seguit? Quant temps has trigat en dur-la a terme? Quines expectatives tenies al respecte?

Casos pràctics 1

També cal manejar les emocions

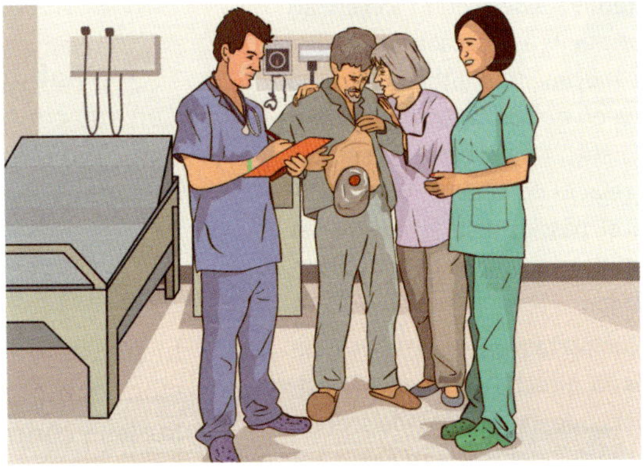

L'Adela és auxiliar d'infermeria i treballa a la planta de Digestiu d'un petit hospital provincial. El Joan és l'infermer d'aquesta planta i, juntament amb l'Adela, han estat valorant diàriament l'evolució del Jacint, un pacient de seixanta-quatre anys al qual van realitzar una resecció del còlon descendent i va sortir de la intervenció quirúrgica amb un anus contra natura.

El Jacint manifesta sentiments contradictoris: d'una banda, està content i així ho expressa, però, de l'altra, la colostomia li resulta desagradable, bruta, té por a tocar-la i, a més, creu que és difícil de manejar. La seva parella, en canvi, està exultant de felicitat, perquè ha estat tan preocupada que ara tot li sembla criaturades. Ha arribat el moment en què el Jacint ha d'aprendre a manejar la seva colostomia, abans que rebi l'alta hospitalària.

Quines preguntes s'han de fer l'Adela i el Joan abans de començar la instrucció?

Solució

L'aprenentatge del Jacint ja ha començat en observar com el Joan i l'Adela manipulaven la seva colostomia; també ha observat les reaccions emocionals que això suscitava en tots dos i haurà creat unes expectatives sobre el maneig de la colostomia i la seva vida amb ella. Abans de començar a donar les instruccions al Jacint, és necessari que el Joan i l'Adela responguin les qüestions següents:

- L'activitat que vull implantar en la vida del Jacint satisfà alguna necessitat? Quina importància té per a ell? La defecació és una necessitat fisiològica bàsica i, per tant, és fonamental que el Jacint aprengui a manejar la seva colostomia. Abans, cal preguntar-se quina és la necessitat sentida de l'usuari, ja que si el pacient sent que aquest aprenentatge és vital per a la seva vida, estarà més motivat per aprendre.
- Sobre aquesta activitat, existeix algun tipus d'expectativa o creença, autoeficàcia, control personal o valors que mobilitzin energia? El Jacint pensa que és complicat i que no serà capaç d'aprendre aquesta tasca. Per això, la perícia del Joan i l'Adela no s'ha de quedar només en arguments verbals del tipus "és fàcil, no passa res, ja veuràs com podràs", sinó que l'han de saber introduir pas a pas en la cura de la colostomia; que ell vagi realitzant a poc a poc les accions realitzades amb la seva cura a través d'instruccions clares, curtes, seqüenciades i numerades d'aprenentatge, fent que el Jacint se senti capaç de fer-ho.
- Aquesta activitat propicia emocions i estats d'ànim positius? El pacient sent fàstic i certa hostilitat enfront de la seva colostomia, ja que el maneig de la seva femta és quelcom que no li resulta agradable, i la cura de la colostomia li produeix temor. Enfront d'això, només cal que, prèviament, en la seva pràctica diària, el Joan i l'Adela hagin normalitzat la situació.
- Existeix un context social favorable que recolzi el que estic tractant d'ensenyar, que afavoreixi l'autonomia i que sigui estimulant? El Jacint ha d'assumir la seva cura personal de forma autònoma, sense dependre de ningú. És possible que el Jacint tampoc vulgui compartir la cura de la colostomia amb la seva parella, ja que pot creure que ella podria sentir rebuig envers seu per aquesta circumstància. És el Jacint el que ha de decidir. Els comentaris de la seva parella banalitzant la situació no l'ajuden, ja que aquest és un pas difícil que comporta una assimilació, i que els sentiments del Jacint no siguin entesos pot donar lloc a una certa decepció. Per últim, no hem d'oblidar-nos de proporcionar al Jacint la informació necessària sobre associacions de pacients colostomitzats que li puguin donar suport davant d'aquesta circumstància nova per a ell.

4 >> Habilitats socials

Assertivitat

El terme "assertivitat" sorgeix als Estats Units a la dècada dels 60 dins del moviment d'integració de la dona en el món laboral. En aquest moment, l'únic estil acceptable de relació de la dona amb l'home era el passiu, amb la possibilitat d'utilitzar subtilment l'estil manipulador.

El comportament assertiu és l'expressió directa dels propis sentiments, de la defensa dels drets personals i del respecte pels drets dels altres.

La conducta interpersonal comprèn un conjunt de capacitats d'actuació apreses, que denominem "habilitats socials".

L'habilitat social és la capacitat per interactuar amb els altres en un context social d'una forma determinada, que és acceptada o valorada socialment i, al mateix temps, personalment beneficiosa, mútuament beneficiosa o principalment beneficiosa per als altres.

Tècniques de resolució de conflictes

El personal d'infermeria, en la seva pràctica diària, s'enfronta a situacions complexes i variades que suposen un repte professional. Per afrontar-les i controlar-les, caldrà tenir en compte que la comunicació és una eina terapèutica més.

Vegem algunes **claus d'actuació** per a la resolució de conflictes:

- **Respondre a objeccions i rèpliques:** la resposta és escoltar activament l'objecció o rèplica, mostrar acord parcial o total i utilitzar la tècnica del disc ratllat, és a dir, repetir sempre els objectius, desigs i sentiments quan es vulgui persistir en les idees.
- **Fer crítiques:** a vegades, el professional ha de fer certes crítiques per aconseguir canvis en el pacient. La crítica ben formulada transmet informació útil, en centrar-se més en les possibilitats de canvi i de millora del comportament que en recalcar els errors dels altres. S'ha de posar especial atenció per tal que l'interlocutor no es resisteixi al canvi, accepti la crítica i no es danyi la relació sanitari/usuari. La seqüència d'actuació seria la següent:
  - Definir els objectius de canvi que es pretenen.
  - Descriure la situació i/o conducta que es desitja criticar. Donar una informació útil, específica i descriptiva, evitant afirmacions del tipus "ets...", "sempre fas...".
  - Expressar els meus sentiments amb "missatges jo" (són els que es transmeten en primera persona: "Jo estic disgustada amb vostè perquè...").
  - Suggerir o demanar canvis amb "missatges jo"; per exemple: "t'agrairia moltíssim que no ho tornis a fer...".
  - Elogiar i agrair l'acceptació de la crítica.

Enfront de les crítiques, hem de tenir sempre present que ningú és perfecte i que el que es pretén és ajudar; d'aquesta forma, criticar serveix per donar criteris, és a dir, per canviar. Si es critica bé, no s'ofèn; per això, els elements criticables han de ser fets objectius, no un "jo em pensava que...".

La crítica provocarà en el nostre interlocutor una resposta emocional, i per això li ho hem de posar fàcil, ser directes i assertius i, si apareixen obstacles, haurem de reconduir la situació per tal que la relació no pateixi i aconseguir el nostre objectiu inicial, i no anar a parar així a "carrerons sense sortida".

Humorteràpia

Els principis bàsics de la resolució de conflictes a través del sentit de l'humor són els següents:

- No ens podem enfadar i riure al mateix temps; el funcionament cerebral ens ho impedeix.
- Les situacions que produeixen en nosaltres enuig o ira es deuen, en gran mesura, a la forma en què veiem o percebem el que ens passa.
- Un ambient d'humor.

– **Rebre crítiques:** si fer crítiques suposa una situació complicada, rebre'n encara ho és més. En aquest cas, la clau rau en recollir allò de la crítica que ens pugui resultar útil o respondre quan considerem que aquesta crítica és injustificada, sense entrar en un cercle viciós que trenqui l'intercanvi. Per això, la **resposta** enfront de les crítiques es pot concretar en la seqüència següent:
  - Escoltar atentament; rebre una crítica és una oportunitat per aprendre.
  - Decidir un acord total o parcial, segons el cas.
  - Recompensar ("gràcies per dir-m'ho!").
  - Comprometre's a rectificar, demanar alternatives o negar assertivament les crítiques no adequades.

– **Afrontar l'hostilitat:** l'hostilitat segueix un patró d'activació emocional en què se succeeixen diferents fases: en la primera, es manté una situació raonable; després d'un temps prudencial, la ràbia es va acumulant fins que no es pot més i es deixa anar; aquesta situació d'exaltació no és indefinida, i es passa a una fase d'alentiment en què sembla que hom s'enfonsa. Després d'aquest moment, es pot ser receptiu i escoltar si el que se'ns diu no ho valorem com una amenaça; això pot conduir a una fase en què la situació es va calmant i es finalitza tornant a la situació en principi raonable de la qual partim. Com a norma, es poden seguir aquests **passos:**
  - Validar, és a dir, fer veure a la persona que s'entén la seva irritació, el seu malestar, el que li passa.
  - Escoltar atentament i deixar que l'altre s'expressi detingudament, sense interrompre, digui el que digui.
  - Mantenir, mentrestant, una actitud dialogant, sense fer judicis de valor precipitats.
  - Procurar dirigir l'altra persona envers una àrea privada.
  - Asseure's i parlar amb calma, sense espectadors ni instigadors.
  - Utilitzar un to de veu baix i una fluència verbal lenta.
  - Entendre l'altra persona, hi estiguem o no d'acord.
  - Expressar els nostres sentiments després de l'incident i dir a l'altra persona que, en una altra ocasió, no és necessari arribar a aquesta situació extrema.
  - En cas que no s'aconsegueixi reconduir la situació, demanar ajuda a una tercera persona.

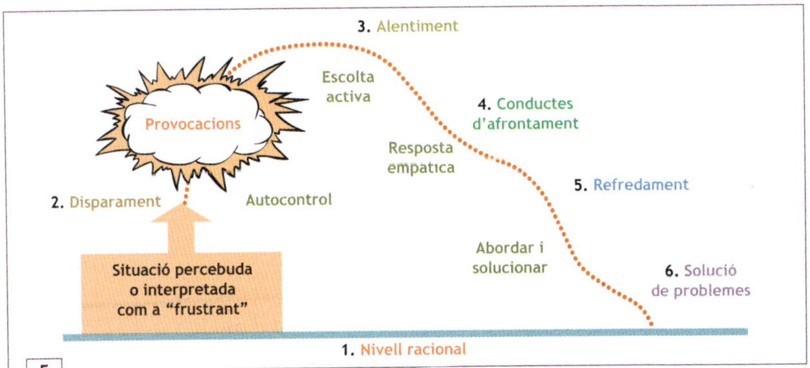

5

Destreses per abordar les fases d'hostilitat. Font: Allaire i McNell (adaptació: Grakion).

Actuar davant de l'hostilitat

Enfront de situacions d'hostilitat, és contraproduent:

- Intentar calmar o rebutjar la irritació.
- Negar-se a escoltar.
- Defensar la institució que representem sense haver investigat abans el problema.
- Avergonyir l'hostil pel seu comportament inadequat.
- Cridar públicament per fer-nos sentir, buscant la confabulació amb altres del voltant.
- Treure conclusions sobre el que és millor per a la persona irritada.
- Ocultar els sentiments després de l'incident.
- Tractar de manejar la situació quan ja s'ha intentat i no s'ha aconseguit.

La competència social

És un element preventiu i amortidor enfront de la psicopatologia, i hi existeixen tres components fonamentals:

- Aprofitament dels recursos: utilitzar les possibilitats del nostre context.
- Flexibilitat: adaptar-se a diferents situacions i elegir entre diversos objectius.
- Anàlisi social: valorar adequadament la realitat de manera positiva.

Empatia empírica

L'empatia empírica és la que s'adquireix a través de l'experiència directa. Podem sentir el que ha sentit l'altre perquè abans hem passat pel mateix.

Empatia natural

L'empatia natural és la que permet, sense haver experimentat la situació, la comprensió del que l'altre està sentint.

- **Afrontar l'escepticisme i el desànim:** aquests sentiments són freqüents en malalties agudes i, sobretot, en les cròniques. Enfront d'aquests sentiments, hem d'escoltar, empatitzar, recompensar, ajudar a pensar en la situació avaluant el que condueix a aquest estat de desànim o fer riure, segons quina sigui la situació.
- **Resoldre conflictes:** els conflictes interpersonals són inevitables. Les situacions conflictives són inherents a la convivència i les hem de comprendre, encara més si treballem en el camp de la salut, per les condicions de necessitat i situacions vitals que es presenten, on els sentiments negatius estan a flor de pell, ens enfrontem a la frustració, la desesperació, l'odi, la ràbia, etc., i els sentiments positius com l'alegria són mesurats i no s'expressen amb total llibertat. Hem de tenir en compte quines conductes poden ser favorables per a la creació de conflictes i quines no, i la manera de resoldre'ls. Per començar, hem de creure en nosaltres mateixos, en la nostra capacitat de resoldre aquests fets.

  D'altra banda, no ens hem de cremar dialogant sobre postures inamovibles, i hem de tenir clar que no es tracta de guanyar o perdre, i encara menys de discutir sobre el passat i el que va ocórrer amb altres persones i llocs. Els problemes no s'han de definir en termes de solució magistral, sinó que cal anar-se'n desvinculant, diferenciar entre comprendre i predir el que l'altre sent o pateix i, per últim, pensar que els sentiments, les necessitats i els interessos dels altres són legítims i que no hi ha solucions úniques, ja que el pensament creatiu ens condueix a resoldre realitats de formes diferents. La manera de **resoldre conflictes interpersonals** passa per:

  - **Preparar la situació,** és a dir, que els canals de comunicació han d'estar oberts (que el lloc i el clima siguin els adequats).
  - **Definir el conflicte,** o sigui, identificar els elements que es contraposen i quines són les postures inicials.
  - **Oferir alternatives,** avaluar-les i decidir quina és la millor solució negociada.
  - Portar a la pràctica la **solució consensuada** i comprovar si funciona correctament.

No existeix un receptari tipus, encara que sí unes formes bàsiques que s'han d'adaptar de forma subtil a la infinitat de situacions professionals que es presenten; és a dir, que hem d'estudiar detalladament les interaccions comunicatives per controlar-les conscientment i practicar-les fins a convertir-les en estratègies espontànies.

Claus per desenvolupar l'empatia

- Ús de preguntes obertes.
- Escolta reflexiva.
- Paràfrasis.
- Validar sentiments.
- Normalitzar conductes.

Activitats

9·· Indica els avantatges i els inconvenients de posseir i no posseir habilitats socials.

10·· Descriu una situació amb tres interlocutors, concreta el tema de conversació i estableix un diàleg. Defineix, per a cada interlocutor, la dimensió conductual, personal i situacional.

11·· Recorda una situació problemàtica a la qual t'hagis enfrontat en l'últim mes, tracta d'analitzar-ne l'objectiu que pretenies, així com quins errors i encerts creus que vas cometre.

Activitats finals

1·· Relaciona les següents causes a les quals s'atribueix l'èxit o el fracàs d'una tasca amb els sentiments que pot generar:

Atribucions causals	Sentiments
- Esforç - Capacitat - Sort - Atribució causal dipositada en altres (per exemple, personal sanitari)	- Sentiment de competència, confiança en un mateix, satisfacció i orgull - Elevades expectatives d'èxit en el futur - Responsabilitat davant de l'èxit - Sorpresa - Absència de responsabilitat davant de l'èxit - Gratitud - Culpabilitat - Responsabilitat davant del fracàs - Sentiments de control i expectatives de prevenir el fracàs en el futur - Sentiment d'incompetència, pèrdua de confiança en un mateix - Baixes expectatives d'èxit en el futur

2·· Realitza un "receptari" amb les tècniques de resolució de conflictes de forma seqüenciada.

3·· Quins creus que han de ser els passos que cal seguir per saber rebre crítiques adequadament?

4·· Quins són els errors típics del personal d'infermeria en la seva relació amb els pacients?

5·· Per què creus que és beneficiós el riure? Com creus que pot afectar la salut?

6·· Quina és la relació existent entre la competència social i les habilitats socials?

7·· Determina quins elements dificulten i quins faciliten la comunicació:

a) Objectius contradictoris.
b) Elegir el moment i el lloc.
c) Escoltar activament.
d) Preguntes retret del tipus "no ho havies tingut en compte?", "com ho vas poder fer?".

8·· Defineix els termes "emoció", "motivació" i "habilitats socials". Detalla els punts que puguin tenir en comú.

9·· Al Jaume li acaben de donar els resultats de l'anatomia patològica de la piga que li van treure fa deu dies. Es tracta d'un melanoma maligne i el metge l'ha informat sobre la gravetat de la situació i els passos que cal seguir a partir d'aquest moment, així com del pronòstic que preveuen les estadístiques en aquests casos. En finalitzar la consulta, el metge l'anima a consultar-li els dubtes i el Jaume li pregunta: "creu que em curaré?". A partir d'aquí: Què penses que vol sentir el Jaume? Què està manifestant amb aquesta pregunta? Què opines què se li ha de dir? Com el podem ajudar?

10·· Què està totalment prohibit fer davant d'una situació d'hostilitat, llevat que es vulgui instigar?

11·· Quin tipus de comentaris condueix el subjecte a tancar el canal de comunicació i perdre interès pel que se'ls està dient?

12·· Recull les diferències entre informar i motivar un pacient.

13·· Elabora un esquema que reflecteixi l'evolució històrica de la motivació.

14·· Posa exemple de cada un dels següents elements que inclouen la comunicació: missatges tu; acusacions i amenaces; missatges d'"hauries de"; preguntes retret, d'inconsistència dels missatges i d'interpretacions.

Casos finals

1·· Com es diuen les coses

Llegeix la següent situació i respon les preguntes.

- **Auxiliar d'infermeria** (amb to irritat i gestos agressius): "Vostès són uns desconsiderats... Estan molestant la resta dels pacients. Que es creuen que es la porta de casa seva això? El telèfon mòbil s'apaga en entrar en un centre sanitari!".
- **Pacient 1** (amb cara que l'han enxampat i apagant el mòbil): "Estava parlant...".
- **Auxiliar d'infermeria:** "Així no es pot seguir, això és una sala d'espera. Sempre estem igual, no té cap més lloc on anar a parlar?". A continuació, dirigint-se a la zeladora i assenyalant el pacient amb el mòbil, diu: "Has vist, Joana? Amb el soroll que fan no hi ha qui treballi com cal. Això és una vergonya!"

a) Què està fent l'auxiliar d'infermeria amb la seva actitud?
b) Quins sentiments ha provocat l'auxiliar d'infermeria en el pacient?
c) Com s'hauria de comportar l'auxiliar d'infermeria?

2·· Formació contínua

Al departament d'atenció al pacient d'un hospital, s'ha realitzat una anàlisi detallada de les queixes més freqüents i els conflictes més habituals. Els resultats obtinguts són descoratjadors: més del 90% dels conflictes eren evitables i en el 95% dels casos s'hi afegien problemes en la comunicació sanitari/pacient/família. Tenint en compte aquests resultats, la unitat de qualitat de l'hospital decideix organitzar un curs de formació sobre habilitats comunicatives, i la Joana i el seu grup de companys de planta d'urologia decideixen apuntar-s'hi. En la primera sessió, el responsable lliura un full a cada un dels participants amb un text que recull les frases següents:

- "Quan et demano que m'escoltis i tu comences a donar-me consells, no has fet el que et demano".
- "Quan et demano que m'escoltis i tu comences a dir-me per què no hauria de sentir-me així, no respectes els meus sentiments".
- "Quan et demano que m'escoltis i tu sents el deure de fer alguna cosa per resoldre el meu problema, no respons a les meves necessitats".
- "Escolta'm! Tot el que et demano és que m'escoltis, que no parlis ni facis res. Només que m'escoltis. Aconsellar és fàcil, però jo no sóc un incapaç. Pot ser que estigui desanimat o tingui problemes, però no sóc un inútil".

a) Sobre què creus que tracta el text?
b) Quins efectes té sobre el pacient aquest tipus de comunicació?
c) Per què creus que a alguns sanitaris els costa tant escoltar?
d) Quins esquemes relacionals es compleixen en les frases del text?

Autoavaluació

1. Per fer front a una situació d'escepticisme, és necessari:

a) Escoltar, empatitzar, recompensar i ajudar a pensar sobre la situació.
b) Empatitzar, recompensar, escoltar i ajudar a superar-la.
c) És una situació que requereix la valoració clínica i una reestructuració cognitiva.
d) Totes les respostes anteriors són correctes.

2. Indica l'afirmació correcta:

a) Tot conflicte és inherent a la pròpia naturalesa humana.
b) No hi ha una solució magistral que resolgui tots els conflictes.
c) El pensament creatiu sempre condueix a la seva superació.
d) Totes les respostes anteriors són correctes.

3. En la corba de l'hostilitat:

a) El primer pas és l'afrontament.
b) El disparament o sortida no s'alenteix en tot el seu desenvolupament.
c) Les conductes d'afrontament són prèvies a l'alentiment.
d) Totes les respostes anteriors són incorrectes.

4. Per rebre crítiques, és necessari:

a) Posar-se completament a la defensiva i negar categòricament.
b) Recriminar a l'altre el seu desig de fer mal.
c) No rectificar mai, llevat que se'n pugui obtenir algun benefici.
d) Totes les respostes anteriors són incorrectes.

5. Ser assertiu és:

a) Expressar directament els propis sentiments i defensar els propis drets respecte de les altres persones.
b) Saber-se posar en el lloc de l'altre.
c) Una emoció primària.
d) Una motivació intrínseca.

6. Un missatge jo...

a) Només serveix per fer crítiques.
b) Només s'ha d'usar en ocasions limitades.
c) No s'ha de referir en cap cas a les emocions personals.
d) Totes les respostes anteriors són incorrectes.

7. Què és realment una crítica?

a) Una oportunitat de canvi.
b) Una ofensa personal a l'individu.
c) Una estratègia d'autoafirmació.
d) Totes les respostes anteriors són incorrectes.

8. Què és una evitació defensiva?

a) Una estratègia per evitar assumir canvis.
b) Quelcom propi de persones amb estils d'afrontament positius.
c) La posada en marxa del canvi.
d) Totes les respostes anteriors són incorrectes.

9. Quan penso que he tingut sort en aprovar l'oposició d'auxiliar d'infermeria...

a) Faig una atribució a un *locus* de control intern.
b) Faig una atribució a un *locus* de control extern.
c) Contribueixo a l'estabilitat i el control del que faig.
d) Totes les respostes anteriors són correctes.

10. Quin dels següents exemples correspon a una dissonància cognitiva?

a) Llençar menjar després d'haver vist un documental sobre la pobresa a la televisió.
b) Faltar al respecte a un ancià tot i saber que té una demència senil.
c) No anar al gimnàs tot i pagar la quota mensual.
d) Totes les respostes anteriors són correctes.

11. Indica les motivacions fisiològiques d'entre els següents exemples:

a) Por, tristesa i ira.
b) Autoestima, identitat i desenvolupament de l'ego.
c) Set, fam, curiositat i son.
d) Totes les respostes anteriors són incorrectes.

12. L'activació emocional prové:

a) Només de l'interior de l'individu; aquest és el seu motor.
b) Només de l'exterior de l'individu; és el seu desencandenant.
c) De plans i metes establerts prèviament.
d) Totes les respostes anteriors són correctes.

13. Què és el valor de cost?

a) Una referència monetària associada a l'empatia.
b) Una apreciació del que em suposarà fer alguna cosa.
c) La valoració de la utilitat del que es planteja.
d) Totes les respostes anteriors són correctes.

Unitat 5

Estrès i ansietat

Preguntes inicials

1·· Coneixes alguna persona que hagi patit estrès?

2·· En quines situacions et tenses?

3·· Com et sents quan estàs nerviós?

4·· Què t'ajuda a relaxar-te?

En aquesta unitat aprendràs a...

- Distingir entre eustrès i distrès.
- Reconèixer les manifestacions de l'estrès.
- Conèixer els factors estressants en el medi sanitari.
- Descobrir tècniques per prevenir i tractar l'ansietat.
- Diferenciar els trastorns d'ansietat.
- Identificar les causes que provoquen el *burnout*.

ESTRÈS I ANSIETAT

- **Etiologia**
  - En general:
    - Cos
    - Entorn
    - Pensaments
  - En l'ambient sanitari:
    - Estressors físics
    - Estressors psíquics
    - Estressors socials
- **Manifestacions**
  - Fisiològiques
  - Cognitives
  - Conductuals
- **Tractament**
  - Psicofàrmacs
  - Comunicació
  - Dieta i exercici
  - Tractament d'exposició
  - Relaxació i meditació
  - Altres tractaments
- **Trastorns d'ansietat i estrès**
  - Ansietat generalitzada
  - Atac de pànic
  - Ansietat induïda per substàncies
  - Ansietat per separació
  - Mutisme selectiu
  - Fòbies
  - Trastorns relacionats amb traumes i estressors
  - Síndrome del cremat per la feina
    - Factors de risc
      - Organitzatius
      - Lloc de treball
      - Interpersonals
    - Fases
      - Entusiasme
      - Estancament
      - Frustració
      - Apatia
      - Fase de cremat

Per al projecte final

- Identificaràs situacions que poden provocar estrès.
- Reconeixeràs manifestacions de l'estrès.
- Aplicaràs mesures per prevenir i tractar l'estrès i l'ansietat.

1 >> Concepte d'estrès i ansietat

La ment

La ment és el seu propi món i, per si mateixa, pot fer un cel de l'infern i un infern del cel.

John Milton

Segurament, al llarg de la teva vida, has sentit en alguna ocasió nerviosisme, tensió, angoixa, inseguretat o inquietud, termes que fan referència a l'estrès o a l'ansietat.

En diferents moments de la història i segons diversos enfocaments, estrès i ansietat s'han considerat paraules sinònimes o, per contra, s'han presentat com a diferents. Tot i que hi ha corrents ideològics que separen aquests termes, segueix existint un gran solapament i es confonen l'un amb l'altre, de forma que a la pràctica se segueixen utilitzant indistintament. Tot i això, n'assenyalarem una sèrie de diferències.

Existeixen tres grans **teories** entorn de **l'estrès:**

Estrès com a estímul	Estrès com a resposta	Estrès com a interacció individu-entorn
Les persones atribueixen l'estrès als successos que viuen i al seu ambient extern, de forma que la tensió es deu a situacions objectivables. La teoria dels esdeveniments vitals (Holmes i Rahe) considera que tant els esdeveniments positius com els negatius alteren l'equilibri de la persona.	L'estrès és la resposta fisiològica i conductual que apareix quan la persona es veu superada per les circumstàncies. Segons aquesta teoria, podem mesurar l'estrès utilitzant índexs fisiològics (nivells d'adrenalina, pressió arterial, freqüència cardíaca, etc.).	En l'estrès intervenen condicions internes (història individual, experiències i personalitat) i externes (situació i entorn). L'estrès depèn de la valoració que la persona realitzi del succés i, per tant, és una experiència subjectiva de l'individu.

Eustrès

L'eustrès és la forma benigna de l'estrès. És beneficiosa i ens ajuda a enfrontar-nos a les noves demandes de la vida.

Distrès

Distrès, en anglès *distress*, significa "pena o aflicció". Anomenem així la forma negativa i danyosa de l'estrès que perdura en el temps, desgasta i comporta efectes destructius per al cos.

L'estrès és la reacció física d'alerta que apareix quan el cos s'adapta a qualsevol canvi (intern o extern) que es produeixi. Aquesta reacció augmenta el nivell d'activitat fisiològica i cognitiva per disposar dels millors recursos i donar resposta a la nova demanda.

Per tant, hem d'entendre que l'estrès no és negatiu en si mateix, sinó que apareix per afrontar de la manera més ràpida i eficaç les exigències del medi. És una resposta automàtica adaptativa, de protecció i preservació, que potencia la supervivència de l'espècie. Això és així fins a certs límits que estan relacionats amb la intensitat, freqüència i durada. Si el sistema se "sobreactiva" o bé si la resposta es repeteix o perdura en el temps, perd la seva eficàcia i produeix una desorganització del comportament. A més, és possible distingir dues formes diferents d'estrès: **l'eustrès** i el **distrès.**

Instrument d'avaluació psicosocial

L'escala de reajustament social de Holmes i Rahe investiga quaranta-tres esdeveniments vitals estressants (mort del cònjuge, divorci, malaltia greu, jubilació, embaràs, pèrdua de feina, etc.).

Alguns autors parlen de la síndrome de l'estrès quan la combinació de la demanda ambiental, la reacció fisiològica i els pensaments negatius provoquen que l'individu se senti ansiós, deprimit o agressiu.

Enfront de l'estrès, que fa referència especialment als aspectes fisiològics, **l'ansietat** es refereix sobretot al sentiment subjectiu que acompanya l'estrès.

1
Els successos catastròfics (incendis, accidents, terratrèmols, inundacions, guerres, etc.) són factors clarament estressants.

L'ansietat és una emoció desplaent consistent en una reacció de tensió, aprensió i preocupació davant d'una situació que l'individu entén com una amenaça potencialment perillosa per a la seva integritat física o psíquica, encara que, moltes vegades, no n'existeixi una causa aparent.

Abans es creia que el benestar de les persones només es veia afectat per successos importants (separació, pèrdua de feina, mort d'éssers estimats, etc.), però ara sabem que els problemes quotidians (baralles, sorolls, vida accelerada, etc.) poden tenir tanta o més influència en el nostre malestar.

L'ansietat presenta diferents graus, que van des del grau mínim, que consisteix en una sensació d'inquietud, fins al grau màxim, que identifiquem com a pànic. A més, és convenient distingir entre l'ansietat **normal** i la **patològica.** A la taula següent, n'apareixen les diferències més importants:

	Ansietat normal	Ansietat patològica
Estímul estressant	Perill existent o amenaça	Perill inexistent o estímul no amenaçador
Freqüència	Episodis poc freqüents	Episodis repetits
Intensitat	Lleu o moderada	Elevada
Durada	Limitada	Prolongada
Resposta a l'estressor	Comuna i esperable	Reacció desproporcionada
Grau de sofriment	Limitat i transitori	Alt i durador
Interfereix en la vida quotidiana	Gens o lleugerament	Molt
Implica repressió o conflictes intrapsíquics	No	Sí

La **Psicologia de la personalitat** (Hans Eysenck) concep l'ansietat en termes de tret i d'estat. **L'ansietat-tret** està associada a la personalitat neuròtica, que és la que posseeix l'individu que respon de forma ansiosa davant de pràcticament totes les situacions. Existeixen grans diferències entre les persones pel que fa al tret d'ansietat, de forma que algunes persones tendeixen a percebre un gran nombre d'esdeveniments com a amenaçadors i hi reaccionen amb ansietat, mentre que altres no els donen tanta importància. Aquesta variabilitat es deu a influències biològiques i també apreses. Per la seva banda, **l'ansietat-estat** és entesa com una fase emocional de tensió, transitòria i variable en intensitat i durada. Trobem una estreta relació entre l'ansietat-tret i l'ansietat-estat, ja que un individu amb alt tret d'ansietat reaccionarà freqüentment de forma ansiosa davant dels esdeveniments.

Inventari d'Ansietat-Estat-Tret de Spielberger (STAI)

Aquest inventari, STAI per les seves sigles en anglès, consta de dues escales: STAI-E, per mesurar l'ansietat-estat (ansietat associada a les situacions) i STAI-T, per mesurar ansietat-tret (ansietat associada a la personalitat). Cada apartat es qualifica de 0 a 4 punts i les puntuacions més altes indiquen majors nivells d'ansietat.

2 >> Causes de l'estrès i l'ansietat

2
En l'embaràs es pot presentar estrès, en part per l'activitat de les hormones i també per les pors que apareixen davant del nou estat.

L'ansietat de l'individu depèn de les demandes, tant del medi extern com de l'intern, de les capacitats pròpies per fer-hi front i de la interpretació que l'individu faci de la situació.

La forma en què cada individu s'enfronta a les diferents situacions es veu condicionada per la manera de pensar, les experiències prèvies, el sistema de valors i el suport que rebi d'altres persones, així com per la valoració que tingui de si mateix.

Altres factors condicionants són l'ambient en què es mou i els recursos personals; per exemple, les habilitats que tingui per afrontar i solucionar problemes.

Els **agents generadors de tensió** poden ser fets negatius (falta de feina, malaltia, mort, problemes en la parella, etc.) o fets positius (tenir responsabilitats, millores que suposin canvis en la feina, en el lloc de residència, etc.).

Principalment, fan referència a situacions noves de caràcter canviant, intenses, inesperades, sobtades o indesitjables, encara que també causen ansietat la falta d'estímuls (per exemple, la monotonia) o el cansament que produeixen els ambients avorrits.

Les tres **fonts bàsiques** de l'estrès són:

El cos	L'entorn	Els pensaments
Són moltes les circumstàncies que afecten l'organisme i generen estrès.	El context en què viu l'individu el sotmet a diversos agents estressors.	La forma en què valorem el que ens passa ens fa més vulnerables.
Exemples: restricció d'aliments, mals hàbits, ingestió d'excitants (cafè, tabac, drogues, etc.), modificació del ritme son/vigília, lesions i malalties. També provoquen estrès, especialment, els canvis que es presenten en l'adolescència o en envellir.	Exemples: obligació de seguir un horari; mantenir relacions socials no desitjades; tenir males relacions interpersonals, discutir; viure en un ambient sorollós, contaminat, accelerat o amb aglomeracions, etc.	Exemples: falta de seguretat personal, autoconcepte i autoestima baixos. Per contra, un factor beneficiós enfront de l'estrès és l'optimisme, és a dir, mostrar una actitud positiva davant de la vida i no perdre l'esperança.

Tipus de factors estressants

Segons el psicòleg nord-americà Richard Lazarus, existeixen tres tipus de factors estressants: els que perjudiquen, els que amenacen i els que plantegen un repte.

Cal tenir en compte que l'etiologia de l'estrès és variable; així, observem que les causes de l'estrès són diferents segons les societats, cultures, edats o altres circumstàncies. En la nostra societat, per exemple, les principals causes de l'estrès infantil tenen l'origen en els problemes familiars i en la competitivitat a què els pares sotmeten els seus fills. En canvi, l'estrès de l'adult es deu, fonamentalment, a problemes psicològics i als pocs recursos disponibles per afrontar les exigències de la vida diària.

Factors d'ansietat en l'ambient sanitari

El pacient es troba davant de situacions que li suposen una alteració del benestar i que ha d'afrontar, la qual cosa és un factor que crea ansietat. Les persones senten estrès davant de la sospita de patir una malaltia, mentre esperen la confirmació del diagnòstic, quan tenen la certesa de la malaltia, degut als símptomes o davant de les limitacions que el pacient pot comportar. Al mateix temps, és freqüent que calgui prendre decisions, com la d'elegir entre les opcions terapèutiques, o fer canvis en l'estil de vida o en l'activitat diària o laboral, situacions que també generaran estrès. Així, doncs, la **pròpia malaltia i les seves conseqüències** són els factors més clars d'ansietat en l'ambient sanitari, i aquesta ansietat es veu incrementada si existeix deshumanització i el pacient se sent sol o aïllat.

En un gran nombre d'alteracions mèdiques, és freqüent trobar ansietat, i especialment en alguns trastorns psicològics és un símptoma més dels que es presenten. També sorgeix com a conseqüència del **consum de determinades drogues** (amfetamines, cocaïna, cànnabis, efedrina, L-Dopa, etc.) o en **estats d'intoxicació o abstinència d'algunes substàncies** (alcohol, nicotina, ansiolítics, hipnòtics i opiacis).

Podem classificar els **agents estressors** que s'observen en l'ambient sanitari en:

- **Estressors físics:** relacionats amb la malaltia, amb el tractament o bé amb el consum, intoxicació o abstinència de certes substàncies i, en un altre ordre de coses, amb l'entorn físic d'assistència sanitària. Alguns exemples d'estressors físics són el dolor, les immobilitzacions, les cremades, les cirurgies i les característiques de l'hospital (calor o fred intens, espai reduït, etc.).
- **Estressors psicològics:** comprenen tot tipus de crisis —des de les situacionals a les de maduració—, sentir-se vulnerable i dependent, dols patològics, problemes en les relacions personals, falta de confiança, aïllament, sentiments de culpabilitat, por o ira prolongats, incapacitat per canviar els hàbits o estils de vida, etc.
- **Estressors socials:** en aquest cas, l'ansietat dependrà de com la societat percebi la malaltia, de si afecta les relacions socials, laborals o altres.

3

El rebuig social augmenta l'estrès de les persones malaltes.

Importància dels factors biològics en l'angoixa

Hi ha famílies que presenten més casos de trastorns d'angoixa i, a més, existeix major concordança d'angoixa en bessons que entre germans, la qual cosa apunta envers una vulnerabilitat genètica en el trastorn d'angoixa.

Al mateix temps, hi ha estudis que posen de manifest certes bases anatòmiques i fisiològiques del cervell en l'origen de l'angoixa.

L'ansietat

Algunes alteracions somàtiques inclouen, entre els seus símptomes, l'ansietat. Com a exemple, en citarem algunes:

Cardíaques

- Angina de pit.
- Infart de miocardi.
- Arítmies.

Respiratòries

- Asma.
- Edema de pulmó.
- Pneumotòrax.

Gastrointestinals

- Còlon irritable.
- Úlcera pèptica.

Endocrinometabòliques

- Deficiències vitamíniques.
- Malaltia de Cushing.
- Insulinoma.
- Hipoglucèmia.

Neurològiques

- Epilèpsia.
- Esclerosi múltiple.
- Encefalopaties.

Síndrome de la bata blanca

Algunes persones presenten tensió arterial elevada només si els la pren el personal sanitari, que habitualment porta bata blanca; d'aquí el nom. Aquesta hipertensió està associada amb la situació emocional del pacient.

De l'emoció a la lesió

La Medicina psicosomàtica estudia les conseqüències nocives i amenaçadores per al subjecte, i que es tradueixen en el desenvolupament o empitjorament d'una malaltia física.

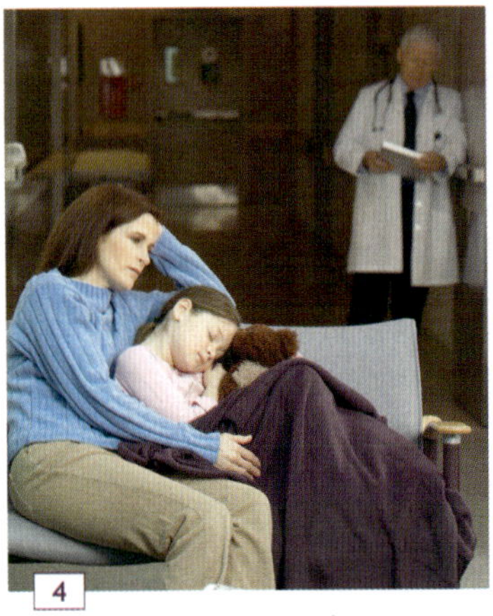

4

En general, l'hospital és l'ambient sanitari que causa més ansietat en els pacients i els seus familiars.

L'hospital és un dels ambients sanitaris que ocasiona més ansietat. De fet, és un símptoma freqüent en les persones hospitalitzades, que han de comptar amb els seus propis recursos emocionals per intentar superar les situacions que se'ls presenten (malaltia, proves o tractament) i, a més, han de confiar en persones desconegudes —els professionals— en un ambient especial i fora del seu entorn habitual.

Aquesta ansietat és encara major en els **pacients quirúrgics**, als quals ens referirem, encara que també la podríem aplicar a altres pacients. En aquest sentit, cal tenir en compte que és freqüent que el postoperatori tingui majors complicacions, es presentin majors dificultats en la rehabilitació i existeixi pitjor control del dolor si, davant de la intervenció, els pacients mostren símptomes psíquics (ansietat, insomni o agressivitat), així com si existeix una mala relació metge-pacient o no tenen confiança en el tractament ni en les cures que se'ls presten. És a dir, una adaptació emocional ineficaç suposa un risc addicional d'origen psíquic que caldria tenir sempre en compte, avaluar i tractar; d'aquí la importància de controlar l'ansietat.

El grau d'ansietat del pacient quirúrgic i la seva capacitat per tolerar-la i dominar-la depenen de diversos factors, que interaccionen i donen com a resultat una àmplia varietat de pacients, des dels que estan molt tranquils fins als que manifesten una gran angoixa i excitació motora, o fins i tot agressivitat. Així, els **factors** que generen ansietat són els següents:

- **La magnitud del fet:** l'ansietat es relaciona amb la gravetat de la malaltia, els efectes i les conseqüències reals del tractament (per exemple, una mutilació), els perills objectius de les proves, etc.
- **La durada del període preoperatori:** com més breu sigui el preoperatori, menys temps té el pacient per reconèixer i controlar els seus temors, i això implica un major nivell d'ansietat.
- **Els antecedents personals i familiars:** el malalt pot témer que es repeteixin històries prèvies negatives, i aquest temor es converteix en la seva principal font d'ansietat.
- **La capacitat del pacient per fer front a l'ansietat:** les característiques predisposicionals del pacient, és a dir, la seva personalitat, o les circumstàncies que el facin especialment vulnerable, suposen que alguns tinguin poca tolerància i capacitat per controlar les situacions estressants i mostrin molta ansietat davant d'intervencions considerades menors.

Activitats

1·· Quins agents estressors s'observen en l'ambient sanitari?

2·· Quina de les situacions de cada parella creus que s'associa amb majors nivells d'ansietat? Per què?

- Fer una radiografia / realitzar una punció lumbar.
- Intervenció urgent / operació programada.
- Gastroscòpia en un infant / gastroscòpia en un adult.
- Fractura per una caiguda / fractura espontània.

3 >> Manifestacions de l'estrès i l'ansietat

Les **reaccions emocionals** enfront d'un perill o una amenaça reals o imaginaris es manifesten a través d'un conjunt de respostes fisiològiques, cognitives i conductuals que es descriuran a continuació. Aquestes respostes poden ser diferents segons els individus, de forma que algunes persones poden presentar una reacció molt intensa en una categoria i més moderada en una altra. A més, a vegades, apareixen símptomes abans que es presenti el perill, només per la mera possibilitat d'haver-s'hi d'enfrontar.

3.1 > Manifestacions fisiològiques o corporals

Les manifestacions **fisiològiques** responen a una elevació dels nivells de cortisol, adrenalina i noradrenalina, i depenen del sistema nerviós vegetatiu i del sistema endocrí.

En aquest tipus de manifestacions, es presenten els següents **signes** i **símptomes:**

- **Cardiovasculars:** palpitacions, taquicàrdia, augment de la tensió arterial, pal·lidesa cutània i accessos de calor.
- **Respiratoris:** sensació d'ofec, asma, sufocació, respiració ràpida i superficial i opressió toràcica.
- **Gastrointestinals:** nàusees, vòmits, aerofàgia, diarrea i molèsties digestives.
- **Genitourinaris:** miccions freqüents i imperioses, enuresi, impotència, ejaculació precoç i frigidesa.
- **Neuromusculars:** sanglot, tremolor, formigueig, mal de cap i augment de la tensió muscular, que amb el temps produeix fatiga extrema i esgotament.
- **Neurovegetatius:** sequedat de boca, pupil·les dilatades, sudoració excessiva, mareigs i dificultats per conciliar el son o existència de son no reparador.

A més, poden sorgir malalties relacionades amb la **fatiga** i la disminució de les **defenses** (sistema immunitari). Per exemple, ens trobem amb el cas de malalts als quals cal posposar una cirurgia perquè pateixen trastorns somàtics, com reaccions al·lèrgiques o refredats, que en realitat són una forma de manifestar la seva ansietat.

5

Les respostes típiques de l'estrès són respiració accelerada, taquicàrdia, dificultat per conciliar el son, sudoració i tremolors.

Sistema nerviós vegetatiu o autònom

Està format pels nervis i ganglis que regulen l'activitat del cor, múscul llis i glàndules, actuant sobre el manteniment de l'equilibri o homeòstasi de l'organisme.

Consta de dues porcions de funcions antagòniques:

- Simpàtic: estimula les accions que es realitzen en situacions d'emergència o estrès; per exemple, en casos de lluita o de fugida.
- Parasimpàtic: estimula les que conserven i restauren els recursos corporals.

Sistema endocrí

Està constituït per un conjunt de glàndules i teixits de l'organisme que tenen secreció interna. La seva funció és alliberar les substàncies denominades hormones.

3.2 > Manifestacions cognitives o de pensament

Els símptomes cognitius es refereixen al que la persona sent o pensa.

Les persones que pateixen ansietat estan preocupades o senten aprensió, por, tensió, impotència, inseguretat, indefensió, desgana insuperable i sensació general de desorganització o pèrdua de control sobre l'ambient.

A més, aquestes persones tenen sentiments d'inferioritat, inutilitat i incapacitat, que comporten una disminució de l'autoestima i provoquen frustració. Freqüentment, mostren irritabilitat i explosions emocionals incontrolades. Així mateix, els augmenta el nombre d'accidents, trastorns alimentaris (anorèxia i bulímia) o comportaments suïcides. Amb l'ansietat sorgeixen dificultats per atendre i concentrar-se, així com per prendre decisions. Totes aquestes manifestacions són fàcilment recognoscibles en molts dels pacients que pateixen ansietat.

Anorèxia nerviosa

En aquests trastorns, s'altera la percepció del pes i de la silueta corporal. La persona rebutja menjar perquè té por d'engreixar-se o de convertir-se en obesa.

Bulímia nerviosa

Es caracteritza per fartaneres recurrents seguides de conductes compensatòries inapropiades amb la finalitat de no guanyar pes, com són la provocació del vòmit, l'ús de laxants o diürètics, l'exercici físic excessiu, etc.

3.3 > Manifestacions conductuals

L'ansietat desencadena conductes motores o externes que impliquen comportaments poc adaptatius. Podem observar hiperactivitat o paralització motora, moviments sense una finalitat concreta —feixucs, desorganitzats i repetitius, com recargolar-se les mans— i alteracions de l'expressió verbal, com tartamudeig, no parar de parlar o altres.

Són característiques les conductes d'escapament o evitació. Així, per exemple, l'ansietat que pateixen alguns pacients abans d'una intervenció quirúrgica s'expressa amb suspensions o canvis de data de l'operació per iniciativa seva, motivats pel temor.

Conductes d'evitació i escapament

Les conductes d'evitació són les que es desenvolupen per no rebre estímuls que, en el passat, han produït malestar.

N'hi ha de dos tipus:

- Evitació activa: realitzar conductes per impedir l'aparició d'esdeveniments no desitjats.
- Evitació passiva: no realitzar conductes per evitar que apareguin esdeveniments desagradables.

Les conductes d'escapament apareixen després que es presenti l'estímul, i es tracta de respostes de fugida.

6

Les respostes de lluita o fugida que apareixen davant d'una amenaça en part són adaptatives però també danyoses (Walter Cannon).

Activitats

3•• Quines són les manifestacions fisiològiques, cognitives i motores de l'ansietat?

4 >> Trastorns d'ansietat i estrès

El *Manual diagnòstic i estadístic dels trastorns mentals* (DSM), de l'American Psychiatric Association (AMA), recull una classificació de **desordres psiquiàtrics.** Així mateix, conté els criteris per diagnosticar-los de manera concisa, fet que resulta molt útil en la pràctica clínica.

En l'apartat de **trastorns d'ansietat** (DSM-V), l'última edició del *Manual* presenta modificacions respecte de les anteriors. Un d'aquests canvis consisteix en excloure els trastorns obsessivocompulsius (TOC), que ara formen un altre grup.

Desrealització

La desrealització és l'alteració de la percepció del món extern, de manera que sembla estrany i irreal.

Despersonalització

La despersonalització és l'estat psíquic en què l'individu se sent separat del propi cos, com si estigués somniant.

Trastorns d'ansietat

A la taula següent, es recullen els principals trastorns d'ansietat i les característiques corresponents:

Trastorn d'ansietat generalitzada	
Preocupació excessiva i difícil de controlar davant d'una àmplia gamma d'esdeveniments. Dura almenys mig any.	Els símptomes són, entre altres, fatiga, inquietud, irritabilitat, tensió muscular i problemes de son i concentració.
Atac de pànic	
Por sobtada i enorme que arriba ràpidament a la seva màxima intensitat.	Es caracteritza per una sensació d'asfíxia, palpitacions, por a morir, desrealització, despersonalització, etc.
Trastorn d'ansietat induït per substàncies i medicaments	
Atac de pànic o ansietat induït pel consum de certes substàncies.	Les manifestacions d'ansietat apareixen durant la intoxicació o l'abstinència de les substàncies.
Trastorn d'ansietat per separació	
Ansietat exagerada i inapropiada que apareix en l'individu per separar-se de les persones per les quals sent afecte.	Algunes manifestacions són el rebuig persistent a sortir de casa, abandonar el domicili, dormir fora de casa, resistir-se a quedar-se sol, etc.
Mutisme selectiu	
Trastorn en què el pacient no parla en certes situacions, encara que és capaç de fer-ho en altres.	Un exemple és un infant que a l'escola no contesta les preguntes del mestre, encara que sí que parla amb els amics i la família.
Fòbia específica	
Por o ansietat intensa envers un objecte o una situació específica.	Si, per exemple, l'estímul fòbic és la sang, les injeccions o les ferides, el pacient evitarà anar al metge o s'oposarà a seguir els tractaments que li prescrigui.
Agorafòbia	
Cas específic de fòbia que apareix quan la persona es troba en llocs o situacions de què li resulta difícil escapar.	La crisi pot aparèixer per usar transport públic, estar en espais oberts o tancats, trobar-se entre una multitud de gent, o veure's sol fora de casa.
Fòbia social	
Temor acusat i persistent a relacionar-se en públic en situacions en què el subjecte es veu exposat a persones alienes al seu àmbit o a una possible avaluació.	L'individu es mostra ansiós perquè tem actuar de forma humiliant o incòmoda.

Esdeveniment traumàtic

El 1972, Nick Ut va fotografiar la fugida de la gent de Trang Bang (Vietnam). A la foto, apareix Kim Phuc, una nena que corria despullada per la carretera, amb la pell cremant-se-li a causa del napalm, substància amb la qual havien bombardejat el seu poble.

Actualment, Kim Phuc presideix la Fundació Kim Phuc, dedicada a ajudar infants víctimes de la guerra, i és ambaixadora per a la UNESCO.

Trastorns relacionats amb traumes i estressors

Entre els trastorns relacionats amb traumes i estressors es troba **l'estrès posttraumàtic**, que apareix quan la persona respon amb temor, desesperança o horror intensos per haver experimentat o presenciat esdeveniments caracteritzats per morts o amenaces per a la seva integritat física o la d'altres (accidents greus, segrestos, tortures, violació, catàstrofes naturals, etc.).

Transcorregut un mes des que han ocorregut, són experimentats de nou a través de somnis persistents o records recurrents i intrusos; és a dir, l'individu té la sensació que li estan passant una altra vegada. Els infants fins i tot poden reescenificar l'esdeveniment.

Davant d'estímuls interns o externs, que simbolitzen o recorden aspectes de l'esdeveniment traumàtic, es produeixen les respostes fisiològiques de l'estrès i s'experimenta un intens malestar psicològic.

La persona evita constantment tot el que li porti el succés traumàtic a la memòria. Així, s'esforça per no tenir pensaments, sentiments o converses sobre el succés traumàtic, evita activitats, llocs o persones que li recordin el trauma i és incapaç de recordar-ne aspectes importants. A més, té menys energia i està menys activa, fet que es demostra per la reducció acusada de l'interès o la participació en activitats significatives, la sensació de desafecció, a l'alienació enfront dels altres i la restricció de la vida afectiva. Sorgeix una sensació de futur desolador (per exemple, el subjecte no espera obtenir una feina, forma una família o, en definitiva, portar una vida normal).

També presenta un estat d'excitació que l'impedeix conciliar o mantenir el son, es mostra irritat o amb atacs d'ira, té problemes per concentrar-se o està hipervigilant i amb respostes exagerades de sobresalt.

Convé tenir present que es diagnostica **trastorn per estrès agut** quan, a diferència de l'estrès posttraumàtic, les alteracions percebudes ocorren de tres dies a un màxim de quatre setmanes després de l'exposició al trauma.

També està relacionat amb factors d'estrès el denominat **trastorn d'adaptació**, que produeix alteracions emocionals i de comportament com a resposta a estressors identificables i es presenta en els tres mesos següents de la seva aparició.

Per últim, formen part d'aquests trastorns els que presenten infants amb un comportament retret envers els seus cuidadors adults —que no busquen el seu consol quan se senten malament **(trastorn d'afecció reactiva)**— i infants que interaccionen molt amb adults desconeguts **(trastorn de relació social desinhibida)**.

Criteris essencials de salut mental (OMS)

- Coneixement i acceptació d'un mateix.
- Correcta percepció de l'ambient.
- Aptitud per a la integració que permeti enfrontar-se a les necessitats i exigències de la vida, tant en situacions difícils com en el dia a dia.

Activitats

4·· Defineix els termes següents: trastorns de pànic, fòbies, mutisme selectiu i trastorn d'ansietat per separació.

Casos pràctics 1

Por a la por

El Tomàs té una por irracional que pateixen algunes persones en estar en llocs públics o en trobar-se en llocs on hi ha molta gent. Per a ell, sortir al carrer, comprar al supermercat, anar al cinema o entrar en un centre comercial són tasques impossibles. En aquestes situacions, li agafen tremolors, el cor se li posa a mil, nota la boca seca i no pot respirar, la visió se li ennuvola i sembla que hagi de perdre el control; fins i tot té la sensació que s'està a punt de morir. Recorda que la primera vegada que va tenir aquesta sensació era al camp de futbol, veient un partit, i des d'aleshores ja no ha tornat a anar-hi, la qual cosa no li va provocar gaires problemes: va pensar que podia tenir altres aficions i va dir als seus amics que ja no li agradava el futbol. Però ja ha començat a experimentar el mateix trastorn en altres moments i, per prevenir els atacs, a poc a poc ha anat evitant totes les situacions que li originen aquesta por. S'adona que tot això el limita moltíssim en la seva vida, però no ho pot remeiar. I el pitjor és que també té por a tornar a tenir aquest pànic; és a dir, també té por a la por, si se li presenten totes aquestes reaccions angoixants i que poden tenir conseqüències catastròfiques, com que munti una escena, s'ofegui, cridi, es torni boig, tingui un infart, etc.; en definitiva, el cap no li para de donar voltes.

En les passejades en què l'acompanya el Thor, el seu pastor alemany, sembla que se sent millor, però on realment se sent segur és a casa seva. Fins ara ha estat convençut que ho podia controlar, però fa un parell de setmanes que no surt per a res, i fins i tot ha deixat d'anar a treballar. Quan els seus amics l'han anat a veure, ha decidit explicar-los què li passa. Un dels amics li ha dit que potser pateix agorafòbia, un dels trastorns d'ansietat més freqüents, i que li hauria de consultar al metge per posar-hi remei.

Creus que el consell del seu amic és encertat?

Solució

Efectivament, sembla un cas d'agorafòbia, com diu el seu amic. Des de la primera situació en què se li va presentar, al camp de futbol, s'ha anat estenent a casos similars (situacions en què hi ha molta gent o espais oberts), i cada vegada li va a més, fet que li provoca una resposta d'evitació, ja que el Tomàs deixa de fer el que creu que li podria desencadenar una crisi. A més, només de pensar-ho ja té por que se li presenti (ansietat anticipatòria). Tot i això, se sent millor en els moments en què està passejant amb el seu gos, amb persones de confiança o a casa seva, on es troba relaxat i segur. El consell que li dóna el seu amic és correcte. Necessita ajuda professional, ja que aquesta fòbia és molt incapacitant. El seu metge el derivarà a una unitat de Salut Mental.

5 >> Mesures davant de l'estrès i l'ansietat

La manera **d'afrontar** les situacions estressants depèn d'algunes característiques de la persona: per exemple, de l'autoconfiança i l'autoestima que presenti, si és capaç de controlar les seves emocions o de si s'enfronta als reptes amb ànim de superar-los. També sembla que l'edat influeix en les estratègies davant de l'estrès; així, els adults se centren més en posar fi al problema que genera l'estrès i, en canvi, durant les edats extremes de la vida, l'adolescència i la vellesa, les estratègies es dirigeixen més envers el component emocional.

L'important per a nosaltres és conèixer què podem fer davant de **l'ansietat** que pateixen els pacients. Per fer-ho, comptem amb diferents **mesures** que s'exposen a continuació:

- **Psicofàrmacs.** Entre els diferents tractaments de l'ansietat, el més estès és el farmacològic. Encara que els psicofàrmacs són útils davant d'un esdeveniment concret (per exemple, en un preoperatori), a la llarga no resulten satisfactoris. Això es deu al fet que generen problemes de tolerància i dependència, i els seus efectes ansiolítics es produeixen a curt termini. A més, les intoxicacions produïdes pel consum d'aquests medicaments són una altra dada que cal tenir en compte.
- **Comunicació.** Des del punt de vista del suport psicològic al pacient, més que el tractament farmacològic interessen altres estratègies, com per exemple, la de la comunicació. Moltes vegades, el gran secret és **informar i "saber escoltar"**. No només ens referim als aspectes verbals, sinó també a les manifestacions no verbals de l'ansietat (expressió del rostre, mirada, sudoració, tremolor, moviments, etc.). Per tant, és convenient allunyar-se de l'interrogatori purament clínic i mantenir una conversació més informal, estimulant el malalt per tal que ens expliqui com es troba anímicament, quines pors i dubtes té o el que pensa i sent sobre el que li està passant. D'aquesta manera podrem dirigir millor els nostres intents de tranquil·litzar-lo, proporcionant la informació pertinent i sense utilitzar tranquil·litzadors estereotips com "no es preocupi, que això no és res", o no personalitzats com "tots els que passen per aquí estan molt ben atesos", que transmetran la impressió que no l'hem escoltat o que no ens interessa.
- **Dieta i exercici.** La nutrició correcta i l'exercici físic adequat mantindran el cos en òptim funcionament. Això pot ajudar el subjecte a manejar millor la situació d'estrès.
- **Tractaments d'exposició.** Aquest mètode de dessensibilització és especialment utilitzat enfront de les fòbies. L'exposició es pot donar només en la imaginació o bé partint realment del que causa l'estrès. S'intenta fer de forma gradual, encara que a vegades cal atacar directament les situacions d'ansietat intensa, sense començar per altres de menys estressants. Es produeix una habituació o un acostumament i s'aconsegueix fer desaparèixer les manifestacions associades a l'ansietat, perquè aquesta ansietat perd la seva funcionalitat en no lluitar ni fugir, o també perquè, en comptes d'ansietat, s'aconsegueix una nova resposta davant de les situacions temudes.

Ansiolítics

Els ansiolítics són un grup de fàrmacs (benzodiacepines, carbamats de propanadiol, etc.) que deprimeixen el sistema nerviós central i provoquen sedació. A diferència dels hipnòtics, existeix una gran amplitud de dosis susceptibles d'aconseguir només una lleugera acció sedant.

Medicines alternatives

Les medicines alternatives, com l'acupuntura o l'homeopatia, i tècniques com el *biofeedback*, ofereixen propostes diferents a les de la medicina tradicional per disminuir l'estrès.

– **Relaxació/meditació.** L'objectiu de la relaxació és trobar l'equilibri entre el cos i la ment, per així aconseguir benestar i millorar la salut. Això ens servirà com a mecanisme de defensa enfront de l'estrès i l'ansietat. A grans trets, podem dir que existeixen **tres models generals** de relaxació:

  • **Model de la reducció del nivell d'activació de Benson.** Centra la relaxació en la disminució del nivell d'activitat fisiològica. Així, s'orienta a reduir l'activitat del sistema nerviós simpàtic, buscant aconseguir relaxació muscular, ritme cardíac desaccelerat, reducció de la pressió arterial, baixa taxa respiratòria, alentiment de l'activitat metabòlica, etc.

    Benson es va basar en la pràctica zen i va dissenyar l'anomenada meditació respiratòria, que consisteix en el fet que la persona repeteixi la paraula anglesa *"one"* amb cada exhalació i estigui atenta a les sensacions de relaxació que s'aniran produint.

  • **Model de l'especificitat somaticocognitiva de Davison i Schwartz.** Aquest model parteix de la idea que l'ansietat és provocada, a més de per un estímul estressant, per factors cognitius i conductuals. D'aquesta forma, diferencia l'ansietat somàtica, que es manifesta sobretot amb símptomes físics com migranya, tensió muscular, molèsties gastrointestinals, etc., de la cognitiva, que es presenta fonamentalment a través de pensaments negatius, excessiva preocupació, etc. Això suposa, al seu torn, un doble tractament de relaxació: una tècnica física, com la relaxació progressiva, que es dirigirà sobretot a reduir símptomes somàtics; i la meditació, com a tècnica cognitiva, per reduir símptomes cognitius.

  • **Model cognitivoconductual de Smith.** Considera necessari que les tècniques de relaxació s'adaptin a les necessitats individuals i constitueixin també un procés de renovació dels recursos interns personals.

    El seu objectiu és l'adquisició d'estructures cognitives, com són creences, valors i compromisos personals que portin a nivells de relaxació cada cop majors. També es pretén el desenvolupament de les habilitats següents:

    – Enfocament: consisteix en mantenir l'atenció durant un temps prolongat en un estímul simple.
    – Passivitat: suposa detenir tota anàlisi o activitat dirigida a una finalitat.
    – Receptivitat: acceptar i tolerar tot tipus d'experiències que es presentin.

A més de les mesures que hem estudiat per intentar disminuir l'ansietat del pacient, n'existeixen moltes altres, com intentar aconseguir un ambient relaxat i tranquil, controlant la llum, el soroll i la temperatura; facilitar les relacions socials i el suport de familiars i amics; reforçar l'autoestima i el concepte d'un mateix; identificar els signes d'ansietat i no contagiar-se'n; mantenir l'activitat i l'autocontrol; practicar un entrenament autogen; sotmetre's a teràpies cognitives (reestructuració cognitiva, modificació del comportament, habilitats d'afrontament o teràpia de solució de problemes), etc.

Musicoteràpia per controlar l'estrès

La revista britànica *Journal of Clinical Nursing* va publicar una investigació realitzada en un grup d'embarassades. La meitat escoltava música 30 minuts al dia i l'altra meitat no ho feia. La conclusió presentada va ser que la teràpia musical va reduir els casos d'estrès, ansietat i depressió en aquestes dones.

Casos pràctics 2

Tensar i relaxar

Últimament, el Pere està passant per uns moments de gran tensió i ha decidit que és hora d'aprendre a relaxar-se. La seva amiga Montse li explica que a ella li ha disminuït molt l'ansietat amb la pràctica d'uns exercicis que consisteixen en tensar i relaxar els músculs, i que així aconsegueix una relaxació profunda. Quan el Pere li ha preguntat què feia exactament, la Montse li ha dit molt tècnicament: "el que jo faig són exercicis de relaxació isomètrica".

Com guiaràs el Pere per tal que aprengui aquest mètode de relaxació?

Solució

Al Pere li proporcionaríem les indicacions següents:

- Elegeix el moment apropiat: quan no t'hagin d'interrompre i no estiguis pendent d'altres tasques.
- Selecciona un lloc adequat, que sigui tranquil i confortable. Si és possible, acompanya't de música relaxant.

Un cop preparat, comença els exercicis. No fa falta que t'ajaguis, només cal que t'asseguis recte i còmode, amb les plantes dels peus recolzades al terra i les mans a la falda o sobre les cames. Després d'un breu temps de repòs, ja pots començar.

Primerament, amb un exercici de respiració. Per fer-lo, concentra't en la respiració, però sense forçar-la; només has d'inspirar, fer una pausa i deixar anar l'aire al teu ritme, eliminant tensions. No has de tenir cap pressa, ja que es tracta de respirar de forma tranquil·la, regular i completa.

El pas següent és la seqüència de relaxació muscular progressiva. Consisteix en centrar l'atenció en les diferents parts del cos i experimentar les sensacions agradables i de calma que es produeixen. Has de contraure lentament els diferents grups musculars fins a aconseguir una tensió completa, de manera que percebis aquest augment de tensió i la resta del cos relaxat.

La tensió es manté durant uns quinze segons i, a continuació, es destensa, fet que permet que els músculs es relaxin durant uns trenta segons mentre tu et fixes en aquesta relaxació. A continuació, ho tornes a repetir, és a dir, ho fas dues vegades amb cada una de les parts següents:

- Mans: tanca el puny d'una mà i obre'l; després, amb l'altra.
- Braços: tensa i relaxa el braç dret, i després fes el mateix amb el braç esquerre.
- Costats del cos: prem cada un dels braços contra el costat corresponent del tronc.
- Esquena: doblega-la cap a un costat i cap a l'altre, o bé pressiona-la contra el respatller de la cadira, o arqueja-la.
- Espatlles: encongeix-les o fes-hi moviments, per exemple circulars.
- Nuca: posa el cap enrere i prem els músculs de darrere del coll; després, relaxa'ls.
- Cara: prem la mandíbula i contrau llengua, llavis, nas, ulls, celles i front.
- Coll: abaixa el cap i pressiona la barbeta contra el pit.
- Estómac i pit: treu-los enfora i després amaga'ls tan com puguis.
- Cames: prem una cama contra l'altra o bé estira-les a uns centímetres del terra.
- Peu: flexiona els dits i clava el taló al terra.

Per últim, acaba el procés de relaxació suaument ja que, si no, et podries marejar, i obre els ulls amb lentitud; estira els braços i respira profundament.

Per realitzar correctament aquests exercicis, com succeeix amb tots els aprenentatges, es necessita practicar, i això porta el seu temps. Però el Pere anirà millorant dia a dia i molt aviat comprovarà els beneficis psíquics i físics de la relaxació.

6 >> Estrès a la feina: síndrome del cremat *(burnout)*

La **síndrome del cremat *(burnout)*** és un procés insidiós provocat per l'exposició a estressors laborals i característic dels individus que treballen amb altres persones.

Es presenta de forma especial entre els sanitaris i educadors, ja que són professions en què es produeixen relacions intenses i duradores amb els pacients i alumnes.

Els **factors de risc** que poden desencadenar la síndrome del cremat es classifiquen en tres grups, que atenen diferents criteris:

– **Relatius a l'organització en el treball:**
  - Estructura molt jerarquitzada i rígida.
  - Estil de direcció no adequat.
  - Absència de suport instrumental per part de l'organització.
  - Excés de burocràcia.
  - Escassa participació dels treballadors.
  - Absència de coordinació entre les unitats de treball.
  - Falta de formació permanent per als treballadors.
  - Inexistència de reforços i recompenses.
  - Falta de desenvolupament professional.
  - Relacions conflictives en l'organització.
  - Desigualtat percebuda en la gestió dels recursos humans.

– **Relatius al disseny del lloc de treball:**
  - Sobrecàrrega i insatisfacció en el treball.
  - Demandes emocionals excessives.
  - Descompensació entre responsabilitat i autonomia.
  - Falta de temps per a l'atenció del pacient-client.
  - Disfuncions de rol: conflicte, ambigüitat o sobrecàrrega.
  - Absència de control dels resultats de la tasca.
  - Tasques permanentment inacabades.
  - Escassa possibilitat de prendre decisions.
  - Estressors econòmics.

– **Relatius a les relacions interpersonals i a les condicions psicosocials:**
  - Tracte amb usuaris difícils o problemàtics i existència de conflictes.
  - Falta de col·laboració, relacions tenses i competitives amb els companys.
  - Dinàmica negativa en el treball.
  - Falta de suport social.
  - Procés de contagi social de la síndrome del cremat.
  - No existeix reciprocitat en els intercanvis socials.

Aquesta síndrome tindrà conseqüències en dos àmbits clarament diferenciats: **personal** (ansietat, fatiga, baixa autoestima, desil·lusió, depressió, desmotivació i desinterès, etc.) i **professional** (baix rendiment, major absentisme laboral, mal funcionament en l'equip de treball, falta de coordinació, etc.).

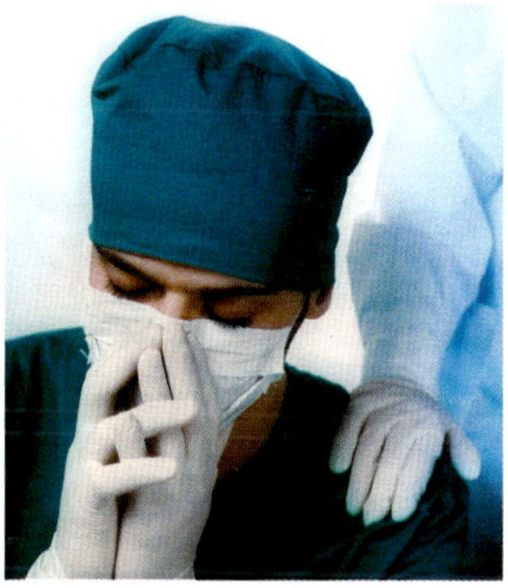

Herbert Freudenberger

El 1974, Herbert Freudenberger (Estats Units) defineix, per primera vegada, la síndrome del cremat com "una sensació de fracàs i una experiència esgotadora que resulta d'una sobrecàrrega per exigències d'energia, recursos personals o força espiritual del treballador".

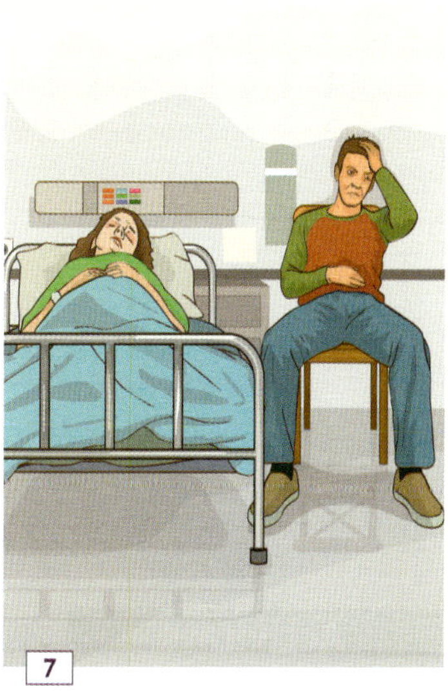

7

Existeixen similituds entre la síndrome del cremat i la síndrome d'estrès del cuidador, que sorgeix amb freqüència en les persones que tenen cura d'un familiar amb una malalta crònica.

Què podem fer per "no cremar-nos"?

1. Reconèixer els nostres límits i descansar quan ens sentim esgotats.
2. Enfrontar-nos a les situacions que ens estressin i no posposar-les.
3. Programar el temps dedicat al treball, la vida social i la família. Establir prioritats.
4. Obligar-se a tenir temps lliure.
5. Millorar la comunicació i disposar de tècniques per resoldre conflictes.

El desenvolupament de la síndrome del cremat consta de cinc fases:

1. **Fase inicial (d'entusiasme).** En començar un treball, es tenen expectatives positives, i el professional mostra entusiasme i gran energia. Ni tan sols l'importa treballar en excés i fer hores extra.
2. **Fase d'estancament.** Es percep que l'esforç és major que la recompensa obtinguda, i que no es veuen complertes les expectatives professionals. Es considera que existeix un desequilibri entre les demandes i els recursos i, per tant, apareix un problema d'estrès psicosocial. El professional se sent incapaç de donar una resposta eficaç.
3. **Fase de frustració.** Sorgeix la frustració, desil·lusió o desmoralització de l'individu, que no troba sentit a la feina, es mostra irritable i provoca conflictes amb els seus companys. Apareixen problemes emocionals, fisiològics i conductuals.
4. **Fase d'apatia.** En aquesta fase, el professional presenta una sèrie de mecanismes que es tradueixen en canvis actitudinals i conductuals. Aquests mecanismes són: el tracte distant i mecànic envers els clients, l'anteposició dels seus interessos personals als professionals, la disminució en la participació en el treball, així com l'evitació de les tasques estressants.
5. **Fase de cremat.** És la fase del col·lapse emocional i cognitiu, característic de la síndrome del cremat pel treball. Així, la impossibilitat de satisfer les demandes emocionals excessives provoca un fracàs personal i un desgast professional. També hi contribueix la presència d'una assertivitat deficient. La síndrome es manifesta en la seva triple dimensió: esgotament emocional, despersonalització i baixa realització personal.
   - **L'esgotament emocional** és la resposta del treballador que ja és incapaç d'implicar-se afectivament. El contacte constant amb persones a les quals cal atendre en condicions no ajustades al treballador condueix a l'esgotament de la seva energia i dels seus recursos emocionals.
   - **La despersonalització** apareix quan el treballador desenvolupa sentiments negatius i un enduriment afectiu. D'aquesta forma, es produeixen actituds i conductes que els usuaris perceben com una deshumanització del servei.
   - **La baixa realització personal** en el treball s'entén com la tendència dels professionals a avaluar-se negativament, ja que se senten insatisfets amb els seus resultats laborals i descontents amb ells mateixos. Això afecta l'habilitat en la realització del treball i la relació amb les persones que atenen.

Tot això comporta importants conseqüències per a la salut que poden obligar el treballador a deixar la feina o arrossegar-lo a portar una vida professional de frustració i insatisfacció.

Activitats

5·· Quines persones estan més exposades a patir la síndrome del cremat?

6·· Indica les mesures que cal adoptar per evitar la síndrome del cremat.

Activitats finals

1·· Explica què són l'estrès i l'ansietat. Indica els aspectes que els diferencien.

2·· Explica si és beneficiós o no que, davant d'una activitat complicada, es generi un cert grau d'estrès.

3·· Elabora una llista amb els trastorns d'ansietat i els trastorns relacionats amb el trauma i estressors que recull el DSM-V.

4·· Esmenta deu factors que poden desencadenar una resposta d'ansietat.

5·· Quines són les cinc fases de la síndrome del cremat pel treball?

6·· Realitza una enquesta a persones del teu entorn sobre els factors que els creen major ansietat en l'assistència sanitària. Per tal que et resulti més fàcil, pots preguntar-los pel que els preocupa o els fa més por quan han d'anar al metge.

7·· Elabora un petit treball sobre alguna tècnica de relaxació que coneguis o que et sembli interessant (ioga, tai-txi, *fengshui, txi-kung, detox,* etc.).

8·· Saltar amb un paracaigudes, fer salt de pont, barranquisme o altres esports de risc alliberen adrenalina i generen estrès, però hi ha moltes persones que no fugen d'aquestes activitats; més aviat al contrari, els semblen interessants i les practiquen. Per què creus que és així?

9·· Els casos d'urgències, emergències i catàstrofes originen gran estrès i molta ansietat. És possible que no sapiguem com reaccionar i que ho fem d'una manera imprevisible, però preparar-nos i estar entrenats ens ajudarà a respondre amb més eficàcia i tranquil·litat. Per això, és útil assajar com reaccionaríem en situacions d'estrès.

Realitza un simulacre d'actuació davant d'una d'aquestes situacions: davant d'una persona que pateix una parada cardiorespiratòriaa, una amputació, un incendi, un accident o qualsevol altra situació greu.

10·· A continuació, apareixen els noms d'algunes fòbies. Explica'n la causa i agrupa-les segons es deguin a animals, certs espais, fenòmens naturals, la malaltia o la mort:
Aracnofòbia, ailurofòbia, acrofòbia, agorafòbia, nictofòbia, ornitofòbia, cinofòbia, brontofòbia, venerofòbia, hipofòbia, insectofòbia, hidrofòbia, claustrofòbia, nosofòbia, ofidiofòbia, talassofòbia, aerofòbia, cancerofòbia, rodentofòbia, apifòbia, tanatofòbia.

11·· Elabora un esquema amb les mesures que es poden prendre per controlar l'estrès. Indica les que puguis utilitzar com a auxiliar d'infermeria enfront de l'ansietat del pacient.

12·· Explica la diferència entre ansietat patològica i ansietat normal.

13·· Realitza un quadre al teu ordinador o quadern amb els tres models de relaxació que has estudiat en aquesta unitat. Descriu en què consisteixen i quin és el seu objectiu.

14·· Amb què es corresponen les sigles DSM?

15·· Quines manifestacions apareixen en l'estrès posttraumàtic?

16·· Sabem que les malalties provoquen estrès, però creus que, al seu torn, l'estrès pot ser el responsable de l'aparició de certes malalties? Raona la teva resposta.

17·· Es reconeixen tres fonts bàsiques d'estrès: el cos, l'entorn i els pensaments. Quina de les tres seria l'origen de l'estrès en els casos següents?

a) Mala relació amb els companys.
b) Hàbits nocius.
c) Falta de confiança en un mateix.
d) Torn de nit en el treball.
e) Trànsit intens.
f) Etapa de l'adolescència.
g) Embaràs.
h) Discussions en la família.

Casos finals

1·· Actuació davant de la síndrome del cremat

La Carla, una de les supervisores d'infermeria de l'Hospital Universitari, ha assistit durant quinze dies a un curs dirigit a prevenir la síndrome del cremat, o *burnout*.

Ha estat molt atenta perquè vol evitar aquest problema en el seu equip de treball. Ara sap que hi ha diferents estratègies per actuar tant individualment com dins d'un grup o organització.

Després d'acabar el curs, s'ha marcat una sèrie d'objectius per als propers mesos i està preparant una llista amb les activitats que proposarà als seus companys:

- Activitats de formació: és necessari millorar el sentiment de competència professional, ja que, quan els treballadors se senten preparats i capaços en la realització de les seves tasques, se senten menys estressats.
- Sessions d'entrenament en la resolució de conflictes: per facilitar la identificació dels problemes que sorgeixen en el dia a dia, i evitar així la tendència a respondre impulsivament. A més, es pretén afavorir el desenvolupament d'alternatives a situacions conflictives.
- Activitat de joc de rol amb el lema "Eines de conductes assertives": amb aquesta activitat, es pretén millorar la comunicació efectiva, per a la qual cosa és necessari que les persones expressin adequadament els seus propis interessos i necessitats.
- Organització de descansos: és necessari desconnectar de la feina fora de l'horari laboral. És fonamental tenir temps de lleure, practicar alguna afició i fer petits descansos a la feina durant la jornada.

Encara no ha decidit cap activitat relacionada amb el tema, però vol millorar el suport entre els companys. Té clara una altra meta: evitar els sentiments de soledat i esgotament emocional al seu equip.

Així mateix, veu necessari corregir errors en la coordinació entre els membres i entre les unitats de treball. Per això, ha demanat una comissió de formació d'equips de treball. Existeix un programa d'integració per a nous membres, encara que sembla que caldrà retocar-lo en algun dels seus punts.

També està dissenyant un pla de flexibilitat laboral, jornades d'avaluació i altres mesures.

La Carla s'aproxima a tu i et demana ajuda.

1. Proposa-li activitats que millorin el suport entre companys i exposa idees per a la integració de nous membres.
2. Afegeix algunes actuacions més per evitar l'estrès.
3. Classifica les activitats proposades en una taula, segons siguin estratègies individuals, grupals o d'organització.

Autoavaluació

1. Indica l'afirmació correcta sobre l'estrès:

a) L'estrès és un procés adaptatiu.
b) L'estrès és sinònim d'ansietat.
c) Només hi ha estrès en situacions negatives.
d) Totes les respostes anteriors són correctes.

2. Què intervé en la resposta d'estrès?

a) La personalitat.
b) Les experiències de l'individu.
c) Les condicions externes.
d) Totes les respostes anteriors són correctes.

3. Quina de les següents característiques correspon a una ansietat patològica?

a) No interfereix en la vida quotidiana.
b) És una reacció desproporcionada a l'estrès.
c) La seva durada és limitada.
d) Apareix davant d'una amenaça.

4. Una persona que respon de forma ansiosa davant de gairebé tot, quin trastorn pateix?

a) Ansietat normal.
b) Ansietat-estat.
c) Ansietat-tret.
d) Eustrès.

5. Els mals hàbits són una font d'estrès. Quina és la seva font?

a) El cos.
b) L'entorn.
c) Els pensaments.
d) Totes les respostes anteriors són incorrectes.

6. Marca la circumstància que farà el pacient més vulnerable a l'estrès:

a) Baixa autoestima i baix concepte de si mateix.
b) Tracte deshumanitzat en l'assistència sanitària.
c) Falta de suport i afecte.
d) Totes les respostes anteriors són correctes.

7. Indica quina de les afirmacions següents és falsa:

a) L'ansietat pot estar relacionada amb la pròpia malaltia i les seves conseqüències.
b) Les condicions físiques de l'entorn no influeixen en l'estrès.
c) Els professionals sanitaris poden ser un factor estressor més.
d) El consum de determinades drogues, estats d'intoxicació o abstinència generen estrès i ansietat.

8. Una malaltia és ja un factor clar d'ansietat, però, si a més és una malaltia "mal vista" per l'entorn, a quin altre tipus d'estressor s'haurà d'afrontar també el pacient afectat?

a) Estressor físic.
b) Estressor psicològic.
c) Estressor social.
d) Cap.

9. Davant de situacions estressants, quins símptomes pot presentar el pacient?

a) Ansietat.
b) Agressivitat.
c) Insomni.
d) Totes les respostes anteriors són correctes.

10. Quines situacions que generen ansietat valorarem com de major risc?

a) Malaltia lleu.
b) Període preoperatori breu.
c) No existència d'antecedents familiars.
d) Bona predisposició del pacient.

11. A què es deuen les manifestacions fisiològiques de l'estrès?

a) Al sistema nerviós vegetatiu.
b) Al sistema endocrí.
c) Les respostes a i b són correctes.
d) Totes les respostes anteriors són incorrectes.

12. Un pacient balanceja constantment la cama d'un costat a l'altre a la sala d'espera. De quin tipus de manifestació es tracta?

a) Manifestació fisiològica.
b) Manifestació corporal.
c) Manifestació conductual.
d) Manifestació cognitiva.

13. Entre les afirmacions següents, indica quina és la correcta:

a) Els símptomes cognitius es refereixen al que la persona sent o pensa.
b) Les conductes d'escapament o evitació són especialment freqüents davant de situacions d'ansietat.
c) Les respostes fisiològiques enfront de l'estrès abracen manifestacions cardiovasculars, respiratòries i gastrointestinals, entre altres.
d) Totes les respostes anteriors són correctes.

Unitat 6

Malalties i malalts

Preguntes inicials

1·· Què és el que et fa pensar que estàs malalt?

2·· És igual la malaltia en el seu inici i el seu final?

3·· Per què creus que cadascú respon de forma diferent davant d'una malaltia?

En aquesta unitat aprendràs...

- Identificar la malaltia i les seves circumstàncies.
- Comprendre la necessitat d'una atenció integral.
- Reconèixer les respostes adaptatives i no adaptatives davant de la malaltia.
- Valorar les reaccions psicològiques del malalt en general i, en concret, de l'hospitalitzat.

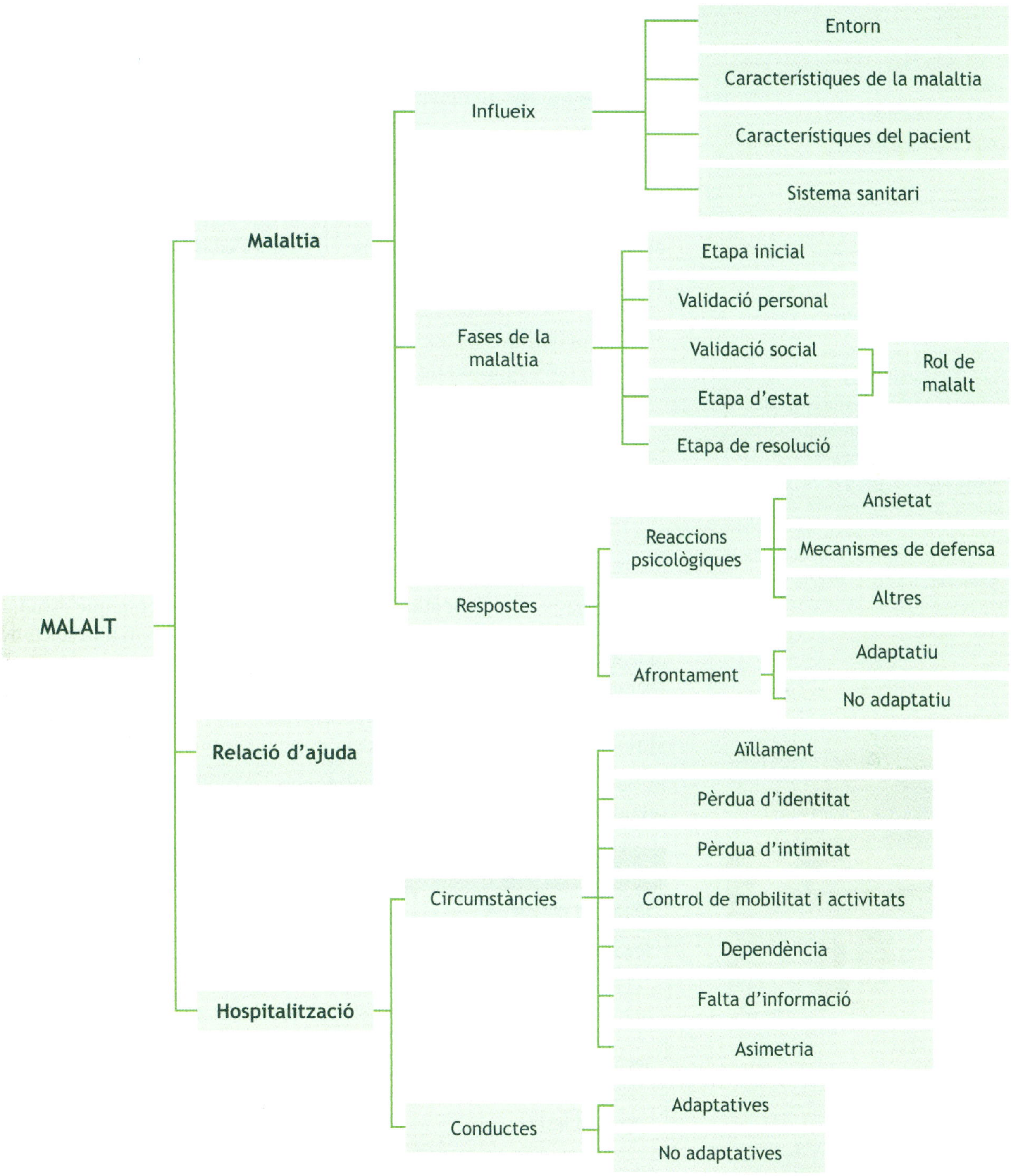

Per al projecte final

- Atendràs les circumstàncies que poden influir en la malaltia (característiques de la malaltia, entorn, característiques del pacient i sistema sanitari).
- Establiràs una relació d'ajuda amb el malalt.
- Sabràs com actuar davant d'afrontaments no adaptatius del pacient.

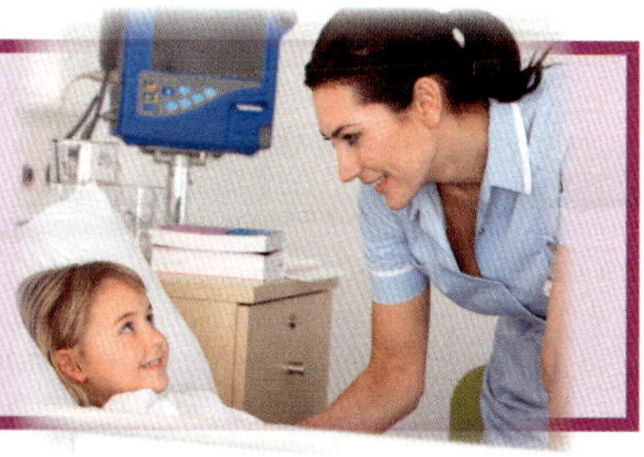

1 >> Desequilibri en l'organisme

Malalts

No hi ha malalties sinó malalts.

Dr. Gregorio Marañón

Al llarg del temps, els éssers vius es veuen sotmesos a múltiples estímuls externs o interns que poden causar variacions en la seva estructura i/o funció.

Els seus organismes intenten adaptar-se, però a vegades sorgeix la malaltia. La seva aparició depèn de l'estímul (de la seva naturalesa, però sobretot de la intensitat i de la manera en què actua) i de l'individu (predisposició i reacció de l'organisme en base a l'edat, sexe, raça, ambient, estils de vida, constitució, etc.).

Noms de la malaltia

Són moltes les paraules que designen la malaltia. En grec: *nósos* (dany), *páthos* (patiment, afecció, dolència), *asthéneia* i *arrostía* (debilitat, desemparança). En llatí: *morbos* (el que fa morir), *passio* (patiment, passió), *infirmitas* (falta de fermesa, debilitat). En català: malaltia, mal, dolència, patiment, trastorn, afecció, etc.

La **malaltia** és la resposta de l'organisme enfront d'alteracions que afecten l'equilibri de la persona, i que produeix una desviació en sentit no beneficiós.

La ciència que estudia les malalties s'anomena **Patologia**, i una de les seves parts és l'**Etiologia**, que tracta de definir les causes de la malaltia. Aquestes causes poden ser de naturalesa molt variada: agents físics (mecànics, radiacions, electricitat, fred o calor), químics (àcids), biològics (bacteris, virus, fongs, protozous o helmints), socials (marginació).

Per la seva banda, la **Semiologia** és la part de la Medicina que estudia els signes i els símptomes que mostren les patologies. Les manifestacions objectives —que es poden veure o mesurar a través de l'exploració física, les radiografies, les anàlisis de laboratori, etc.—, són les que anomenem **signes**, i les subjectives, no evidenciables —com el dolor, l'astènia o altres sensacions— són les que denominem **símptomes**.

És possible classificar les malalties de formes molt diferents. Al quadre següent en veurem alguns exemples:

Criteri	Tipus
Segons la durada	Aguda i crònica.
Segons el component afectat	Somàtica, mental i social.
Segons l'aparell afectat	Digestiva, respiratòria, cardíaca, etc.
Segons la causa	Infecciosa, per carència, metabòlica, genètica i professional.
Segons la lesió	Inflamatòria, neoplàsica, degenerativa, etc.
Segons el moment en què s'originin	Congènites i adquirides després de nàixer.

1
Els signes són manifestacions objectives.

Activitats

1·· Què entens per malaltia?

2·· Què estudien les disciplines següents: Patologia, Etiologia i Semiologia?

Factors de risc

Un **factor de risc** és tota característica o circumstància que fa que la persona exposada tingui més probabilitat de contraure la malaltia.

És interessant conèixer els factors de risc per poder-los canviar i així evitar o controlar les malalties. Per això, s'investiga la relació causal entre els que se sospita que són factors de risc i els seus possibles efectes. D'aquesta forma, cal verificar una sèrie de criteris.

El model de causalitat més utilitzat és el **Bradford-Hill**, que recull els principis següents:

1. **Temporalitat:** la causa precedeix a l'efecte.
2. **Força d'associació:** es comprova estadísticament que la malaltia es presenta més freqüentment en individus exposats al factor de risc que en individus no exposats.
3. **Consistència o constància:** l'associació s'observa repetidament per diverses persones en llocs, circumstàncies i èpoques diferents.
4. **Coherència amb els coneixements científics del moment:** així l'associació té sentit i es pot explicar segons el coneixement biològic de què es disposa.
5. **Especificitat de l'associació:** és més fàcil acceptar una relació causa-efecte quan per a un efecte únicament es planteja una sola etiologia que quan per a un determinat efecte s'han proposat múltiples causes.
6. **Analogia:** si un factor de risc produeix un efecte en la salut, un altre amb característiques similars hauria de produir un efecte similar.
7. **Evidència experimental:** és un criteri desitjable d'alta validesa. Es tracta de reproduir experimentalment l'associació causa-efecte.
8. **Relació dosi-resposta:** denominada també "gradient biològic". La freqüència de la malaltia augmenta amb la dosi o el nivell d'exposició. Tot i això, hi ha casos en què el gradient biològic no es compleix (en una reacció al·lèrgica).

El concepte d'**unicausalitat** es relaciona amb les malalties que es produeixen per una causa específica. Si ens fixem amb les malalties infeccioses, reconeixem aquest patró, en què un únic agent etiològic desencadena una malaltia.

En canvi, el concepte de **multicausalitat** es refereix al fet que les malalties estan associades a diversos factors (químics, físics, ambientals, socioculturals —relacionats amb la forma de vida i el treball—, etc.). Aquestes patologies es presenten més freqüentment en les societats més desenvolupades, i per això es denominen "malalties de la civilització". És el cas, per exemple, de les malalties cardiovasculars, en què intervenen múltiples factors: tabac, hipercolesterolèmia, hipertensió, estrès, ambient, etc.

L'objectiu de la promoció de la salut és ensenyar a l'individu a **controlar els factors de risc**, per així millorar la seva salut i la de la comunitat.

Viure amb seny

Viu amb seny. De cada mil individus, només un mor de mort natural; la resta, de formes irracionals de vida.

Maimònides (1138-1204)

2 >> L'entorn en la malaltia

Aquí no es plora

Existeixen diferències culturals en la resposta davant del dolor. L'exteriorització i l'expressió del dolor no estan acceptades en algunes societats.

Avui dia, se sap que la **cultura** aporta certes creences sobre la malaltia o sobre les maneres d'expressar-la, encara que aquesta influència pot ser major o menor. En els entorns més desafavorits, els individus no donen tanta importància a manifestacions lleus de la malaltia i no la consideren com a tal. Potser sigui per raons econòmiques, per falta d'informació o perquè utilitzen remeis casolans i consells no professionals. En canvi, quan el trastorn és greu i amb clara base biològica, la seva presentació és similar en totes les cultures.

També ens trobem que hi ha llengües que no tenen paraules per definir alguns estats, sobretot emocionals, o cultures que expliquen la causa de la malaltia de formes molt diferents; així, per exemple, és freqüent que en societats primitives s'atribueixin a causes màgiques o a determinats ambients i situacions.

En conclusió, sembla que la mateixa malaltia s'entén segons les creences i els valors dels diferents grups humans i es presenten grans variacions en el seu significat social, en la interpretació dels símptomes, en la recerca d'ajuda, en els mètodes diagnòstics o en com són els tractaments.

Casos pràctics 1

La cultura està molt arrelada

Una missionera d'un país africà va explicar que havien estat formant un grup de dones per prevenir les diarrees, tan freqüents al seu país. Estaven molt contentes amb l'èxit de la campanya. Les dones van explicar i portar a diferents poblats les instruccions apreses. Poc després, Kadija, una de les "noves educadores", va tenir la desgràcia de veure morir el seu germà petit d'una greu gastroenteritis. Una de les instructores va veure la Kadija i li va expressar el dol per la mort del nen dient-li que comprenia la seva pena. Ella li va respondre: "Sí, estem molt tristos. Ara farem un ritus per allunyar els mals esperits de casa meva". "Com pots dir això?" —es va estranyar la infermera—. "Tu estàs ensenyant que l'origen de la malaltia són els microorganismes i que, per això, cal tenir cura amb les mesures higièniques i amb el consum d'aigua potable", va afegir. "Ja sé que la causa són els microorganismes, però algú ha posat el microbi en el meu germà perquè es morís!" —va respondre.

Què penses que queda reflectit en aquesta història?

Solució

No es necessiten gaires comentaris. Les creences i els costums estan molt arrelats en les diferents cultures i és difícil canviar la interpretació que es fa de les malalties. Encara que la dona africana semblava haver comprès l'origen real de les infeccions, seguia insistint en la idea que en el seu origen hi havia alguna cosa màgica.

3 >> El malalt davant de la malaltia

Hem d'assumir que la malaltia provoca canvis, suposa una sobrecàrrega física i emocional i, per tant, **produeix ansietat**, de forma que la persona necessitat un temps per adaptar-s'hi i afrontar-la.

3.1 > Rol de malalt

Segons Parsons, primer autor que va parlar del **rol de malalt**, en les societats occidentals aquest rol presenta les **característiques** següents:

- **Desviació de la norma social.** La majoria dels individus es troben sans, de forma que estar malalt és una situació que surt de l'habitual, del normal.
- **Disfuncional.** La malaltia és negativa per a la persona perquè la fa més indefensa i necessitada i, a més, és perjudicial per al grup perquè altera la funció del conjunt.
- **Limitat en el temps.** S'intenta que la malaltia duri el menys possible degut al seu caràcter anormal i a l'afectació funcional que suposa. Per això, la societat desenvolupa mecanismes per recuperar ràpidament la salut i per inspeccionar la malaltia (control de baixes laborals).
- **Corroborat pels professionals.** La comunitat no reconeix una persona com a malalta perquè ella ho afirmi, sinó que ha de ser diagnosticada pels professionals sanitaris.
- **Acceptable.** La malaltia es considera socialment acceptable i s'estableixen una sèrie de drets i deures associats a l'estatus de malalt. Els seus principals drets i obligacions són:

Drets del malalt

- Exempció d'obligacions. Se'l descarrega de les seves responsabilitats socials, especialment per al treball (també per declarar davant de la justícia, participar en meses electorals, etc.).
- Exempció de culpa. S'admet que la condició de malalt és involuntària. Per això, queda absolt de tota responsabilitat o culpa i s'accepta que els malalts han de ser cuidats per altres; la família o els poders públics tenen l'obligació de fer-se'n càrrec.
- Estar informat. El malalt té dret a estar informat sobre la malaltia, sobre els possibles tractaments i els efectes secundaris, i a decidir quina estratègia seguir a l'hora de rebre cures. Aquest paper actiu del malalt suposa que el professional ha d'adaptar una postura menys autoritària i més negociadora.

Obligacions del malalt

- Consultar amb experts. S'espera que el pacient busqui ajuda per abandonar la seva malaltia; per això, consultarà amb els professionals sanitaris, als quals la societat ha atorgat l'autoritat per confirmar l'estat de salut o malaltia de l'individu.
- Col·laborar en la seva recuperació. El malalt no desitjarà la malaltia i està obligat a buscar el seu ràpid restabliment, de forma que la societat espera que hi posi de la seva part per recuperar-se. Alguns incompleixen aquest deure; hi ha malalts que no busquen la seva curació perquè no reconeixen la seva malaltia (com certs malalts psiquiàtrics) o perquè hi troben algun benefici (no haver d'anar a una feina que no els agrada, per exemple).

Sectors que tenen cura de la salut

En major o menor grau, totes les cultures presenten els següents sectors que tenen cura de la salut:

- Sector popular: inclou l'autocura i l'autotractament, els grups d'autoajuda i els consells de no professionals.
- Sector *folk*: inclou sanadors que no tenen titulació oficial ni reconeixement científic (xamans, curanderos, herboristes, etc.).
- Sector professional: inclou els professionals de la salut reconeguts legalment (metges, infermers, psicòlegs, treballadors socials, logopedes, etc.).

3.2 > Etapes del procés d'emmalaltir

El **procés d'emmalaltir** és el desenvolupament de la malaltia, des de l'inici fins al final, i els passos que es van seguint davant seu.

Les **etapes inicials** d'aquest procés d'emmalaltir són les següents:

- **Etapa inicial o fase de dolència.** Gairebé tots experimentem molèsties en algun moment, però només en comptades ocasions els atorguem importància.
- **Validació personal.** A vegades, la persona nega el malestar o intenta atribuir els símptomes a alguna causa concreta. Però si no troba una explicació clara al seu malestar ("estic cansat perquè he treballat molt, em fa mal estat el costat perquè m'he fet un cop") és quan es considera malalta i es comporta com a tal (per exemple, no sortirà amb amics i dirà: "em quedo a casa perquè estic malalt").
- **Validació de l'entorn.** L'individu que accepta que té un problema decideix comunicar-lo a les persones properes amb la intenció de comprovar que donen als símptomes la mateixa explicació que ell, o bé per obtenir més informació sobre el malestar, demanar consell sobre com actuar, etc. A vegades, els altres no reconeixen que estigui malalt i es retarda el pas següent. És possible que això agreugi el seu estat, per no buscar ajuda i continuar amb la seva activitat diària, però generalment l'entorn reforça la seva convicció d'estar malalt, la qual cosa farà que l'individu busqui ajuda professional.
- **Recerca d'assistència sanitària.** El consell de persones significatives és fonamental per a la recerca d'ajuda especialitzada, però en aquesta decisió també influeixen altres factors:
  - **Factors dependents dels serveis de salut.** Entre aquests factors figuren: l'accessibilitat dels serveis sanitaris (s'acut en menys ocasions a buscar ajuda si cal desplaçar-se lluny o és difícil obtenir l'assistència perquè implica una llarga espera) o la gratuïtat (si la consulta és gratuïta, s'hi acut amb més freqüència que si cal pagar-la).
  - **Factors dependents de l'individu.** Un factor que influeix en el fet que el pacient busqui ajuda és la intensitat dels símptomes (per exemple, si pateix un fort dolor) i un altre factor és la gravetat que cregui que tenen els seus símptomes. També es consulta més si s'hi afegeixen problemes psíquics i socials: la sensibilitat al dolor o qualsevol altra molèstia augmenta si s'està deprimit o ansiós.

El subjecte acut al sistema sanitari per —a més de buscar el diagnòstic, la recuperació i la rehabilitació— obtenir la sanció social, és a dir, tenir el reconeixement oficial de la seva malaltia. Llevat que se sospiti engany (malalts simuladors), el professional accepta la malaltia, encara que en un primer moment no hi hagi un diagnòstic definitiu. Així, el pacient reforça el seu **rol de malalt**. Existeix la possibilitat que el sistema no reconegui l'estat de malaltia perquè les dolències del malalt no s'associen a cap diagnòstic habitual; és el cas dels anomenats malalts funcionals. En aquests casos, el subjecte no confirmat en el seu estatus de malalt sol anar de consulta en consulta intentant legitimar socialment la seva malaltia.

Sentir-se malalt/estar malalt

Les persones poden sentir-se malament sense patir cap malaltia, i també no sentir malestar i tenir una patologia oculta. Per això, la recerca d'atenció sanitària no ha d'estar només impulsada per la presència de símptomes.

Somatització/psicologització

Si un pacient està convençut que la causa de la seva malaltia és física, encara que sigui psicològica, a vegades és difícil que canviï d'idea. Se sol associar a hipocondríacs i amb tendència a les somatitzacions. D'altra banda, si el professional cau en la "psicologització", pot córrer el perill de no detectar una malaltia orgànica.

Les **etapes finals** del procés d'emmalaltir són les directament relacionades amb l'assistència sanitària:

- **Etapa d'estat.** S'estableix plenament el rol de malalt, fet que implica que es troba en una situació de dependència (en què necessita cures i atencions) i abandona les seves responsabilitats habituals. Les respostes dels pacients poden variar, des de negar-se a adoptar el rol de malalt fins a assumir-lo exageradament.
- **Etapa de convalescència i rehabilitació**. Es caracteritza perquè van desapareixent els símptomes i el subjecte abandona progressivament el rol de malalt. Alguns no avancen pels beneficis que obtenen en estar malalts.
- **Etapa de recuperació o curació.** Es caracteritza per l'abandonament definitiu del rol de malalt. L'individu passa a reprendre plenament les seves responsabilitats anteriors o bé s'incorpora a un nou estil de vida, sobretot en el cas que existeixin seqüeles.

Seguir el tractament

En el seguiment del tractament influeixen molts factors, des de la confiança que el pacient diposita en el professional fins al seu grau de participació en les decisions terapèutiques. Algunes recomanacions que el professional ha de tenir en compte per millorar aquest seguiment són, per exemple, fixar horaris còmodes per a la medicació i proporcionar informació rellevant. El pacient s'ha de recordar de prendre el que se li ha prescrit; si convé, fent servir l'autoregistre de la presa de fàrmacs.

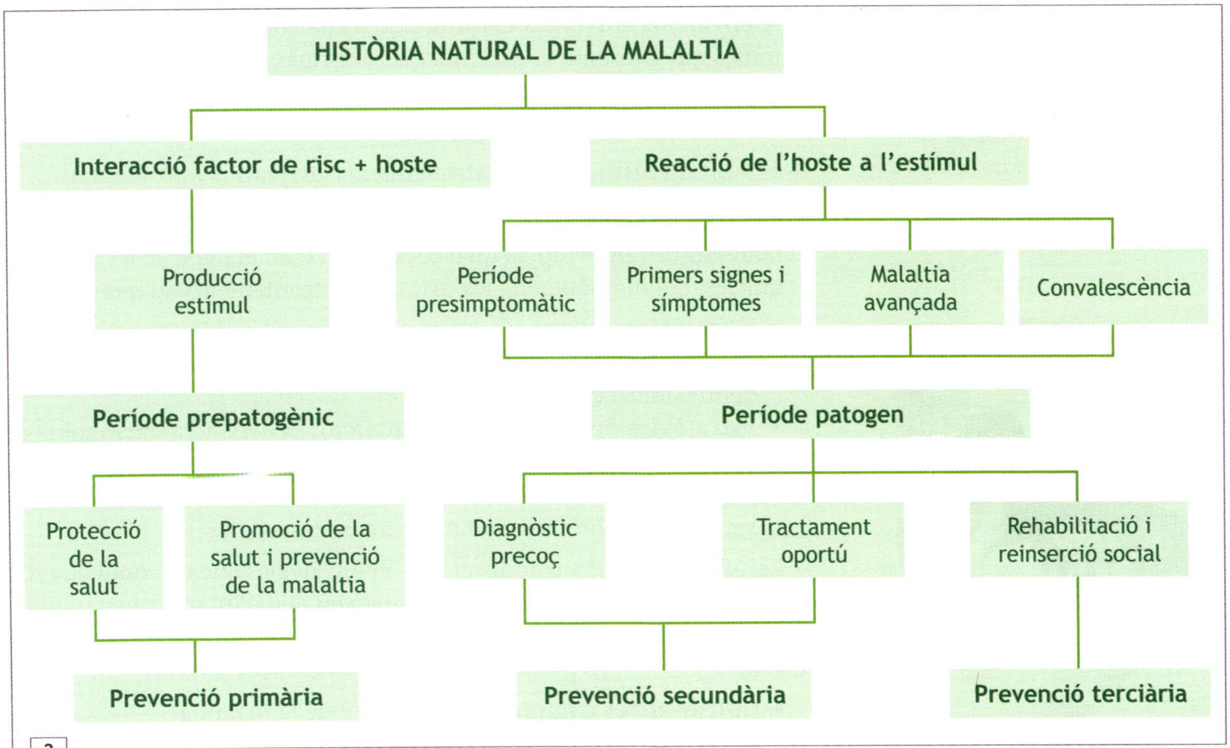

2
Història natural de la malaltia.

Activitats

3•• Explica en què consisteix el rol de malalt.

4•• Fes un esquema que reculli les fases del procés d'emmalaltir.

5•• Davant de la sospita de malaltia, la decisió d'acudir al metge habitualment es deu a un convenciment personal, però quins factors influeixen en la recerca d'ajuda?

6•• Descriu quines són les etapes que hi ha en el transcurs de la malaltia.

Atenció i percepció de símptomes (I)

Quan l'individu centra la seva atenció en quelcom extern, és freqüent que noti menys els símptomes corporals. Per exemple, una persona es distrau jugant a cartes i s'oblida de les molèsties d'estómac.

Atenció i percepció de símptomes (II)

Un alt grau d'atenció als senyals corporals augmenta la sensibilitat envers seu. Així, alguns estudiants, en augmentar els seus coneixements sobre les malalties, s'hi fixen selectivament i creuen reconèixer-ne els símptomes en ells mateixos.

3.3 > Afrontament de la malaltia

Les accions i els pensaments que sorgeixen per adaptar-se a la situació de malaltia i a les seves conseqüències són molt variats. Així, distingim diversos **tipus d'afrontaments:**

- **Centrats en la malaltia o en l'emoció.** En els afrontaments centrats en la malaltia, es buscarien totes les ajudes tècniques possibles. Les centrades en l'emoció es dirigirien més a controlar les emocions negatives (ansietat, depressió, etc.).
- **Cognitius enfront de conductuals.** Hi ha qui es limita als pensaments (cognitius), de forma que es dedica a esperar que les coses canviïn; altres, per contra, segueixen conductes buscant solucions.
- **Actius enfront de passius.** Alguns intervenen de manera directa i activa per disminuir el problema. Per contra, en els afrontaments passius es limiten a evitar les conseqüències desagradables sense posar-hi de la seva part. Per exemple, un obès que controla la dieta i fa exercici enfront d'un altre que només pren pastilles per aprimar-se.
- **Atencionals enfront d'evitatius.** Hi ha persones que atenen els símptomes que presenta la malaltia (per exemple, es fan un massatge a la zona adolorida), mentre que altres eviten pensar-hi o actuar davant de la malaltia (distrauen l'atenció amb altres coses).

És important distingir entre afrontaments adaptatius i no adaptatius.

- Els **afrontaments adaptatius** seran els que ajudin a disminuir el malestar de l'individu, la qual cosa depèn d'ell mateix, de les circumstàncies, del moment, etc. Els principals afrontaments adaptatius són:
  - **Estratègies actives.** Es busquen solucions i informació sobre el seu problema. Els malalts que es comporten així solen patir menys depressions i es recuperen millor.
  - **Estratègies de distracció de l'atenció.** Es desvia l'atenció sobre el dolor o la molèstia. Sol resultar bastant efectiu si el malestar no és molt intens. Es pot realitzar de maneres diferents: mitjançant relaxació, manualitats, activitats de lleure o socialització.
- Els **afrontaments no adaptatius** són estratègies que no condueixen a la recuperació de la salut ni disminueixen el malestar i, a més, empitjoren la qualitat de vida. Els principals afrontaments no adaptatius són:
  - **Culpar altres o autoculpabilitzar-se** de la malaltia.
  - **Catastrofitzar.** El malalt es posa en el pitjor i els seus pensaments són sempre negatius. Creu que no suportarà la malaltia i que no millorarà mai.
  - **Manipular.** En aquest cas, es busca controlar els altres, sobretot les persones properes, amb la finalitat d'obtenir-ne un guany secundari.
  - **Buscar cridar l'atenció.** En aquest cas, el malalt intenta que s'estigui pendent d'ell. Busca ser el centre d'atenció.
  - **Disminuir les activitats.** El malalt redueix la realització d'activitat física. Es torna inactiu, passiu i dependent.
  - **Aïllar-se de la gent.** S'eviten activitats socials i de lleure que són necessàries per a la salut psicològica de l'individu.

Un dels aspectes que més ens interessen és l'**afrontament de l'ansietat** associada a la malaltia.

Hi ha circumstàncies que afecten en aquest sentit:

- **Circumstàncies de la malaltia**
  - Intensitat. Existeixen més dificultats d'adaptació com més greu i limitant sigui la malaltia.
  - Reversibilitat. Un procés reversible és més fàcil d'assumir que un de crònic.
  - Rapidesa. En una malaltia que apareix de sobte, no hi ha temps per tal que sorgeixin mecanismes adaptatius.
  - Anticipació. La sospita de malaltia en fa més tolerable la confirmació.
  - Significat social. És freqüent veure que la societat discrimina les persones amb certes malalties, fet que generarà més ansietat.
  - Tipus de tractament. Si la teràpia és més agressiva, s'acceptarà pitjor.
- **Circumstàncies del pacient**
  - Edat i sexe. La resposta no és la mateixa en un infant que en un adult. També és diferent en homes i dones.
  - Vulnerabilitat. Les característiques particulars de l'individu, com la personalitat, l'autoestima, la motivació o els recursos personals determinaran la forma en què s'enfronta a l'estrès que suposa emmalaltir.
  - Experiències prèvies. Si s'han tingut vivències anteriors positives o negatives s'afrontarà la malaltia amb millor o pitjor disposició.
  - Suport social. L'entorn pot ajudar o, per contra, dificultar l'adaptació del pacient. Si el malalt compta amb un suport social, els efectes negatius seran menors.
  - Implicacions. Si una persona és músic de professió i perd audició, s'adaptarà pitjor que si és pintor. També hi influirà el grau que suposi de ruptura en la seva vida (la malaltia s'acceptarà malament si s'està en un moment d'èxit que es veu interromput).
  - Relacions socials i familiars. El rol i la posició del pacient, en les relacions socials i familiars, determinen l'acceptació de la seva malaltia ("jo no puc estar malalta, perquè qui tindrà cura dels meus fills?").
  - Situació laboral i econòmica. Es tolera pitjor la malaltia si apareixen problemes laborals (pèrdua de feina), disminueixen els ingressos (treballadors autònoms) o es tenen dificultats per assumir les despeses (tractament d'alt cost).
  - Religiosos. Les creences, siguin de la religió que siguin, faciliten una millor acceptació de la malaltia.
- **Circumstàncies de l'organització del sistema sanitari**
  - Condicions assistencials. Si els recursos, les infraestructures, etc., són de bona qualitat, aporten major seguretat i això implica millor afrontament per part del malalt.
  - Preparació dels professionals. Una bona actitud de l'equip sanitari que mostri confiança repercuteix en una resposta més positiva per part del malalt.

Implicació de la malaltia

Les composicions de Beethoven van anar evolucionant a mesura que progressava la seva sordesa. També la pintura de Monet va canviar per l'aparició de les seves cataractes, i va tornar al seu estil inicial després de ser-ne operat.

3.4 > Expectatives i temors del pacient

Les **expectatives** i els **temors** dels pacients poden ser raonables, o bé erronis o exagerats. És important saber-ho per poder actuar en conseqüència.

Hem de conèixer el que cada tipus de pacient busca i espera; és a dir, quines expectatives té i quines reaccions inadequades pot presentar el personal sanitari davant seu per evitar-les.

Tipus de pacients	Busquen	Esperen	Reaccions inadequades del personal
Els que expliquen tota la seva vida ("evacuadors")	Seduir.	Ser escoltats i compresos.	- Aconsellar i donar solucions.
Els passivodependents	Solucions ràpides i esperades.	Rebre cures i atencions.	- Crear falses esperances. - Implicar-se en excés o, al contrari, distanciar-se. - Afavorir la dependència.
Els que es queixen reiteradament (alguns fins i tot són agressius)	L'absència de responsabilitats.	Obtenir beneficis del seu rol de malalt.	- Evitació/rebuig. - Culpar i jutjar. - Assumir tota la responsabilitat. - Actuar de la mateixa manera que el pacient.
Els que demanen constant informació	Opinar i decidir.	Ser part activa en les seves cures.	- Hiperprofessionalitat. - Actituds paternalistes o bé apartar-se del pacient.

A més, els malalts presenten uns **temors** que influeixen en la seva forma de comportar-se. A la taula següent, es resumeixen les principals pors i el que cal evitar en aquestes situacions:

Temor	Com actua el malalt	Què ha d'evitar el professional
Que la seva malaltia sigui incurable	- No pregunta, no vol veure el metge. - Bloqueja els pensaments i les decisions sobre la malaltia, la nega. - Es mostra irritable.	- Negar la malaltia o donar falses esperances. - Treure importància a la situació ("això no és res").
Que li facin mal	- Evita els professionals i no segueix les cures ni fa cas a les instruccions. - Augmenta les seves peticions.	- Tranquil·litzar sense realisme ("és una punxadeta de no-res"). - Tenir actituds despectives, iròniques o distants ("no sigui gemegaire").
Que el considerin culpable de la seva malaltia i el jutgin	- Es mostra a la defensiva. - Es culpa a si mateix o als altres. - No explica la veritat (oculta o deforma la informació). - Es bloqueja emocionalment.	- Culpabilitzar o jutjar. - Discutir l'opinió o el que digui el pacient ("si fuma quan altres li ofereixen tabac, no és cert que hagi deixat de fumar").
Que l'abandonin i no l'apreciïn	- Intenta aparentar i ensenya només el seu costat bo. - Es comporta com una criatura, reclamant moixaines i atencions.	- Afavorir la dependència. - Adoptar actituds paternalistes. - Assumir totes les responsabilitats. - Manejar o manipular el pacient ("com que veig que li costa, ja li dono jo el menjar").

3.5 > Reacció psicològica a la malaltia

Hem de tenir en compte que cada persona reaccionarà de forma diferent davant de la malaltia, però podem trobar un patró que es repeteix en gairebé totes: es mostren **preocupades**, **ansioses** i, fins i tot, **deprimides**. Aquest desassossec porta, a vegades, a desenvolupar conductes desorganitzades o inadaptades. En alguns moments, apareix la negació, especialment si els han diagnosticat una malaltia greu.

Els principals **efectes psicològics** de la malaltia, presents en major o menor mesura, són:

- **Invalidesa.** La limitació per realitzar les activitats habituals porta els pacients a desenvolupar certa dependència dels altres.
- **Malestar.** Sorgeix degut a les molèsties o els dolors.
- **Desesperació.** El malalt sent que no pot seguir amb la seva vida normal i això li genera impaciència, especialment si la recuperació és lenta.
- **Agressivitat.** Sent la malaltia com una amenaça que li pot produir la mort o pèrdues, tant biològiques com socials o laborals.
- **Absorció pel cos.** L'atenció se centra en el cos i les seves manifestacions, i això passa a ser el centre de les seves preocupacions. Sol produir reaccions hipocondríaques.
- **Soledat.** Percep que la resta no entenen totalment com està patint (soledat de la incomprensió) i, a més, abandona el seu rol normal i la seva vida social (soledat social).
- **Anomalia.** No pot fer el que havia estat fent o el que encara fan els que l'envolten, de forma que se sent anòmal. Tendeix a marginar-se.
- **Coartada.** Converteix la malaltia en un recurs que li permet certs beneficis i eludir responsabilitats i deures.
- **Egocentrisme.** El seu pensament se centra en ell i el seu problema.
- **Regressió infantil.** Es torna dependent, sobretot amb la família, però també amb el personal que l'atén.

La interpretació que les persones facin de la malaltia repercutirà en la seva reacció. Per exemple, les que consideren la malaltia com un càstig actuaran de forma resignada i passiva.

Algunes persones creuen que la malaltia és un signe de debilitat, així que la neguen, dissimulen o amaguen. Per a altres, suposa un descans, i així poden justificar l'abandonament de les activitats i reclamar atencions de les persones del seu entorn.

Depressió reactiva

La depressió reactiva és la deguda a una causa coneguda. En cas contrari, quan se'n desconeix el possible origen, es denomina endògena.

Hipocondríac

Una persona hipocondríaca és la que es preocupa exageradament i sense motius fonamentats per la pèrdua de la seva salut. Creu tenir malalties i se n'imagina els símptomes.

Valoració de la malaltia

La reacció del pacient davant de la malaltia depèn molt de com l'interpreti. La pot entendre com:

- Un càstig: el porta a la resignació i la passivitat.
- Un signe de debilitat: la nega, dissimula o amaga.
- Una amenaça: en culpa els altres. Unes vegades lluita i altres es rendeix.
- Una possibilitat de descans: abandona les seves activitats i reclama atencions.
- Un dany irreparable: es mostra pessimista i possiblement es deprimeixi.
- Un repte: adoptarà estratègies d'afrontament actives i adaptatives.
- Una prova divina: accepta el sofriment i les limitacions.

Activitats

7·· Classifica les diferents formes d'afrontar la malaltia.

8·· Quins temors experimenta principalment el malalt? Com els podem identificar?

9·· La Marta no surt de casa perquè té molèsties a l'esquena. No suporta estar molt temps asseguda i moure's també li produeix dolor. És un afrontament adaptatiu o no adaptatiu?

10·· Esmenta els efectes psicològics que poden aparèixer davant de la malaltia i posa exemples d'algunes situacions on es presentin.

4 >> Relació d'ajuda amb el malalt

Per ajudar el pacient, hem de tenir clares una sèrie de **pautes** que cal seguir davant de qualsevol problema que estigui present. El primer que cal fer és valorar la situació.

La malaltia es pot considerar una forma severa d'estrès psicològic. D'aquesta forma, seguirem el **procés** següent:

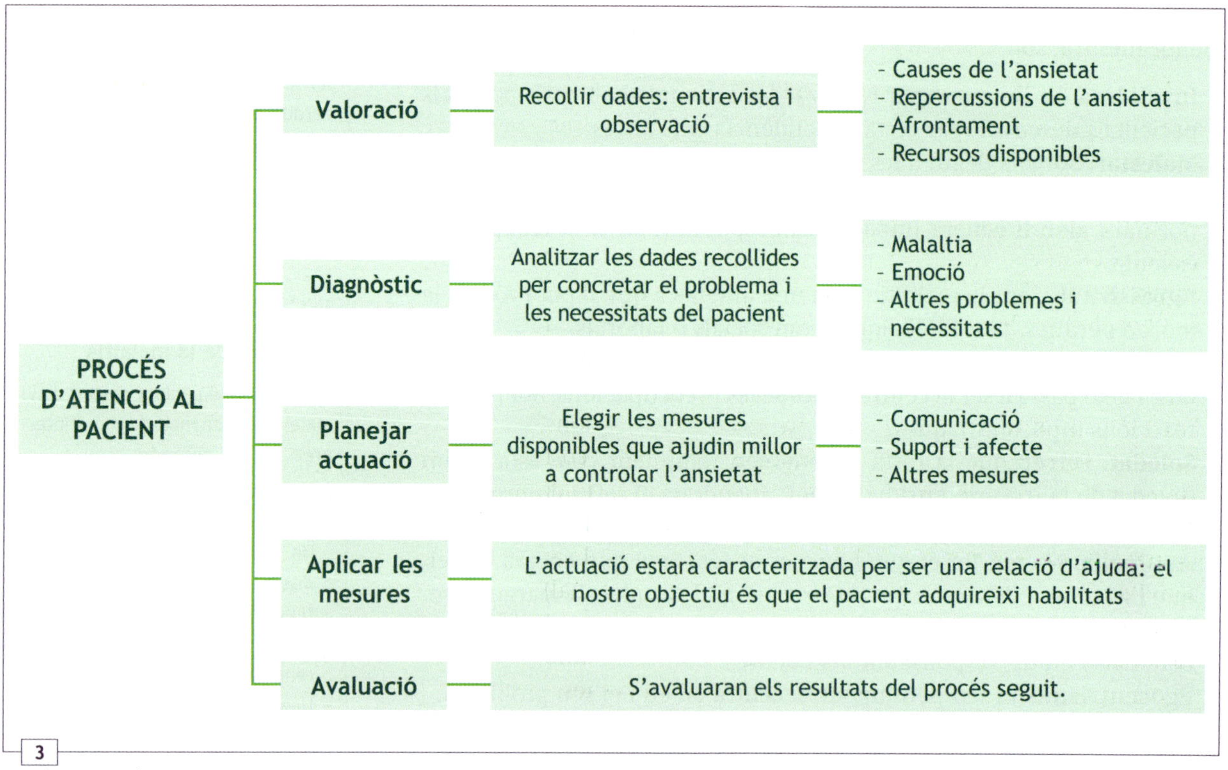

3
Procés d'atenció al pacient.

D'altra banda, per ajudar el malalt en la seva recuperació, és especialment important aconseguir la seva **col·laboració**. Un exemple de persona que no col·labora és la que no es pren el fàrmac receptat en la dosi i els horaris marcats. La millor mesura per aconseguir la cooperació és establir una bona relació sanitari-pacient, a través d'una comunicació eficaç.

Quan existeixi falta de col·laboració, és necessari conèixer els motius per intentar posar-hi remei. Algunes d'aquestes causes estaran associades al tipus de personalitat i a l'actitud que mostra el pacient davant de la malaltia. Així, ens trobem amb persones que col·laboren menys perquè experimenten molta ansietat en estar malaltes. En aquesta circumstància, a més de requerir major suport emocional, aquestes persones necessiten que siguem molt clars i precisos, perquè el seu nivell de concentració i atenció seran menors degut a la tensió que experimenten.

Altres persones es mostren indiferents, desconfiades o escèptiques. Aquestes actituds provoquen que no es desenvolupi una relació adequada. Aquests malalts s'inventen diferents excuses per no acceptar el que se'ls aconsella.

5 >> Hospitalització

L'hospital té unes característiques físiques i una estructura organitzativa que fa que l'hospitalització suposi, per a la persona ingressada, una situació nova, estranya i fins i tot agressiva. Les principals circumstàncies estressants de l'**hospitalització** són:

- **Aïllament del pacient.** El pacient hospitalitzat es troba en un lloc apartat del seu medi familiar, laboral i social. Un dels aspectes més costosos és el referit a la família (per exemple, als pares els costa molt estar separats dels seus fills, i a més es fa necessari un ajustament en els rols familiars, ja que, si la mare està ingressada, qui fa durant aquests dies el paper de mare?). En l'àmbit laboral, s'incrementa el sentiment d'incapacitat i d'impotència i, per últim, es pateix en major o menor grau la pèrdua de suport social.
- **Pèrdua d'identitat personal i individualitat.** Per raons organitzatives, el pacient és sotmès a un procés d'estandardització i s'ha d'ajustar a unes normes (generalment, se li assigna un número, se li dóna roba de l'hospital i se li prohibeix usar objectes personals), fet que condueix a un tracte distant i despersonalitzat. Per tot això, l'envaeixen sentiments de falta de control i de devaluació personal.
- **Falta d'intimitat/privacitat.** En la majoria de les ocasions, el pacient comparteix habitació amb altres malalts i les visites corresponents. Per la seva banda, els professionals entren a l'habitació en qualsevol moment; tots els que l'atenen tenen informació sobre la seva persona i circumstàncies i pot haver de dependre del personal sanitari per a activitats habitualment privades (com la higiene personal).
- **Limitació i control de la mobilitat.** Es limiten els moviments dels pacients. L'espai físic és reduït i, a vegades, no compta amb una arquitectura o decoració que ajudi al benestar de les persones.

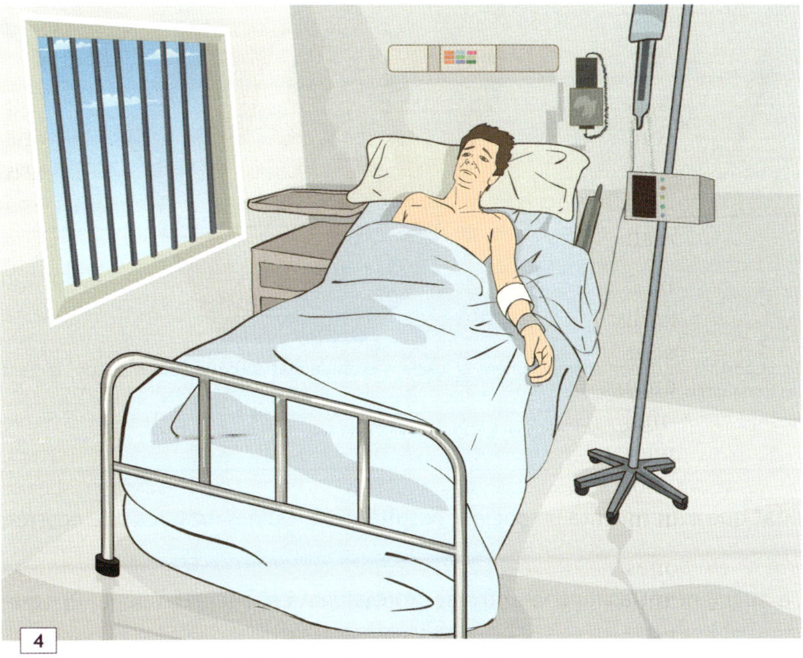

4

A vegades, el pacient hospitalitzat se sent com un presoner.

Algunes conseqüències de l'hospitalització

Canvis del patró de son: per dolor, ansietat, pèrdua d'intimitat, horaris de l'hospital i interrupcions per part dels sanitaris.

Alteració dels patrons de sexualitat: degut a la pèrdua d'intimitat, la situació de malaltia, l'alteració funcional o orgànica i l'ansietat.

Afectació espiritual: ja sigui sofriment espiritual (per valorar la malaltia com un càstig, o un conflicte amb les seves creences), o bé augment del benestar espiritual (relacionat amb valoració positiva de la malaltia).

Intolerància a l'activitat: relacionada amb el malestar, la tristesa, la regressió i l'aïllament.

Trastorns de la imatge corporal: degut al fet que la principal preocupació del pacient són les alteracions que pateix el seu cos, al seu egocentrisme i a la supressió d'identitat.

Trastorns d'autoestima: degut a la pèrdua d'identitat personal, de la individualitat i intimitat, culpa, invalidesa, soledat, anomalies i dependència.

El riure com a teràpia

La pel·lícula *Patch Adams* (EUA, 1998) tracta de les conseqüències positives que té la relació d'afecte amb els pacients i la teràpia amb el riure.

- **Reglamentació de les activitats.** Es modifiquen i/o substitueixen els hàbits i costums del pacient pels establerts a l'hospital. Per exemple, hi ha canvis en els horaris, els menjars, el son, la higiene personal, les activitats de lleure, etc.
- **Dependència i falta d'autonomia.** El subjecte hospitalitzat ha de recórrer als professionals per satisfer moltes de les seves necessitats, ja que són els professionals els que disposen dels recursos necessaris. Aquesta dependència és encara major si el pacient presenta algun tipus d'invalidesa. A més, com s'ha indicat abans, les persones ingressades s'han d'ajustar a les normes i rutines establertes, la qual cosa incrementa la seva dependència i la pèrdua de control i autonomia.
- **Informació deficient.** L'ús de llenguatge tècnic, moltes vegades incomprensible, provoca que el pacient se senti ignorant i no s'atreveixi a preguntar. Això el porta a desconèixer qüestions sobre la seva pròpia malaltia, relatives a proves diagnòstiques, tractament, evolució, i sobre les normes de l'hospital. Així, s'incrementa la seva impotència, incertesa i por al desconegut. Si el professional no li facilita la informació, pot començar a buscar-la volent interpretar paraules, gestos i mirades, als quals dóna un significat com a mínim parcial i moltes vegades erroni.
- **Relació asimètrica.** En el medi hospitalari, tendeix a augmentar-se l'asimetria entre el professional i el pacient/client. S'accentua l'estatus de superioritat del professional i, freqüentment, el pacient hospitalitzat és més passiu i té més limitacions, de forma que el professional tendeix al proteccionisme, creant una relació asimètrica tipus pare-fill.

5

És important informar adequadament el pacient hospitalitzat sobre la seva malaltia, evitant un llenguatge massa tècnic.

Activitats

11·· Explica la falta de privacitat i intimitat que experimenta un pacient hospitalitzat. Quines mesures se t'ocorren per millorar aquesta situació?

12·· En el medi hospitalari, es tendeix a augmentar l'asimetria entre el professional i el pacient/client. Per què creus que és així?

Conductes del pacient hospitalitzat

Les respostes del pacient hospitalitzat, és a dir, les seves reaccions després de l'ingrés i la permanència a l'hospital, es classifiquen en adaptatives i no adaptatives.

- Les **reaccions adaptatives** suposen l'acceptació i el convenciment del pacient que té cert control de la situació. En aquest cas, desenvoluparà el seu rol de malalt adequadament i participarà racionalment en la seva recuperació, intervenint en el procés de malaltia, el diagnòstic, les cures i el tractament.
- Les **reaccions no adaptatives** són les inadequades i les que interfereixen en la bona resolució del procés de malaltia. Exemples de reaccions no adaptatives són:
  - **Rebuig envers el desenvolupament del rol de malalt.** Alguns pacients presenten una actitud agressiva que suposa un gran estrès per als professionals. Altres s'hi oposen d'una forma més o menys encoberta, en una postura de negació defensiva del rol de malalt.
  - **Submissió excessiva.** Es produeix una identificació exagerada amb el rol de malalt. El pacient es torna massa dependent i converteix la malaltia en un refugi o en una forma d'obtenir algun profit (beneficis laborals, afectius, etc.), o bé mostra una postura de conformisme, passivitat i desgana.
  - **Retraïment o retirada.** Com a mecanisme de defensa, els malalts es retiren d'una situació que senten que els supera i que genera desemparança i desesperació. En aquests casos, apareix amb més freqüència la depressió reactiva, amb manifestacions d'inhibició i desinterès per tot. Habitualment, solen tenir pitjor pronòstic.
  - **Integració.** Aquesta resposta, més pròpia de pacients amb llargues estades hospitalàries, implica que s'arribin a considerar un membre més de l'hospital, acceptin les regles i facin tot el que se'ls demana. A vegades, sorgeix el problema que no volen abandonar l'hospital perquè s'hi troben més cuidats, segurs o acompanyats.
  - **Agressivitat.** El pacient presenta ira i hostilitat, que dirigeix envers les persones que l'envolten o envers si mateix. Aquesta agressivitat es pot manifestar amb enuig, disputes, enfrontaments verbals i físics i tossuderia.

Tot i aquestes reaccions, cal tenir en compte que la resposta més freqüent dels pacients és acceptar les demandes i restriccions que els imposa l'hospitalització. És important adonar-se de si amaguen el seu malestar perquè no s'atreveixen a expressar-lo; sempre caldrà ajudar-lo a que ho facin.

Tolerància

Ser tolerant és essencial en la pràctica sanitària: tolerant davant de la malaltia, que pot ser desagradable (escares, amputacions, etc.) o de risc (possibilitat de contagi); tolerant també envers el pacient (agressiu, diferent, etc.), entenent-lo en el seu sofriment, sense tenir prejudicis, sense fer judicis, sense donar-li consells precipitats, sense ser condescendent, sense donar-li la raó per evitar problemes o perquè ens reconeixem en ell.

Activitats

13·· Resumeix i realitza una presentació de les característiques psicològiques que pot mostrar un malalt ingressat en una institució sanitària.

14·· En què consisteixen les reaccions adaptatives i no adaptatives dels malalts hospitalitzats?

Casos pràctics 2

L'hospitalització de la Maria

La Maria és una nena de 7 anys. Viu amb els seus pares i un germà una mica més gran que ella en una ciutat de la costa. En uns dies l'ingressaran a l'hospital, ja que la sotmetran a una operació. No és una intervenció quirúrgica complexa, però a casa seva tots estan molt nerviosos. Els pares volen ajudar la seva filla perquè no ho passi malament. Dubten i no saben quina és la millor manera de fer-ho. Finalment, l'operació surt molt bé i tu has de tenir cura de la nena a la planta de l'hospital, en la qual romandrà uns quants dies.

Respon les qüestions següents:

1. Quines de les següents actuacions dels seus pares davant de l'operació creus que són encertades i quines no?
   a) No li parlen de l'hospital ni del que hi passarà.
   b) Li diuen que a l'hospital s'ho passarà molt bé, que no li faran mal i que a la planta hi ha altres nens, amb els quals es divertirà.
   c) Quan preparen les coses que portarà a l'hospital, també li parlen del que es prepara per a quan torni a casa.
2. Quines de les següents actuacions com a TCAI que en té cura són encertades i quines no?
   a) La motivaràs per exterioritzar les seves emocions.
   b) Demanaràs als pares que li portin alguna de les seves joguines preferides; per exemple, un peluix amb els qual normalment dorm o la foto del seu germà.
   c) Deixarà que els pares participin en la cura de la seva filla a l'hospital.

Solució.

1.

a) No és encertada. Com en la resta de pacients, als infants no se'ls ha d'ocultar les coses. És evident que caldrà adaptar la informació a la seva edat i personalitat. Els pares li han d'explicar de manera senzilla on anirà i què li faran. També és necessari tenir en compte quan li explicaran. El lògic és fer-ho entre 4 i 2 dies abans d'anar a l'hospital. Així, li donarà temps per preguntar i informar-se, però no tindrà tant temps com per elaborar fantasies que li resultin negatives.

b) No és encertada. No s'ha de mentir mai. L'hospital no és un centre lúdic, ni els infants hi van per divertir-se. Si els familiars li diuen això, quan comprovi que l'han mentit, perdrà la seva confiança en ells. És veritat que hi haurà altres nens i que podrà estar amb ells; també és cert que algunes coses li poden fer mal i que les persones de l'hospital la volen ajudar. Això sí que se li pot dir. L'infant desenvoluparà menys pors si té un coneixement previ del que li succeirà.

c) És encertada. És molt positiu que li mostrin de manera evident que tornarà; això li aportarà seguretat i evitarà la sensació d'abandonament.

2.

a) És encertada. És convenient que la Maria exterioritzi les seves emocions, tant si són agradables com si no ho són. En cas contrari, es provocaria un enfrontament negatiu que empitjoraria la situació de la nena, creant una situació de més tensió i més retraïment.

b) És encertada. És aconsellable que tingui objectes personals a l'hospital, ja que faran que se senti més segura i en un lloc menys estrany.

c) És encertada. És aconsellable que els pares col·laborin en la seva cura, perquè això farà que senti que es preocupen per ella i no experimentarà sensació d'abandonament. Això serà molt necessari sobretot si els infants són molt petits, per evitar que experimentin una regressió més intensa de l'esperable.

Activitats finals

1·· Relaciona les situacions del malalt que es descriuen a la primera columna amb la circumstància de l'hospitalització sobre la que més influeixen (segona columna):

- Horaris de visites restringits. - Impedir la possessió d'objectes personals. - Compartir habitació. - Impediment per aixecar-se. Realització de les necessitats fisiològiques al llit. - Coneixement de la història clínica del pacient per part del personal. - Pensament del pacient: "M'ha mirat amb cara que tinc alguna cosa greu". - El metge ve a l'habitació només en les visites establertes. - Llunyania del seu entorn habitual i de les tasques quotidianes. - El pacient es pren les pastilles que hi ha a la tauleta només perquè les hi ha trobat. - L'auxiliar realitza la higiene diària del pacient.	- Devaluació personal. - Falta d'intimitat. - Dependència. - Aïllament. - Falta d'autonomia. - Asimetria. - Informació deficient.

2·· Defineix el tipus d'afrontament en els següents casos, segons les característiques, indicant si la forma d'actuar del pacient enfront de la malaltia està centrada en la malaltia o en l'emoció, és cognitiva o conductual, activa o passiva, atencional o evitativa.

a) Un pacient al qual li han diagnosticat un càncer de còlon se n'ha anat a un hospital dels Estats Units perquè creu que és el millor hospital del món en el tractament d'aquesta malaltia.
b) Una persona resa esperant el miracle de la seva curació.
c) Un individu pensa en les pitjors conseqüències que pot tenir el seu trastorn i es va acostumant a la situació temuda.
d) La persona busca amb interès informació sobre la seva malaltia, les possibilitats de tractament, el millor hospital, els professionals que donen més garanties, etc.
e) El Carles visualitza circumstàncies agradables i plaents per distraure l'atenció del dolor.
f) El Maurici es desfoga amb la família i els amics explicant-los què li passa i el malestar que li produeix la malaltia.
g) El Jordi diu que li va bé mantenir-se ocupat amb l'activitat laboral habitual.
h) Des que li han diagnosticat la malaltia, el Màrius s'aïlla de la gent, pren la medicació i ha reduït al mínim la seva activitat física.

3·· Completa el quadre de les fases de l'experiència d'emmalaltir amb les situacions següents:

Decisions:

- Recerca d'ajuda mèdica.
- Validació del malestar.
- Abandonament del rol de malalt.
- Acceptació que alguna cosa va malament.
- Acceptació del rol de malalt.

Comportaments:

- Aplicació de tractaments casolans i automedicació.
- Retorn a la vida normal.
- Seguiment del tractament i abandonament de responsabilitats habituals.
- Sol·licitud de l'opinió del seu entorn sobre el seu estat.
- Assumpció de l'autoritat mèdica.

	1. Experimenta símptomes	2. Assumpció del paper de malalt	3. Recerca de l'assistència sanitària	4. Pacient dependent	5. Rehabilitació i curació
Decisions	• • • •	• • • •	• • • •	• • • •	• • • •
Comportaments	• • • •	• • • •	• • • •	• • • •	• • • •

Casos finals

1·· Tres malalties, tres malalts

Fa diverses setmanes, la Irene se'n va anar a dormir aviat perquè es trobava malament. L'endemà, la seva germana Sònia la va anar a buscar, perquè havien quedat que anirien de compres juntes, però va veure que encara era al llit i li va preguntar estranyada: "Encara no t'has preparat? Però si sempre m'has d'esperar tu a mi!". Aleshores va ser quan la Irene li va explicar que s'havia passat la nit sense dormir i vomitant. Tot i que estava marejada, per no molestar els que dormien, s'havia aixecat i s'havia canviat els llençols. "Ara et prens una camamilla i ja veuràs com se't posa bé" —li va dir la Sònia. I així ho va fer perquè la Irene sempre és una "bona malalta", no protesta, es resigna i fa tot el que li manen. Però, com que encara no es troba bé, han decidit trucat al metge.

Es tracta del primer avís que ha atès avui el doctor Ràfols i, després se n'ha anat al carrer Balmes, on ja des de l'escala ha començat a sentir com el Francesc es queixava demanant a crits a la seva mare que li portés aigua. Després, en passar a l'habitació, es va trobar el malalt assegut al llit, amb quatre coixins que li havien col·locat perquè se sentís més còmode. Quan ha entrat el metge, el Francesc ha arrufat les celles. "Com estàs?" —li ha preguntat el doctor. "Malament, molt malament" —ha respost. I després s'ha posat a cridar i a plorar dient: "Jo no vull estar malalt... Em fa molt mal. Per què tot em passa a mi?". En aquest moment, ha arribat la seva mare amb el vas d'aigua i l'ha disculpat: "Sempre se li fa costa amunt posar-se malalt, però en els seus 20 anys de vida no l'havia vist mai així".

El metge ha acabat amb els avisos del dia i se n'ha anat a casa. Allí hi havia reunida tota la seva família, excepte la Carlota, la seva filla gran, que havia sortit a veure la seva amiga Berta, a la qual últimament havia tingut una mica oblidada.

La Berta feia mesos que no menjava gairebé res, anava amb freqüència al lavabo ("és que tinc una mica de diarrea" —deia), i també li feia mal la panxa. Els seus coneguts van dir: "segur que es tracta d'anorèxia". Van pensar que, en el fons, ella en tenia la culpa i, a poc a poc, la van anar abandonant. La trobaven pàl·lida, no volia menjar i havia perdut molt pes, però és clar que menjant tan poc era lògic. A més, és possible que el tema de la diarrea només fos una excusa per anar a vomitar. Quan la Berta va anar a l'hospital, el diagnòstic va ser un altre: tenia la malaltia de Crohn, una malaltia inflamatòria intestinal.

Reflexiona sobre els casos que es presenten i respon les qüestions plantejades:

a) La Irene adopta una postura que sigui beneficiosa per a la seva recuperació?
b) La Sònia de seguida valida la malaltia de la seva germana. Això és el que provoca que truquin més ràpidament al metge?
c) Quin tipus d'afrontament adopta la Irene?
d) Què podries afirmar sobre el comportament del Francesc?

- Té una reacció psicològica adequada perquè, en estar malalt, no pot fer les coses per si mateix i és lògic que es mostri una mica alterat.
- És un exemple de regressió infantil i d'egocentrisme.

e) Quin tipus d'afrontament adopta el Francesc?
f) Ha reconegut la Berta el seu rol de malalta?
g) L'entorn ha aïllat la Berta. Això és més freqüent en malalties que s'atribueixen a una causa psicològica o no creus que la causa hi influeixi?

2·· El timbre de la 503

Treballes al servei de Medicina interna de l'Hospital Universitari. Ha sonat una altra vegada el timbre de la 503. És l'habitació del Jaume. De seguida, t'hi atanses per preguntar-li què vol. Te'l trobes passejant d'un costat a l'altre. Et pregunta moltes coses i, a més, de forma accelerada. Diu que no li han explicat quina la prova li faran i que té molts dubtes. A més, segons t'explica, no ha pogut descansar en tota la nit, perquè ha tingut molts dolors. Què creus que li passa? Com actuaries per ajudar-lo?

Autoavaluació

1. Què són les malalties somàtiques?

a) Són les que afecten el component físic de l'individu.
b) Són les que afecten el component psíquic de l'individu.
c) Són les que tenen una durada curta.
d) Són les que s'adquireixen abans de nàixer.

2. Quan confirmem que com més es fuma més augmenten les possibilitats de tenir càncer de pulmó, quin criteri de Bradford Hill es verifica?

a) Coherència.
b) Especificitat.
c) Dosi-resposta.
d) Temporalitat.

3. Segons Parson, quins deures estan associats al rol de malalt?

a) Deure de consultar amb experts.
b) Deure de col·laborar en la seva recuperació.
c) Deure de seguir amb les seves obligacions.
d) Les respostes a i b són correctes.

4. Indica l'afirmació falsa:

a) Les diferències culturals fan que s'interpretin la salut i la malaltia de forma diferent.
b) La Semiologia és la ciència que estudia l'origen i la causa de les malalties.
c) El malalt té dret a estar informat.
d) La relació que s'estableix entre el personal sanitari i els pacients és asimètrica.

5. Quin és l'ordre habitual de les etapes inicials del procés d'emmalaltir?

a) Validació personal - fase de dolència - validació de l'entorn.
b) Validació de l'entorn - validació personal - fase de dolència - recerca d'assistència mèdica.
c) Fase de dolència - recerca d'assistència - validació personal - validació de l'entorn.
d) Fase de dolència - validació personal - validació de l'entorn - recerca d'assistència mèdica.

6. En quina etapa el pacient ha d'abandonar a poc a poc el seu rol de malalt?

a) Etapa d'estat.
b) Etapa de convalescència i rehabilitació.
c) Etapa de recuperació o curació.
d) En totes les etapes anteriors.

7. Quin és un afrontament adaptatiu de la malaltia?

a) Aïllar-se de la gent.
b) Disminuir l'activitat física.
c) Buscar solucions i informar-se del problema.
d) Les respostes a i c són correctes.

8. Marca la parella correcta (circumstància / grau d'ansietat davant de la malaltia):

a) Un procés reversible / major ansietat.
b) La persona sospita la malaltia abans de la seva confirmació / menor ansietat.
c) Baixa autoestima / menor ansietat.
d) Molt suport social / major ansietat.

9. Què sol buscar el pacient que es queixa constantment i fins i tot es mostra agressiu?

a) Seduir.
b) Ser part activa de les cures.
c) Fugir de responsabilitats.
d) Opinar i decidir sobre la malaltia.

10. Quina serà una actuació correcta davant dels temors i pors que pot presentar el pacient?

a) Treure importància a la situació.
b) Adoptar una actitud paternalista.
c) Fer les coses per ell.
d) Tranquil·litzar-lo amb realisme.

11. Si s'usa la malaltia per eludir obligacions, de quina reacció es tracta?

a) Coartada.
b) Egocentrisme.
c) Regressió infantil.
d) Invalidesa.

12. Quines circumstàncies s'associen amb el major estrès que pateixen les persones hospitalitzades?

a) Aïllament i pèrdua d'individualitat.
b) Falta d'intimitat i dependència.
c) Relació asimètrica.
d) Totes les respostes anteriors són correctes.

13. Habitualment, quina de les següents reaccions sol tenir pitjor pronòstic?

a) Submissió excessiva.
b) Rebuig del rol de malalt.
c) Retraïment.
d) Agressivitat.

Unitat 7

L'infant: malaltia, discapacitat i mort

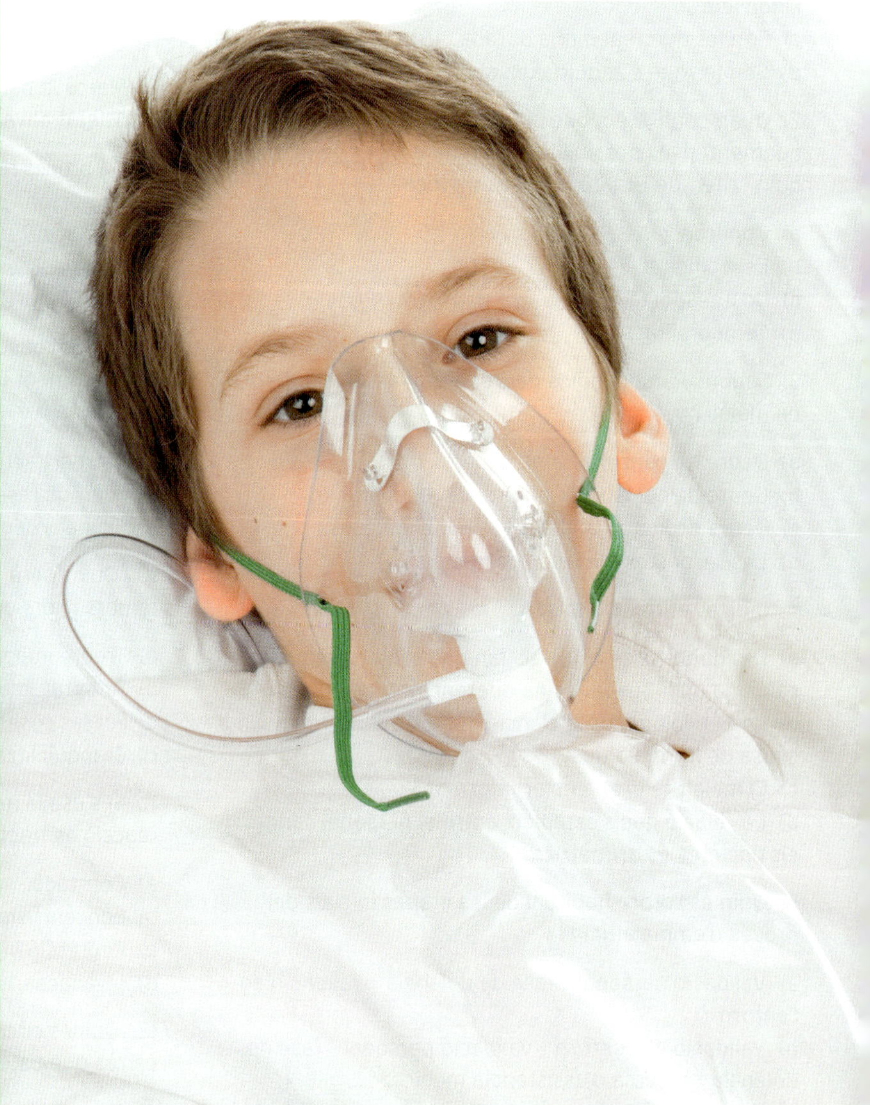

Preguntes inicials

1·· Has cuidat alguna vegada un infant malalt?

2·· Quines responsabilitats creus que cal conèixer en una situació de maltractament?

3·· De petit vas patir alguna malaltia? Has tingut algun procés físic que impliqués una discapacitat temporal o permanent?

4·· Quan eres petit, va morir algun familiar teu proper? Com recordes la situació i com et vas sentir? A quins ritus vas acudir?

En aquesta unitat aprendràs a...

- Descriure els indicadors de benestar infantil.
- Col·laborar en la satisfacció de les necessitats que tenen l'infant malalt i/o amb discapacitat i la seva família.
- Interpretar la forma en què l'infant manifesta l'angoixa, el dolor i la por.
- Donar suport a l'infant en l'elaboració del dol.

L'INFANT: MALALTIA, DISCAPACITAT I MORT

- **Benestar**
  - Bon tracte
    - Necessitats dels infants
    - Deures dels pares o tutors
  - Maltractament
    - Tipologies
    - Manifestacions
- **Malaltia**
  - Dolor
    - Indicadors conductuals i somàtics
    - Descripció verbal
    - Resposta fisiològica
  - Impacte emocional
    - Pares
    - Germans
  - Hospitalització infantil
    - Drets de l'infant hospitalitzat
    - Repercussions psicològiques
- **Discapacitat**
  - Sentiments segons l'edat
  - Estratègies d'intervenció
- **Mort**
  - Mites i falses creences
  - Evolució del concepte de la mort
  - Construcció del dol infantil

Per al projecte final

- Identificaràs les necessitats bàsiques dels infants i els deures dels pares.
- Desenvoluparàs estratègies bàsiques per determinar el grau de dolor de l'infant i el seu maneig.
- Aplicaràs cures bàsiques d'infermeria al sistema familiar que envolta l'infant malalt i/o amb una discapacitat.
- Manejaràs els factors d'estrès i els seus amortidors de forma adequada durant l'hospitalització infantil.
- Col·laboraràs en el desenvolupament del dol infantil en ajudar l'infant en la seva elaboració.

1 >> Benestar, bon tracte i maltractament infantil

Convenció sobre els Drets de l'Infant

És un tractat de 54 articles i la primera llei internacional sobre els drets de l'infant jurídicament vinculant per als estats que la subscriuen. Recull els drets de la infància i reconeix l'infant com a agent social i com a titular actiu dels seus propis drets (econòmics, civils, polítics, culturals i socials). Va ser aprovada per l'Assemblea General de Nacions Unides el 20 de novembre de 1989 i va entrar en vigor el 2 de setembre de 1990.

Abans de reflexionar sobre les necessitats dels infants amb algun tipus de problema, ens hem de plantejar què necessiten per desenvolupar-se plenament i amb normalitat, i així assolir el benestar.

1.1 > Concepte de benestar

El concepte de **benestar** té dos components: un de subjectiu, que es basa en **sentir-se bé** i en **interpretar-se bé** i, un altre d'objectiu, que es fonamenta en la **salut física** i en la **qualitat de vida.** El component subjectiu en els infants és fruit del procés de socialització: aprenen a dur a terme conductes que afavoreixen sentir-se bé i comprendre's adequadament. El component objectiu del benestar ens el donen els altres, per exemple, quan el sanitari ens diu "estàs bé, no et passa res". En l'àmbit social, la qualitat de vida s'associa a disposar d'una sèrie de recursos: llum elèctrica, aigua corrent, calefacció, etc. El benestar depèn de la satisfacció de les **necessitats,** que són, en principi, innates i universals (alimentació adequada, son, vinculació afectiva, etc.) i es poden considerar com a drets universals, però també admeten diferents graus i formes de resoldre-les. Tot i això, no totes les formes de satisfer-les són adequades segons la seva resistència i adaptabilitat.

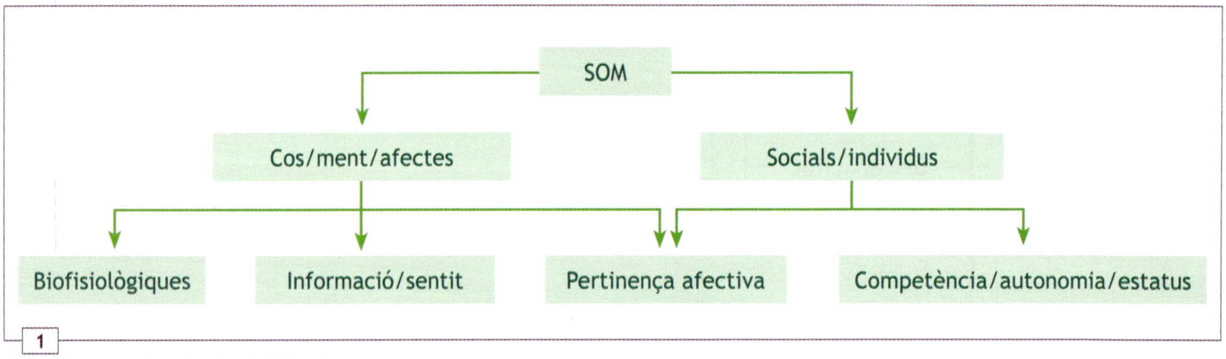

1
Necessitats dels infants. Font: Félix López.

www.unicef.es

UNICEF és l'agència de les Nacions Unides que té l'objectiu de garantir el compliment dels drets de la infància.

Podem concretar les **necessitats dels infants** en: **biofisiològiques,** es refereixen al cos; **mentals,** ser estimulats, manejar informació i interpretar-la; **interpersonals,** vinculació amb la figura d'afecció, família, amics, etc., i de **participació, autonomia i competència,** ja que, com a éssers únics, hem de construir la nostra pròpia biografia.

De les necessitats dels infants se'n **deriven els deures dels pares o tutors,** base del bon tracte als infants, que són: atendre les necessitats físiques bàsiques dels seus fills; protegir-los de tot dany físic; atendre les seves necessitats d'amor, cura i afecte; protegir-los de tot dany emocional, i proporcionar-los línies de conducta en el terreny moral i ètic com a base per desenvolupar-se satisfactòriament en la seva vida.

Activitats

1·· Per què creus que són importants l'adaptabilitat i la resistència a l'hora de satisfer les necessitats? Per què no totes les formes de fer-ho són adequades?

1.2 > L'infant maltractat

En països desenvolupats, la societat ha assumit la responsabilitat de **protegir els individus més vulnerables.** I els infants són especialment vulnerables per la seva incapacitat per satisfer les seves necessitats de forma autònoma.

La dificultat rau en els límits a partir dels quals cal protegir la integritat i el desenvolupament de cada infant com a obligació social, intervenint en la vida privada de les famílies.

Tipologies de les situacions de desprotecció infantil

Definir els maltractaments a la infància sembla senzill; tot i això, a la pràctica resulta complex. En l'actualitat, les definicions es basen en les necessitats i els drets dels infants.

La Convenció dels Drets dels Infants de les Nacions Unides, a l'article 19, es refereix al **maltractament infantil** com "tota violència, perjudici o abús físic o mental, descuit o tracte negligent, maltractament o explotació, mentre l'infant es trobi sota la custòdia dels seus pares, d'un tutor o de qualsevol altra persona que el tingui al seu càrrec".

La legislació espanyola defineix el **desemparament legal,** en concret al Codi Civil (art. 172) com: "Situació que es produeix de fet a causa de l'incompliment, o de l'impossible o inadequat exercici dels deures de protecció establerts per les lleis per a la guarda de menors, quan aquests menors es quedin privats de la necessària assistència moral o material". Són situacions susceptibles d'intervenció des dels serveis de protecció de la infància.

Dins de l'inadequat compliment dels deures de protecció dels pares, ens trobem amb:

- **Maltractament físic:** qualsevol acció no accidental per part dels pares o cuidadors que provoqui dany físic o malaltia en l'infant, o el col·loqui en greu risc de patir-los.
- **Abandonament físic:** tota situació en què el cuidador, de manera deliberada o per una extraordinària falta d'atenció, permet que l'infant experimenti un sofriment evitable, i/o fracassa en proporcionar-li un o diversos dels aspectes bàsics i essencials per al desenvolupament de les capacitats físiques, intel·lectuals i emocionals.
- **Maltractament i abandonament emocional:** el maltractament emocional és l'hostilitat verbal crònica, insults, menyspreu, crítica o amenaça d'abandonament, i un constant bloqueig de les iniciatives d'interacció infantils per part de qualsevol membre adult del grup familiar. D'altra banda, l'abandonament emocional és la falta persistent de resposta a les expressions emocionals i a les conductes de proximitat i interacció iniciades per l'infant, així com la falta d'iniciativa d'interacció i contacte per part d'una figura adulta estable.
- **Abús sexual:** qualsevol classe de contacte sexual amb una persona menor de 18 anys per part d'un adult des d'una posició de poder o autoritat sobre l'infant. L'infant pot ser utilitzat per realitzar actes sexuals o com a objecte d'estimulació sexual.

Defensor del menor

La figura del defensor del menor no té caràcter nacional i només existeix en algunes comunitats autònomes. La web del Defensor del Menor de la Comunitat de Catalunya ofereix orientacions diverses sobre com treballar amb infants en casos de maltractament, assetjament, divorci dels pares, etc. Les seves publicacions i documents són de gran qualitat.

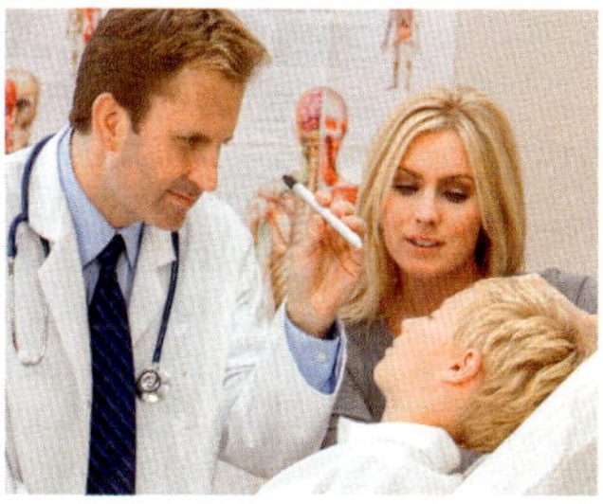

Síndrome de Münchaussen

Situació en què els pares, mitjançant la simulació d'una simptomatologia falsa, aconsegueixen que els seus fills siguin sotmesos a pràctiques mèdiques innecessàries.

Explicacions etiològiques de maltractament

- Perspectiva psiquiàtrica: atribueix el maltractament a les característiques psicològiques dels maltractadors.
- Perspectiva sociològica: segons aquesta perspectiva, les condicions econòmiques, els valors socials i el sistema i l'organització social en què es desenvolupen determinats individus són els causants que alguns arribin a maltractar.
- Model dels ecosistemes: actualment, es considera que la integració de variables de diferents nivells ecològics conforma l'explicació del maltractament i l'abandonament infantil.

Manifestacions d'una situació de desemparament en l'infant

Existeixen una sèrie d'indicadors que ens permeten valorar la possible existència d'una situació de desemparament. Són els següents:

Indicadors físics i comportamentals de l'infant i de l'agressor en el maltractament infantil			
	Indicadors físics de l'infant	Indicadors comportamentals de l'infant	Conducta de l'acompanyant i/o agressor
Maltractament físic	Magolaments, hematomes, fractures, intoxicacions, etc.	Cautelós amb adults. Conductes extremes: agressivitat, rebuig, afecte, etc. Por als pares; diu que li han produït alguna lesió. Retret, no participa en jocs.	Les seves explicacions no són creïbles. Percep l'infant com a dolent. Intenta ocultar la lesió.
Negligència i/o abandonament	Falta d'higiene. Retards en el creixement. Consultes freqüents a urgències per falta de revisions pediàtriques. Hematomes inexplicables. Accidents freqüents. Malaltia crònica sorprenent que no genera consulta mèdica. Problemes d'aprenentatge escolar.	Comportaments autogratificants. Somnolència, apatia, depressió. Hiperactivitat, agressivitat. Tendència a la fantasia. Conductes dirigides a cridar l'atenció de l'adult.	Vida a la llar caòtica. Mostres d'apatia o inutilitat. Patiment d'una malaltia crònica.
Maltractament emocional	0-2 anys: retard no orgànic del creixement en totes les àrees maduratives. 2-6 anys: talla curta, retard del llenguatge, immaduresa socioemocional. 6-16 anys: talla curta, malalties d'origen psicosomàtic.	0-2 anys: excessiva ansietat o rebuig a les relacions psicoafectives; espantadís, tímid, passiu, agressiu. 2-6 anys: dèficit d'atenció; mostres de passivitat en les relacions socials. 6-16 anys: problemes d'aprenentatge, escasses habilitats de comunicació, relacions conflictives, problemes de control d'esfínters.	Mostra un tracte desigual als germans. Culpa o menysprea l'infant. Exigeix a l'infant per sobre de les seves capacitats. Tolera tots els comportaments de l'infant sense posar-li límits.
Abús sexual	Dificultat per caminar o asseure's. Roba interior estripada. Lesions, picor a l'àrea genital, malalties de transmissió sexual, infeccions urinàries de repetició.	Conductuals: diuen haver estat atacats per un adult cuidador. Manifesten conductes o coneixements sexuals estranys, sofisticats, inusuals. Secretisme. Psicosomàtics: trastorns del son i de l'alimentació. Dolors abdominals, cefalees. Psíquics: depressió crònica, intents autolítics (suïcides), desvaloració corporal, problemes de conducta, promiscuïtat sexual, violència.	Exageradament protector i gelós. Freqüents absències de la llar. Experimenta dificultats amb la parella.

Activitats

2·· Esmenta les tres principals causes de desemparament i posa'n un exemple de cada una. Quines són les tipologies de desemparament o desprotecció infantil?

2 >> L'infant davant de la malaltia

Emmalaltir és un esdeveniment natural en la història de l'infant, al qual normalment s'adapta adequadament. Si la malaltia es prolonga o requereix intervencions terapèutiques invasives, o l'infant ho percep així, es produeixen repercussions afectives que a vegades es mantenen al llarg de tota la vida. La **vivència de la malaltia** en l'infant és una experiència individual no generalitzable; existeixen perfils de reacció associats al desenvolupament cognitiu, socioafectiu i motor que determinen la seva capacitat per entendre i processar la informació, expressar-se i comprendre el llenguatge oral, i el seu grau d'autonomia personal.

Davant de la malaltia, l'infant experimenta:

- Una **experiència de privació:** ja no pot sortir al carrer a jugar perquè té claus en una cama, per exemple.
- Una **experiència de frustració:** en no poder sortir a jugar, sent un impediment, una imposició que no li deixa fer el que ell vol.
- Una **experiència desplaent** o **àlgida:** no només no pot sortir, sinó que no el deixen i a més es troba malament i li fa mal.

Els infants afectats per una **malaltia crònica** o **de llarga durada** solen estar al llit o hospitalitzats en períodes de crisi. En aquests casos, el control de la malaltia per part de l'infant i la família és un element clau. Cal educar els pares per actuar davant de la malaltia; així mateix, cal educar l'infant per controlar la seva malaltia a través del maneig d'aparells, preparació per a proves diagnòstiques i teràpies.

2.1 > El dolor en l'infant

El dolor és una **experiència sensorial** i **emocional** associada a una lesió real o potencial en els teixits d'alguna porció de l'organisme. La seva vivència és subjectiva i desagradable. En els infants, és difícil avaluar-lo. Davant d'un infant amb dolor, és important conèixer-ne l'etiologia, precisar-ne el tipus de dolor, valorar-ne la intensitat, quantificar-lo i, per últim, definir-ne l'estratègia terapèutica, sigui o no farmacològica.

Segons l'edat, es valoren els **indicadors conductuals o somàtics:** posició fetal, expressió facial, evitació de moviments, reflex de retirada, plor, irritabilitat, anorèxia o desinterès pel joc, indicadors especialment importants fins als tres anys. Dels tres als sis anys, s'utilitzen escales gràfiques en què l'infant indica la intensitat. La **descripció verbal** del dolor és important a partir dels sis anys. **La resposta fisiològica** (freqüència cardíaca, respiratòria, tensió arterial, etc.) ens serveix per corroborar els indicadors conductuals i somàtics, així com les verbalitzacions de l'infant.

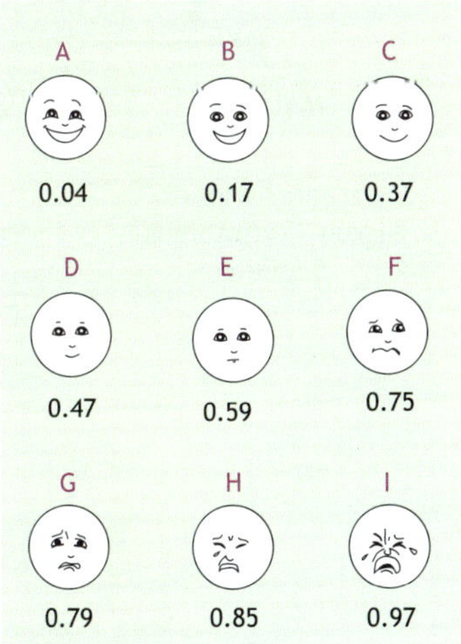

2 Escala de les nou cares. Valoració del dolor en infants a partir dels cinc anys

Activitats

3·· Quina relació creus que existeix entre les etapes preoperacional, de les operacions concretes i formals del desenvolupament cognitiu de Piaget, i la vivència de la malaltia?

Síndrome de Damocles

És la incertesa que viuen els pacients i pares dels infants que pateixen una malaltia oncològica sobre si sobreviuran o no. Fins i tot si l'infant o el pacient es troba bé, després d'aconseguir la remissió o extirpació del tumor, es manté a la seva ment la possibilitat de morir.

2.2 > Impacte emocional de la malaltia en pares

Quan un infant es posa malalt, també se'n posa la família; per això, els tractaments han d'estar referits a tot el nucli familiar. Una malaltia crònica és un element desestabilitzador que posa a prova la capacitat **d'adaptació** i les **estratègies d'afrontament** de cada membre de la família en particular i de la unitat familiar en general (estratègies d'afrontament adaptatives i desadaptatives). Les reaccions de la família són múltiples i estan condicionades per la personalitat dels seus membres, les experiències familiars prèvies, els sistemes de suport social amb què compten, les seves creences, etc.

2.3 > Impacte emocional de la malaltia en germans

Davant de la malaltia d'un dels seus fills, els pares dediquen tot el seu esforç a fer-hi front, i posen en **segon lloc** les necessitats emocionals del fill sa, que s'ha d'enfrontar sol a l'ansietat i les pors pel que li passa al seu germà i a ell mateix. Per evitar-ho, cal proporcionar-li informació, permetre-li que expressi els seus sentiments i que visiti l'hospital, donar-li dades sobre l'evolució i el tractament del germà i no carregar-lo de responsabilitats com si fos un adult.

2.4 > Hospitalització infantil

L'hospitalització d'un infant ha de ser l'últim recurs terapèutic. Existeixen uns factors estressants i altres que faciliten l'adaptació de l'infant a l'hospitalització:

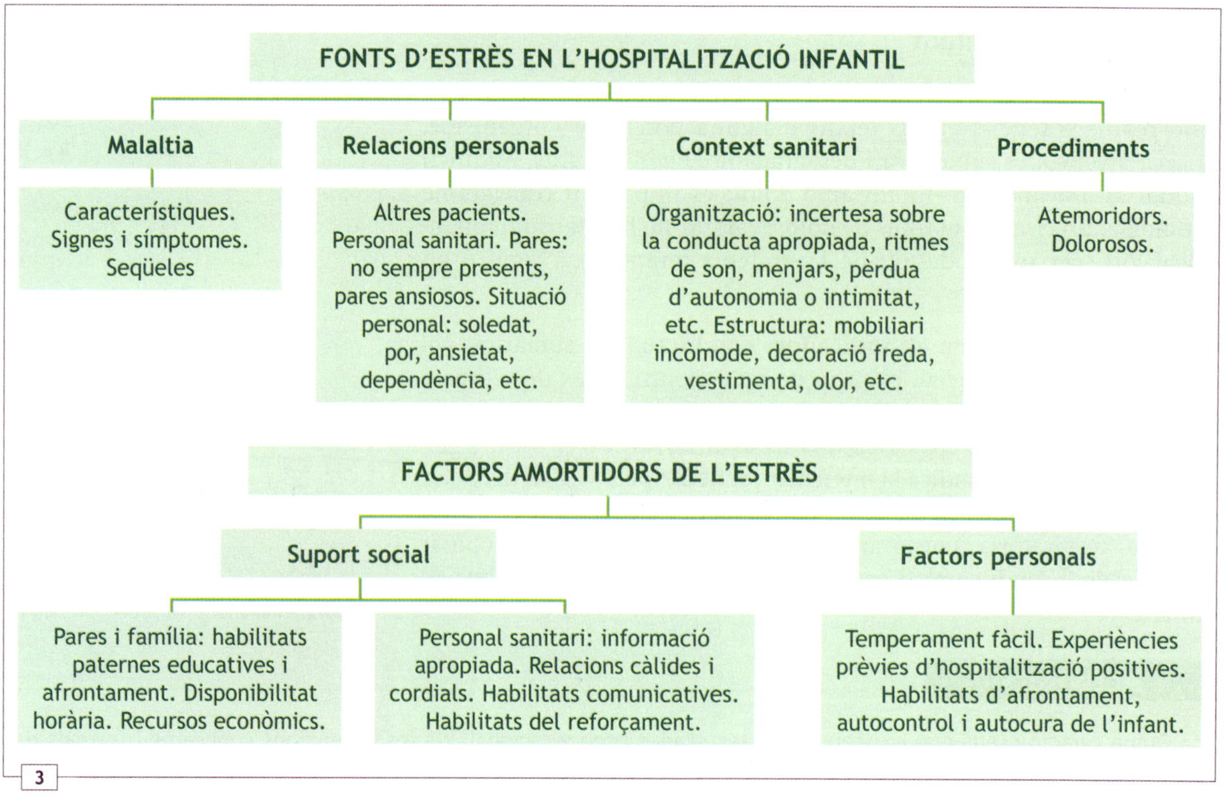

3

Fonts d'estrès i factors amortidors de l'estrès en l'hospitalització infantil.

Bàsicament, podem distingir **cinc models de comportament** en els infants segons la manera en què afronten el procés d'hospitalització:

- **L'infant salvatge.** Vol sortir sempre amb la seva, protesta, intenta mantenir el seu poder i identitat dins d'un ambient desconegut per a ell.
- **El pacient que adopta el paper de malalt.** Qualificat pels sanitaris com el "pacient ideal", encara que no sempre és positiu, ja que l'infant no expressa els seus sentiments.
- **L'hoste gregari.** Utilitza la malaltia per manipular el seu entorn: pares, sanitaris i adults que l'envolten.
- **El petit estudiant de medicina.** Habitual en ingressos reiterats; coneix procediments, terminologia i es desenvolupa amb desimboltura.
- **L'infant aïllat o deprimit.** És retret, evita el contacte amb altres infants o adults; és la forma que té de sentir-se segur en un entorn hostil.

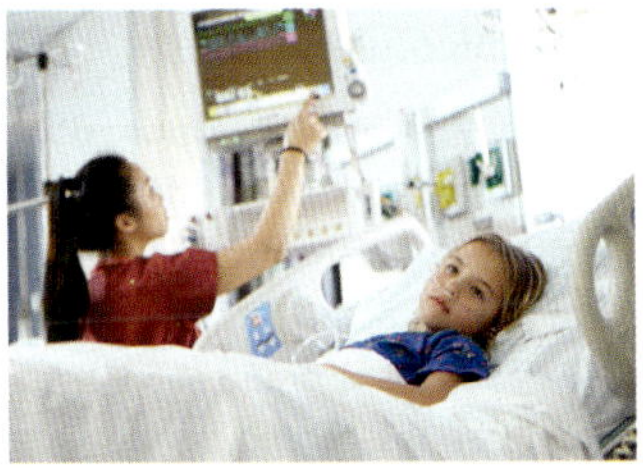

Síndrome de l'hospitalisme

El terme va ser encunyat per Spitz el 1958. Fa referència a la carència afectiva que es produeix en infants institucionalitzats pel fet d'estar allunyats de la figura d'afecció. Aquesta carència pot ser l'origen d'alguns trastorns de conducta i de retards mentals d'origen afectiu, sobretot en la formació de conceptes, pensament abstracte, raonament, memòria i llenguatge.

Drets de l'infant hospitalitzat

El 1986, el Parlament Europeu va reconèixer la importància de les necessitats afectives dels infants durant la seva hospitalització i va aprovar la Carta Europea dels Drets dels Infants Hospitalitzats, que també ha estat ratificada al nostre país.

Drets que tenen a veure amb les repercussions afectives de l'hospitalització (Carta Europea dels Drets dels Infants Hospitalitzats)

- Dret a no ser hospitalitzat, llevat en cas que no pugui rebre les cures necessàries a casa seva o en un ambulatori.
- Dret a estar acompanyat dels seus pares o de la persona que els substitueixi el màxim de temps possible durant la seva permanència a l'hospital, no com a espectadors passius, sinó com a elements actius de la vida hospitalària.
- Dret de l'infant a ser informat en funció de l'edat, el desenvolupament mental i l'estat afectiu i psicològic dels diagnòstics i de les pràctiques terapèutiques a les quals se sotmet.
- Dret a ser tractat amb tacte, educació i comprensió, i a que se li respecti la intimitat.
- Dret a rebre, durant la seva permanència a l'hospital, les cures prodigades per un personal qualificat, que conegui perfectament les necessitats de cada grup d'edat, tant en el pla físic com en l'afectiu.

Repercussions psicològiques

S'han descrit les següents **repercussions negatives** en infants amb hospitalitzacions freqüents, tant a llarg com a curt termini: agressivitat, afany de control, regressió a comportaments més infantils, por a la mort, fòbies, mutisme, ansietat de separació, tics, trastorns en l'eliminació (enuresi o encopresi) i alteracions en l'estat d'ànim.

En l'actualitat, es procura que els infants, tot i viure aquesta situació estressant, l'aprenguin a superar amb èxit a través de la millora de les seves habilitats d'afrontament.

Hospital Sant Joan de Déu de Barcelona

És un hospital pediàtric de referència.

En pots trobar més informació a la seva pàgina web:

http://www.hsjdbcn.org/

Activitats

4·· Com neutralitzaries l'estrès associat a la introducció d'un ènema de neteja en un infant?

3 >> Infància i discapacitat

www.inico.usal.es

INICO és l'Institut Universitari d'Integració a la Comunitat de la Universitat de Salamanca. Es dedica a la investigació, formació especialitzada i assessorament adreçats a millorar les condicions de vida de les persones en situació de desavantatge social en diferents contextos al llarg de tot el cicle vital: discapacitat física, psíquica i sensorial, així com malalties cròniques i/o mentals, minories i població marginada.

www.sid.usal.es

El Servei d'Informació sobre Discapacitat depèn del Ministeri de Sanitat, Serveis Socials i Igualtat. La seva pàgina web conté informació molt completa sobre la discapacitat, recursos, documentació, prestacions, ajudes, cursos, etc. És especialment interessant el seu Mapa de Serveis de Discapacitat.

La **discapacitat engloba** les deficiències, limitacions en l'activitat i restriccions en la participació dels subjectes. A més, expressa els aspectes negatius de la interacció entre un individu amb problemes de salut i el seu entorn físic i social.

En aquesta situació, els infants es debaten entre l'estrès i l'adaptació; viuen de forma diferent la seva experiència amb la discapacitat en funció de com va ser l'inici:

- **Naixement o primera infància:** només els familiars tenen consciència de la malaltia i les seves conseqüències. Per exemple, el lactant cec no troba a faltar la vista perquè no l'ha tinguda mai.
- **Edats més avançades:** es tracta de rehabilitar i reinserir l'infant/adolescent a la comunitat de la qual provenia, però amb la limitació o deficiència. En aquests casos, es produeixen problemes en el comportament, es donen conductes agressives i impulsives, aïllament, apatia, inhibició, egocentrisme, labilitat emocional, hipersensibilitat, etc.
  - **Discapacitat derivada d'una malaltia.** L'infant o l'adolescent tenen temps per processar el que està ocorrent i elaborar una resposta, avançant-se en certa forma a la discapacitat i buscant solucions als problemes abans que apareguin. Així, un infant diagnosticat d'una distròfia muscular de Duchenne té els seus primers vuit anys de vida per preparar-se per a la immobilitat que patirà.
  - **Discapacitat derivada d'un accident.** No existeix període d'adaptació i, per això, és fonamental el suport psicològic, social i familiar des del diagnòstic per poder superar el trauma. L'infant atropellat ha de sobreviure i aprendre a viure en una cadira de rodes.

En aquestes situacions, el **personal sanitari** ha d'utilitzar les següents **tècniques i estratègies:**

Estratègies d'intervenció davant d'una crisi o una situació crònica		
Situació	Tasques que hauran de realitzar l'infant i la seva família	Tècniques i estratègies d'intervenció del professional
Crisi	- Conviure amb la malaltia - Buscar informació sobre el diagnòstic, el pronòstic i el paper que tindran en la seva recuperació - Relació amb el sistema sanitari	- Informació: clara, concisa i adequada a l'edat de l'infant - Mediació: en la recerca d'altres recursos - Negociació: ajustaments de l'infant i la seva família als serveis sanitaris - Airejar sentiments: facilitar-ne l'expressió - Mantenir l'esperança
Crònica	- Redisseny dels rols personals i familiars - Adscripció d'un cuidador familiar - Mantenir la malaltia o la discapacitat al seu lloc - Suport social, emocional i material	- Negociació: dels canvis de rols i figura, respir del cuidador - Externalització: identificar les demandes abusives que la malaltia o discapacitat fan a l'infant i la família - Ampliar la xarxa social: grups d'autoajuda - Normalitzar sentiments i reaccions: comprendre i empatitzar amb la família - Airejar sentiments - Mantenir l'esperança

4 >> L'infant enfront de la mort

Socialment, volem aïllar els infants de tot el que considerem dolent o inadequat per a la seva edat, oblidant-nos que l'infant viu en aquest món i que la nostra responsabilitat com a adults no és crear-li un món fictici, sinó ensenyar-li a comprendre, descodificar i modificar el món en què viu. En el cas de la mort, queda patent aquesta actitud mal entesa de protecció als infants i adolescents, en preferir que s'imaginin i elaborin respostes sols, sense que ningú els ajudi a **comprendre** el perquè, fet que pot portar-los a culpabilitzar-se i a expressar-ho de diferents formes: "L'avi se'n va anar perquè jo no em porto bé" o "l'avi se'n va anar, però pot tornar en qualsevol moment", per exemple. Els infants perceben que ocorre alguna cosa; això es deu a la seva capacitat empàtica, a través de la qual senten i perceben.

Males notícies

En donar males notícies, cal:

1. Ser clar i senzill.
2. Preguntar-se prèviament què significa per al pacient el que se li està a punt d'explicar.
3. Conèixer abans el pacient; i buscar un terreny neutral en què el pacient no se senti amenaçat.
4. Esperar a ser preguntat.
5. No qüestionar la negació del pacient.
6. Fer-se preguntes a un mateix abans que al pacient.
7. No destruir l'esperança.
8. No dir res que no sigui veritat.

Mites i falses creences sobre la comprensió de la mort per part dels infants

A continuació, desmitificarem els pensaments que atribuïm habitualment als infants i adolescents sobre la mort.

Mites i falses creences sobre la comprensió de la mort en infants i adolescents

Mites	Desmitificació
No s'adonen que alguna cosa ha succeït després d'una pèrdua.	Sí que s'adonen que alguna cosa ha succeït, que han canviat les coses.
No elaboren el dol.	Sí que elaboren un dol. Passen per diferents fases fins a la superació.
No atribueixen significat als esdeveniments.	A l'igual que l'adult, atribueixen un significat als successos. Les coses succeeixen per alguna cosa i per a alguna cosa.
Els adults els hem de protegir del dolor i el sofriment.	La protecció entesa com a exclusió és viscuda pels infants i adolescents com a abandonament i soledat i, per això, els hi hem d'incloure, perquè formen part de la unitat familiar.
No comprenen els rituals funeraris.	Els podem ajudar a comprendre'ls i permetre'ls que hi participin en la mesura que sigui possible.

Evolució del concepte de mort en infants i adolescents

La **comprensió de la mort** varia segons l'edat. Des del **naixement fins als 18 mesos,** l'infant no té una noció del temps que li permeti conceptualitzar la mort. L'absència és equiparable a la mort. Entre els **18 mesos i els cinc anys,** la mort és un fet reversible que s'associa al son, a la immobilitat. Dins del seu pensament màgic, pot pensar que, si s'estima molt una persona que se n'ha anat, podria tornar. Entre els **5 i 10 anys,** pren forma el concepte de mort, i l'infant comença a assimilar que certs esdeveniments o malalties poden provocar la mort i que és irreversible. Amb 9 o 10 anys, adquireix el concepte de mort com a universal, irreversible i permanent. La idea de la mort és similar a la de l'adult. La mort es relaciona amb la vellesa com a part final del cicle vital. En **l'adolescència,** comprèn el caràcter inexorable de la mort, que afecta tothom per igual.

Preconceptes per entendre la mort

Per poder comprendre la mort, els infants han d'assumir primer els conceptes següents:

- Universalitat: tot ésser viu mor; en últim terme, la mort és inevitable i, en general, impredictible.
- Irreversibilitat: no es pot tornar a la vida.
- No funcionalitat: el cos físic deixa de complir les seves funcions vitals.

Casos pràctics 1

La mort del germà de l'Ivan

El pares de l'Ivan, un infant de cinc anys, estan angoixats. El seu fill de tres mesos ha mort i no saben com explicar-ho a l'Ivan: com ajudaries aquests pares?

Solució

Per ajudar-los, hem de prendre en consideració qui li ho ha de dir, quan, on i com.

Sobre **qui ho ha de fer,** és preferible que ho facin els pares, temperats, controlant la situació. Respecte a **quan,** és convenient que sigui immediatament o el més aviat possible. El **lloc** ha de ser tranquil, silenciós i conegut per l'infant. En relació al **com,** cal utilitzar un contacte físic adequat. No s'han d'usar eufemismes, sinó parlar de forma clara, tenint en compte que els infants tendeixen a prendre'ls literalment les afirmacions de l'adult. El millor serà no donar massa detalls ni explicacions abstractes, utilitzant un to de veu càlid i compartint-hi les emocions.

Cal interessar-se pels seus sentiments i pensaments respecte del succeït i els seus efectes, preguntar-li sobre els seus dubtes i recordar situacions en què ell ha estat juntament amb el seu germà. És important que els pares tinguin en compte que les reaccions de l'Ivan davant de la notícia poden **ser absurdes** o **inesperades,** i que no l'hauran de culpar per això.

Característiques del dol

El dol és un procés, no un estat. És un procés normal, no una malaltia. És dinàmic, no és estàtic. És un procés privat, al mateix temps que social. El subjecte és un element actiu en aquest procés, no n'és un mer patidor.

La construcció del dol infantil

Entenem per dol una reacció normal a qualsevol tipus de **pèrdua** que comporta la reconstrucció de tots els aspectes que la pèrdua ha posat en qüestió. L'infant, per la seva dependència de l'adult, mostra més fragilitat i vulnerabilitat a qualsevol tipus de pèrdua, fet que dóna lloc a resultar-ne més afectat. Els temors més freqüents davant de la mort són: "En vaig ser jo la causa?", "qui em cuidarà?" (si es tracta de la pèrdua d'un progenitor) o "què em passarà, a mi?". Els infants no reaccionen com els adults o tendeixen a expressar més la seva tristesa amb el cos i el seu comportament que amb les paraules. Per resoldre-ho, l'infant ha de realitzar certes tasques: acceptar la realitat de la pèrdua, sofrir la pena, ajustar-se a un ambient sense la persona morta, ubicar de nou aquesta persona dins de la seva vida i buscar maneres per recordar-la.

La tasca d'acompanyament de l'adult en el dol infantil varia segons l'edat de l'infant; així, fins als **dos anys,** la intervenció es basa en mantenir vincles segurs i estables. En el **període infantil,** és important permetre als infants el contacte directe i que expressin el que senten i pensen, respondre a les seves preguntes evitant l'ús d'eufemismes, alliberar-los de tota culpa i compartir-hi els nostres sentiments de forma controlada. A partir dels **6 anys,** ja els podrem donar explicacions; és fonamental escoltar-los.

Per la seva banda, **l'adolescent** reacciona davant de la mort amb una actitud defensiva, ocultant les seves emocions i amb una gran variabilitat emocional, fet que pot donar lloc a conductes de risc. En aquests casos, és imprescindible que existeixi una persona de referència, encara que no sigui de la família. Les commemoracions també poden ajudar-los a superar el seu dol de forma positiva.

Activitats finals

1·· Quins són els indicadors del benestar en un infant?

2·· Com es relacionen les necessitats dels infants amb els deures dels pares i/o tutors?

3·· Quina és la definició de maltractament que ofereix l'ONU? I la definició de desemparament del Codi Civil espanyol? Descriu les similituds i les diferències que hi trobis.

4·· Associa cada indicador físic i comportamental amb el tipus de maltractament infantil:

Maltractament físic Negligència/ abandonament Maltractament emocional Abús sexual	- Malaltia crònica sorprenent que no genera consulta mèdica - Secretisme - Hematomes, fractures - Por als seus pares; afirmen que els han provocat alguna lesió - Conductes extremes: agressivitat, rebuig i afecte - Falta d'higiene - Consultes freqüents a urgències per falta de revisions pediàtriques - Cautelós amb adults - Accidents freqüents - Retard no orgànic del creixement en totes les àrees maduratives - Excessiva ansietat o rebuig a les relacions psicoafectives - Passivitat en les relacions socials - Roba interior estripada - Retret, no participa en jocs - Lesions, picor a l'àrea genital - Manifesta conductes o coneixements sexuals estranys, sofisticats i inusuals

5·· Com sabem que a un infant de quatre mesos li fa mal alguna cosa?

6·· Qualifica les següents afirmacions de vertaderes o falses:

a) A l'infant se li ha de maquillar la veritat quan algú mor; això l'ajuda.
b) En parlar amb l'infant sobre la mort, cal utilitzar un llenguatge imprecís del tipus "el teu germà se n'ha anat".
c) Els infants no han de participar en els rituals funeraris perquè això els traumatitzaria.
d) En els infants menors de 18 mesos, la mort és equiparable a l'absència de l'ésser estimat.

7·· Quina de les següents tècniques d'intervenció són adequades per afrontar una situació sobrevinguda (crisi) i quines ho són per adaptar-se a una situació crònica?

a) Mantenir l'esperança.
b) Mediació del professional sanitari en la recerca d'altres recursos per ajudar la família.
c) Negociació dels canvis de rols i figura, respir del cuidador i/o d'ajust de l'infant i la família amb els serveis sociosanitaris.
d) Normalitzar sentiments i reaccions, i validar-los; comprendre i empatitzar amb la família.
e) Ampliar la xarxa social crònica a través de grups d'autoajuda.
f) Informar a l'infant sobre la situació de forma clara, concisa i adequada.
g) Facilitar l'expressió de sentiments.
h) Identificar les demandes abusives que la malaltia o la discapacitat fan a l'infant i la família (externalització del problema).

8·· Quines tipologies de comportament d'infants ens trobem segons com afrontin la seva hospitalització?

9·· Busca informació sobre els drets dels infants al llarg dels segles XX i XXI.

10·· Cerca a Internet exemples d'aules hospitalàries. Defineix-ne els objectius i l'organització.

Casos finals

1·· El Marc ha de ser operat

El Marc és un nen de set anys que té una malformació congènita denominada "tetralogia de Fallot". Des que va nàixer, ha estat ingressat freqüentment. En els últims anys, ha tingut dos ingressos per any, amb una estada mitjana de quinze dies. Ha estat operat quatre vegades per reparar el seu cor. Tot i això, és la primera vegada que ingressa en aquest hospital per a una nova intervenció. Des que va arribar a l'hospital, no para de dir: "No vull estar aquí", "me'n vull anar a casa", "que em deixin estar", etc.

El personal d'infermeria pensa que el Marc dóna clares mostres d'ansietat i es planteja la forma de reduir-la.

Quina creus que és la millor manera de reduir l'ansietat i la por del Marc?

2·· L'Arnau, a la planta d'Oncologia infantil

L'Arnau ha estat contractat aquest estiu com a substitut en un hospital. La seva planificació de treball és setmanal; els companys de planta li diuen que té sort, perquè els altres anys, els substituts com ell no sabien on anirien a treballar fins a les vuit del matí del mateix dia. La setmana que ve li toca rotar per la planta d'Oncologia pediàtrica. Ell no hi havia estat mai, ni tan sols quan va fer la formació en centres de treball (FCT).

En repassar els apunts sobre el tema, arriba a les conclusions següents: el càncer, gràcies als avenços de la medicina, ha passat de ser una malaltia terminal, en la major part dels casos, a una malaltia amb un índex de supervivència als cinc anys de prop del 50%, i en els infants supera el 70%. En realitat, el càncer no és una sola malaltia, sinó un grup molt ampli de malalties amb causes, pronòstics i tractaments específics. Totes aquestes malalties tenen en comú el comportament de les cèl·lules canceroses, amb un creixement incontrolat, que envaeixen, destrueixen o reemplacen progressivament els òrgans i els teixits veïns, i que poden arribar a disseminar-se per la sang o el corrent limfàtic i donar lloc a metàstasis. Epidemiològicament, els càncers pediàtrics més freqüents són: la leucèmia (deguda a la proliferació incontrolada de les cèl·lules denominades "blasts" a la medul·la òssia), els limfomes (afecten els limfòcits i poden passar a tot el sistema limfàtic), tumors cerebrals (es classifiquen i denominen segons el tipus de teixit en què es desenvolupen), neuroblastoma (tumor que apareix a les cèl·lules nervioses del sistema nerviós autònom), tumor de Wilms (s'origina als ronyons), rabdomiosarcoma (sarcoma de parts toves que afecta fonamentalment les cèl·lules musculars) i sarcoma osteogènic (els ossos més afectats són els llargs de l'extremitat superior i inferior, és a dir, húmer, fèmur i tíbia). Els progressos es deuen als tractaments (quimioteràpia, radioteràpia i cirurgia), a la creació d'unitats especialitzades, al tractament multidisciplinari de la malaltia, a la valoració dels casos per part de comitès d'oncologia pediàtrica i a la col·laboració entre diferents institucions. El tractament mèdic es realitza en centres hospitalaris, en què l'infant ha de romandre ingressat durant períodes de temps variables, o acudir a consultes de forma més o menys freqüent, per la qual cosa la seva vida habitual es veu alterada a causa de la malaltia i dels efectes secundaris que tenen els tractaments.

En arribar el primer dia, a l'Arnau li assignen les habitacions imparells. En una s'hi troba la Maria, una nena de 4 anys, amb leucèmia, la seva mare i el seu germà de 10 anys. Cada vegada que entra a l'habitació, observa que la mare i el germà gran de la Maria estan discutint; quan no discuteixen, riuen de forma descontrolada, el seu to de veu és elevat, xerren sense parar, la seva mare col·loca i descol·loca la butaca, la tauleta, la roba, el material d'higiene de la Maria, li recol·loca el coixí, etc.

Per la seva banda, el germà gran també està alterat i canvia de canal de televisió, al mateix temps que tots dos mostren un gran afecte i comprensió a la nena. Davant d'això, la Maria es manté amb una actitud passiva i no mostra interès pel que l'envolta.

Qui ha de ser objecte de la intervenció del professional sanitari a nivell psicològic? Què manifesten els comportaments de la mare, el germà i la pròpia Maria? Com creus que els podrà ajudar l'Arnau?

Autoavaluació

1. Els deures dels pares o tutors legals són:

a) Atendre les necessitats d'amor, cura i afecte dels seus fills.
b) Protegir els seus fills de qualsevol dany emocional i proporcionar-los línies de conducta en el terreny moral i ètic.
c) Atendre les necessitats físiques bàsiques dels seus fills i protegir-los de tot dany.
d) Totes les respostes anteriors són correctes.

2. Les necessitats dels infants són:

a) Biofisiològiques i mentals.
b) Interpersonals.
c) De participació, autonomia i competència.
d) Totes les respostes anteriors són correctes.

3. En relació amb el benestar, és cert que:

a) El benestar subjectiu es basa en sentir-se i interpretar-se bé.
b) El benestar objectiu es fonamenta en la salut física i la qualitat de vida.
c) El component subjectiu en els infants és fruit del procés de socialització.
d) Totes les respostes anteriors són correctes.

4. Per resoldre el dol infantil, l'infant ha de realitzar certes tasques, com ara:

a) Ubicar de nou aquesta persona dins de la seva vida i buscar maneres per recordar-la.
b) Acceptar la realitat de la pèrdua; sofrir la pena.
c) Ajustar-se a un ambient sense la persona.
d) Totes les respostes anteriors són correctes.

5. La falta d'higiene, els retards en el creixement i les consultes freqüents a urgències per falta de revisions pediàtriques són indicadors de:

a) Maltractament físic.
b) Negligència o abandonament.
c) Maltractament emocional.
d) Abús sexual.

6. La depressió crònica, els intents autolítics (suïcides), la desvaloració personal, els problemes de conducta, la promiscuïtat sexual i la violència són alguns indicadors de:

a) Maltractament físic.
b) Negligència o abandonament.
c) Maltractament emocional.
d) Abús sexual.

7. Davant de la malaltia, l'infant experimenta:

a) Una experiència de privació.
b) Una experiència de frustració.
c) Una experiència desplaent o àlgida.
d) Totes les respostes anteriors són correctes.

8. Són indicadors conductuals o somàtics de dolor en l'infant:

a) Posició fetal, expressió facial, reflex de retirada, plor, irritabilitat, anorèxia o desinterès pel joc.
b) La freqüència cardíaca, respiratòria, tensió arterial, etc.
c) La descripció verbal del dolor és important a partir dels sis anys.
d) Totes les respostes anteriors són correctes.

9. Són fonts d'estrès en l'hospitalització infantil:

a) La pròpia malaltia i els procediments que comporta.
b) Les relacions personals amb altres pacients i els pares.
c) El propi context sanitari i la seva organització.
d) Totes les respostes anteriors són correctes.

10. Les limitacions en l'activitat i les restriccions en la participació dels subjectes es denominen:

a) Deficiències.
b) Minusvalideses.
c) Discapacitat.
d) Totes les respostes anteriors són incorrectes.

11. Són factors d'amortiment de l'estrès infantil durant les hospitalitzacions:

a) Que els pares es puguin queda el major temps possible.
b) Que es faciliti a l'infant la informació més apropiada.
c) Tenir un temperament fàcil i experiències prèvies positives.
d) Totes les respostes anteriors són correctes.

12. Indica l'afirmació correcta:

a) L'infant hospitalitzat pot adoptar conductes de dependència.
b) Per tal que els infants no pateixin, cal ocultar-los la malaltia.
c) A l'hospital, els pares seran espectadors passius; és a dir, no participaran en les cures de l'infant.
d) Totes les respostes anteriors són correctes.

Unitat 8

L'ancià: salut i malaltia

Preguntes inicials

1·· Quan creus que una persona es converteix en anciana?

2·· T'has fixat en els canvis físics i psicològics que es produeixen a partir dels 65 anys?

3·· Podries indicar algunes de les necessitats especials que tenen les persones ancianes?

En aquesta unitat aprendràs a...

- Identificar els canvis biològics, psicològics i socials en l'envelliment normal, així com les patologies més freqüents en l'ancià.
- Saber realitzar una correcta valoració geriàtrica.
- Conèixer els recursos sociosanitaris de què pot disposar el pacient ancià.

- **ANCIÀ: SALUT I MALALTIA**
  - **Envelliment**
    - Canvis en el procés d'envelliment
      - Biològics
      - Psicològics
      - Socials
  - **La malaltia en l'ancià**
    - Característiques
    - Grans síndromes geriàtriques
      - Incontinència urinària
      - Síndrome confusional aguda
      - Síndrome d'immobilitat
      - Deteriorament cognitiu: demència
      - Síndrome d'inestabilitat i caigudes
  - **Geriatria i Gerontologia**
    - Valoració geriàtrica
      - Valoració d'ancià de risc
      - Valoració social
      - Valoració de problemes mèdics
      - Valoració psicològica
      - Valoració funcional
  - **Recursos assistencials**
    - Sanitaris
      - Unitats geriàtriques
      - Hospitals de dia
      - Centres de dia
      - Atenció primària
    - Socials
      - Ajuda domiciliària
      - Serveis socials comunitaris
      - Serveis de suport
      - Serveis residencials
  - **Atenció psicològica a l'ancià**

Per al projecte final

- Identificaràs quins dels canvis que es produeixen en les persones es deuen a l'envelliment normal i quins es poden considerar patològics.
- Determinaràs les malalties més freqüents en les persones ancianes i les diferències que aquestes malalties poden presentar respecte d'altres grups d'edat.
- Coneixeràs els recursos més adequats de què es disposa per a l'atenció sanitària i social de les persones ancianes.

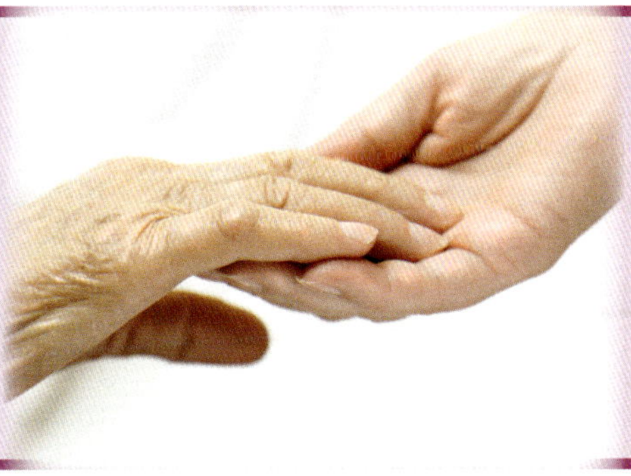

1 >> Ancià i envelliment

Ancià

Al llarg de la vida, les persones travessem diferents **etapes** i **transicions vitals;** deixem de ser infants per convertir-nos en adolescents, més tard en adults i finalment en ancians. El pas a **l'ancianitat** no es produeix "de cop" ni s'arriba a ser ancià a partir d'un moment determinat, sinó que suposa un procés dinàmic i, per tant, hem d'entendre l'ancianitat com una època vital, amb les seves pròpies peculiaritats, ni millors ni pitjors que en altres edats.

Al *Diccionari de l'Institut d'Estudis Catalans,* un ancià és una "persona de molts anys". Al seu torn, entre els sinònims, trobem paraules que normalment s'usen de forma despectiva: vell, avi, padrí, etc. A l'hora d'adreçar-nos a un ancià, hem de tenir cura i fer-ho amb respecte, sense usar termes que el puguin molestar.

A més de l'edat cronològica, hem de tenir en compte l'edat social, la biològica i la psicològica:

Edat	
Cronològica	Número d'anys viscuts
Social	Conducta social de l'individu: capacitat funcional i reproductiva; relacions socials
Biològica	Canvis físics i fisiològics
Psicològica	Conducta i capacitat d'adaptació. Relacionada amb els canvis cognitius, afectius i de personalitat

Si es pren l'edat com a referència, la vellesa es divideix en **quatre etapes:**

Etapa	Cronologia	Canvis
Tercera edat	A partir dels 65 anys	Jubilació
Ancianitat	Entre els 65 i 75 anys	Físics i en les relacions socials i familiars
Última senectut	Des dels 80 anys	Augment de les limitacions de tot tipus
Quarta edat	A partir dels 90 anys	Major deteriorament i proximitat a la mort

Hem de fugir de les interpretacions més extremes del concepte d'ancianitat. D'una banda, existeix una interpretació optimista que idealitza la vellesa, considerant-la com l'edat d'or, en què l'ancià queda lliure de passions i impulsos juvenils irracionals, amb la qual cosa assoleix plena llibertat i arriba, a través de l'experiència, a la cima de la saviesa: amb judici, discreció i prudència. D'altra banda, existeix una interpretació massa negativa, que concep l'ancianitat com una etapa involutiva, decadent, marcada pels deterioraments físic, psíquic i social.

L'art de saber envellir

Ningú envelleix només per viure un número d'anys; la gent envelleix en abandonar els seus ideals; els anys arruguen el seu rostre, però perdre l'entusiasme arruga l'ànima.

Ciceró, any 45 aC

En canvi continu

El conjunt de canvis qualitatius i quantitatius en diferents aspectes de la vida (físics, econòmics, morals, psicològics, etc.), i en els drets i les obligacions associats al paper que es viu en cada moment, és el que en Psicologia es denomina "transicions vitals".

Envelliment

L'envelliment és el conjunt de canvis que van apareixent en el nivell biològic, psicològic i social com a conseqüència del pas del temps.

Les **característiques** que defineixen l'envelliment són:

- **Lineal:** és un procés que s'inicia en el mateix moment en què naixem i que es desenvolupa al llarg de la vida.
- **Inevitable:** no es pot detenir, llevat amb la mort.
- **Variable:** els individus no envelleixen de manera similar, encara que neixin a la mateixa època i visquin en condicions similars. També hi influeixen altres aspectes, com l'herència genètica, la configuració física, la personalitat, l'entorn i les experiències viscudes.
- **Asíncron:** els diferents òrgans del cos no envelleixen a la mateixa velocitat.

El **comportament** enfront de l'envelliment es veu influït per diferents **factors:** en primer lloc, l'experiència o història de vida individual; també hi influeix l'entorn familiar i social (posició econòmica, naturalesa i grau de vida social, ocupacions o condicions de vida) i, per últim, la pròpia orientació envers el futur de l'ancià, els seus plans, pors i esperances.

En la nostra societat, s'observa un augment de la mitjana d'edat de la població; és el que denominem **envelliment demogràfic.** Es produeix per tot el que incrementa la proporció dels adults i ancians, com els canvis socioeconòmics, que permeten viure més anys; una millor alimentació; les millores higièniques i sanitàries, i una millor assistència sociosanitària. En definitiva, la millor qualitat de vida. També hi influeixen factors que redueixen la proporció d'infants i adolescents, com la disminució de la natalitat.

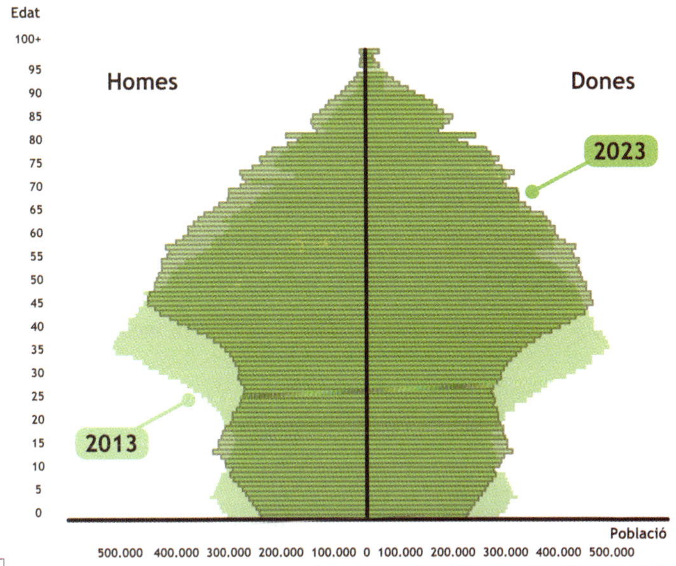

1

Piràmide de població a Espanya, anys 2013 i 2023. Font: INE.

I Assemblea Mundial de Nacions Unides sobre l'Envelliment

Es va celebrar a Viena el 1982. S'hi va adoptar un pla d'acció adreçat a la millora de les condicions de vida de les persones grans en relació amb les seves pensions i la seva salut. A partir d'aquí, i amb seguiment desigual en els diferents països, es van desenvolupar infraestructures destinades a atendre les necessitats dels ancians, es va impulsar la participació activa en la societat, es van elaborar plans i instruments de coordinació i es van incrementar les pensions.

Ancià saludable

Cada vegada s'arriba a edats més avançades amb millor estat de salut.

Piràmide de població

Representa l'estructura per edats d'una població; és a dir, la manera en què els seus habitants es troben repartits en els diferents intervals d'edat.

El procés **d'envelliment de la població** comporta una sèrie de **conseqüències socials** que hem de tenir en compte:

- **Diferències internacionals.** Els països desenvolupats tenen piràmides més envellides que els que estan en vies de desenvolupament. Els països europeus amb una població més envellida són, en primer lloc, Itàlia, amb una proporció de majors de 65 anys del 21,2%, seguida d'Alemanya, amb un 20,7%, i Espanya, amb un 17,7%.
- **Feminització de la vellesa.** Existeix una diferència de mortalitat entre els dos sexes i en totes les edats a favor de les dones, per la qual cosa al final hi ha més dones en edats avançades.
- **Sobreenvelliment.** Les noves generacions de gent gran arriben a edats més avançades per haver portat una vida més saludable que les anteriors, la qual cosa, unida a les millores mèdiques i farmacològiques i a un millor estatus socioeconòmic, està generant una millora de la salut i una major esperança de vida. Les persones centenàries comencen a ser comunes i seguiran augmentant.
- **Major presència social dels ancians.** En els darrers anys, la gent gran ha guanyat presència i rellevància, no només a la família, sinó també a la vida col·lectiva en general (electorat, patrimoni, demanda de serveis, etc.).
- **Major durada de les etapes prèvies a la vida adulta.** L'allargament de la vida no s'ha produït per tenir més anys de vellesa, sinó d'infància i joventut. Aquestes etapes d'aprenentatge i experimentació permeten vides més lliures i millor dotades. Actualment es consideren joves persones que fa un segle estarien a les portes de la vellesa. Per tant, aquest procés, en comptes d'"envelliment poblacional", l'hauríem de denominar "rejoveniment demogràfic".
- **Repercussions sociosanitàries:** augment de la despesa degut a un increment de la dependència i del consum de serveis sanitaris. El grup format per les persones grans dependents és el grup més nombrós dels que requereixen atenció sociosanitària.

2

Les persones grans tenen cada vegada més rellevància en la societat i en la família.

Activitats

1·· Què entens per envelliment? Explica les característiques que el defineixen.

2·· Indica alguns dels factors que poden influir en l'actitud i el comportament enfront de l'envelliment.

3·· Defineix "envelliment demogràfic". Quins països són els més envellits? Indica quins factors influeixen en l'envelliment demogràfic.

4·· Explica què entens per sobreenvelliment de la població i indica quines en són les causes.

5·· Al text s'indica que, en comptes d'usar l'expressió "envelliment demogràfic", es podria haver utilitzat el de "rejoveniment demogràfic". Explica per què.

6·· Indica quines de les següents afirmacions són vertaderes i quines són falses:

a) El pas a l'ancianitat suposa un procés dinàmic.
b) Una de les característiques de l'envelliment és que és evitable.
c) Entre les conseqüències socials de l'envelliment de la població es troba la feminització de la vellesa.
d) El comportament davant de l'envelliment es veu influït per l'experiència o la història de vida individual.

2 >> Canvis en el procés de l'envelliment: biològics, psicològics i socials

A continuació, coneixerem els **canvis** que es poden produir durant el procés d'envelliment en els aspectes biològic, psicològic i social.

2.1 > Canvis biològics

El pas del temps fa que, amb la vellesa, el cos presenti diferents modificacions.

A la taula següent, es poden observar aquestes **modificacions biològiques** agrupades en funció dels aparells o sistemes en què es desenvolupen. A més, també s'hi inclouen les conseqüències d'aquestes modificacions.

Taula de canvis biològics

Sistema cardiocirculatori	- Dipòsits de plaques d'ateroma i pèrdua d'elasticitat de la paret arterial. - Múscul cardíac més dèbil i vàlvules més fibroses.
	Conseqüències - Augment de la pressió arterial. - Hipotensió ortostàtica. - Disminució del flux sanguini en els òrgans.
Aparell reproductor	- Disminució de la lubricació vaginal. - Menor enrogiment genital en tots dos sexes. - Disminució de la força de l'ejaculació. - Allargament del temps per a l'erecció.
	Conseqüències - Els canvis fisiològics poden afectar la relació sexual, encara que hi incideixen principalment factors psicològics.
Sistema musculoesquelètic	- Disminució de la massa òssia i muscular. - Disminució de l'elasticitat dels teixits articulars.
	Conseqüències - Reducció de la capacitat funcional. - S'afavoreix l'aparició de l'osteoporosi i les seves conseqüències (aixafaments vertebrals, fractures espontànies, etc.).
Aparell digestiu	- Disminució de les secrecions en tot el tracte digestiu. - Reducció de la motilitat digestiva. - Mala masticació. - Disminució de l'absorció de nutrients. - Els productes resultants de la digestió es mantenen més temps a l'intestí.
	Conseqüències - Alteracions en la digestió. - Restrenyiment.

Formes d'envellir

Les arrugues de l'esperit ens fan més vells que les de la cara.

Michel E. de la Montaigne

3

El procés d'envelliment està marcat no només per canvis en el nivell corporal, sinó també per modificacions en l'actitud i el comportament enfront de l'entorn.

Osteoporosi

L'osteoporosi consisteix en una disminució de la densitat d'un os normalment mineralitzat. És la malaltia de l'esquelet més estesa al món i constitueix la segona causa de morbiditat musculoesquelètica en persones ancianes, darrere de l'artrosi.

Dèficit auditiu

És molt freqüent que els ancians presentin dificultats en l'audició. Aquestes dificultats els poden provocar problemes en la relació amb altres persones, aïllament social i deteriorament en la qualitat de vida. Una detecció precoç i un tractament adequat poden evitar aquests inconvenients.

Deshidratació

Una de les principals causes de morbimortalitat en l'ancià és la deshidratació, que es pot deure a modificacions en el sistema de regulació hidroelectrolítica, amb disminució de la sensibilitat a la set, i alteracions en la secreció d'hormona antidiürètica o en la resposta a aquesta secreció.

Taula de canvis biològics	
Sistema urinari	- Augment de la mida de la pròstata en homes. - Menor flux vascular renal i disminució del número de nefrones. - Disminució de la velocitat de filtració glomerular. - Menor pressió del tancament uretral. - Increment del residu postmiccional.
	Conseqüències - Empitjorament de la funció renal. - Incontinència urinària.
Sistema nerviós	- Degeneració neuronal. - Alentiment de la conducció nerviosa.
	Conseqüències - Disminució de la sensibilitat. - Alentiment del temps de resposta.
Aparell respiratori	- Pèrdua de l'elasticitat pulmonar i de vies respiratòries. - Disminució del to muscular.
	Conseqüències - Oxigenació menys eficaç. - Dificultat per expectorar i augment dels processos infecciosos.
Òrgans dels sentits	**Vista:** - Còrnia més espessa. - Pupil·la més petita i menys adaptada als canvis de llum. - Cristal·lí més opac (cataractes) i amb pèrdua de flexibilitat, fet que dificulta l'enfocament en distàncies curtes (presbícia). **Oïda:** - Calcificació i menor elasticitat del timpà, i canvis en la trompa d'Eustaqui. - Artrosi de la cadena d'ossets. - Pèrdua de les cèl·lules sensorials. - Augment de la mida del pavelló auditiu i acumulació de cera (taps). **Gust, olfacte i tacte:** - Disminució del número de cèl·lules olfactòries, gustatives i tàctils.
	Conseqüències - Pèrdua de l'eficiència dels sentits. - Dificultats per realitzar les activitats de la vida diària i de comunicació. - Tendència a la depressió, irritabilitat i aïllament.

2.2 > Canvis psicològics

En la vellesa, es produeixen canvis afectius, en el funcionament cognitiu i en la sexualitat que s'han de considerar normals i esperables. Però, com s'ha dit anteriorment, no tothom envelleix de la mateixa manera ni a la mateixa velocitat, i el mateix ocorre en l'àrea psicològica, en què influeixen aspectes biològics, socials, econòmics i culturals. A continuació, analitzarem els canvis psicològics que es produeixen en les àrees **cognitiva, afectiva i sexual** de l'ancià.

Sobre la intel·ligència

Com indicava Epicur a la seva carta a Meneceu: "Han d'estimar la saviesa tant el jove com l'ancià. L'ancià perquè, sentint-se ancià, rejoveneixi i el jove per tal que sigui jove i ancià al mateix temps".

Àrea cognitiva	
Referida a la capacitat intel·lectual i a la manera de pensar de l'individu.	
Intel·ligència	És la capacitat d'adaptar-se al medi de manera efectiva. Amb el pas del temps, disminueix la intel·ligència fluida (capacitat de resoldre problemes nous) de l'individu, però augmenta la intel·ligència cristal·litzada (que aplica a la situació present l'acumulació d'experiències anteriors).
Memòria	És el procés cognitiu que permet a l'individu emmagatzemar experiències i percepcions que després pot recordar en situacions posteriors. En l'ancià, es veu afectada l'entrada de dades o la fixació d'impressions sensorials degut a les deficiències dels sentits, però també es troba influïda per l'atenció o l'interès. En general, la memòria a curt termini està més deteriorada que la memòria a llarg termini.
Temps de reacció	S'allarga amb el pas del temps, fet que pot estar relacionat amb la pèrdua neuronal i amb l'alentiment de les transmissions neuronals i sinàptiques. De tota manera, això no ha de suposar una disminució de la intel·ligència.
Atenció	En l'atenció, hi intervenen dos aspectes: • Canals d'entrada d'informació: en l'envelliment, se sol produir un deteriorament en els òrgans dels sentits que dificulta una bona percepció dels estímuls externs. • Motivació de l'ancià per interessar-se pel que ocorre al seu entorn. Si té un bon nivell de salut, la motivació no té per què disminuir.
Capacitat d'aprenentatge	Es manté, encara que el ritme és menor i s'han d'enfocar els mètodes d'ensenyament a les circumstàncies de l'ancià. Recursos per facilitar l'aprenentatge: proporcionar més temps, compensar les deficiències sensorials amb mètodes auxiliars, ambient estimulant, no donar massa importància al fet que al principi no es recordi l'après, no estar molt cansat o ansiós a l'hora d'aprendre, fomentar la participació i l'atenció.
Altres	Influeixen en el rendiment de l'activitat mental l'estat de salut, les dots inicials, la formació acadèmica, l'activitat professional prèvia o un entorn estimulant. Entre els factors físics que poden influir negativament, es troben la pèrdua neuronal, les alteracions del son, la disminució de la capacitat visual, la reducció de la capacitat de moviment o d'exercici, etc.

4

Amb interès i envoltada d'un entorn estimulant, la persona anciana pot arribar a adquirir les mateixes habilitats que una de jove.

Àrea afectiva

Aspectes negatius

- La vellesa comporta una sèrie de situacions conflictives amb vivències de pèrdua: jubilació, marxa dels fills, pèrdua d'éssers estimats, major proximitat de la mort, pluripatologia.
- La majoria dels trets negatius de la personalitat de l'ancià (insistència excessiva, sensibleria, autoritarisme, rebuig social, tendència a l'aïllament, passivitat, estat d'ànim decaigut, tendència a la rutina i evitació de situacions noves) són conseqüència de factors no relacionats directament amb l'edat, sinó amb la situació socioeconòmica, l'estat civil, la salut, l'estat funcional o l'educació.

Aspectes positius

- Les persones no canvien la seva personalitat en arribar a la vellesa. Els principals trets de la personalitat no varien amb el temps.
- La gent gran manifesta els mateixos nivells de felicitat que la gent jove.
- L'experiència emocional negativa es produeix amb menor freqüència a partir dels 60 anys, existint major expressió de felicitat, gratitud o alegria que de frustració, tristesa o ràbia.
- Les persones grans s'acomoden a les circumstàncies i aprenen a concedir diferent significat als problemes, entenent-los d'una manera més positiva.

Àrea sexual

Dona	Home
Perd la capacitat reproductora després de la menopausa.	No perd la capacitat reproductora.
Disminueix l'activitat sexual.	Disminueix l'activitat sexual.
Disminueix el desig.	Es manté millor el desig.

Cal desterrar la idea que en els ancians desapareixen totalment les relacions i el desig sexual. L'ancià sa, des del punt de vista psicològic, pot mantenir relacions sexuals tant com no fer-ho. Molts, per diferents motius, duen a terme un desplaçament cap a altres interessos de la vida, com la família, els néts, els viatges, etc., essent persones emocionalment equilibrades.

5

En els ancians, no desapareix totalment el desig sexual.

Universitat de l'experiència

Moltes universitats compten amb programes adreçats a persones de la tercera edat. Estan emmarcats dins de l'objectiu de la formació contínua. Són una oportunitat d'adquirir major cultura i fomentar l'aprenentatge en aquesta etapa vital.

Estratègies d'afrontament

A mesura que van complint anys, les persones aprenen a utilitzar estratègies més centrades en l'emoció (Brandtstadter i Renner) i intenten donar diferent significat al problema, entenent-lo de forma més positiva per tal que no les pertorbi.

Debilitament per a la resposta sexual

Master i Johnson proposen sis factors que influeixen en el debilitament de la resposta sexual:

- Monotonia en les relacions sexuals repetitives.
- Preocupacions d'ordre professional o econòmic, ja que la tensió i l'ansietat poden repercutir negativament en el bon funcionament sexual.
- La fatiga psicològica i física.
- L'abús de menjar o alcohol.
- Determinades malalties i tractaments farmacològics.
- El temor al fracàs.

2.3 > Canvis socials

Tal com s'ha indicat en apartats anteriors, en la vellesa les persones s'han d'adaptar a nombrosos canvis, molts dels quals condicionen, amb freqüència, les relacions socials.

Entre aquests **canvis socials**, podem trobar la jubilació, la viduïtat i altres pèrdues.

Jubilació

La jubilació consisteix en la **retirada del món laboral** per haver complert l'edat exigida per la llei o per estar incapacitat per treballar. Constitueix un important canvi en el cicle vital, perquè modifica hàbits, organització de la vida diària, estructura de funcions i el sentit d'eficàcia i competència personals.

Encara que la jubilació és un canvi brusc en passar de l'activitat laboral a la inactivitat, es pot entendre com un procés que comença quan encara s'està treballant i passa per una sèrie d'etapes. Atchley proposa les següents, encara que no totes les persones travessin les mateixes **etapes** ni en el mateix ordre:

Prejubilació ↓	Es plantegen expectatives i objectius més o menys assolibles.
Lluna de mel ↓	En els primers moments, s'intenta fer tot el que s'havia desitjat i no s'havia pogut fer mentre es treballava.
Desencant ↓	Algunes persones no troben activitats satisfactòries i no compleixen les seves expectatives.
Reorientació ↓	Es comencen a tenir objectius més realistes.
Estabilització	Fase d'adaptació positiva a les noves circumstàncies.

Afrontar modificacions en el rol productiu, el reconeixement social, el nivell adquisitiu i les habilitats i capacitats personals pot resultar estressant per al jubilat. Tot i això, no totes les persones es veuen afectades negativament.

Són molts els factors psicològics, físics o socials que influeixen en la vivència de la jubilació, tant de forma positiva com negativa, depenent de cada cas. Els més rellevants són: l'estat de salut, la personalitat, el suport social, el nivell educatiu, els ingressos econòmics, la categoria professional i els factors laborals previs.

Una **jubilació positiva** és el resultat d'una correcta programació respecte de la identificació de desigs, necessitats i plans per dur-los a terme. La realització de diferents tipus d'activitats socials, productives o de tipus físic té efectes positius, com la disminució de la mortalitat, la millora de la salut o la reducció d'estats depressius i l'augment de la felicitat.

Retrobament

La pel·lícula *El quartet* (2012), dirigida per Dustin Hoffman, tracta sobre el retrobament de quatre cantants en una residència per a músics jubilats. És una comèdia amb tocs dramàtics que reivindica la vitalitat i l'energia de la menyspreada tercera edat.

Activitat i jubilació

Després de la jubilació, és important realitzar diferents tipus d'activitats socials, productives o de tipus físic, pels efectes positius, tant físics com mentals, que comporten: disminueixen el risc de mort, redueixen estats depressius i augmenten la felicitat.

La viduïtat

La viduïtat és una situació que comporta **problemes d'adaptació social.** És més freqüent que sigui la dona la que es quedi vídua, degut a la major esperança de vida del sexe femení i perquè tradicionalment els homes s'han casat amb dones més joves que ells.

Aquesta nova situació introdueix molts canvis negatius, a part de la pèrdua del company: soledat, aïllament, empitjorament en la situació econòmica, pèrdua de relacions socials que es basaven en la parella o canvis del lloc de residència (quan el membre que es queda sol se'n va a viure amb els fills o és institucionalitzat).

Altres pèrdues

En el procés de l'envelliment, les persones pateixen un augment de la vivència de pèrdua.

- **Pèrdua de salut:** amb l'aparició de malalties cròniques i la pluripatologia.
- **Pèrdua d'autoeficàcia o competència personal:** l'abandonament del treball per jubilació comporta, com s'ha explicat, un altre tipus de pèrdua d'aspecte psicològic, com la de l'autoeficàcia o la competència personal.
- **Pèrdua de persones estimades:** per la mort de persones que formaven part de l'entorn habitual, o perquè els fills es casen i se'n va a viure fora del nucli familiar, apareix la síndrome del "niu buit".

Síndrome del "niu buit"

La síndrome del niu buit naix d'una situació caracteritzada per la sortida dels fills de la llar degut al canvi de residència, per raons acadèmiques o laborals, el matrimoni o la recerca d'independència. Es pot viure com una experiència d'abandonament i soledat, o ser tractat de forma positiva, com una oportunitat de llibertat i autorealització.

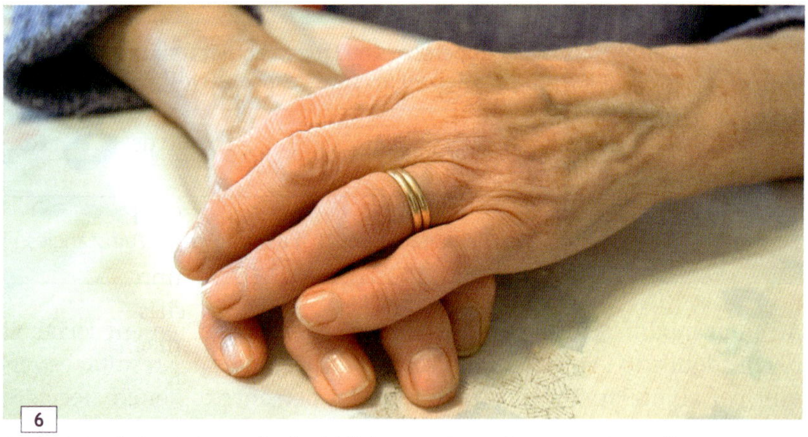

6

A més de la pèrdua de la parella, la viduïtat comporta nombrosos canvis negatius.

Activitats

7·· A vegades es creu, de forma equivocada, que tots els canvis en el procés de l'envelliment són negatius. Què n'opines? Indica almenys cinc canvis positius que es puguin presentar.

8·· Què es pot fer per facilitar l'aprenentatge en l'ancià?

9·· Creus que a l'ancià li canvia la personalitat que tenia prèviament? Quins trets negatius s'atribueixen als ancians? Amb quins factors es poden relacionar els trets negatius de la personalitat de l'ancià?

10·· Indica i explica també els factors que afecten negativament la sexualitat de l'ancià.

3 >> Malaltia en l'ancià

3.1 > Característiques de la malaltia en l'ancià

Ser ancià no significa estar malalt. Tot i això, és evident que, a mesura que transcorre el temps, l'organisme experimenta una sèrie de canvis que fan la persona més susceptible de patir determinades malalties.

En la vellesa, les malalties presenten una sèrie de propietats diferents a les que tenen en altres etapes de la vida. Podem observar:

- **Multicausalitat:** les malalties estan causades per diferents factors externs i interns.
- **Pluripatologia:** solen aparèixer diverses malalties al mateix temps, ja que existeix una afectació múltiple d'òrgans i sistemes. És una constant que els plans cognitiu i psíquic se'n vegin afectats.
- **Tendència a la cronicitat:** existeix lentitud en la reparació de les lesions i és freqüent que es presentin diversos trastorns funcionals, podent afectar uns en la recuperació dels altres. Això fa que els processos es cronifiquin.
- **Risc d'invalidesa:** existeixen dificultats per assolir el grau òptim de recuperació funcional.
- **Simptomatologia peculiar:** en els ancians, a vegades, les malalties no presenten la seva clínica característica i, en altres ocasions, les persones grans oculten o no arriben a expressar correctament el que els passa.
- **Diferent resposta terapèutica:** l'ús de fàrmacs en el pacient ancià comporta una sèrie de problemes, ja que existeix un major risc de presentar efectes adversos, tant per una major susceptibilitat degut a les modificacions farmacocinètiques i farmacodinàmiques relacionades amb l'edat (prolongació de la vida mitjana i concentració dels fàrmacs) com per la polimedicació.

  Les alteracions funcionals també poden influir en els **problemes visuals** (dificulten la lectura de les instruccions o en la identificació del fàrmac), **problemes auditius** (obstaculitzen la comprensió d'instruccions verbals i donen lloc a errors), **artrosi, artritis, tremolor** (entorpeixen l'obertura d'envasos i el maneig de fàrmacs) i **alteracions cognitives** (impedeixen comprendre i recordar instruccions adequadament).
- **Diferències en les malalties:**
  - Apareixen malalties específiques, molt rares o inexistents en edats anteriors, com el carcinoma prostàtic o la incontinència urinària.
  - Certes malalties tenen major prevalença i transcendència clínica en l'ancià que en altres edats: hipertensió arterial (HTA), patologia cardiovascular, problemes osteoarticulars, diabetis o alteracions en la visió i l'audició, etc.
  - Malalties amb particularitats en l'abordatge i/o maneig: restrenyiment, depressió i ansietat o insomni.
  - Grans síndromes geriàtriques: determinats problemes i malalties que afecten especialment els ancians.

Presentacions atípiques

A vegades, els ancians presenten símptomes que no són els típics de la malaltia. Per exemple:

- Infart de miocardi sense dolor.
- Infeccions sense leucocitosi i sense febre.
- Retenció urinària o impactació fecal que es manifesten amb deliri.

Polifarmàcia/polimedicació

Amb aquests termes es fa referència a l'aplicació controlada de múltiples medicines per al tractament de les patologies que pateix l'ancià, o el seu ús per pal·liar l'efecte indesitjable d'un altre fàrmac. Altres vegades es produeix per automedicació indiscriminada o per alleujar malestars inespecífics i moltes altres vegades, per no assumir els canvis propis de l'envelliment.

Grans síndromes geriàtriques

Les grans síndromes geriàtriques són, segons la Comissió Nacional de l'Especialitat de Geriatria, "síndromes als quals s'arriba com a conseqüència de malalties d'alta prevalença en els ancians, a vegades amb manifestacions atípiques o inadequadament controlades i en avançat estat d'evolució, i que comporten una notable pèrdua de l'autonomia personal i de la qualitat de vida, associant-se freqüentment a problemes socials".

3.2 > Grans síndromes geriàtriques

No hi ha malalties exclusives de la vellesa, però sí que existeixen certes malalties i processos que apareixen sobretot en edats avançades i amb unes característiques diferents a quan apareixen en una altra època de la vida, fent que el seu desenvolupament, tractament i cura sigui diferents en l'ancià. Són el que anomenem "grans síndromes geriàtriques". Entre les síndromes geriàtriques que tenen major repercussió psicològica, podem destacar: la incontinència urinària, el deteriorament cognitiu i la demència, la síndrome confusional aguda, la síndrome d'immobilitat o la síndrome d'inestabilitat i les caigudes.

Incontinència urinària

La incontinència urinària (IU) consisteix en la pèrdua involuntària d'orina objectivament demostrable i que ocorre en una quantitat o amb una freqüència que la converteixen en un problema social o higiènic. Sovint, apareixen efectes negatius en el nivell físic: lesions dèrmiques o infeccions; en el nivell psíquic: frustració, tendència a l'aïllament social, depressió; o social: ingrés en institucions o augment de costos sanitaris. Tot i això, amb un adequat estudi de la situació, una valoració metòdica i un tractament racional, la majoria dels pacients es poden curar o adaptar a la societat.

Síndrome confusional aguda

La síndrome confusional aguda consisteix en l'alteració, de forma momentània i transitòria, de la funció cerebral i de l'estat mental. Aquesta síndrome es caracteritza per una alteració en l'estat de vigília, la seva aparició ràpida i amb vaivens al llarg del dia, empitjorant amb freqüència al vespre (s'anomena la "síndrome de l'ocàs"); també es caracteritza per una disminució de l'alerta-consciència, la desorganització del pensament i, a vegades, també per al·lucinacions i pensaments delirants.

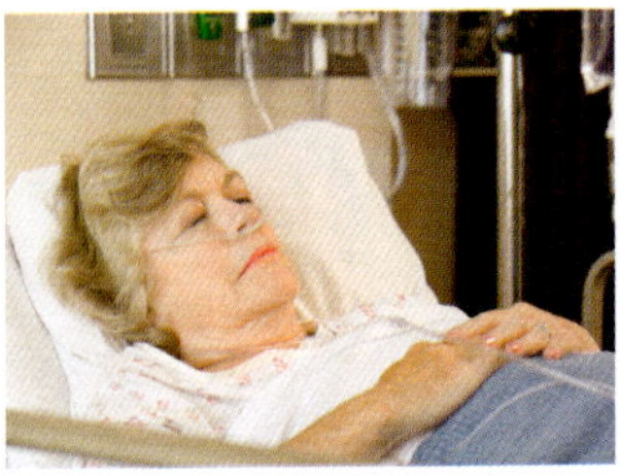

No a la immobilització

Els ancians hospitalitzats, especialment si són fràgils, veuen limitades les seves possibilitats de mobilitat en presentar-se múltiples dificultats, a més de la pròpia malaltia, com són les ordres mèdiques de repòs, els catèters, les barreres arquitectòniques (llits alts, dificultats per encendre el llum, etc.), l'escassedat d'ajudes tècniques i fins i tot la falta de motivació per tal que se segueixin mantenint actius.

Síndrome d'immobilitat

L'envelliment comporta una sèrie de canvis: físics (atròfia muscular i malalties articulars), psicològics (soledat, depressió i deteriorament cognitiu) o socioeconòmics (limitació de recursos i aïllament social) que poden portar a la immobilitat. Aquesta immobilitat es pot entendre com el descens de la capacitat per desenvolupar activitats de la vida diària degut al deteriorament del sistema musculoesquelètic.

Podem evitar les conseqüències psicològiques negatives d'aquesta síndrome d'immobilitat seguint aquestes pautes: afavorir l'expressió dels seus sentiments, mantenir la motivació parlant d'objectius realistes, explicar a l'ancià el tractament que seguirà, personalitzar el seu entorn amb objectes que siguin significatius per a ell, així com reduir al màxim la monotonia i la rutina diària.

Deteriorament cognitiu i demència

El deteriorament cognitiu, i la demència en especial, és la patologia més freqüent i incapacitant en el pacient ancià. De fet, el 20% dels majors de

80 anys pateixen algun tipus de demència. Com ja s'ha vist, el sistema nerviós experimenta, amb l'edat, múltiples canvis que afecten tots els nivells funcionals, però és molt difícil trobar el límit entre el normal en l'envelliment i el patològic.

La **demència** es pot definir com una síndrome clínica adquirida, degut a múltiples causes i produïda per una patologia orgànica que produeix un deteriorament persistent (durant més de 6 mesos) i progressiu de la memòria i altres funcions mentals superiors (pensament abstracte, capacitat de judici, etc.), ocasionant una incapacitat funcional que afecta les activitats socials i/o laborals de l'individu i representa una davallada important del nivell d'activitat que tingués anteriorment. Dins de les demències, trobem la **malaltia d'Alzheimer (o mal d'Alzheimer)**, que és una malaltia neurodegenerativa que produeix deteriorament cognitiu i trastorns conductuals. En la seva forma típica, es caracteritza per una pèrdua progressiva de memòria i altres capacitats mentals, degut al fet que les cèl·lules nervioses (neurones) moren i diferents zones del cervell s'atrofien.

www.ceafa.es

Pàgina web de la Confederació Espanyola d'Associacions de Familiars de Persones amb Alzheimer i altres Demències (CEAFA). Es tracta d'una organització sense ànim de lucre, declarada d'utilitat pública, que treballa per millorar la qualitat de vida de les persones que pateixen la malaltia d'Alzheimer.

La malaltia d'Alzheimer al cinema

A la pel·lícula *Siempre Alice* (2014), Julianne Moore interpreta una professora que està patint l'etapa inicial de la malaltia d'Alzheimer.

Síndrome d'inestabilitat i caigudes

En termes generals, podem definir la caiguda com la conseqüència de qualsevol circumstància que precipiti el pacient contra el terra en contra de la seva voluntat.

En els ancians, les caigudes es produeixen amb més freqüència que en altres grups d'edat, degut a malalties agudes o cròniques, inestabilitat, alteracions visuals, problemes en el sistema vestibular (sistema de l'equilibri situat a l'oïda interna), el locomotor o el neurològic, la polifarmàcia i l'ús incorrecte de fàrmacs.

Per això, se li resta importància en considerar que són un fet inevitable de l'envelliment i, de tota manera, tenen importants repercussions en tots els aspectes, que poden portar fins a la incapacitat o la mort: físics (fractures i, com a conseqüència, augment de la mortalitat, danys en els diferents teixits, hipotèrmia, deshidratació, trombosi, etc.), psíquics (**síndrome postcaiguda** o por a tornar a caure, estat continu d'ansietat, pèrdua de confiança en un mateix i aïllament social), econòmics i socials (aïllament social, institucionalització o sobreprotecció per part dels familiars).

Activitats

11·· Creus que és el mateix ser ancià que estar malalt? Raona la teva resposta.

12·· Detalla les característiques de les malalties en l'ancià.

13·· Què és una "gran síndrome geriàtrica"? Esmenta les que coneguis.

14·· Busca informació sobre la malaltia d'Alzheimer, indicant els símptomes i signes que presenten els pacients que la pateixen.

15·· És evident que les caigudes en els ancians són més freqüents que en persones d'altres edats. Creus que són inevitables? Quines conseqüències físiques i psíquiques poden tenir?

4 >> Geriatria i Gerontologia: valoració geriàtrica

4.1 > Geriatria i Gerontologia

Biogerontologia

La biogerontologia, entesa des d'un enfocament biopsicosocial, s'ocupa de l'estudi dels processos que deriven de l'envelliment o el regulen, des del nivell molecular fins al de l'organisme.

La **Gerontologia** és una ciència que té com a objectiu l'estudi del fenomen de l'envelliment, no només en l'ésser humà sinó en tots els éssers vius.

Inclou diferents àrees de coneixement, com per exemple, problemes socials i econòmics, aspectes psicològics, fisiològics o biològics. Per tant, existeixen diferents branques de la Gerontologia: Gerontologia social, Psicogeriatria i Geriatria.

La **Geriatria** és una especialitat de la Medicina que se centra en la prevenció i el tractament de les malalties de l'ancià, així que s'ocupa tant dels ancians sans com dels malalts.

Els **objectius** de la Geriatria són els següents:

- Prevenir la malaltia vigilant la salut de l'ancià.
- Evitar la dependència. Si apareix la malaltia, cal impedir que evolucioni fins a la cronicitat i la invalidesa.
- Assistència integral. S'ha d'ocupar dels problemes en tots els aspectes mèdics, socials, mentals o funcionals mitjançant una valoració geriàtrica global, programada i exhaustiva, i amb una col·laboració multidisciplinària.
- Rehabilitar, intentant mantenir a la comunitat l'ancià que ha perdut la seva independència física o social.
- Proporcionar cures progressives, des de l'inici de la malaltia fins a la seva resolució, comptant amb diferents recursos assistencials (hospital, assistència a domicili, unitats de rehabilitació, unitats de llarga estada o residències).

Per complir aquests objectius, la Geriatria compta amb els **recursos** següents:

- **Valoració geriàtrica:** és el procés de diagnòstic per establir un pla d'objectius i cures, atenent a totes les dimensions que intervenen en la salut de l'ancià. El que cal fer és:
  1. Valorar els problemes mèdics.
  2. Avaluar les capacitats funcionals.
  3. Valoració mental, atenent a aspectes cognitius i afectius.
  4. Valoració social.
- **Equip interdisciplinari:** per aconseguir una atenció integral a l'ancià, han de col·laborar diferents professionals, entre els quals figuren: metges, infermers, auxiliars, fisioterapeutes, terapeutes ocupacionals, treballadors socials, psicòlegs, etc.
- **Recursos assistencials** adaptats a les diferents necessitats de l'ancià.

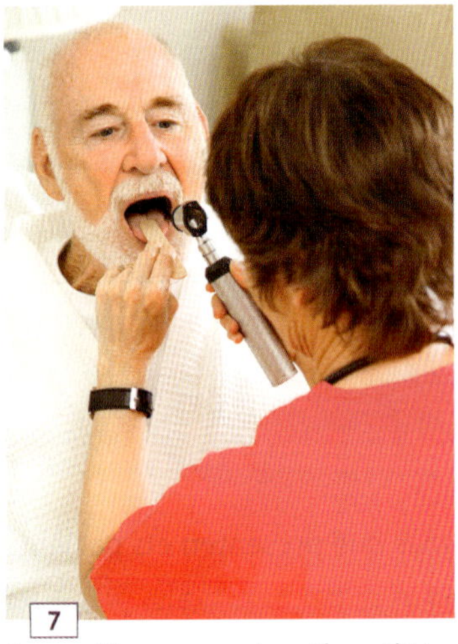

7

Per realitzar una valoració geriàtrica integral, és necessari avaluar, entre altres aspectes, els problemes mèdics de l'ancià.

4.2 > Valoració geriàtrica

La valoració geriàtrica està destinada a detectar **ancians amb risc** de perdre la seva funcionalitat o de patir alteracions en la seva salut, així com a identificar, descriure, valorar i quantificar els seus possibles problemes utilitzant diferents procediments i escales:

Valoració d'ancià de risc

L'ancià de risc, o ancià fràgil, és el que presenta major probabilitat de perdre progressivament la seva funcionalitat i de patir circumstàncies adverses de salut, com discapacitat, dependència, caigudes, institucionalització o mort.

Criteris clàssics de fragilitat	
- Edat de 80 anys o més.	- Caigudes.
- Viure sol.	- Polifarmàcia.
- Enviduat recentment.	- Ingrés hospitalari recent.
- Patologia crònica.	- Alteració cognitiva o afectiva.
- Dèficit auditiu o visual.	- Deficient aportació socioeconòmica.

Per tenir més possibilitats de revertir i modificar la seva evolució, és necessària la detecció precoç. Per a la identificació d'ancians de risc, s'utilitza el **qüestionari de Barber**, que es considera positiu amb una o més respostes afirmatives.

Qüestionari de Barber

1. Viu sol?
2. Es troba sense ningú a qui acudir si necessita ajuda?
3. Necessita que algú l'ajudi amb freqüència?
4. Hi ha més de dos dies a setmana que no menja calent?
5. La seva salut l'impedeix sortir al carrer?
6. Sovint té problemes de salut que l'impedeixen valer-se per si mateix?
7. Té dificultats amb la vista per realitzar les tasques habituals?
8. Li suposa molta dificultat la conversació perquè no hi sent bé?
9. Ha estat ingressat a l'hospital en l'últim any?

Valoració social

El funcionament social comprèn les relacions socials i les activitats humanes que tenen lloc en la societat. En la salut social, intervenen factors com les interaccions socials i els recursos, l'adaptació personal i el benestar subjectiu i la integració ambiental.

Valoració mental

Es valoraran la funció **cognitiva** (capacitat per realitzar funcions intel·lectuals com recordar, orientar-se o calcular) i la funció afectiva (centrant-se en l'ansietat i la depressió, que són els trastorns psíquics freqüents en els ancians). Una de les alteracions cognitives més evidents i que més preocupa els ancians és la que afecta la memòria, i en especial la memòria per als fets quotidians.

Escales de valoració geriàtrica

1. **Valoració de l'ancià de risc.**
   - Qüestionari de Barber.
2. **Valoració social.**
   - Escala d'OARS.
   - Escala de Gijón.
3. **Valoració de problemes mèdics.**
   - Història clínica.
4. **Valoració de la capacitat mental.**
   Funció cognitiva:
   - Qüestionari de Pfeiffer.
   - Minimental test de Folstein (o de Lobo).
   - Escala d'incapacitat psíquica de la Creu Roja.
   Funció afectiva:
   - Escala Geriàtrica de Depressió (Yesavage).
   - Escala de Hamilton.
5. **Valoració de la capacitat funcional.**
   AVD-B (activitats de la vida diària bàsiques):
   - Índex de Katz.
   - Escala d'incapacitat física de la Creu Roja.
   - Índex de Barthel.
   AVD-I (activitats instrumentals de la vida diària):
   - Escala de Lawton i Brody.
   AVD-A (activitats de la vida diària avançades):
   - Escala de Rosow i Breslau.

Vàlid o assistit

Es considera ancià vàlid la persona major de 65 anys amb autonomia per realitzar les activitats bàsiques de la vida diària (AVD-B).

L'ancià assistit és la persona major de 65 anys amb un procés discapacitant que requereix l'ajuda d'una altra persona per realitzar les AVD-B.

Valoració funcional

S'usen escales que valoren la capacitat per poder desenvolupar una vida independent:

- **Valoració de les activitats bàsiques de la vida diària (AVD-B)**
  Les AVD-B són activitats bàsiques d'autocura i motilitat, com per exemple, aixecar-se, menjar, vestir-se, desplaçar-se, controlar els esfínters o banyar-se. Davant d'un deteriorament funcional, són les últimes en perdre's i les primeres en recuperar-se.
- **Valoració de les activitats instrumentals de la vida diària (AVD-I)**
  Són les activitats necessària per viure independentment a la comunitat (fer el menjar, prendre la medicació, manejar diners, telefonar o usar el transport públic).
- **Valoració de les activitats avançades de la vida diària (AVD-A)**
  Es mesura la capacitat de realitzar activitats complexes, que permeten a l'individu desenvolupar un rol social, com ara aficions (jardineria, ballar...) o participar en actes comunitaris (reunions de veïns, acudir a actes religiosos, etc.).

Valoració de problemes mèdics

Va adreçada a la valoració de la salut física. Es realitza a través de la **història clínica**, que és el relat de la malaltia d'un pacient, transcrita per un professional sanitari i que consta de diverses parts: entrevista o anamnesi, exploració, diagnòstic o judici clínic, pla de tractament i cures, i evolució clínica. Els pacients ancians necessiten major temps i dedicació en realitzar l'entrevista clínica, ja que solen ser més lents en comprendre i respondre les preguntes, i es poden cansar amb més facilitat. A vegades, oculten símptomes creient que són normals en l'envelliment o per por a l'ingrés.

8

Les escales de valoració de les AVD-I són les més útils per detectar els primers graus de deteriorament funcional en ancians.

Errors més freqüents en la valoració geriàtrica

- Quedar-se en el mer llistat de problemes, sense realitzar un pla de cures integral.
- Tractar cada símptoma per separat, sense intentar buscar-ne la causa.
- Pensar que no es pot fer res més per tal de retardar la incapacitat funcional.
- Oblidar repassar el llistat de fàrmacs que pren el pacient, ja que són la causa de molts símptomes i factors de risc de caigudes, deteriorament cognitiu, incontinència, etc.
- No tenir en compte el cuidador, el medi familiar i els problemes socials.
- Realitzar la valoració amb presses.

Activitats

16·· En què consisteix la valoració geriàtrica i quins són els seus objectius?

17·· S'ha de considerar de risc un ancià únicament pel fet de viure sol? Raona la teva resposta.

18·· Quan es considera un ancià vàlid? Quina escala utilitzaries per esbrinar-ho?

5 >> Recursos assistencials

Per aconseguir els seus objectius, la Geriatria compta amb una sèrie de recursos assistencials adaptats a les diferents necessitats, que seran diferents segons si es tracta d'un ancià sa, malalt o d'un pacient geriàtric. Els recursos poden ser sanitaris o socials, i és necessària la integració i la coordinació entre ells per proporcionar una assistència progressiva, integral i de qualitat.

Recursos sanitaris

Actualment, els ancians disposen de diferents serveis per a la seva atenció sanitària:

1. **Unitats o serveis geriàtrics.** Són les unitats hospitalàries en què els pacients geriàtrics són atesos per un equip multidisciplinari. Entre els seus objectius figuren:
   - Ingressar el pacient geriàtric que ho necessiti.
   - Valorar tots els problemes que influeixin en l'estat de salut del pacient.
   - Rehabilitar-lo fins que recuperi les millors condicions físiques i mentals possibles.
   - Planificar el moment de l'alta hospitalària.

   Els serveis de Geriatria compten amb una sèrie de seccions o nivells assistencials:
   - **Llits per a aguts:** destinats a pacients amb pluripatologia o agudització d'una patologia crònica que necessiten valoració o tractament hospitalari.
   - **Llits de mitja estada o llits de rehabilitació:** per completar el tractament o la rehabilitació, o bé per continuar la convalescència.
   - **Llits de llarga estada:** per a cures prolongades que no es poden administrar al domicili a malalts amb un deteriorament avançat, físic i/o mental.
2. **Hospital de dia geriàtric.** És un servei assistencial en què pacients amb diferents patologies reben, en horari diürn, atenció sanitària sense ingrés, fet que disminueix els riscos que comporta.
3. **Centre de dia.** Es diferencia de l'hospital de dia en la durada i la intensitat del tractament. Atenen ancians no vàlids, abordant tasques de rehabilitació i resocialització de patologies psicosocials.
4. **Atenció primària.** Els seus objectius són captar els ancians de risc, afavorir el suport d'altres serveis sanitaris i socials, prevenir i controlar patologies, rehabilitar i recuperar la independència de l'ancià i donar suport a la família. El programa d'atenció domiciliària és un dels instruments fonamentals per prestar atenció als ancians fràgils i afavorir així la permanència a casa seva. Es tracta d'un treball en equip, en què els professionals es desplacen al domicili de l'ancià per efectuar una valoració de les necessitats i establir un pla d'actuació; posteriorment, es realitzaran visites de seguiment per comprovar si les necessitats s'han solucionat , així com per descobrir-ne altres de noves.

Ancià malalt

Es considera ancià malalt la persona major de 65-70 anys amb un problema de salut en un moment concret.

Pacient geriàtric

El pacient geriàtric és el malalt que compleix dos o més dels següents criteris: major de 70 anys, pluripatologia, tendència a la incapacitat, deteriorament mental o problemes socials afegits.

Planificar el futur

Un dels objectius dels serveis de Geriatria és aconseguir que l'alta no suposi una sortida improvisada de l'hospital, sinó que es pugui realitzar suport i seguiment per tal que l'ancià mantingui a la seva llar l'equilibri entre el seu estat de salut, la seva capacitat funcional i la seva situació social.

Més val prevenir

L'atenció primària ofereix, a més de molts altres, serveis de prevenció de patologies freqüents en l'ancià: trastorns de la visió, audició, malnutrició, etc., així com *screening* de tumors amb colorectal, pròstata, mama i endometri, entre altres.

Teleassistència

La Creu Roja ofereix un servei de teleassistència 24 hores al dia tots els dies de l'any. Simplement prement un botó, es produeix una trucada a la Creu Roja i se sap immediatament qui ha trucat i el seu domicili.

Recursos socials

L'atenció sanitària a l'ancià s'ha de recolzar en els serveis socials i comunitaris. Entre aquests últims, figuren:

1. **Serveis d'ajuda domiciliària.** Donen suport a la permanència de l'ancià a casa seva, ajudant-lo en les tasques que no pugui realitzar.
   - **Serveis d'ajuda social:** les activitats no només s'han de basar en netejar la casa, rentar la roba o fer la compra, sinó que la seva tasca també consisteix en donar un suport psicològic i altres tipus de cures per a les quals es necessita una formació apropiada.
   - **Servei de *càtering*:** porta el menjar, adequat a les seves necessitats pel que fa a composició i quantitat, al domicili de l'ancià.
   - **Teleassistència:** es tracta d'ajuda específica en alguna activitat o quan els ancians pateixen accidents a la llar.
   - **Servei de bugaderia:** recull i renta la roba dels ancians.
   - **Serveis de companyia:** són persones que acuden al domicili durant unes hores per conversar, sortir a passejar, llegir el diari, etc.
2. **Serveis socials comunitaris.** Entre altres, destaquen:
   - **Llars de jubilats:** centres diürns, adreçats a ancians vàlids, en què realitzen principalment tasques de lleure i socialització.
   - **Menjadors.**
   - **Vacances per a la tercera edat.**
   - **Aules per a la tercera edat.**

9

Els programes de vacances per a la tercera edat permeten a la gent gran gaudir del lleure, a més de promoure la seva integració social.

3. **Serveis de suport.**
   - **Transport.**
   - **Personal d'administració.**
   - **Voluntariat:** la tasca dels voluntaris és importantíssima en l'ajuda a l'ancià. Són persones socialment sensibilitzades que, de forma desinteressada i gratuïta, es comprometen a posar les seves capacitats i temps lliure al servei de les necessitats de la comunitat.
   - **Ajudes econòmiques.**

4. **Serveis residencials.** L'ideal és que l'ancià es mantingui al seu domicili el major temps possible i amb bona qualitat de vida; però, a vegades, no pot per la seva discapacitat, perquè el seu habitatge no està convenientment adaptat (escales, falta d'il·luminació, banyeres poc accessibles o desnivells), o bé el sentiment de soledat i l'aïllament social el porten a abandonar la seva llar.

10 Els cuidadors de l'ancià també necessiten ser cuidats.

Tradicionalment, l'alternativa consistia en anar a viure amb la família. No hem d'oblidar que els familiars que s'encarreguen de cuidar ancians també necessiten ajuda. Per això, s'han desenvolupat programes de suport que tenen com a objectiu millorar la qualitat de vida dels cuidadors i, indirectament, la dels ancians als quals atenen. Avui dia, existeixen altres alternatives, com residències amb diferents tipus de prestacions o allotjaments que s'assemblen a l'habitatge habitual.

Podem trobar diferents serveis assistencials:

Habitatges tutelats	Hi conviuen petits grups d'ancians amb una persona que els tutela, depenent del grau de dependència dels membres de la casa. Afavoreixen la convivència, la solidaritat i l'ajuda mútua, encara que la convivència entre persones amb caràcters diferents i sense llaços afectius anteriors pot ocasionar conflictes difícils de resoldre.
Acollida familiar	Famílies que acullen a casa seva ancians, per la qual cosa reben una ajuda econòmica.
Apartaments vigilats	Solen tenir serveis complementaris (restaurant, bugaderia, lleure) i ofereixen un gran nombre d'avantatges: afavoreixen la independència i preserven la intimitat, millorant així l'autoestima.
Residències (públiques o privades)	Centres amb atenció professional integral en què viuen, de forma temporal o permanent, ancians amb algun grau de dependència per al seu desenvolupament personal.

En funció de les característiques dels ancians que hi són atesos, les residències es classifiquen en: **residències de vàlids**, destinades a ancians que es poden valer per si mateixos; **residències assistides**, que acullen ancians amb incapacitats que necessiten assistència continuada per a les activitats de la vida diària; o **residències mixtes**, si atenen els dos tipus d'ancians.

Activitats

19·· Per què és necessària la integració i la coordinació dels recursos sanitaris i socials en l'atenció als ancians?

20·· Quins són els objectius que persegueix una unitat o un servei geriàtric?

21·· Quins recursos assistencials diürns coneixes i quins ancians se'n poden beneficiar?

22·· En l'àmbit de l'atenció primària, els ancians disposen de diferents recursos assistencials, entre els quals figura el programa d'atenció domiciliària. En què consisteix aquest programa? Qui el realitza? A qui va adreçat?

6 >> Suport psicològic a l'ancià

Sempre creatius

La vellesa no està renyida amb la creativitat. Així ho demostren artistes de la rellevància de Miró, Picasso, El Greco, Goya, Zurbarán, Ribera o Matisse, amb obres creades al final de les seves vides.

És molt important **l'aspecte psicològic** en l'ancià, ja que, com s'ha explicat, apareixen múltiples canvis en la seva vida i, en moltes ocasions, se senten rebutjats, perden il·lusió i autoestima i es mostren decaiguts per no ser reconeguts individualment ni socialment. Tot això es deu al fet que presenten una sèrie de característiques que la nostra societat valora negativament: no compleixen els cànons estètics; determinades actituds, com reaccionar més lentament o fer les coses de manera més parsimoniosa, no s'accepten; la seva condició de "no actius" tampoc hi ajuda, perquè no rendeixen econòmicament, presenten àmplies demandes de serveis sanitaris, econòmics i socials, etc. A més, està molt estesa la falsa creença que tots els canvis que es produeixen en la vellesa són per empitjorar: es tanquen en si mateixos, exigeixen molt, són molt irritables i difícils de tractar, no els agraden els canvis, s'aferren a períodes anteriors perquè són incapaços d'adaptar-se, són lents en les accions i els pensaments, són menys creatius, rebutgen l'aprenentatge, solen patir múltiples malalties que els impedeixen gaudir de la vida, necessàriament cal jubilar-los perquè la seva capacitat de producció ha disminuït, i un llarg etcètera. Tot això vindria a potenciar una idea de la vellesa com a problema de caràcter social, fet que aïlla l'ancià i l'inutilitza.

Tot i això, hem de reconèixer els ancians com un grup que cal respectar i que desenvolupa un rol social. D'aquí la necessitat de potenciar una educació gerontològica basada en el concepte d'educació integral al llarg de tota la vida.

Els aspectes que faciliten un **bon envelliment** en les persones grans són:

- Poder decidir sobre el seu cos i la seva pròpia vida.
- Mantenir una actitud optimista davant de la vida, considerant la mort com quelcom natural i eliminant així la por a morir.
- Adaptar-se a les noves condicions biològiques, psicològiques i socials.
- Evitar les tensions emocionals, l'angoixa i l'estrès sostinguts.
- Establir vincles d'intimitat, afecte i amor.
- Preparació adequada i amb antelació del període de jubilació, de manera que es tingui un projecte de vida i una organització del temps.
- Sentir-se actiu, útil i implicat socialment en la comunitat.
- Buscar noves metes, nous motius de satisfacció i orgull és un mitjà per aconseguir ser feliç en aquesta etapa de la vida, ja que ancorant-se en el passat només s'aconsegueix frenar el desenvolupament i accelerar la decrepitud.

11

La Gerontologia educativa pretén aplicar el que es coneix sobre l'educació i l'envelliment per allargar i millorar la vida de les persones grans.

Activitats

23·· Per què la nostra societat actual valora negativament la vellesa?

24·· Esmenta els aspectes que poden facilitar un bon envelliment.

25·· Què creus que vol indicar l'eslògan adoptat per les Nacions Unides que diu: "Afegeix vida als anys que has afegit a la teva vida"?

Activitats finals

1·· Què s'entén en Psicologia per transicions vitals?

2·· Relaciona el terme amb el concepte corresponent:

- Edat cronològica - Edat social - Edat biològica - Edat psicològica	- Conducta social de l'individu - Canvis físics i fisiològics - Conducta i capacitat d'adaptació - Número d'anys viscuts

3·· Respecte de la intel·ligència en l'ancià, tots els canvis són negatius? Quin tipus d'intel·ligència disminueix i quin augmenta?

4·· Per què diem que la malaltia en l'ancià tendeix a la cronicitat?

5·· Quines circumstàncies porten l'ancià a estar polimedicat?

6·· Completa al teu quadern:

a) La tercera edat comença als • • • • anys.
b) L'ancianitat abraça entre els • • • • i els • • • • anys.
c) L'última senectut es considera a partir dels • • • • anys.
d) La quarta edat se situa a partir dels • • • • anys.

7·· Indica si les següents afirmacions són vertaderes o falses:

a) El deteriorament cognitiu, i en especial la demència, és la patologia més freqüent i incapacitant en l'ancià.
b) Menys d'un 5% dels majors de 80 anys pateix algun tipus de demència.
c) El sistema nerviós gairebé no presenta canvis amb l'edat.
d) El deteriorament en la demència és persistent (més de 6 mesos).
e) En la malaltia d'Alzheimer, les neurones moren i diferents zones del cervell s'atrofien.

8·· No tots els ancians envelleixen de la mateixa manera. Per què? Quins són els factors que influeixen en aquest fet?

9·· Les grans síndromes geriàtriques afecten l'àmbit físic, psíquic i social. Indica quines repercussions psicològiques poden aparèixer en la incontinència urinària, la síndrome confusional aguda, la síndrome d'immobilitat o la síndrome postcaiguda.

10·· Quins dos aspectes s'estudien en la valoració mental? En quins dos problemes freqüents en els ancians se centra la valoració de la funció afectiva?

11·· Pel simple fet de tenir més anys, els ancians són menys creatius? Posa algun exemple d'artista que coneguis que hagi realitzat obres importants essent ancià.

12·· Explica per què és important, per assolir un bon envelliment, adaptar-se a les noves condicions biològiques, psicològiques i socials.

13·· Si volem estudiar la capacitat de l'ancià per desenvolupar una vida independent, utilitzarem una sèrie d'escales de valoració. Indica de quines escales es tracta i explica quin tipus d'activitats valora cada una.

14·· El Marcel té 80 anys, és diabètic i gairebé mai es recorda de prendre bé la medicació. A més, es troba a la llista d'espera per ser operat de cataractes. Creus que aquests fets poden augmentar el risc de patir una caiguda? Què es podria fer per evitar-ho?

15·· En què consisteix la síndrome del "niu buit"? Explica breument les formes negatives o positives de reaccionar davant d'aquesta circumstància vital.

Casos finals

1·· Que les pèrdues... no et facin perdre res!

La Clara ha estat sempre una dona jovial i activa, dedicada a la seva feina i a tenir cura dels seus quatre fills. Quan es va jubilar, va aprofitar la situació per fer totes les coses que no havia pogut fer abans: viatjar amb el seu marit, activitats solidàries, i fins i tot va aprendre a nedar i, això sí, no es perdia ni un sol dia les trobades a la llar de jubilats amb un grup de dones per jugar a cartes.

Però últimament està perdent l'humor, se sent més trista i ben just surt de casa. Els fills i el marit s'estan començant a preocupar. Ella diu que no li passar res... Fins que un dia, parlant amb la seva filla Tere, li reconeix que el seu problema és que té pèrdues d'orina en tossir, en riure o en fer alguns exercicis. Això li causa vergonya i no s'atreveix a seguir amb les activitats que realitzava abans. No li ho havia explicat abans perquè es pensava que no hi havia remei i que era normal en una dona de la seva edat, amb tants fills i havent agafat uns quilets de més.

És veritat que no té remei i que s'ha d'"aguantar" i resignar a patir una pèrdua en la qualitat de vida?

2·· El Tomàs i la malaltia d'Alzheimer

La Marina i el Tomàs són un matrimoni jubilat. Al Tomàs li encanta cuidar del jardí i, ara que té temps lliure, s'hi dedica. Últimament, la Marina està notant canvis en el seu comportament i s'ha començat a preocupar. En realitat, no s'han produït de manera sobtada: el Tomàs va començar a tenir pèrdues de memòria, sobretot respecte de coses recents, ja no estava tan tranquil com abans i es mostrava més irritable. No és que no raonés o no es comuniqués bé amb els altres, però s'expressava amb frases més curtes i barrejava idees que no tenien relació entre si. La Marina havia associat aquests canvis a l'envelliment: "ens anem fent grans".

Poc després, el Tomàs va començar a mostrar símptomes més evidents que li dificultaven la realització de les seves activitats diàries. Va abandonar el jardí, li costava prendre decisions, dormia malament, descuidava la seva higiene i no sabia ni en quin dia vivia...

Van anar al metge i, després de diversos estudis i proves, al Tomàs li van diagnosticar la malaltia d'Alzheimer en estadi inicial.

De moment, no hi ha cap tractament curatiu, però hi ha moltes coses que podem fer per millorar la seva qualitat de vida i alleujar la càrrega que significa per al cuidador.

En grup, busqueu informació i elaboreu un petit treball sobre les característiques de la malaltia d'Alzheimer i com es pot ajudar els que la pateixen.

3·· "Quin remei em queda!"

El Gerard és un home encantador. Tot i els seus 75 anys, es maneja perfectament: fa les tasques de la llar, va al metge quan ho necessita, surt a passejar cada dia... Com ell diu: "Quin remei em queda!". I ho diu perquè ja fa més de cinc anys que va morir la seva dona i, des d'aleshores, viu sol. Els seus veïns l'ajuden en tot el que poden, però en realitat ell s'espavila molt bé tot sol. L'únic problema que té és que no hi sent bé. A vegades, els veïns es preocupen perquè li truquen a la porta i no respon, però intueixen que es per culpa de la seva sordesa.

Et sembla que el Gerard compleix els criteris d'ancià de risc? Amb quin qüestionari ho podries valorar i en quin cas el consideraries positiu?

Autoavaluació

1. Indica la resposta correcta:

a) La vellesa apareix sobtadament als 65 anys.
b) Tothom envelleix de la mateixa manera.
c) El pas a l'ancianitat és un procés dinàmic.
d) En l'envelliment, només hem de tenir en compte l'edat cronològica.

2. Les característiques de l'envelliment són:

a) Puntual, evitable, invariable i asíncron.
b) Lineal, inevitable, variable i asíncron.
c) Lineal, inevitable, invariable i asíncron.
d) Lineal, evitable, invariable i asíncron.

3. Dins dels criteris clàssics per definir la fragilitat figura:

a) L'ingrés hospitalari recent.
b) El dèficit auditiu o visual.
c) Viure sol.
d) Totes les respostes anteriors són correctes.

4. Respecte dels canvis psicològics en l'ancià:

a) Alguns canvis afectius s'han de considerar totalment normals.
b) La memòria a curt termini sol estar més deteriorada que la memòria a llarg termini.
c) Les respostes a i b són correctes.
d) Totes les respostes anteriors són incorrectes.

5. Indica la resposta incorrecta respecte de les malalties dels ancians:

a) Tendeixen a cronificar-se.
b) Sempre estan causades únicament per per un sol factor.
c) Els ancians tenen dificultats per arribar al grau òptim de recuperació funcional.
d) Presenten una simptomatologia peculiar.

6. Entre les grans síndromes geriàtriques figuren:

a) La síndrome d'inestabilitat i les caigudes.
b) La síndrome confusional aguda.
c) La síndrome l'immobilitat.
d) Totes les respostes anteriors són correctes.

7. Indica la resposta correcta respecte de la malaltia d'Alzheimer:

a) És un tipus de demència.
b) Es tracta d'una malaltia neurodegenerativa.
c) No produeix deteriorament cognitiu.
d) Les respostes a i b són correctes.

8. La Geriatria:

a) És una especialitat de la Medicina.
b) Només s'ocupa d'ancians malalts.
c) Només s'ocupa d'ancians sans.
d) No s'ocupa de la prevenció.

9. Per aconseguir una atenció integral a l'ancià, és necessari que hi hagi la col·laboració d'un equip multidisciplinari format per:

a) Només metges.
b) Només infermeres.
c) Només auxiliars.
d) Metges, infermeres, auxiliars, fisioterapeutes, psicòlegs i treballadors socials.

10. Indica la resposta correcta:

a) En l'envelliment només es produeixen canvis biològics.
b) En l'envelliment hi ha una determinada pèrdua d'eficiència dels sentits.
c) En les relacions sexuals de l'ancià incideixen principalment factors psicològics.
d) Entre els canvis biològics en l'ancià, es troba una disminució de la pressió arterial.

11. El qüestionari de Barber s'utilitza per identificar ancians de risc. Es considera positiu si:

a) Totes les respostes són negatives.
b) Una o més respostes són afirmatives.
c) Dues o més respostes són afirmatives.
d) Totes les respostes són afirmatives.

12. Indica la resposta correcta respecte dels hospitals de dia geriàtrics:

a) Només atenen pacients ancians oncològics.
b) Tenen horari nocturn.
c) Incrementen el risc que comporten els ingressos hospitalaris.
d) Totes les respostes anteriors són incorrectes.

13. Dins dels aspectes que faciliten un bon envelliment figuren:

a) L'adaptació a les noves condicions biològiques, psicològiques i socials.
b) Sentir-se actiu, útil i socialment implicat en la comunitat.
c) La recerca de noves metes i nous motius de satisfacció.
d) Totes les respostes anteriors són correctes.

Unitat 9

El malalt crònic

En aquesta unitat aprendràs a...

- Identificar les repercussions de la malaltia crònica.
- Seleccionar les actuacions adequades per resoldre o minimitzar els problemes del malalt crònic.
- Prevenir patologies cròniques.
- Promoure actituds i hàbits d'autocura en els pacients crònics.

Preguntes inicials

1·· Coneixes algú amb una malaltia crònica?

2·· Què creus que li preocupa més?

3·· Com ha de ser la relació d'ajuda amb un pacient crònic?

- **MALALTIES CRÒNIQUES**
  - **Característiques**
    - Canvis significatius i duradors
    - Sofriment
  - **Algunes malalties cròniques**
    - Dolor crònic
    - Càncer
    - Sida
  - **Respostes del malalt crònic**
    - Reaccions
      - Negatives
      - Positives
      - Sense canvis aparents
    - Necessitats
      - Físiques
      - Psíquiques
      - Socials
      - Espirituals
  - **Ajuda al pacient crònic**
    - Relació sanitari-pacient crònic
    - Recursos de suport al pacient crònic

Per al projecte final

- Sabràs detectar les necessitats d'un malalt crònic i les causes que li provoquen sofriment.
- Disposaràs de recursos per ajudar el pacient crònic i interactuar-hi correctament.
- Promouràs mesures de prevenció enfront de les malalties cròniques i les seves seqüeles.

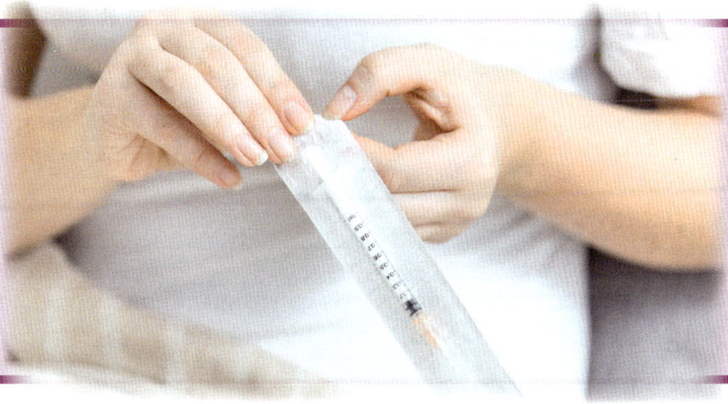

1 >> Característiques de la malaltia crònica

Reflexió

Qui té per què viure pot suportar gairebé qualsevol com.

Nietzsche

La **malaltia crònica** és aquella patologia que es prolonga en el temps. Amb freqüència, interfereix en la capacitat de seguir amb les activitats habituals i les rutines normals de la persona que la pateix.

Davant de la malaltia crònica i la discapacitat, l'individu veu com se li trastoca la vida, li apareixen limitacions o se li dificulten les actuacions que realitzava fins al moment, es veu obligat a canviar d'hàbits, a aprendre determinades habilitats (per exemple, injectar-se insulina) o fins i tot, a vegades, ha de modificar les seves relacions, canviar de feina o de projecte vital. Aquests **canvis significatius, duradors i moltes vegades sobtats de l'estil de vida, juntament amb la visió d'un futur incert**, provoquen que la malaltia s'arribi a convertir en el centre del seu món. En general, els pacients crònics senten amenaçada la seva integritat i tenen una percepció molt negativa del que els ocorre.

L'home elefant

A l'Anglaterra de finals del segle XIX va viure "l'home elefant". Potser a causa d'una neurofibromatosi molt intensa o a una síndrome de Proteus, presentava múltiples anomalies que el feien semblar un monstre. Sota aquesta imatge deforme es trobava un home sensible i bo que va passar moltes penalitats. La pel·lícula *L'home elefant*, dirigida per David Lynch (1980), es basa en el llibre de Michael Howell i tracta sobre aquest pacient i la preocupació d'un metge (Dr. Treves) per donar-li afecte i proporcionar-li una vida digna.

Principals causes del sofriment en el malalt crònic	
- Símptomes no controlats o limitadors - Sensació d'inutilitat o de no poder seguir el ritme dels altres - Efectes indesitjables del tractament - Pèrdua del rol social i dificultats econòmiques - Pèrdua de motivació	- Culpabilitat - Percepció negativa del propi cos (mal aspecte físic) - Disminució de l'autoestima i l'autoconcepte - Temor al rebuig, el desemparament i l'aïllament social - Sentiment d'incapacitat per aconseguir el control personal i per afrontar el futur

L'**evolució favorable** de la malaltia crònica requereix:

- **Personalitzar el tractament i els règims.** No tots els malalts tenen el mateix grau d'afectació física, psíquica i social, ni responen a les situacions adverses de la mateixa manera.
- **Control sistemàtic.** No s'ha d'oblidar que els efectes de la malaltia crònica són prolongats o permanents, i això obliga a un seguiment al llarg del temps.
- **Protagonisme del pacient.** Acceptar les opinions del pacient i donar-li veu en el seu tractament ressalta tant les seves capacitats personals com socials, a més d'afavorir-li l'autoestima.
- **Participació activa.** Només se seguiran les recomanacions mèdiques si és el propi pacient qui pren la decisió i manté el control sobre les seves actuacions; és ell qui viurà dia a dia amb la seva malaltia.

Activitats

1 ·· Busca informació sobre alguns dels canvis que impliquen les següents situacions cròniques i com afectaran el pacient: diabetis mellitus, colostomia i hipertensió.

2 >> Algunes patologies cròniques

Són moltes les malalties cròniques que existeixen, des de malalties mentals passant per addiccions, fins a les insuficiències orgàniques cròniques, i també hi podem incloure les discapacitats pels aspectes que presenten en comú. Aquí s'estudiaran algunes de les patologies cròniques més significatives.

2.1 > Dolor crònic

Si volem tenir èxit en el tractament del dolor, no ens hem de limitar a la part física, sinó que també cal manejar tots els seus components:

Maneig del component emocional	
Alleujar l'ansietat	
La persona amb dolor crònic viu molt preocupada per qualsevol nou símptoma; a més, és habitual que no s'atreveixi a fer moltes activitats perquè creu que no ho aguantarà. A això s'afegeix que té por a no ser comprès i que els altres el "mirin malament". Tot això li causa frustració i ansietat, i condueix a l'aïllament i la soledat.	És prioritari tractar l'ansietat del pacient que té dolor crònic, ja que si aquesta situació es manté el pot portar a la depressió, o fins i tot a una predisposició al suïcidi.
Buscar el significat del dolor	
La resposta davant del dolor depèn del que preocupi més a la persona. A algunes persones els "dol" fonamentalment perdre el seu rol; per exemple, perquè es veuen obligades a deixar un lloc de treball en no poder seguir amb la mateixa activitat. A altres els dolen, sobretot, les limitacions que el dolor els provoca o l'aïllament que pateixen.	Cal explorar totes les possibilitats; pot ser que el pacient utilitzi el dolor com a excusa per provocar compassió, oblidar-se d'altres preocupacions, etc.
Reduir l'enuig	
El dolor mantingut és destructiu, altera el comportament, desencadena agressivitat, irritabilitat, falta de cooperació i incomunicació. És freqüent que la persona mostri ressentiment envers els professionals, perquè no el curen, i envers les altres persones, perquè estan sanes.	És important ajudar a expressar els sentiments i buscar solucions als afrontaments negatius.
Mantenir l'autoestima	
És possible que el pacient crònic se senti inútil, poc atractiu, rebutjat, incomprès i infravalorat. Tot això el porta a disminuir la seva autoestima.	És necessari que la persona se senti acceptada i estimada i no es torni dependent, sinó que participi en la seva cura i en la presa de decisions.
Solucionar els problemes de comunicació	
El dolor pot provocar introversió i deixa la persona sumida en els seus dubtes i temors.	Hem d'evitar la falta de comunicació; cal dedicar-hi temps i procurar un ambient adequat.

El trio terrible

El dolor crònic produeix irritabilitat i depressió que, al seu torn, condueixen a l'insomni i l'esgotament, que al seu torn també comporten major sofriment, irritació i decaïment. Es crea un cercle viciós que s'anomena "el trio terrible": sofriment, insomni i tristesa.

El dolor: una experiència psicosomàtica

El dolor és una experiència subjectiva, és a dir, per una part, es presenta la sensació dolorosa i, per l'altra, la reacció psicològica al dolor. En avaluar el dolor, cal tenir en compte que cada individu ho percep d'una manera. Així, la col·laboració del pacient i les seves decisions són importants en el tractament. Caldrà tenir en compte les seves prioritats i comptar amb les seves decisions per a un tractament individualitzat.

Saber vivir frente al dolor

Es tracta del títol d'un llibre de la Dr. M.ª Isabel Heraso, que se subtitula: *Todo lo que se debe saber para solucionar cualquier tipo de dolor.* Segons paraules de la pròpia autora, va adreçat "a totes les persones que s'han trobat en una situació difícil, generalment en forma de dolor, donant una frenada a les seves vides i que momentàniament s'han vist fora del cercle social".

Maneig del component social	
Millorar el suport social	
Units a la malaltia, poden aparèixer diferents problemes, com situacions d'abandonament, augment de la preocupació familiar, escassedat d'ajuda social, etc., que poden portar a un empitjorament de l'estat del malalt, així com a la disminució de les seves cures i del seguiment dels tractaments.	Buscarem promoure el desenvolupament de les relacions interpersonals i possibilitar al pacient que comparteixi les seves vivències. És de gran ajuda comptar amb la família, amics i persones importants del seu entorn, a més d'una bona cobertura social.
Educar sobre la malaltia	
Quan l'actuació només s'orienta envers el control del dolor, s'està oblidant que l'ésser humà no només té necessitats físiques.	Oferirem alternatives. És important que el pacient s'adapti a la situació i visqui plenament amb les mínimes limitacions possibles, segueixi gaudint de les seves aficions i es pugui realitzar.

Maneig del component espiritual	
Atenuar el sofriment espiritual	
L'individu experimenta el dolor del moment, però es genera més dolor per la impotència davant de l'amenaça de més sofriment. Per això, és freqüent que es pregunti quin sentit té el dolor, temi pel futur, dubti de les seves creences, i se li despertin sentiments de culpabilitat i penediment per accions del passat.	Per alleujar aquests descontentaments i sofriments, cal aconseguir la confiança del pacient, manifestar-li que l'estimem i que som capaços d'ajudar-lo. També li hem de demostrar que el valorem i el respectem.

1 El dolor crònic és una experiència sensitiva i emocional.

Activitats

2·· Explica de quina forma es pot ajudar a controlar el component emocional del dolor crònic.

3·· On troba el malalt amb dolor el principal suport social?

2.2 > Càncer

El major èxit enfront de les malalties és evitar-les i, per això, són importants els consells orientats envers un estil de vida sa que millori l'estat de salut en general i disminueixi la presència de càncer. El nou Codi Europeu Contra el Càncer (CECC) promou 12 maneres de prevenir la malaltia:

1. **No fumi. No consumeixi cap tipus de tabac.** Fumar constitueix una de les principals causes de mort prematura. El tabac no només causa càncer de pulmó sinó que també és factor de risc de les neoplàsies de cavitat oral, laringe, esòfag, bufeta i altres. A més, el consum de cigarrets augmenta la freqüència d'infart de miocardi i de malaltia pulmonar obstructiva crònica (MPOC). Els principals objectius de l'educació sanitària en aquest sentit són evitar que els joves comencin a fumar i ajudar els fumadors a deixar el tabac.
2. **Faci que la seva llar estigui lliure de fum. Doni suport a les polítiques lliures de fum al seu lloc de treball.** El fumador passiu pateix les conseqüències nocives del tabac.
3. **Prengui mesures per tenir un pes corporal saludable.** Eviti l'excés de pes. L'obesitat s'associa a l'aparició de càncer, hipertensió, aterosclerosi, diabetis, càlculs biliars, etc., de forma que és una causa important de malaltia i mort.
4. **Realitzi alguna activitat física en la vida quotidiana. Limiti el temps que passa assegut.** Com en la majoria dels consells que ofereix el CECC, és molt important començar l'educació i adquirir aquests hàbits des de la infància.
5. **Mantingui una dieta saludable**:
   - Mengi molts cereals integrals, llegums, verdures i fruites.
   - Limiti els aliments alts en calories (rics en sucre o greix) i les begudes ensucrades.
   - Eviti la carn processada: limiti la carn roja i els aliments amb alt contingut en sal.
6. **Si beu alcohol de qualsevol tipus, limiti'n el consum. No consumir-lo és millor per a la prevenció del càncer.** L'alcoholisme indueix la cirrosi, que pot evolucionar a càncer de fetge. Al seu torn, l'etanol augmenta la incidència del càncer de l'aparell respiratori i del de mama. A més, multiplica els efectes del tabac i altres carcinògens. Es diu que el risc de malalties cardiovasculars és menor en els que beuen amb moderació, però augmenta la mortalitat per aquesta causa si el consum és elevat.
7. **Eviti l'excés de sol, especialment en infants. Usi protecció solar. No prengui raigs UVA.** Aquestes radiacions són el factor etiològic principal del melanoma, és a dir, del càncer de pell. Cal tenir en compte que les pells més blanques i les dels infants són més sensibles als seus efectes, fet que exigeix majors mesures de protecció, entre les quals s'inclouen les cremes protectores solars, posar-se a l'ombra, usar ulleres de sol i visera, etc. El missatge d'Educació per a la Salut ha de ser el de reduir l'exposició total acumulada i evitar les cremades solars.

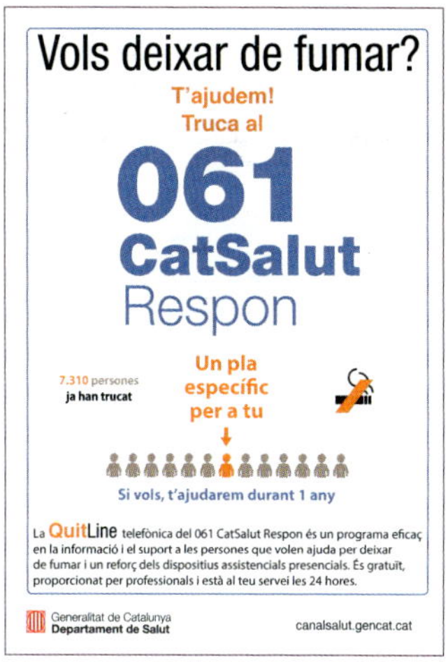

Campanya contra el consum de tabac

El tabac és una de les principals causes de càncer a Europa. En molts països, com al nostre, es desenvolupen campanyes per combatre'l.

www.aecc.es

La pàgina web de l'Associació Espanyola Contra el Càncer disposa de molta informació interessant sobre aquesta malaltia, així com mesures preventives, ajudes, fòrums, etc.

Obesitat

L'obesitat és una malaltia crònica. Actualment, és una de les malalties cròniques més importants, per la seva alta prevalença i per les seves conseqüències.

Informa't sobre l'obesitat i el sobrepès a la pàgina oficial de l'OMS:

http://www.who.int/es/

Carcinògens

Els carcinògens o cancerígens són els agents o substàncies que produeixen càncer.

8. **Al lloc de treball, protegeixi's davant de substàncies que causin càncer, seguint les instruccions de salut i seguretat.** Per prendre mesures de prevenció o reducció del perill, és essencial detectar les activitats que exposin a substàncies cancerígenes, tenint en compte la naturalesa, la intensitat i la durada de l'exposició. El risc de càncer augmenta per la presència de contaminació ambiental. Les principals fonts de substàncies tòxiques en l'aire procedeixen de les fàbriques i els automòbils.
9. **Esbrini si està exposat a la radiació de nivells naturalment alts de radó a la seva llar. En cas afirmatiu, prengui mesures per reduir-lo.** El radó és un gas radioactiu d'origen natural que es produeix al sòl. Segons l'OMS, és la principal causa de càncer de pulmó en els no-fumadors.
10. **Per a les dones:**
    - **La lactància materna redueix el risc de càncer de la mare.** Si pot, alleti el seu nadó. La lactància materna té múltiples beneficis tant per a la mare com per a l'infant, ja que és el millor aliment en els primers mesos de vida.
    - **La teràpia de reemplaçament hormonal augmenta el risc de certs tipus de càncer.** Limiti'n l'ús. Les dones que prenen estrògens i progesterona per evitar els problemes que provoca la menopausa tenen major risc de presentar càncer de mama i ovari.
11. **Asseguri's que els seus fills participen en els programes de vacunació per a hepatitis B i virus del papil·loma humà.** El virus de l'hepatitis B pot causar càncer de fetge i, d'altra banda, sabem que els virus del papil·loma humà són responsables de molts casos de càncer de cèrvix o coll uterí. A Espanya, el calendari de vacunació infantil també inclou les vacunes de l'hepatitis (VHB) i del virus del papil·loma humà (VPH). Amb petites modificacions segons les comunitats autònomes, la primera s'administra en tres dosis els primers mesos de vida, mentre que la vacuna del papil·loma únicament s'administra a les nenes al voltant dels 14 anys.
12. **Participi en els programes de cribratge de càncer per a:**
    - **Càncer d'intestí (homes i dones).**
    - **Càncer de mama (dones).**
    - **Càncer de coll d'úter (dones).**

    El diagnòstic precoç del càncer és essencial per tal que la intervenció es realitzi en etapes precoces, amb la qual cosa resulta més efectiva i el pronòstic millora. Aquests programes seran eficaços si existeix un alt índex de participació, un diagnòstic de qualitat i posteriorment un tractament adequat.

2 La lactància materna produeix beneficis tant per al fill com per a la mare.

Activitats

4·· Quan parlem de certes malalties i dels seus tractaments, per exemple el càncer, utilitzem amb freqüència termes com: invasió, colonització, enfrontar-se, etc. Et semblen encertats? Per què?

5·· Explica algun dels consells del Codi Europeu Contra el Càncer.

2.3 > SIDA

La **sida** té una **significació social.** Es rebutja el pacient amb sida perquè es té por al contagi i se'l situa sota sospita social, encasellant-lo en un grup de risc: toxicòman, homosexual o prostituta. Un canvi important és deixar de parlar de "grups de risc" i referir-se a "pràctiques de risc". A vegades, es responsabilitza el malalt de la seva malaltia ("és culpa seva per ser drogoaddicte"), i el malalt se sent culpable i fins i tot humiliat, sobretot per l'actitud dels que l'envolten.

La persona **seropositiva o portadora** del VIH (virus de la immunodeficiència humana) es pot mantenir en aquest estat durant molt temps, podent transmetre el virus, però sense desenvolupar la malaltia. Només quan la infecció per VIH causa un intens defecte en la immunitat cel·lular es produeix la **sida.**

L'**evolució de la malaltia** es resumeix en diferents **fases:**

- En la fase precoç (diagnòstic recent), el malalt pot recuperar la seva activitat normal si respon bé al tractament.
- En la fase **progressiva,** la malaltia evoluciona i, encara que millora amb el tractament, són més freqüents les reaccions indesitjables.
- En la fase **avançada,** el tractament únicament és simptomàtic i la debilitat i la fatiga interfereixen greument en les funcions de l'individu.
- La fase **terminal** no té un límit clar amb l'anterior; les cures es dirigeixen a proporcionar el major benestar i a donar suport a la família.

Controlar la sida exigeix informació sobre la malaltia, les formes de transmissió, les mesures de prevenció, el seguiment de tractaments i revisions, els recursos (associacions, salut mental, col·lectius de suport, etc.) i les cures (higiene, alimentació, sexualitat, etc.).

En el nivell bàsic, les dades relatives a la sida que cal conèixer són:

Transmissió	Prevenció
Sexual	Relacions sexuals amb protecció
Sang i derivats	- Control de transfusions - Evitar el contacte amb material o instrumental contaminat amb sang
Mare a fill (transmissió vertical)	Cures en l'embaràs, el part i la lactància

En la lluita contra la sida, els aspectes més importants són la **prevenció** i la **investigació**. Des dels primers casos, el 1981, els avenços han estat molts i positius, de tal forma que en l'actualitat aquesta infecció no és sinònim de mort, sinó de malaltia crònica, i el futur està ple d'esperança.

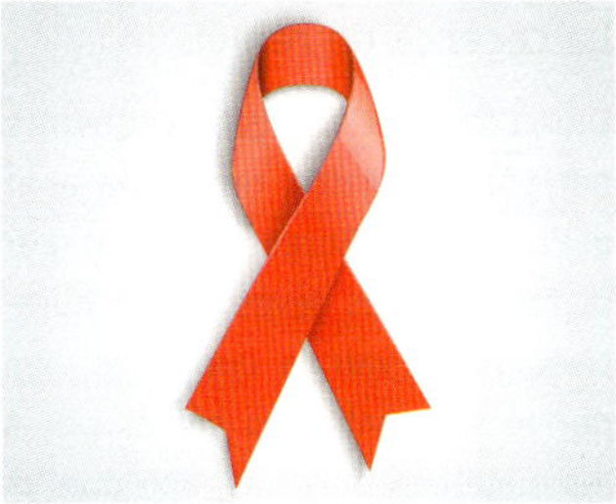

14 de desembre

En aquest Dia Mundial de la Lluita contra la Sida, exhorto els dirigents de tot el món a unir-se en pro de la nostra causa comuna. Ja hem començat a donar un gir a la situació i ens hem fixat un objectiu audaç. Acabem amb la sida, tots junts, abans del 2030.

Ban Ki-moon, secretari general de les Nacions Unides

Manifestacions de la sida

Quan la sida progressa apareixen algunes manifestacions, com són: recurrència d'infeccions oportunistes (les que no es desenvoluparien en condicions normals), càncers (alguns de poc freqüents en la població general), pèrdua de pes, fatiga creixent i/o canvis de conducta deguts a alteracions neurològiques i mentals.

Més tard, en la fase avançada de la sida, existeix un greu problema amb la imatge personal (primesa extrema, envelliment ràpid, úlceres de decúbit, debilitat i presència de lesions cutànies, com tumoracions, taques i sarcoma de Kaposi). També són importants el deteriorament intel·lectual, la pèrdua de memòria, la desorientació afectiva, la demència, la incontinència d'esfínters, la ceguesa, etc.

Activitats

6·· Descriu quines són les vies de transmissió del VIH i algunes mesures per evitar aquesta infecció.

3 >> Respostes davant de la malaltia crònica

La llarga **durada** de les patologies cròniques o el fet que algunes siguin incurables provoquen gran malestar físic i especialment psicològic en els pacients. Se sentiran desconcertats en saber que el tractament no és curatiu i que es limitarà a controlar els símptomes o a pal·liar els efectes de la malaltia. Aquest fet converteix alguns pacients en tristos, desconfiats, impacients i/o intolerants. També és possible que la fe en el progrés i l'esperança de curació portin l'individu a buscar insistentment tot tipus de tractaments i intervencions.

La recerca de remeis

Diuen que el rei got Rescevinto patia una malaltia renal i va anar a Pampliega (Burgos), animat per la fama de les seves aigües curatives. Allí li van dir que no servien per al seu mal, sinó només per a les malalties dels ulls, així que va seguir buscant cura i va arribar fins a la localitat de Baños de Cerrato (Palencia). Les seves aigües sí que el van curar i, en agraïment, va manar construir-hi la famosa basílica de San Juan de Baños.

Reaccions del malalt crònic

La notícia d'una malaltia crònica es viu com quelcom molt destructiu. El pacient (que voldrà conèixer què li passarà, què haurà de fer, com l'afectarà en la seva vida, etc.) també s'enfrontarà a la presa de decisions (sobre el tractament, la planificació del seu futur...) i tot això s'experimentarà amb gran ansietat.

Sobretot durant els primers moments, el malalt nega el diagnòstic o bé imagina conseqüències que no sempre són certes.

L'**actitud del malalt** no es manté constant, i pot passar de no mostrar canvis aparents a tenir una actitud positiva o negativa segons el moment:

- **Negativa.** La reacció pot ser d'ira, rebuig envers els altres, aïllament, culpa, depressió i fins i tot idees suïcides, perquè l'individu és incapaç d'assumir els desequilibris provocats per la malaltia i, en moltes ocasions, no es deixa ajudar. El propi tractament contribueix a aquesta reacció (dietes, revisions, horaris, etc.).
- **Positiva.** Respon amb voluntat de lluita i afany de superació de les dificultats. Aquesta reacció es deu als mecanismes psicològics que té l'individu i que l'ajuden a enfrontar-se als problemes.
- **Sense canvi aparent.** El malalt nega la situació i intenta aparentar que no ha canviat res en la seva existència, potser perquè tem que el considerin un "minusvàlid" o que el rebutgin.

3

El malalt crònic pateix intentant explicar-se què li està passant.

Necessitats del malalt crònic

Sabem que els individus reaccionen de manera diferent fins i tot davant d'una mateixa malaltia. Això depèn de la nostra personalitat, la nostra capacitat d'afrontar les situacions difícils, els nostres recursos i habilitats, etc. De la mateixa forma, cada malalt crònic respon d'una forma i experimenta diferents necessitats, que no sempre manifesta explícitament. Aquestes necessitats seran, com les de qualsevol persona, físiques, psicològiques, socials i espirituals.

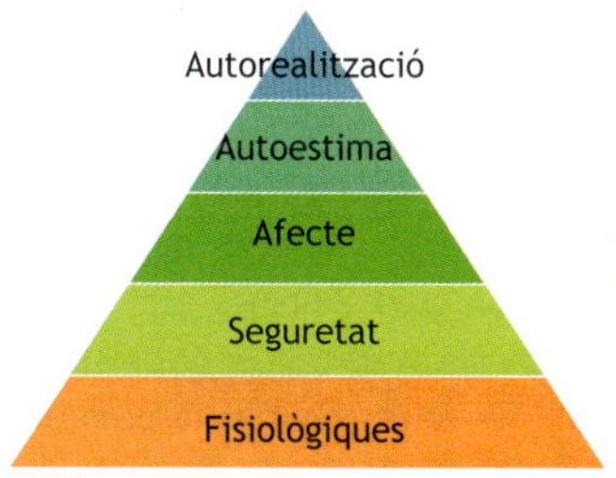

4
Piràmide de Maslow: jerarquia de les necessitats.

És freqüent que, arran d'una malaltia, apareguin **necessitats** i **problemes psicosocials**, encara que en moltes ocasions no es detecten. Potser aquest error en el diagnòstic es degui al fet que els professionals sanitaris no tenen suficient formació específica o que no existeixen indicadors psicosocials senzills i fiables. És molt important comprendre que, si únicament es controlen els símptomes biològics i no s'atenen les altres necessitats del malalt crònic, no se'n millora la qualitat de vida. A continuació, es recullen les principals necessitats psicosocials i espirituals del malalt crònic.

Necessitats psicosocials i espirituals del malalt crònic	
Seguretat i confiança	Desig de sentir-se protegit i de rebre la millor atenció possible. El malalt vol una relació sincera amb els professionals de la salut i amb el seu entorn. Requereix confiança en els seus cuidadors i la garantia que no l'abandonaran.
Interès per la seva persona	Moltes vegades, el malalt desitja que el professional li demostri interès, en comptes dels grans coneixements que pugui posseir.
Comunicació	És molt important donar-li l'oportunitat de parlar de qualsevol cosa que el preocupi.
Coneixement	Quan la persona sap què li passa i què li faran, desapareix una de les principals fonts d'ansietat: la por al desconegut.
Pertinença	La persona ha de sentir que pertany a un grup, que no és una càrrega per als altres i que els altres també la necessiten. Requereix que se la consideri vàlida per donar i rebre dels altres.
Amor i companyia	El pacient necessita expressions d'afecte per no sentir-se abandonat, no estimat i sol en la seva malaltia.
Comprensió	Desitja poder tenir l'oportunitat de parlar sobre el que li passa, que li reconeguin el seu rol de malalt i que li ofereixin suport.
Acceptació	No s'ha de sentir jutjat ni rebutjat. Els altres li han de mostrar tolerància sense tenir en compte el seu aspecte, estat d'ànim o sociabilitat.
Autoestima	El pacient necessita sentir-se útil i ben considerat, que se'l tingui en compte en la presa de decisions, en especial les que afecten la seva vida de forma important.
Autorealització	Es tracta de trobar sentit a la seva vida i al seu sofriment.

Activitats

7·· Robert Shuman, al seu llibre *Vivir con una enfermedad crónica*, recull alguns testimonis de persones que pateixen aquestes malalties i de les quals n'han extret conseqüències positives. Creus que es pot treure alguna cosa bona de la malaltia crònica? Per què?

8·· Comenta si et sembla correcta o incorrecta l'afirmació següent: "Les reaccions del malalt crònic depenen, en gran mesura, de la seva personalitat i de les característiques pròpies de la patologia que presenta (limitacions que en derivin o de com es percebi pels altres)".

4 >> Ajuda al pacient crònic

Pots donar-los esperança

En certa ocasió, van demanar a una metgessa que treballava amb infants diabètics que parlés amb un grup d'homes acabats de diagnosticar de càncer de pròstata. Ella va voler rebutjar la proposta argumentant que no era experta en aquesta malaltia, però li van respondre: "No importa, els pots donar esperança". És més important la capacitat i l'habilitat per ajudar les persones que s'enfronten a un diagnòstic advers que el coneixement sobre la malaltia en si mateixa.

La malaltia crònica representa una **situació de tensió** en què es mesclen la tristesa i, en alguns casos, el sentiment de culpa. Als pacients crònics cal transmetre'ls que la tristesa té sentit, però la culpa no. Una forma d'alliberar aquest tipus d'angoixa és el **plor**. No l'hem de reprimir mai, perquè és una forma de comunicació i un mecanisme de defensa de la persona.

Els malalts crònics i les persones amb discapacitat comparteixen certs aspectes; especialment si la discapacitat ha aparegut de manera sobtada, perquè fa falta temps per **assimilar** la nova situació. És difícil fer aquesta transició, i és quan a vegades el pacient no aconsegueix avançar; és molt probable que caigui en el pessimisme i la desesperació. En aquests casos, no hem de respondre mai amb enuig o separant-nos-en. Un gran suport per a la persona és saber que està essent compresa i que se la valora tot i la càrrega que pugui suposar la seva cura.

4.1 > Relació del sanitari amb el pacient crònic

Alguns professionals sanitaris es troben **incòmodes** davant la cronicitat. És una situació que els recorda que hi ha esdeveniments irreversibles, i això espanta. A més, poden ser culpats de no saber curar i se senten impotents, per la qual cosa s'allunyen de la situació i fins i tot és possible que disminueixin la seva capacitat d'ajuda i comprensió envers el pacient. Per tant, convé evitar aquest tipus de respostes; l'obligació del sanitari és atendre la persona en totes les seves limitacions i reconèixer les causes que provoquen sentiments negatius i de desesperança.

Un dels aspectes fonamentals en la relació del sanitari amb el malalt és **controlar el sofriment físic**. Si disminueix el dolor, apareix la confiança en els professionals. El pacient sent que l'atenen bé i això ajuda a establir una relació adequada. Per aconseguir millorar la relació, també cal ocupar-se dels altres components del sofriment.

5

No hem d'impedir el plor perquè ajuda a alliberar l'angoixa.

Enfront del sofriment psicològic, l'eina més útil és una comunicació eficaç; la interacció amb la persona malalta s'ha de basar en la confiança i la sinceritat.

La relació d'ajuda consistirà en **estimular el pacient** per tal que expressi les seves preocupacions, saber-lo escoltar, dedicar-li temps, aclarir-li els dubtes, atendre les seves pors, corregir-li idees equivocades i fins i tot distraure'l per tal que no se centri únicament en el seu problema.

Fins i tot en les millors condicions, la notícia d'una malaltia crònica produeix un xoc inicial i sempre és necessari un temps per assimilar-la. Cal respondre amb realisme, positivitat i esperança als dubtes i les inquietuds del pacient. A més, és important que entengui que estem aquí per ajudar-lo en el que necessiti.

Hem de procurar que el malalt comprengui correctament i recordi la informació que se li dóna. En general, sol assimilar la meitat del que sent, i després una part se li va oblidant. En aquest cas, molt més, perquè rep molta informació alhora i pateix un intens estrès que no ajuda en la seva atenció.

Per millorar la comunicació, es tindrà en compte el següent:

Categorització	Independentment de la importància de la informació, la persona recorda millor el primer que se li diu que l'últim. A més, li hem d'explicar en primer lloc el que ha de deixar de fer i després li explicarem què ha de fer. Per exemple, li direm: "Ha d'abandonar el menjar escombraries i començar amb una dieta mediterrània".
Simplicitat	Aquí val la regla de menys és més. Sempre es memoritzen millor les explicacions breus i senzilles.
Especificitat	Cal ser concrets. Els consells oferts amb caràcter específic són millors que els generals. Per exemple, és millor dir: "Ha de caminar dos quilòmetres al dia" que "ha de fer més exercici".
Repetició	Repetir les coses reforça el record.

Si, a més, demanem al pacient que repeteixi el que li hem dit, comprovarem si ho ha comprès bé i s'hi fixarà millor.

Ja sabem que una bona comunicació és imprescindible per ajudar qualsevol persona, i això inclou fer una escolta activa. Els elements fonamentals de l'escolta activa són:

Sensació o percepció	Captar tant el missatge verbal com no verbal del pacient.
Interpretació	Saber comprendre què s'ha volgut transmetre.
Avaluació	Relacionar el missatge amb les experiències i els coneixements previs per valorar l'important.
Resposta	Transmetre al pacient que hem entès el seu missatge.

Cuerdas

La relació que establim amb el pacient crònic és fonamental. El curtmetratge *Cuerdas*, de Pedro Solís García, va obtenir el Premi Goya 2014 al millor curtmetratge d'animació. Explica la relació d'una nena, la Maria, amb un nen amb paràlisi cerebral.

Activitats

9•• Què hem de tenir en compte per tal que el pacient recordi millor el que se li diu?

10•• Si haguessis de comunicar a una persona que pateix una malaltia crònica, què li diries? On? Quan? Per quina via? Com ho faries? N'informaries algú més?

4.2 > Recursos de suport al pacient crònic

Hem d'ajudar les persones amb una malaltia crònica o amb una discapacitat a acceptar la seva situació amb les limitacions que aquesta comporta i aconseguir que obtinguin la millor qualitat de vida possible. Cal facilitar-li tots els mitjans a l'abast per tal que es pugui **adaptar a les circumstàncies**, com són l'ús de pròtesis i materials apropiats, eliminar barreres arquitectòniques, adquirir nous aprenentatges, facilitar activitats d'acord amb el seu estat, etc.

Davant de les coses que no pugui fer, cal buscar alternatives per evitar que siguin origen de dependència i aïllament.

Un dels recursos més importants és el **suport social.** El suport social principal és el que proporcionen familiars i amics. En aquesta xarxa, compten tant el número de contactes com la qualitat de les relacions amb ells; com més àmplia i íntima sigui, millor.

Una altra part del suport el presten els **serveis sociosanitaris** que ofereixen recursos, des d'activitats d'entreteniment fins a ajuda econòmica, per cobrir les carències que l'individu pugui tenir. Existeixen grups d'autoajuda, amb una assistència que consisteix en el treball grupal, l'atenció telefònica, visites, etc. A més, en moltes ocasions, aquests grups també ajuden els professionals sanitaris i els proporcionen informació valuosa.

El **propi pacient** ha d'utilitzar les seves capacitats per canviar envers el que sigui beneficiós per a ell. L'objectiu prioritari és que la persona aprengui a cuidar-se a si mateixa. A vegades, falla l'autocura per falta de coneixements o de motivació del propi pacient, per la qual cosa no es responsabilitza de les seves cures i acaba essent dependent i perdent l'autoestima. Per evitar-ho, cal reforçar positivament els aprenentatges i els canvis d'hàbits que millorin l'autocura.

Parlar d'autocura i autoajuda no és dir que el malalt hagi d'estar sol, cuidar-se sol o ajudar-se a si mateix. És imprescindible el suport del seu entorn.

No hem d'oblidar que, si es vol ajudar, l'empatia és una actitud essencial. Probablement, sigui més fàcil mostrar empatia quan es passi o s'hagi passat per la mateixa malaltia o per una situació similar. A més, en aquest cas, es reconeixen millor les dificultats i els sofriments i és possible transmetre els coneixements adquirits per la pròpia experiència.

Aquests són alguns dels recursos amb què compten les **associacions** de malalts crònics i la gran aportació per col·laborar amb el pacient i els seus familiars.

Qüestionari MOS de suport social

Aquest qüestionari informa sobre les dimensions de la xarxa social del pacient, les persones amb què el malalt se sent a gust i parla obertament del que li passa i sent. També comprova la freqüència de l'ajuda de què disposa quan ho necessita (suport emocional/informatiu, instrumental, de distracció i afectiu).

Teràpia ocupacional

La teràpia ocupacional és la ciència que busca curar o alleujar els símptomes de la malaltia a través de l'ocupació. Ofereix un conjunt de possibilitats per tal que el pacient ocupi millor el temps i això l'ajuda a millorar el seu malestar i a mantenir la seva capacitat funcional i la seva autoestima.

Activitats

11·· Investiga les adaptacions i ajudes que pot necessitar una persona amb discapacitat. Elegeix una d'aquestes situacions de discapacitat: dèficit auditiu, visual, de mobilitat, de relació social o altres, i presenta un resum amb la informació que recopilis sobre els recursos i els consells necessaris.

Activitats finals

1·· Busca informació sobre alguna malaltia crònica, a més de les vistes en aquesta unitat, i identifica els principals problemes i necessitats que preocuparan el pacient i els seus familiars.

2·· El fet de no poder seguir el ritme dels altres i la sensació d'inutilitat que tenen alguns malalts crònics els condueix al temor de no ser acceptats ni estimats. Què penses sobre aquesta afirmació? Quin remei proposes per evitar-ho?

3·· Completa la frase indicant totes les opcions que creguis correctes respecte d'aquesta afirmació: el procés d'adaptació a una malaltia crònica depèn de:

a) La gravetat de la malaltia.
b) Els recursos personals.
c) L'actitud de les persones properes (família, amics, companys...).
d) El suport social i econòmic.
e) Les respostes del medi enfront de la malaltia.

4·· Amb una detecció precoç, és possible curar més casos de càncer. Esmenta algunes mesures de detecció precoç del càncer.

5·· Et sembla que la comunicació és similar en els moments de salut i en els de malaltia?

6·· Segons la teva opinió, la por que presenten algunes persones, inclòs el personal sanitari, davant de la sida, és major, menor o igual que el que presenten davant de qualsevol altra malaltia contagiosa? Per què creus que és així?

7·· El dolor té un component físic. Quins són els altres components del dolor crònic? Fes un resum d'aquests components.

8·· Investiga quins són alguns dels agents cancerígens demostrats per a l'ésser humà.

9·· Fa uns anys hi va haver una campanya contra la sida amb el lema "si da, no da". Fes un resum dels mecanismes de transmissió de la infecció pel VIH ("si dan sida") i dels que no ho són ("no dan sida").

10·· Convideu alguna associació de malalts crònics al vostre institut per tal que us expliquin l'activitat que desenvolupen, o bé realitzeu un treball sobre una associació de malalts crònics. Heu de recopilar, com a mínim, els aspectes següents:

- Dades de l'associació: nom i adreça de l'associació.
- Malaltia crònica de què s'ocupa:
  - Aspectes biològics, emocionals i socials de la malaltia concreta.
  - Cures, restriccions i tractaments específics que requereixen els pacients.
  - Dia especial, si existeix, per donar suport a la malaltia: "Dia de...".
- Objectius de l'associació.
- Activitats que desenvolupa l'associació.
- Ajudes, subvencions, etc.

11·· Comenta si et semblen correctes o incorrectes les següents afirmacions i per què:

a) Un malalt crònic que s'intenta convèncer que la malaltia no afecta la seva vida sempre tindrà una actitud positiva davant de la malaltia.
b) Alguns malalts crònics deixen de donar les coses per suposades, reaccionen qüestionant-s'ho tot més i no creuen automàticament el que se'ls diu que passarà.
c) El més important és centrar-se en les necessitats físiques del malalt crònic.

12·· És el mateix ser seropositiu que tenir la sida? Explica per què.

Casos finals

1·· La vida al costat d'un malalt crònic

L'Alícia estava amb les seves amigues i, tot d'una, s'ha posat a plorar. El Gerard, el seu pare, pateix una insuficiència renal que l'obliga a un tractament de diàlisi tres vegades per setmana.

Encara que al principi va ser un cop molt dur, els seus familiars van respondre amb optimisme, pensant que potser aviat aconseguirien un ronyó "nou"; fins aleshores, la diàlisi seria la solució.

A mesura que ha anat passant el temps, el malalt està més angoixat i desesperançat. El pare de l'Alícia se sent inútil i incapaç de fer coses, ja no té interès per les activitats que l'apassionaven, i no s'ho passa bé jugant a cartes ni anant a llegir el diari a la biblioteca. El seu pensament sempre està centrat en el mateix i diu que depèn d'una màquina per viure i que no hi pot fer res, ja que "sempre està obligat a tornar al centre d'hemodiàlisi". Però, a més, el seu humor ha canviat, s'enfada per tot, està molt irritable, exigeix les coses al moment, tots han d'estar pendents d'ell i només l'importa el que té a veure amb ell.

La vida familiar s'ha fet molt difícil i, per això, l'Alícia ja no pot més i s'ha posat a plorar.

Què podem comentar sobre el que es recull en aquesta història? En aquesta situació o en casos similars, penses que és una reacció habitual la que presenten el pare malalt i la filla?

2·· Tot canvia en un segon

Ho recorda perfectament: aquell dissabte era a la cuina preparant-se l'esmorzar quan va sonar el telèfon i la van avisar que el seu fill havia tingut un accident. No podia ser, altres caps de setmana havia estat preocupada perquè el noi se n'anava de festa amb els amics, però fa sis mesos que estava treballant i aquell dia tornava del torn de nit.

La Carlota va anar a despertar el seu marit Damià i tots dos se'n van anar ràpidament a l'hospital. Allí els van informar que el seu fill tenia una lesió de la medul·la espinal. "Quin disgust! Però aviat es recuperarà. El Lluc és jove i fort i en poques setmanes tornarem a organitzar el negoci que volem muntar junts", va pensar el seu pare.

Després van traslladar el Lluc a l'Hospital de Paraplègics d'una altra ciutat. Aquells mesos, la Carlota s'hi va traslladar per estar al seu costat en la rehabilitació. Van ser dies difícils i ara tocava tornar a casa. Ella es dedicaria a cuidar-lo. A més, havia de convèncer el Damià, perquè seguia parlant de l'empresa que muntarien pare i fill, i això ja no podria ser...

Completa la història. Imagina què senten tots després de l'accident, especialment el noi que ha patit la paraplegia. Què pensen les persones que s'enfronten a aquesta situació? Explica si són adequades les respostes dels pares, com penses que es comportaran els amics i l'entorn, de quina forma caldria ajudar el Lluc i què necessita, etc.

Autoavaluació

1. Quan diem que una malaltia és crònica?

a) Quan és greu.
b) Quan és mortal.
c) Quan es prolonga en el temps.
d) Quan apareix en l'edat adulta.

2. Què pot causar sofriment en el malalt crònic?

a) Les limitacions que presenti.
b) El temor al rebuig.
c) Els canvis en la seva vida com a conseqüència de la malaltia.
d) Totes les respostes anteriors són correctes.

3. Què és necessari per a una evolució favorable de la malaltia?

a) Que no es faci gaire cas als símptomes.
b) Que se sobreprotegeixi el malalt.
c) La participació activa del pacient.
d) Les respostes b i c són correctes.

4. Segons el Codi Europeu Contra el Càncer, quines vacunes es recomanen per prevenir el càncer?

a) Grip i hepatitis A.
b) Hepatitis B i VPH.
c) Febre groga i VIH.
d) Totes les vacunes prevenen el càncer.

5. Què promou el CECC?

a) Tenir un pes corporal saludable.
b) Limitar el sedentarisme.
c) Evitar l'excés de sol.
d) Totes les respostes anteriors són correctes.

6. Quina no és una via de transmissió de la sida?

a) Oral.
b) Sexual.
c) Sanguínia.
d) Perinatal.

7. Indica l'afirmació correcta:

a) L'únic dolor que existeix és el dolor físic.
b) Si la persona pateix dolor crònic, és possible que presenti alteracions del comportament, agressivitat i irritabilitat.
c) En la malaltia crònica, no disminueix mai l'autoestima del pacient.
d) És rar que el malalt crònic se centri en els seus problemes físics.

8. Com podem ajudar en el component social del dolor?

a) Millorant les relacions interpersonals.
b) Desenvolupant activitats i aficions.
c) Oferint recursos socials.
d) Totes les respostes anteriors són correctes.

9. Si volem ajudar el pacient crònic, quina actuació de les següents és correcta?

a) No deixar-lo plorar perquè es posarà més trist.
b) Enfadar-nos-hi quan es queixi.
c) Ser sincers i corregir-li les idees equivocades.
d) Aconsellar-li que se centri únicament en el seu problema.

10. Quina és la mesura més útil enfront del sofriment psicològic?

a) La comunicació eficaç.
b) El tractament farmacològic.
c) L'actitud paternalista.
d) No hi ha mesures eficaces.

11. Què tindrem en compte per informar millor?

a) Direm el més important al final de l'entrevista.
b) Explicarem les coses amb molts detalls i de forma complicada.
c) Donarem consells concrets.
d) Les respostes a i c són correctes.

12. De les següents opcions, marca la que consideris incorrecta en una escolta activa:

a) Atendre tant el missatge verbal com el no verbal.
b) Transmetre que hem entès el missatge.
c) Parlar més que escoltar.
d) Les respostes b i c són correctes.

13. Què és important en el suport social del malalt crònic?

a) Tenir molts contactes.
b) Tenir contactes de qualitat.
c) No tenir contactes.
d) Les respostes a i b són correctes.

14. Què millora l'autoestima?

a) Sentir-se estimat.
b) L'autocura.
c) La participació activa.
d) Totes les respostes anteriors són correctes.

Unitat 10

El malalt terminal

Preguntes inicials

1·· Al teu entorn proper, hi ha alguna persona que hagi passat o estigui passant pel procés de terminalitat?

2·· Coneixes algun recurs per cuidar els malalts terminals?

En aquesta unitat aprendràs a...

- Identificar les característiques d'una malaltia terminal i les fases per les quals passen els malalts terminals.
- Reconèixer les necessitats psicològiques d'un malalt terminal i el seu cuidador.
- Conèixer què són i quins objectius tenen les cures pal·liatives.

ATENCIÓ PSICOLÒGICA AL MALALT TERMINAL

- **Definició i característiques de la malaltia terminal**
  - Malaltia terminal
  - Malaltia incurable
  - Característiques que concorren en la malaltia terminal segons la SECPAL
- **Cures pal·liatives**
  - Definició segons l'OMS
  - Objectius
  - Instruments bàsics usats en cures pal·liatives
  - Bases de la terapèutica en pacients terminals
- **Suport psicoemocional**
  - Fases del procés de la mort segons E. Kübler-Ross
    - Negació o rebuig de la veritat
    - Ira, ràbia, reconeixement de la veritat
    - Negociació
    - Preparació, abatiment davant de la veritat
    - Acceptació, reconciliació amb la veritat
  - Reaccions psicològiques del malalt terminal
    - Depressió
    - Interiorització
    - Por
      - Al desconegut
      - A la soledat
      - Al sofriment
      - A la pèrdua d'identitat
      - A la pèrdua del cos
      - A la pèrdua de l'autoconfiança
  - Necessitats psicològiques dels malalts terminals
  - Necessitats del professional
- **Dilemes ètics i drets del malalt terminal**
  - Acarnissament o furor terapèutic
  - Dret a la informació
  - Mort a casa o a l'hospital
  - Eutanàsia
  - Testament vital
  - Sedació
  - Drets del malalt terminal

Per al projecte final

- Reconeixeràs les fases per les quals pot estar travessant un malalt terminal i quines reaccions psicològiques pot presentar.
- Identificaràs què pots fer per donar suport psicològic al pacient en estat terminal.

1 >> Definició i característiques de la malaltia terminal

Caminar a la mort

Caminar a la mort no és fàcil. I si és dur viure, morir tampoc ho és menys.

Luis Cernuda

Hi ha dos moments crucials per a l'ésser humà: el **naixement** i la **mort**. Encara que som conscients que "comencem a morir des del moment en què naixem" i que la mort no és l'oposat a la vida, sinó una part, ens espanta el desconegut.

En una societat com la nostra, en què s'inculca el culte al cos i hi ha cada vegada més avenços mèdics destinats a la curació, la mort es pot considerar com un fracàs. Fins i tot per als sanitaris, als quals s'ensenya a salvar vides, el contacte amb la mort resulta frustrant en moltes ocasions i, tot i això, haurien de ser els primers en reconèixer que hi ha moments en l'evolució de determinades malalties en què l'objectiu ja no és **curar**, sinó **cuidar**; per això, si pots curar, cura; si no pots curar, alleuja i, si no pots alleujar, consola.

Quan la malaltia es torna incurable i terminal, el nostre objectiu com a sanitaris serà **alleujar els dolors físics i morals**, mantenint en tot el possible la qualitat d'una vida que s'esgota i evitant emprendre o continuar accions terapèutiques sense esperança, inútils o obstinades. Cal ajudar el malalt fins al final amb el respecte que es mereix la dignitat de l'ésser humà.

El càncer, la sida, malalties de neurona motora (com l'esclerosi lateral amiotròfica) o específiques d'insuficiència d'algun òrgan (pulmó, ronyó, fetge, etc.) reuneixen en major o menor mesura les característiques de la malaltia terminal. Però hem de diferenciar les malalties terminals de les malalties incurables. La definició que proposa Lasagna de **malaltia terminal** és:

> "L'estat de malaltia la presència del qual provoca en la ment del metge, el pacient i la família una expectativa de mort com a conseqüència directa de la pròpia malaltia".

D'aquesta forma, la malaltia terminal inclou un grup de malalts amb una supervivència que pot variar des de poques setmanes a alguns mesos; en canvi, per entendre el concepte de malaltia incurable, ens fixarem en les malalties cròniques que s'han de tractar de per vida per controlar-ne els símptomes i evitar-ne complicacions. Tot i l'avenç de les ciències mèdiques, encara existeixen malalties que no tenen curació, com la sida, la diabetis o la poliomielitis. Però també és cert que algunes es poden prevenir mitjançant vacunació (poliomielitis). Així mateix, se'n poden tractar els símptomes de manera que els malalts que les pateixen puguin viure durant molts anys amb una bona qualitat de vida.

> La **malaltia incurable** és aquella que, amb els coneixements mèdics actuals, no té possibilitats de curació, però el pronòstic de vida del malalt pot ser més o menys llarg.

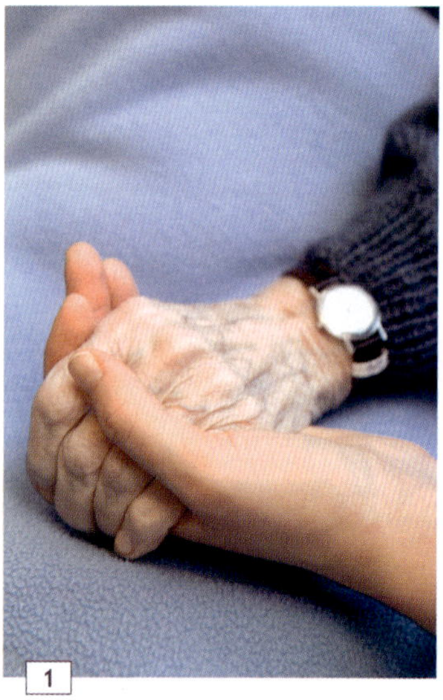

1

Si pots curar, cura; si no pots curar, alleuja; si no pots alleujar, consola.

Característiques de la malaltia terminal

La Societat Espanyola de Cures Pal·liatives (SECPAL) recull de forma clara les característiques que han de concórrer en la malaltia per tal que es pugui qualificar com a terminal. Són les següents:

- **Presència d'una malaltia avançada, progressiva i incurable.**
- **Falta de possibilitats raonables de resposta al tractament específic.** Per evitar córrer el risc de no tractar un malalt potencialment curable, abans s'hauran d'esgotar tots els recursos terapèutics possibles; però també és cert que, en cas que sigui un malalt terminal, hem d'evitar caure en allargar l'agonia de forma innecessària.
- **Presència de problemes o símptomes intensos, múltiples, multifactorials i canviants.**

Símptomes en el malalt terminal	
Dolor	
Símptomes digestius	Boca seca, candidiasi, anorèxia, caquèxia, nàusees, vòmits, disfàgia, restrenyiment, obstrucció intestinal
Símptomes respiratoris	Dispnea, ranera agònica, tos, sanglot
Símptomes neuropsiquiàtrics i psicològics	Ansietat, depressió, estat confusional agut, insomni

- **Gran impacte emocional en el pacient, la família i l'equip terapèutic, molt relacionat amb la presència, explícita o no, de la mort.** La família hi té un doble paper:
  - Com a donadora: serà necessari formar els familiars per tal que sàpiguen cuidar el pacient, així com marcar l'actuació en les diferents situacions. Tenir una tasca concreta en la cura del malalt ajuda a disminuir l'impacte emocional.
  - Com a receptora: els professionals sanitaris han de saber reconèixer i donar suport davant de les múltiples pors que sorgeixen en els familiars del malalt terminal.
- **Pronòstic de vida inferior a sis mesos.** Com a professionals sanitaris, acompanyarem fins al final el malalt i la seva família, li quedi el temps que li quedi, tractant que tingui la millor qualitat de vida.

www.secpal.com

Es tracta de la pàgina web de la Societat Espanyola de Cures Pal·liatives, en què trobaràs interessant informació sobre aquestes cures.

Dolor total

En el dolor, influeixen moduladors no només bioquímics o mecànics, sinó també emocionals, familiars, d'expectatives, d'informació... És el que es coneix com a "dolor total".

Activitats

1·· Què entens per malaltia terminal? Explica quines característiques presenten aquest tipus de malalties i posa exemples de malalties que reuneixin característiques de terminalitat.

2·· Per què en la societat actual fins i tot els propis sanitaris veuen la mort com un "fracàs"? Com a sanitaris, quins serien els objectius davant d'una malaltia terminal?

3·· Explica breument les diferències entre malaltia terminal i malaltia incurable.

4·· Una malaltia terminal es caracteritza per la falta de possibilitats raonables de resposta al tractament específic. Què entens per "raonable"? A quins dos extrems es pot arribar equivocadament?

2 >> Cures pal·liatives

No s'ha de separar el cos de la ment

Els que pateixen no són els cossos, són les persones.

E. Casell (1982)

"Què s'ha de fer quan no hi ha res a fer per aconseguir la curació del pacient?"

A mesura que la malaltia terminal progressa, canvia la classe de cures que hem d'administrar a la persona, desplaçant-se des dels tractaments curatius als pal·liatius, intensificant el tractament simptomàtic i oferint unes cures de base més espiritual i psicoemocional; en altres paraules, menys tècniques i més humanes.

Les **cures pal·liatives** constitueixen un abordatge destinat a millorar la qualitat de vida dels pacients i els seus familiars, que afronten els problemes associats a una malaltia amenaçadora per a la vida, a través de la prevenció i pal·liació del sofriment, per mitjà de la identificació precoç i l'avaluació de tractaments curosos de totes les problemàtiques que afecten el malalt, siguin de tipus somàtic, ètic, social o d'altres tipus. OMS (2004)

Ajudar algú proper a morir no és senzill; és quelcom que no s'improvisa i que és necessari aprendre. Un bon entrenament de l'auxiliar d'infermeria facilita el maneig del silenci, de l'empatia, i permet al propi professional madurar a través de l'experiència.

La seva feina és essencial en considerar les cures pal·liatives com a cures intensives de confort.

No serveix de res un tractament mèdic correcte o l'assessorament d'un psicòleg si no es tenen en compte altres necessitats: l'habitació no té llum adequada o hi ha un excés de soroll; els llençols estan arrugats; el pijama està moll o no s'atenen amb professionalitat les necessitats d'alimentació o higiene.

Si no es duen a terme aquestes tasques amb amor i respecte, es pot malmetre l'autoestima i la dignitat del malalt. Per a **l'OMS,** els objectius de les cures pal·liatives són:

Importància de la cura

Vostè importa perquè és vostè, vostè importa fins a l'últim moment de la seva vida i nosaltres farem el possible, no només per ajudar-lo a morir en pau, sinó per tal que visqui fins que mori.

C. Saunders

Objectius de les cures pal·liatives

1. Alleujament del dolor i altres símptomes.
2. No allargar ni escurçar la vida.
3. Donar suport psicològic, social i espiritual.
4. Refermar la importància de la vida.
5. Considerar la mort com quelcom normal.
6. Proporcionar sistemes de suport per tal que la vida sigui el més activa possible.
7. Donar suport a la família durant la malaltia i el dol.

Activitats

5·· Creus que és important el treball de l'auxiliar d'infermeria en l'àmbit de les cures pal·liatives? Justifica la teva resposta.

6·· Segons l'OMS, quins són els objectius de tota cura pal·liativa?

Instruments bàsics en cures pal·liatives

Les cures pal·liatives (CP) pretenen aconseguir millor qualitat de vida i confort de les pacients terminals, prestant una atenció integral (física, emocional, social i espiritual) de forma individualitzada i continuada. Els instruments bàsics de les CP són:

- **Control de símptomes:** reconèixer, avaluar i tractar els símptomes que, com s'ha indicat anteriorment, són múltiples, multifactorials, canviants i intensos; d'aquesta manera, aconseguirem major benestar del pacient.
- **Suport emocional i comunicació:** en tot moment, ha d'existir una comunicació oberta i honesta entre malalt, família i equip terapèutic.
- **Treball en equip:** per aconseguir una cura total, activa i continuada del pacient i la seva família, són necessaris el treball en equip i la coordinació dels seus membres. Per això, les unitats de Medicina i Cures Pal·liatives estan formades per diversos professionals (equip multidisciplinari), com metges, infermeres, auxiliars d'infermeria, assistents socials, psicòlegs, etc.

Bases de la terapèutica en pacients terminals

En el tractament dels pacients terminals, la **SECPAL** fa les recomanacions següents:

- **Atenció integral:** el principal objectiu de les cures pal·liatives és l'atenció integral al malalt en els aspectes físic, emocional, social i espiritual.
- **Promoció de l'autonomia i la dignitat:** el malalt ha d'intervenir en les decisions terapèutiques i s'elaboraran amb ell els objectius terapèutics.
- **El malalt i la família són la unitat que cal tractar:** sabem que la família és el nucli fonamental de suport al malalt i adquireix una importància especial en l'atenció domiciliària. Per aquest motiu, convé recordar que la família necessitarà ajuda i informació per afrontar la malaltia del seu familiar, acompanyar el pacient, col·laborar en la seva cura i superar el dol.
- **Concepció terapèutica activa:** hem d'eliminar del nostre vocabulari la frase "no s'hi pot fer res més", ja que **sempre hi ha alguna cosa que hi podem fer**; a vegades, és tan senzill com visitar el pacient, escoltar-lo, donar-li la mà, confortar-lo amb la paraula i amb el compromís professional que ens té a la seva disposició.
- **Ambient adequat:** per a la cura del pacient, és fonamental crear un ambient de respecte, confort, suport, seguretat i comunicació. Per això, són molt importants l'actitud de la família i dels professionals sanitaris, així com les mesures organitzatives.

Equip multidisciplinari

- Permet l'atenció integral.
- Exigeix competència professional.
- Facilita disponibilitat de comunicació entre nivells assistencials.
- Genera seguretat al malalt i la família.
- Integra la família en l'equip terapèutic.
- Ajuda a l'acceptació de la cura en l'àmbit familiar.
- Promou la intimitat i l'autonomia.

Sempre es pot fer alguna cosa més

Hem de passar d'una mentalitat curativa ("què més puc fer?") a una mentalitat pal·liativa ("què més pot voler?").
Com deia C. Saunders: "Escolta els malalts; ells et diran què fer".

Activitats

7·· Entre les bases terapèutiques en malalts terminals, la SECPAL inclou la d'una concepció terapèutica activa. Fes una petita reflexió sobre el que això significa. Estàs d'acord amb els que opinen que quan existeix una malaltia terminal "no es pot fer res més per al malalt"?

3 >> Suport psicoemocional

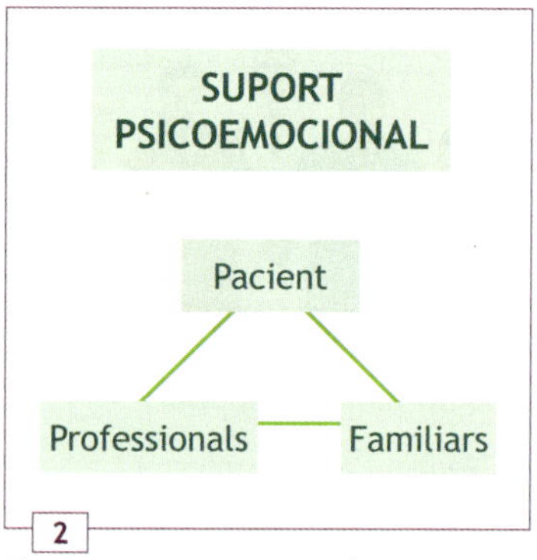

2

El suport psicoemocional és responsabilitat de l'equip assistencial, que a més ensenya a donar-lo; el dóna la família i el dóna el pacient. El reben i el donen, per tant, les mateixes persones.

El **suport psicoemocional** consisteix en acompanyar el malalt i la seva família en tot el procés de la malaltia. Es tracta **d'escoltar, informar, ensenyar, donar suport i cuidar** tots els que participen en el procés i prestar una atenció especial a la família, que rep un gran impacte emocional. Tant el pacient com la família i els professionals implicats en la cura són receptors i donadors de suport psicoemocional.

3.1 > Fases en el procés de la mort

E. Kübler-Ross descriu **cinc fases** per les quals passa un malalt terminal. No sempre es presenten totes, ni segueixen un ordre, ni tenen la mateixa durada, ja que depèn de diversos factors:

1. **Negació o rebuig de la veritat:** en conèixer el diagnòstic de malaltia terminal, els malalts responen negant la realitat com a mecanisme de defensa per reduir l'ansietat. Diran frases com "això no em pot estar passant a mi".
2. **Ira, ràbia, reconeixement de la veritat:** aquí sorgeixen sentiments de ràbia per la impotència, i de ressentiment i agressivitat envers els altres, sobretot envers els que més estima ("per què a mi?", es pregunten). Família i professionals sanitaris han de tenir paciència i comprendre abans de jutjar.
3. **Negociació:** el pacient comença a acceptar la realitat però intenta negociar o realitzar pactes per aconseguir algun desig. El malalt pensa alguna cosa així: "D'acord, estic malalt i em moriré, però amb una condició...".
4. **Depressió, abatiment davant de la veritat:** a mesura que progressa la malaltia, van apareixent més símptomes, el pacient es debilita i, en ser conscient de la realitat, entra en una fase depressiva amb una intensa sensació de pèrdua. En aquesta fase, hem de mostrar suport i comprensió davant de la seva tristesa i afavorir l'expressió del seu dolor.
5. **Acceptació, reconciliació amb la veritat:** el pacient és conscient que no hi ha solució i es disposa, de forma serena i digna, per a la seva mort. És una fase gairebé desproveïda de sentiments, en què hem de respectar els desigs del pacient.

Dallas Buyers Club

Aquesta pel·lícula, estrenada el 2013, dirigida per Jean-Marc Vallée, ens mostra les diferents fases descrites per Kübler-Ross per les quals passa un malalt terminal de sida (interpretat per Matthew McConaughey).

3

Fases en el procés de la mort, segons Kübler-Ross.

3.2 > Reaccions psicològiques del malalt terminal

Davant de la proximitat de la mort, la persona presenta reaccions psicològiques com la regressió (torna a comportaments d'altres etapes vitals anteriors), la **interiorització** (s'aïlla de tot el que l'envolta, es replega sobre si mateix i és difícil comunicar-s'hi) i la por (ja que el pacient podrà sentir por a moltes coses). Les pors més freqüents són:

Por	En què consisteix?	Què hi podem fer?
Por al desconegut i incontrolable	Es manifesta sobretot en fases inicials en què es planteja multitud de dubtes sobre la situació: quin serà el meu destí? Què passarà amb la meva família i els meus amics?	Crear un clima de confiança i sinceritat per tal que el pacient expressi les seves preocupacions. Donarem respostes convincents i específiques, però sempre aclarint-li que són opinions, ja que per a les seves preguntes no existeixen respostes objectives.
Por a la soledat	El pacient se sent rebutjat i abandonat. A vegades, s'evita el malalt, i més encara si s'està morint, perquè no sabem què dir-li.	Hem d'acompanyar el malalt el major temps possible, que senti que ens interessem per ell i que ens té a la seva disposició si ens necessita.
Por al dolor	Por al sofriment en general, no només el dolor físic. Està influït per l'actitud del malalt.	Treballar al costat del malalt per conèixer l'origen, l'extensió i la durada del dolor, i així poder-lo tractar correctament i alleujar-li el sofriment.
Por a la pèrdua d'identitat	La minusvalidesa del cos, la pèrdua del control i de la plena consciència, del contacte humà i de les funcions fa que es destrueixi la pròpia identitat.	Reforçar la identitat mantenint el contacte amb els que formen part de la seva vida i conservar la identitat amb el desig de reunir-se amb les persones estimades mortes anteriorment.
Por a la pèrdua del cos	El cos és una part vital en el concepte de nosaltres mateixos, de forma que quan es deforma (per la pròpia malaltia o el tractament) no és només una pèrdua física, sinó també de la imatge i de l'autoestima.	Informar el malalt del que li passa i per què li evita ansietat. S'ha d'insistir que no s'ha d'avergonyir per la pèrdua de funcions, i només l'assistirem quan no es pugui valer per si mateix. Cal intentar que mantingui el control el major temps.
Por a la pèrdua de l'autocontrol	Amb l'avanç de la malaltia apareix una situació de dependència, ja que disminueixen el control, l'energia, la vitalitat, la força i la capacitat de reacció. Aquestes pèrdues físiques i mentals provoquen por.	Cal ajudar el pacient a mantenir la seva autoritat, a prendre decisions quotidianes, a continuar els seus deures en la mesura del possible i a decidir de quina forma vol viure l'últim període de la seva vida.

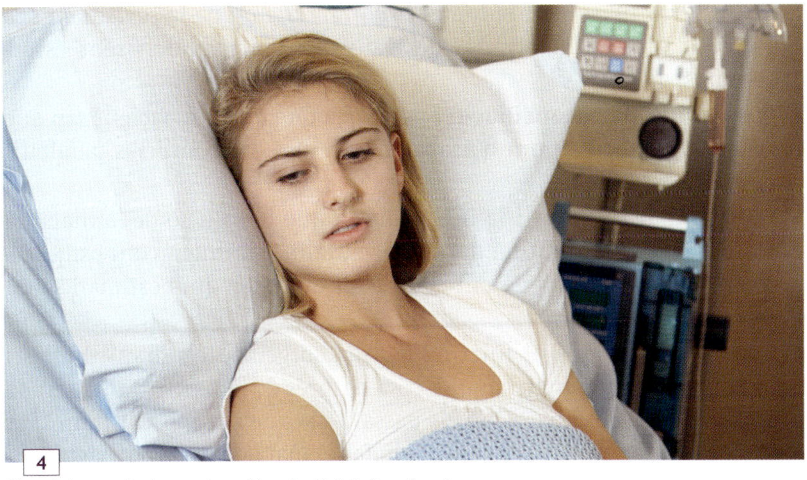

4 El malalt terminal es pot sentir rebutjat i abandonat.

Un final en pau

Només els pacients que han pogut superar les seves angoixes i ansietats seran capaços d'arribar al període d'acceptació i pau.

E. Kübler-Ross

3.3 > Necessitats psicològiques del malalt terminal

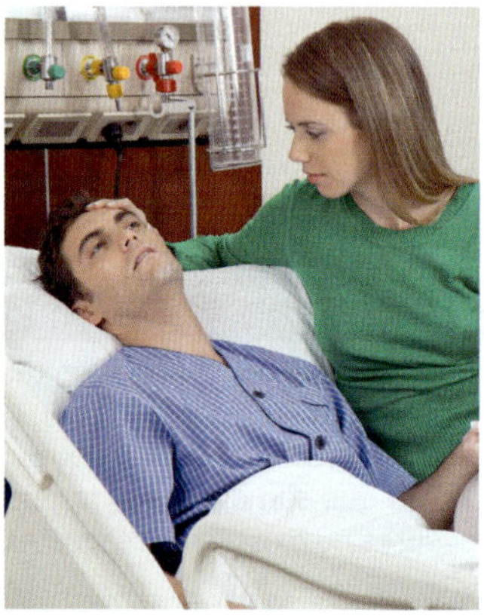

La companyia

Cap llaç uneix tan estretament dos cors humans com la companyia en el dolor.

R. Southey

Les necessitats psicològiques que té el pacient a l'hora d'enfrontar-se a la mort depenen de molts factors: tipus de malaltia, moment evolutiu, proves i tractament que requereixi, capacitat d'adaptació del pacient, suport familiar i social, relació amb els professionals sanitaris, etc. Per això, hem de fer una avaluació precisa de cada cas particular i en cada moment, però en general les necessitats psicològiques més importants són:

- **Comunicació veraç, clara i tranquil·litzadora**, perquè el pacient necessita saber què li està passant per enfrontar-se a la realitat de forma conscient, participar en les decisions terapèutiques i mantenir el control de la seva vida. Encara que hem de respectar el dret del malalt a "no voler saber".
- **Possibilitat d'expressar els seus sentiments i emocions**, ja que el pacient ha de saber que estem oberts i disposats a escoltar-lo. Donar a conèixer els seus sentiments l'ajuda a alliberar la tensió i a nosaltres ens permet captar pensaments distorsionats que li poden causar un sofriment innecessari.
- **Preservar l'esperança**, centrant-la en expectatives realistes i assolibles. Una correcta i sincera informació no té per què destruir l'esperança; al contrari, anticipar-se als símptomes previsibles indicatius de progressió de la malaltia pot reduir la desesperança i preparar d'avançat el malalt per afrontar la situació. El pacient necessita mantenir una esperança, sigui la que sigui, i la nostra obligació és respectar-la.
- **Entorn d'ajuda sense sobreprotecció**, per tal que no sorgeixin sentiments d'inutilitat, de ser una càrrega, de baixa autoestima o de pèrdua de control en el pacient i cansament en el cuidador. Hem de deixar que el pacient mantingui la seva activitat i ajudar-lo només en el que no pugui realitzar sol.
- **Sentir-se valorat positivament**, saber-se important per a algú i estimar és molt important al llarg de tota la vida, però encara més en el període final. L'acceptació incondicional del malalt l'ajudarà a millorar la seva autoestima, així com el reconeixement dels seus valors i assoliments personals, la higiene diària i la cura de la seva aparença externa, i també la comunicació afectiva per part dels seus éssers estimats.
- **Possibilitat de reconciliació i perdó**, ja que quan el pacient sap que la seva vida està a punt d'acabar busca resoldre conflictes pendents per sentir-se en pau.
- **Preservar la dignitat i la intimitat**, ja que l'evolució de la malaltia pot amenaçar la identitat del subjecte, tant físicament com psíquicament, i per això hem de mirar i tractar el malalt amb estima i sense condicions.
- **Companyia**, ja que al final de la vida sorgeixen els grans dubtes i preguntes com: existeix alguna cosa després de la mort? Quina serà la meva reacció emotiva? Què els passarà als que em sobrevisquin? Per això, és important acompanyar i ajudar el malalt a trobar un significat a la seva situació d'acord amb les seves creences i valors.

La incurabilitat

La incurabilitat és un estat del cos. La desesperació és un estat de l'ànima. Els malalts poden tolerar la incurabilitat, però no la pèrdua de l'esperança.

C. McBride

3.4 > Reaccions psicològiques i necessitats del professional

Treballar amb persones que pateixen malalties terminals és sempre dur i exigent, i ens pot generar ansietat i sentiments d'impotència i fracàs. Aquest malestar emocional pot afectar en la cura prestada al pacient i en les relacions amb els companys de treball, familiars i amics. Per tant, la preparació dels professionals encarregats de tractar malalts terminals no ha de ser només tècnica, sinó també psicològica, per conèixer el maneig de les situacions difícils i de les pròpies emocions. Així, tenir en compte determinats aspectes pot ajudar de les formes que s'indiquen a continuació:

- El tracte amb aquests pacients genera uns sentiments que és bo identificar per poder-los resoldre posteriorment:
  - Fàstic o repugnància davant de les conseqüències derivades de la pròpia malaltia (secrecions, males olors, etc.) o bé dels tractaments a què han estat sotmesos (grans amputacions, cicatrius deformants...).
  - Agressivitat, causada pels pacients que ens tracten amb ira, ens reclamen insistentment o exigeixen massa informació.
  - Pena davant de situacions d'"injustícia", "mala sort", desvaliment, com en el cas d'infants o persones amb les quals ens sentim identificades per tenir la mateixa edat o professió, etc.
  - Indiferència, utilitzada moltes vegades per evitar el nostre propi sofriment.
  - Amabilitat amb els pacients que són obedients o que no plantegen exigències.
  - Incomoditat que sentim enfront de determinats pacients que ens recorden morts o remouen al nostre interior sentiments que creiem superats.
- A vegades, el professional actua fredament guardant un distanciament per evitar el dany emocional, i en altres ocasions es produeix la situació contrària, d'una sobreimplicació afectiva. Hem de trobar el terme mitjà, ja que és la forma més adequada de tractar els pacients.
- Necessitem treballar el nostre interior: qüestions sobre la mort, el sentit de la vida, la religió, la naturalesa de l'ésser humà, etc., per conèixer-nos més a nosaltres mateixos, desenvolupar fortalesa i així poder ajudar els altres en les situacions difícils.
- Per últim, són importantíssims la comunicació i el suport entre els membres de l'equip sanitari.

Vèncer les nostres pròpies pors

Si no hem adquirit la suficient llibertat sobre les nostres pròpies pors davant de la mort, no podrem ajudar els malalts a enfrontar-s'hi.

Suport psicològic de l'equip

Poder compartir les nostres experiències amb el grup de treball suposa un gran suport per als professionals que treballen amb malalts terminals. Es pot aprofitar qualsevol moment i lloc; per exemple, mentre es pren el cafè.

Activitats

8·· Hem explicat que els professionals dedicats a les cures pal·liatives són receptors i donadors de suport psicoemocional. Tu, com a auxiliar d'infermeria, de qui creus que reps aquest suport i a qui el dones?

9·· A quines tres fases del procés terminal definides per Kübler-Ross pertanyeria cada una de les expressions següents: "Això no em pot estar passant a mi"; "per què em passa a mi i no a un altre?", "s'han confós", "em moriré, almenys que em doni temps de veure casar-se el meu nét".

10·· Explica què tindrà de positiu permetre al pacient expressar els sentiments i les emocions.

4 >> Dilemes ètics i drets del malalt terminal

Cada vegada existeixen més avenços científics i tècnics: en enginyeria genètica i en tècniques aplicades a la prolongació de la vida i a la reproducció humana. Amb aquest progrés sorgeix l'obligació de fer un bon ús d'aquests avenços. L'home ha de conèixer els límits del seu poder: **no tot el que es pot fer s'ha de fer.**

Més concretament, en el cas del **malalt terminal,** ens sorgeixen dilemes morals o ètics com a conseqüència del desenvolupament tecnològic: és ètica l'eutanàsia? I l'acarnissament terapèutic? O la sedació terminal? En quin moment, si és que existeix, s'ha d'abandonar la lluita? El pacient té dret a conèixer la veritat? És millor morir a casa o a l'hospital? En els següents apartats, aprofundirem en alguns d'aquests dilemes que es poden plantejar.

Dret a la informació

La Llei General de Sanitat, al punt 5 de l'article 10, diu textualment: "El pacient té dret a rebre, en termes comprensibles per a ell, els seus familiars i persones properes, informació completa i continuada, verbal i escrita sobre el seu procés, incloent-hi diagnòstic, pronòstic i alternatives de tractament".

4.1 > Acarnissament o furor terapèutic

L'acarnissament o **furor terapèutic** consisteix en l'ús indiscriminat de tractaments extraordinaris dels quals ningú pot esperar cap tipus de benefici per al pacient, allargant així la seva agonia.

Aquesta situació de l'acarnissament estaria en contra de la prohibició constitucional de sotmetre l'individu a tractes inhumans o degradants (article 15 de la Constitució Espanyola).

És difícil definir amb precisió quin és el moment en què comencen els excessos i els tractaments es tornen desproporcionats respecte de les necessitats del malalt.

"El metge s'ha de limitar a alleujar els dolors físics i morals del pacient, mantenint en tot el possible la qualitat d'una vida que s'esgota i evitant emprendre o continuar accions terapèutiques sense esperança, inútils o obstinades. Assistirà el malalt fins al final, amb el respecte que mereix la dignitat de l'home" (article 28.2 del Codi d'Ètica i Deontologia Mèdica de l'Organització Mèdica Col·legial de l'Estat).

4.2 > Dret del pacient a conèixer la seva situació

Davant del **dret del pacient a conèixer la seva situació,** també es pot fer la reflexió sobre algun aspecte ètic. No hi ha dubte que totes les persones tenen dret a "no voler saber" i, per tant, a no preguntar sobre la seva malaltia o pronòstic. En aquest cas, hem de respectar aquesta decisió però analitzant-la bé i assegurant-nos que el pacient ha tingut la possibilitat d'informar-se.

En altres ocasions, és la família la que sol·licita ocultar la veritat al pacient, possiblement per no fer-lo patir, o potser per protegir-se a si mateixa i no enfrontar-se a la difícil situació.

No oblidem que, en qualsevol cas, la informació l'ha de donar el metge.

4.3 > Morir a casa o a l'hospital

Fins no fa gaire temps, la mort es vivia com quelcom més proper, i el lloc en què moria la gent era la seva pròpia casa, envoltada dels seus. En canvi, en l'actualitat, la majoria de les persones moren als hospitals.

Quan un malalt està en fase terminal, la decisió de **morir a casa seva o en un centre hospitalari** també està subjecta a dilemes sobre els quals cal reflexionar. Tant en un cas com en l'altre, hi trobem **avantatges i inconvenients:**

AVANTATGES DE MORIR A CASA	INCONVENIENTS DE MORIR A CASA
- Estar envoltat de familiars i amics. - Romandre en un ambient conegut juntament amb els seus objectes personals. - Major flexibilitat d'horaris i normes. - Permet que el pacient segueixi amb les seves activitats, en la mesura del possible. - Poder rebre les cures de la seva família, amb el suport del professionals d'atenció primària, així com el de les unitats d'atenció domiciliària, que a més de donar suport a malalt i família, també ajuden el personal dels centres de salut i faciliten la coordinació entre atenció primària i hospital. Vivència propera de la situació, que afavoreix l'elaboració del dol per part de la família. - Menys possibilitats d'aïllament i despersonalització.	- Possibilitat d'arribar al cansament o la claudicació de la família. - Cures menys especialitzades. - Es pot arribar a situacions de conflicte per la tensió mantinguda per part dels familiars. - Dificultats de tipus econòmic.

5
Avantatges i inconvenients de morir a casa.

AVANTATGES DE MORIR A L'HOSPITAL	INCONVENIENTS DE MORIR A L'HOSPITAL
- Menor cansament dels cuidadors (rotació de professionals). - Cures més tècniques. - Possibilitat de proves i tractaments específics.	- Estar envoltat de desconeguts (altres pacients, professionals, etc.). - Dificultat per expressar les seves emocions en un ambient poc propici o estrany per al pacient. - Regles i horaris estrictes i poc pensats, a vegades, en benefici del pacient. - Més possibilitats de despersonalització i aïllament.

6
Avantatges i inconvenients de morir a l'hospital.

El malalt terminal davant de la mort

Si ells no pateixen, si estan instal·lats còmodament, si són cuidats amb afecte i si es té el coratge de portar-los a les seves cases —a tots, en la mesura del possible— aleshores ningú protestarà enfront de la mort.

E. Kübler-Ross

Unitats d'Atenció Domiciliària

Els objectius generals de les Unitats d'Atenció Domiciliària són: ajudar el personal dels centres de salut, donar mitjans de suport a la família i facilitar la coordinació entre atenció primària i hospital.

I respecte del malalt: han de controlar els símptomes que tingui, planificar les cures necessàries i coordinar tractaments i cures amb l'equip d'atenció primària.

4.4 > Eutanàsia

En aquest apartat, entrem en la reflexió d'un tema de plena actualitat: **l'eutanàsia.**

La paraula eutanàsia, etimològicament, prové del grec ("eu": bé i "thánatos": morir); per tant, literalment no significa res més que **bona mort** o **ben morir**.

L'eutanàsia es classifica a partir de diferents **criteris** no exempts de consideracions ètiques, morals o jurídiques:

- La primera classificació distingeix entre **voluntària i involuntària**, i es basa en si és sol·licitada o no per part del malalt. L'eutanàsia involuntària no és acceptada per cap codi ètic, moral, religiós ni legal. Va en contra de tot dret a la defensa i la protecció de la vida, ja que significa acceptar que algú té el poder de donar mort a un altre sense justificació, pel simple fet de ser vell, inútil, anormal o moribund. D'altra banda, respecte de l'eutanàsia voluntària, sorgeix una pregunta: per què la sol·licita una persona? Quan un malalt manifesta el seu desig de morir, el que primordialment busca és acabar amb una sèrie de condicionants que li fan la vida massa dura i impossible: dolor, soledat, incapacitat, ser una càrrega, degradació física, etc. Tot i això, seria més ètic alleujar aquests sofriments que eliminar el que els sofreix. Nombrosos especialistes en malaltia terminal, com Kathleen Foley, Linda Emanuel, B. Thöne-Siemens, Marie de Hennezel, López Azpitarte o Marcos Gómez Sancho, coincideixen que les peticions d'eutanàsia solen acabar quan els pacient comencen a rebre tractament pal·liatiu.
- La segona classificació, en **activa** o **passiva**, divideix l'eutanàsia segons l'acció o l'omissió de determinats actes que provocarien la mort del pacient. Així, l'eutanàsia activa consisteix en la realització d'actuacions que suposen la mort del pacient, mentre que la passiva tracta de no adoptar mesures tendents a prolongar la seva vida o de la interrupció d'un tractament mèdic instaurat anteriorment. Per exemple, l'administració d'una dosi letal d'un fàrmac seria una eutanàsia activa, mentre que no connectar el respirador a un pacient que el necessita seria passiva. Cal tenir en compte que no és eutanàsia passiva el fet de no efectuar teràpies desproporcionades, com s'explicava a l'apartat de l'acarnissament terapèutic.
- Per últim, l'eutanàsia activa pot ser, al seu torn, **directa** o **indirecta**, segons la intencionalitat. És a dir, si l'acció ocasiona la supressió de la vida és directa (com en el cas d'una injecció letal), però si l'acció no té el propòsit de donar mort, sinó d'alleujar símptomes, encara que això comporti escurçar la vida del pacient, és indirecta.

En molts països, el debat sobre l'eutanàsia és cada vegada més intens i no existeix una legislació europea única sobre aquesta matèria. En el cas d'Espanya, no s'hi contempla ni està establerta una regulació específica i completa. L'únic text normatiu en què s'hi fa referència és el Codi Penal, que indica l'existència d'una sanció punible per als casos d'eutanàsia (article 143.4).

L'OMS i l'eutanàsia

Ara que existeixen solucions possibles per evitar la mort amb sofriment, és preferible concentrar els esforços en els programes de cures pal·liatives, més que exercir pressions per legalitzar l'eutanàsia.

OMS (1991)

El Codi Penal respecte de l'eutanàsia

Article 143.4 del Codi Penal: "El que causés o cooperés activament amb actes necessaris i directes a la mort d'un altre, per la petició expressa, seriosa i inequívoca, en el cas que la víctima patís una malaltia greu que conduiria necessàriament a la seva mort, o que produiria greus patiments permanents o difícils de suportar, serà castigat...".

4.5 > Document de Voluntats Anticipades (DVA) o testament vital

El **Document de Voluntats Anticipades (DVA), o testament vital,** recull els desigs, expressats de manera anticipada, per una persona sobre les cures i els tractaments de salut que desitja rebre per tal que els tinguin en compte el metge o l'equip sanitari encarregats de la seva assistència, en els moments en què es trobi incapacitada per expressar-los personalment.

En aquest document, la persona pot expressar la seva voluntat sobre el destí del seu cos o dels seus òrgans quan hagi arribat la seva mort.

Qui pot realitzar un Document de Voluntats Anticipades (DVA)?

Les condicions per poder fer el testament vital són: que la persona sigui major de 18 anys, sigui capaç i actuï lliurement.

Per tal que sigui vàlid, ha de constar d'un document escrit formalitzat davant de notari, tres testimonis i personal al servei de l'administració.

És important que tant els metges —encarregats d'aplicar les voluntats del pacient i del seu assessorament— com els ciutadans coneguin el contingut i les condicions de realització d'aquest document.

4.6 > Sedació

Un altre dilema ètic ens el planteja l'administració de sedants, és a dir, el que coneixem per sedació terminal.

La **sedació terminal** consisteix en l'administració deliberada de fàrmacs a un pacient la mort del qual es preveu propera, per produir una disminució de la consciència suficientment profunda i previsiblement irreversible, amb la intenció d'alleujar un sofriment físic i/o psicològic inassolible per altres mitjans i amb el consentiment explícit, implícit o delegat del pacient.

Es pot considerar correcta i èticament acceptable la sedació terminal quan:

- La finalitat sigui mitigar el sofriment.
- L'administració del tractament només busqui disminuir el sofriment i no provocar intencionadament la mort.
- No hi hagi cap altre tractament que aconsegueixi els mateixos efectes principals sense l'efecte secundari de l'escurçament de la vida.

Hem de tenir en compte que, en absència de motius greus, no s'ha d'administrar fàrmacs amb l'única finalitat de privar de la consciència el moribund, perquè així se l'impedeix viure la seva pròpia mort. És una pràctica incompatible amb la mort digna i se sol dirigir més cap a eliminar el malestar dels que l'envolten. Però, respectant la dignitat humana i no pretenent la mort, s'usen analgèsics per alleujar els sofriments del malalt terminal, encara que així se li puguin reduir els dies de vida.

Fins on s'estableixen els límits?

Pregària a la serenitat:

Doneu-me la serenitat per acceptar les coses que no puc canviar, el valor per canviar el que sí que puc canviar i la saviesa per comprendre'n la diferència.

Anònim

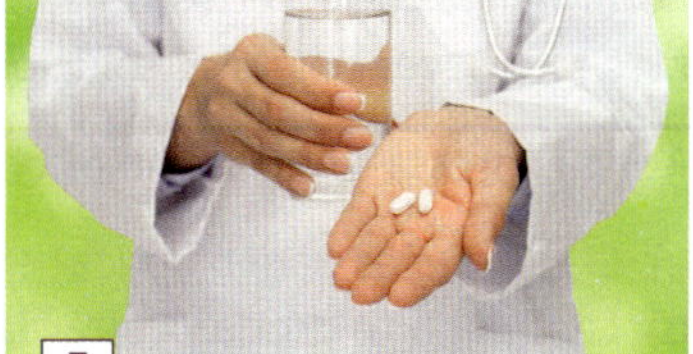

7

La finalitat de la sedació terminal és mitigar el sofriment.

4.7 > Drets del malalt

El malalt terminal reclama una sèrie de drets, buscant una bona atenció i una "bona mort"; són drets universalment acceptats. Es recullen a l'escrit següent:

Drets del malalt terminal

- Tinc el dret a ser tractat com un ésser humà viu fins al moment de la meva mort.
- Tinc el dret a mantenir una esperança, sigui quina sigui.
- Tinc el dret a expressar a la meva manera els meus sentiments i emocions pel que fa a l'aproximació de la meva mort.
- Tinc el dret a obtenir l'atenció de metges i infermers/-es, fins i tot si els objectius de curació han de ser canviats per objectius de confort.
- Tinc el dret a no morir sol.
- Tinc el dret a ser alliberat del dolor.
- Tinc el dret a obtenir una resposta honesta, sigui quina sigui la meva pregunta.
- Tinc el dret a no ser enganyat.
- Tinc el dret a rebre ajuda de la meva família i per a la meva família en l'acceptació de la meva mort.
- Tinc el dret a morir en pau i amb dignitat.
- Tinc el dret a conservar la meva individualitat i a no ser jutjat per les meves decisions, que poden ser contràries a les creences d'altres.
- Tinc el dret a ser cuidat per persones sensibles i competents, que intentaran comprendre les meves necessitats i que seran capaces de trobar algunes satisfaccions ajudant-me a enfrontar-me a la mort.
- Tinc el dret que el meu cos sigui respectat després de la meva mort.

8

Tinc el dret a mantenir una esperança, sigui quina sigui.

Activitats

11·· Quina és la postura que ha d'adoptar el metge respecte de l'acarnissament terapèutic, segons el Codi d'Ètica i Deontologia Mèdica?

12·· Entre els inconvenients que trobem en la mort a l'hospital figuren el d'estar regits per unes normes i uns horaris rígids que moltes vegades no beneficien el pacient. Explica algunes situacions en què vegis aquests problemes i les seves possibles solucions.

13·· Expressa la teva opinió sobre la informació al pacient sobre la teva malaltia:

a) Creus que es poden aplicar els mateixos criteris a tots els pacients?
b) La família té dret a ocultar la veritat?
c) Quina posició hauria d'adoptar el metge i com hauria de donar la informació?

Activitats finals

1·· El treball en equip és fonamental per poder aconseguir els objectius en les cures pal·liatives. Creus que és important el paper de l'auxiliar d'infermeria dins de l'equip interdisciplinari? Per què?

2·· Dins dels drets del malalt terminal, n'hi ha un que afecta de manera especial els professionals que s'encarreguen de la cura d'aquests malalts, com és el cas de l'auxiliar d'infermeria: "(...) dret a ser cuidat per persones sensibles i competents, que intentaran comprendre les meves necessitats i que seran capaces de trobar algunes satisfaccions ajudant-me a enfrontar-me a la mort (...)".

Per tant, els professionals han d'estar preparats tècnicament i psicològicament. Quins aspectes cal tenir en compte per estar correctament preparats?

3·· A l'hora d'elegir la mort a l'hospital o a casa, es planteja un dilema ètic en què cal valorar els avantatges i els inconvenients de les dues situacions:

a) Quins són els avantatges i els inconvenients?
b) Per a tu, quina és l'elecció més correcta?
c) Creus que es poden aplicar els mateixos criteris a tots els pacients? Desenvolupa la teva resposta.

4·· Si un malalt vol que se satisfacin les seves peticions de forma immediata, descuida la seva higiene, perd el control d'esfínters i reacciona de forma agressiva o capriciosa. A què creus que es deu?

a) Regressió. b) Interiorització. c) Por. d) A tot l'anterior.

5·· Les unitats de Medicina i Cures Pal·liatives estan formades per un equip de diferents professionals: quins professionals formen part de l'equip interdisciplinari? Per què creus que és important el treball en equip en la cura de malalts terminals?

6·· A vegades, els professionals, en la difícil tasca d'enfrontar-se a la malaltia i la mort dels seus pacients, adopten postures de distanciament i fredor o, per contra, d'implicar-se massa i sobreprotegir. Segur que coneixes alguna d'aquestes situacions o te la pots imaginar. Reflexiona-hi i fes-ne una petita redacció amb les teves pròpies conclusions.

7·· És cert que abans es vivia el procés de la mort de manera diferent a com es fa avui dia. Indica quines són les principals diferències que hi trobes i les causes que, segons la teva opinió, ho han provocat.

8·· L'eutanàsia és un dilema ètic de plena actualitat que apareix tractat en debats per diferents personalitats de tots els àmbits, ja que és un tema que ens afecta a tots. És habitual trobar preguntes del tipus: "Li agradaria que li practiquessin l'eutanàsia en cas que tingués una malaltia irreversible i patís forts dolors?" o "com que, amb els avenços mèdics existeixen més solucions, vostè demanaria que li eliminessin el sofriment o que acabessin amb la seva vida per no seguir així?" Reflexioneu sobre aquestes qüestions en petits grups i treieu-ne les vostres pròpies conclusions.

9·· Atenent a la definició de cures pal·liatives donada per l'OMS, respon les preguntes següents:

a) A qui va adreçada l'atenció d'aquestes cures?
b) Quina és la finalitat d'aquest tipus de cures i a través de quins mitjans es duen a terme?
c) Quin tipus de problemàtica tracten?

10·· Respecte de la sedació terminal:

a) En què consisteix?
b) Quan es considera correcta i èticament acceptable?

11·· Quins aspectes pot recollir i quins requisits ha de complir el testament vital per tal que sigui vàlid? Qui el pot realitzar?

Casos finals

1·· "Ajuda'm!... Però no em tractis com una inútil!"

La Sara té 30 anys. Als 20, se li va diagnosticar una ELA (esclerosi lateral amiotròfica) i, tot i que encara conserva certa mobilitat, probablement a poc a poc la perdi totalment, així com la parla, la capacitat per deglutir, etc. El més segur és que aviat necessiti un respirador i li apareguin altres tipus de necessitats.

La seva mare, des del primer moment de la malaltia, va decidir que volia que la seva filla patís el mínim possible i no li faltés de res. No ha donat cabuda a l'esperança i la seva actitud és d'excessiva sobreprotecció, sense deixar que la Sara decideixi sobre la seva malaltia en cap moment. L'acompanya a les revisions i els ingressos hospitalaris, sempre ha elegit per ella sobre els tractaments proposats i, en alguna ocasió, fins i tot ha demanat als metges que ocultessin la veritat a la seva filla per tal que no patís. La Sara, en moltes d'aquestes situacions, li ha dit a la seva mare: "Necessito que em comprenguis i que m'acompanyis: ajuda'm, però no em tractis només com una inútil i com si només tu sabessis què em convé!".

Però l'afany de protegir la Sara ha portat la seva mare a no deixar-li fer absolutament res (ni practicar les seves aficions, ni mantenir relacions socials, ni tan sols respecte de la seva higiene i alimentació: ella la banya, li dóna el menjar, etc.), fins i tot quan el seu estat físic li permetia fer-ho sola. Aquesta situació ha produït en la Sara sentiments d'inutilitat, de ser una càrrega: se sent dependent i inútil i, ara que la malaltia està més avançada, la sensació de pèrdua de control és encara major.

Des de la setmana passada, la Sara és mostra molt agressiva, vol que li donin tot fet i immediatament, ja no controla esfínters i s'orina i defeca al llit. La seva mare se sent esgotada, ja no pot més, i es pregunta: "Què he fet malament?".

Reflexiona i respon les preguntes següents:

- Creus que la malaltia de la Sara compleix criteris de terminalitat?
- Quines reaccions psicològiques pròpies del malalt reconeixes en la Sara? Quins tipus de por reflecteix el seu comportament?
- La Sara té una sèrie de necessitats psicològiques que probablement la seva mare, en el seu afany de sobreprotecció, no està cobrint. Pots identificar-ne alguna?
- Com a pacient terminal té uns drets que, en aquest cas, s'estan ignorant. Pots dir-nos quins?
- Reflexiona sobre quina seria una actitud de la mare cuidadora més positiva tant per a ella com per a la Sara.

2·· "No la vull veure patir!"

La Mercè és una pacient de 54 anys en estat terminal d'una malaltia degenerativa. És conscient de la seva malaltia i, encara que ha passat per moments molt difícils, ara, sabent que no hi ha solució, es prepara de forma serena i digna per afrontar la seva mort; però la seva filla Carme, de 24 anys, se sent bastant angoixada davant de la situació, i això fa que sol·liciti al metge que mantingui sedada la seva mare fins al moment de la mort, al·legant que no la pot veure patir.

Reflexiona i respon les preguntes següents:

- En quina fase de les proposades per E. Kübler-Ross es troba la Mercè?
- Et sembla una postura adequada la de la Carme?
- Quina creus que és l'actitud que ha d'adoptar el metge?

Autoavaluació

1. Quin és un dret del malalt terminal?

a) El dret a morir en pau i amb dignitat.
b) El dret a no ser enganyat.
c) El dret a ser cuidat per persones sensibles i competents.
d) Totes les respostes anteriors són correctes.

2. Dins dels símptomes psicològics i neuropsiquiàtrics de la malaltia terminal no figura:

a) L'ansietat.
b) La disfàgia.
c) L'insomni.
d) La depressió.

3. Els problemes o símptomes que es presenten en la malaltia terminal són:

a) Intensos, múltiples, multifactorials i canviants.
b) Intensos, únics, multifactorials i estàtics.
c) Lleus, múltiples, multifactorials i canviants.
d) Lleus, únics, multifactorials i estàtics.

4. És un objectiu de les cures pal·liatives:

a) Donar suport psicològic, social i espiritual.
b) Considerar la mort com quelcom normal.
c) No allargar ni escurçar la vida.
d) Totes les respostes anteriors són correctes.

5. Indica l'afirmació incorrecta respecte de les fases per les quals passa el malalt terminal, segons Kübler-Ross:

a) Tots han de passar per totes les fases obligatòriament.
b) En la fase de negociació, el pacient comença a acceptar la realitat però intenta arribar a pactes.
c) En progressar la malaltia i anar apareixent més símptomes i debilitat, el malalt pot entrar en una fase depressiva.
d) Els pacients neguen la realitat com a mecanisme de defensa en conèixer el diagnòstic de la malaltia terminal.

6. Quina és una necessitat psicològica del malalt terminal?

a) Comunicació veraç, clara i tranquil·litzadora.
b) Possibilitat d'expressar els seus sentiments i emocions.
c) Sentir-se valorat positivament.
d) Totes les respostes anteriors són correctes.

7. Indica l'afirmació correcta respecte de les reaccions psicològiques i les necessitats del professional que treballa amb el malalt terminal?

a) Són persones molt fortes que no tenen mai necessitats.
b) La preparació d'aquests professionals no ha de ser només tècnica sinó també psicològica, per conèixer el maneig de les situacions difícils i de les pròpies emocions.
c) La comunicació i el suport entre els membres de l'equip sanitari és signe de debilitat.
d) La millor actitud és mostrar-se fred i distant per evitar el dany emocional.

8. Respecte del dret del pacient a conèixer la seva situació.

a) No hi ha res legislat al respecte.
b) S'ha d'evitar al pacient la possibilitat de preguntar.
c) Els familiars són els que decideixen en totes les ocasions si s'ha d'informar o no el pacient.
d) El metge ha de donar la informació.

9. És un avantatge de morir a casa:

a) Romandre en un ambient conegut i envoltat dels objectes personals.
b) Poder rebre les cures de la família amb el suport de professionals sanitaris.
c) Permetre que el pacient continuï amb les seves activitats en la mesura del possible.
d) Totes les respostes anteriors són correctes.

10. No és un avantatge de morir a l'hospital:

a) Rebre cures més tècniques.
b) Més possibilitats de proves i tractaments específics.
c) Regles i horaris estrictes.
d) Totes les respostes anteriors són correctes.

11. Indica l'afirmació correcta respecte de la malaltia terminal:

a) És el mateix malaltia terminal que malaltia incurable.
b) El pronòstic de vida del malalt terminal és llarg.
c) Provoca expectativa de mort com a conseqüència de la pròpia malaltia.
d) Té probabilitats de curació.

Unitat 11

La família davant de la malaltia

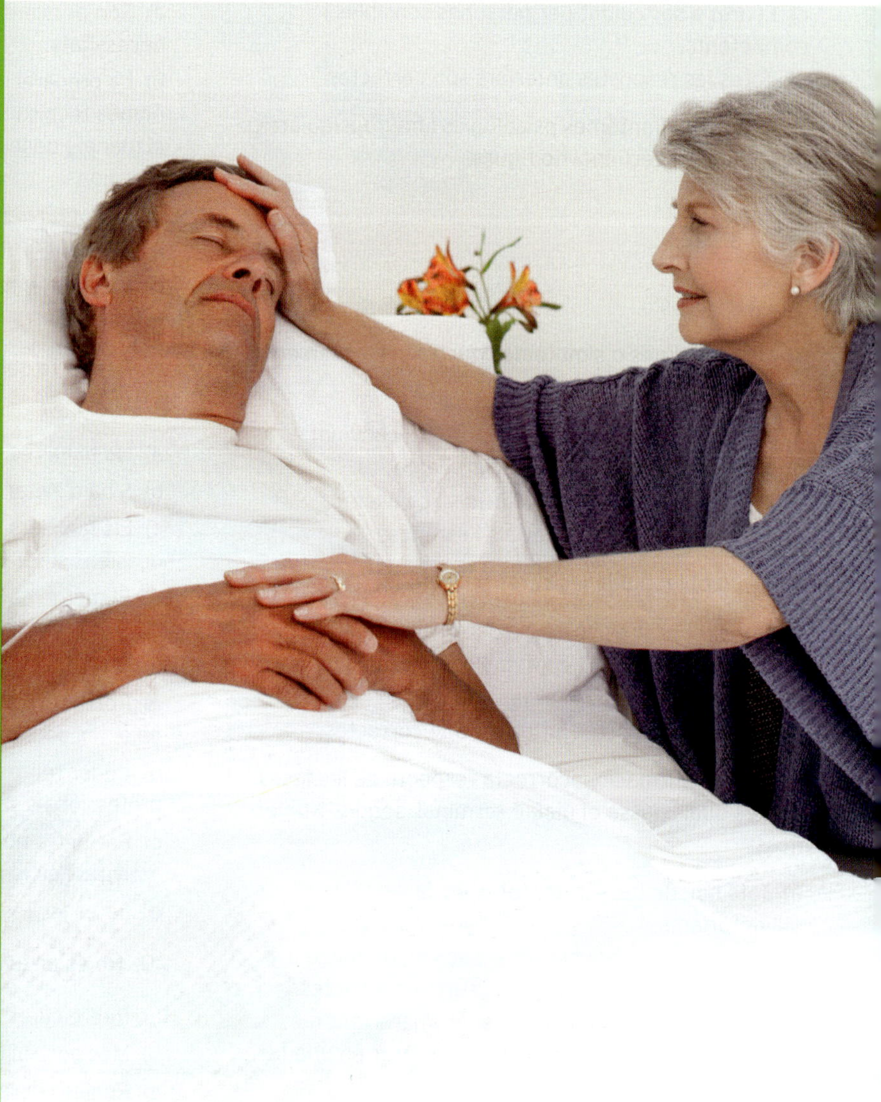

Preguntes inicials

1·· Ha estat malalt algun dels membres de la teva família?

2·· Quin va ser el paper de cada membre de la família a l'hora de resoldre els problemes relacionats amb la malaltia?

3·· Quines van ser les necessitats que els van sorgir als cuidadors del malalt?

En aquesta unitat aprendràs a...

- Reconèixer la família com a recurs i font d'informació.
- Identificar les situacions en què la família també necessita ajuda.
- Conèixer les pautes de suport psicològic a la família en la malaltia i el dol.

- **LA FAMÍLIA DAVANT DE LA MALALTIA**
  - **El paper de la família**
  - **La família davant de la malaltia**
    - Segons el tipus de patologia
      - Malaltia aguda i urgència
      - Malaltia crònica
      - Malaltia mental
      - Minusvalidesa
      - Malaltia terminal
      - Malaltia degenerativa
    - Segons el membre de la família malalt
      - Cap de família
      - Mestressa de casa o persona encarregada
      - Ancià
      - Infant
  - **La família i el dol**
    - Manifestacions
    - Fases del dol
  - **Com cuidar el cuidador**
    - Cuidador principal
    - Síndrome del cuidador
    - Necessitats del cuidador

Per al projecte final

- Distingiràs quines repercussions pot tenir la malaltia en la família, depenent de qui emmalalteixi i del tipus de malaltia que pateixi.
- Coneixeràs les mesures de suport psicològic a la família en cada situació donada.
- Reconeixeràs quines manifestacions físiques, psíquiques, socials o espirituals que presenten els familiars davant de la mort d'un ésser estimat es poden considerar normals i quines patològiques.

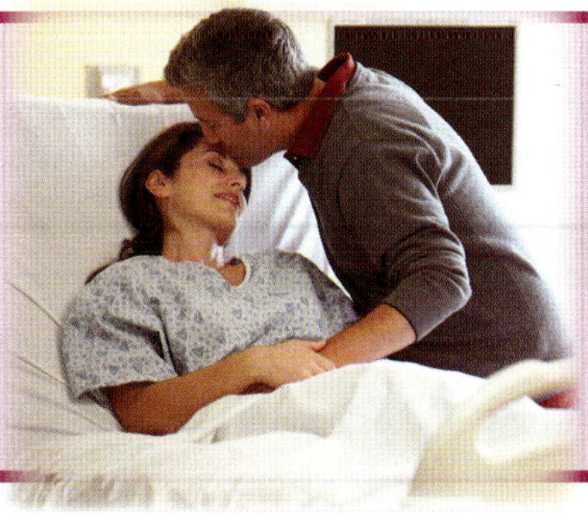

1 >> El paper de la família

> **La bona vida**
>
> *La bona vida no és l'existència passiva de viure i deixar viure. És una participació en què es viu i s'ajuda a viure.*
>
> Isaac Bashevis Singer

Tots els que envolten el malalt, i en especial els familiars, per ser més propers, han de ser conscients de la influència que poden exercir sobre ell i el seu estat d'ànim. De fet, la família és la major **font de suport social i personal** de què disposen els individus.

La persona que té un sistema de suport familiar efectiu aguanta millor qualsevol situació de crisi, també la malaltia. L'acceptació, la relació càlida i de confiança, així com la participació activa de la família, són essencials per aconseguir que el pacient s'enfronti millor a la seva angoixa i compleixi millor els tractaments i les indicacions mèdiques. Per contra, si existeixen problemes previs, serà més difícil una reacció positiva davant dels canvis que genera la malaltia, es poden deteriorar més les relacions familiars i és possible que augmenti la tensió psicològica.

El personal sanitari ha de comptar amb la família com a **informadora**. És la que millor coneix el pacient i pot aportar dades importants sobre la seva situació física, psicològica i social.

> **Influència de la família**
>
> Alguns aspectes que poden repercutir en el procés salut-malaltia de les persones són:
>
> - Tipus de família.
> - Hàbits familiars.
> - Necessitats personals i interrelacions familiars.
> - Intercanvi família-societat.

Un altre paper de la família del malalt és el de **col·laboradora en l'aplicació de les cures**. El malalt ha de ser tractat com algú a qui s'estima i no s'evita ni es tem (sobretot en el cas de malalties contagioses). La família ha d'estar preparada per tal que, en alguns casos, realitzi tècniques i apliqui les cures necessàries, sobretot quan el pacient roman a casa seva, la qual cosa li permetrà expressar el seu afecte i disponibilitat. A més, el fet de poder participar en la cura del seu ésser estimat té efectes psicològics positius per a la família, ja que se sent útil i capaç davant de situacions difícils.

1 El paper de la família amb el malalt i els sanitaris.

Activitats

1·· Quins papers pot assumir la família quan un dels seus membres està malalt?

2·· Quins efectes beneficiosos rep, al seu torn, la pròpia família en col·laborar amb la cura del malalt?

2 >> La família, la malaltia i el malalt

Les **relacions emocionals** que existeixen entre els components de la família provoquen que el que li passa a un també repercuteixi en la resta.

En aquest sentit, l'aparició d'una malaltia aguda, crònica o terminal en algun dels membres de la família pot representar un greu problema tant en el funcionament com en la composició de la pròpia família. L'efecte serà diferent depenent del **tipus de patologia** i del **membre que emmalalteixi**.

A més, a l'igual que el malalt, la família passa per una sèrie d'etapes, encara que no sempre apareixen totes, ni en el mateix ordre, ni amb la mateixa intensitat.

Al quadre següent es resumeixen les diferents fases per les quals passa la família, en les seves diferents reaccions i l'actitud que ha d'adoptar el personal sanitari al respecte:

Fases i reaccions	Actitud del personal sanitari
Sorpresa i negació	
Davant de la malaltia d'un dels seus membres, la família, com a mecanisme de defensa freqüentment reacciona amb incredulitat; treu importància als símptomes o pensa que el diagnòstic és un error mèdic.	Ha de proporcionar a la família informació clara i comprensible. Ha de mantenir una actitud d'empatia. També ha de mostrar una postura oberta per tal que la família pugui expressar les seves emocions i aclarir els seus dubtes. Així mateix, prestarà suport emocional en tot moment.
Frustració i ira	
La malaltia d'un membre de la família implica una sèrie de canvis en la vida diària. Si els familiars no estan preparats per enfrontar-se a la nova situació, poden adoptar conductes inapropiades d'agressivitat, ira, còlera o sentiments de culpabilitat com a manera de descarregar la seva frustració.	Intentarà mantenir un ambient relaxat i tranquil. Mostrarà una actitud pacient. A l'igual que en el tot el procés, tindrà una postura empàtica i aportarà suport emocional.
Negociació i depressió	
Igual que el malalt, la família també tracta d'arribar a "pactes" i fa promeses per intentar resoldre la situació, però passarà per una fase de depressió si no té èxit.	Ha de tractar de crear un clima de comprensió i amabilitat que afavoreixi i consolidi la relació sanitari-família, però alhora també haurà de mantenir una actitud ferma en cas que la conducta no beneficiï el malalt.
Resignació	
Acceptació de la situació, assimilació de la malaltia.	Aportarà informació adequada i mantindrà una relació càlida i de suport.

Suport incondicional

Moltes vegades, l'agressivitat i la frustració dels familiars es dirigeix cap al personal sanitari perquè els recorda la malaltia del familiar, i recau sobretot en els que li presten una atenció més propera. El professional no ha d'interpretar aquestes "agressions" dels familiars com quelcom personal i els ha d'oferir el suport i l'ajuda que necessitin.

Modificacions en la família

Davant d'un llarg procés de malaltia, en la família apareixen canvis que poden portar-la a unir-se més o, per contra, a desintegrar-la i distanciar-la.

2.1 > La família i el tipus de patologia

Segons el tipus de patologia, la resposta i l'afectació de la família són diferents:

Malalties agudes

- Reben el nom de **"malalties agudes"** les que tenen un principi i un final clarament definits, i són de curta durada.
- Els **familiars** del pacient desenvolupen sensacions d'ansietat i por, sobretot quan es tracta d'una urgència, en ser conscients de la necessitat imminent d'atenció.
- Per **tranquil·litzar** la família i facilitar la seva **col·laboració** en el procés, és necessari informar-la dels tràmits burocràtics i periòdicament de l'evolució de la malaltia.

Malalties cròniques

- Són **alteracions de llarga evolució** (aproximadament més de sis mesos) i, en general, de progressió lenta.
- Per la seva llarga evolució, presenten modificacions en el transcurs del temps. Per tant, és important que els sanitaris estiguin atents als problemes que sorgeixin i que els abordin el més aviat possible, així com que prestin el **suport** i la **informació** necessaris per mantenir l'equilibri familiar. La informació permet als familiars ajudar el malalt, reforçar la seva participació en el tractament i en els plans de cures i preparar-se per fer front a l'evolució de la malaltia. Des del primer moment, el professional ha de mostrar a la família el seu compromís d'ajuda, ser sensible a les seves preocupacions i atendre els seus dubtes, moltes vegades reiteratius, ja que en un principi costa assimilar el que passa. L'actuació sanitària s'oferirà com a cooperació; en cas contrari, es podria entendre erròniament com una intromissió que envaeix la intimitat de la família.

2
El malalt mental pot adoptar conductes inadequades, per la qual cosa necessita comprensió i afecte per part dels seus éssers estimats.

Malalts mentals

- Són **alteracions** en els **processos cognitius i afectius** del desenvolupament, considerades com a anòmales respecte del grup social del qual prové l'individu. Es pot tractar d'alteracions en el raonament, el comportament, la facultat de reconèixer la realitat o d'adaptar-se a les condicions de vida.
- Poden presentar **manifestacions** molt diferents però, en tot cas, conviure amb un malalt mental no és fàcil. La família ha de tenir present que la majoria de les vegades els malalts mentals no reconeixen el seu problema i no es deixen ajudar. Les **pautes** següents poden afavorir la convivència amb aquest tipus de malalts:
  - És la malaltia la que fa adoptar conductes inadequades, per la qual cosa caldrà ser molt comprensius i no fer-los retrets.
  - Intentar mantenir envers el malalt els mateixos sentiments que abans, encara que a vegades es comporti com si ja no fos la mateixa persona que era; els canvis sobtats de personalitat també es deuen a la malaltia.
  - Preveure i intentar evitar les reaccions hostils.

- Observar-lo i protegir-lo per evitar que es faci mal a si mateix o als altres.
- No discutir amb el malalt ni tractar de corregir les seves rareses.
- No autoculpar-se ni pensar que s'està actuant malament quan el malalt no es deixa ajudar.
- Vigilar la presa de medicació (que no l'oblidi o l'abandoni).

Minusvalideses

– Són situacions de desavantatge per als individus, per **deficiències** o **discapacitats**, que els limita o els impedeix el desenvolupament de rols que són els normals atenent a l'edat, el sexe i els factors socioculturals. Les minusvalideses poden ser **físiques**, **psíquiques**, **sensorials** o **estar associades**. Els problemes que es plantegen poden ser molt variats, a partir de la personalitat de l'individu, de l'entorn en què habita, del temps que porta en aquesta situació o del tipus de minusvalidesa de què es tracti. Els problemes físics més freqüents que pateix el malalt són:

- Problemes per a la mobilitat.
- Necessitat d'ajuda per a la cura personal, l'alimentació i les tasques de la llar.
- Ajuda per al transport.
- Necessitats d'adequació de l'habitatge.
- Símptomes relacionats amb la minusvalidesa (problemes musculars, respiratoris, ossis, etc.).

Sempre es pot millorar

Amb l'ajuda de la família i l'entorn, les dificultats que es plantegen a un discapacitat sempre es poden evitar o millorar.

Tot això pot repercutir negativament a **nivell afectiu**. Per tant, la família haurà de prestar-li el suport psicològic i, per això, serà útil seguir aquestes pautes: mostrar-se pacients; intentar posar-se al seu lloc mostrant empatia i mirant de conèixer la seva manera de pensar, sentir o reaccionar; acceptar el minusvàlid tal com és i evitar actituds paternalistes; escoltar què diu i tenir-lo en compte, així com potenciar-li l'autonomia i la independència.

Malalties degeneratives

– Són **afeccions**, generalment **cròniques**, en què la funció o l'estructura dels teixits o òrgans afectats va empitjorant en el transcurs del temps. Una de les que més repercussió té en l'àmbit familiar és la malaltia d'**Alzheimer**, per tractar-se d'un procés de degeneració i pèrdua neuronal que va disminuint les capacitats intel·lectuals i físiques de la persona. Per això, és molt important que la família:

- Tingui un bon coneixement de la malaltia.
- S'entreni i s'informi sobre les cures que necessita el malalt.
- Aprengui estratègies d'afrontament, resolució de problemes i presa de decisions.
- No culpi el malalt dels canvis en la seva personalitat, ja que són fruit de la malaltia.
- Creï un ambient agradable en què el malalt trobi suport i comprensió.
- Demostri afecte, ja que és quelcom fonamental i que el malalt segueix reconeixent.

3

La malaltia d'Alzheimer va disminuint les capacitats intel·lectuals i físiques de la persona.

www.afal.es

Sota el lema "El teu malalt compta amb tu, tu compta amb nosaltres", l'associació AFALcontigo (Associació de Familiars de malalts d'Alzheimer) té com a missió investigar sobre les causes de l'Alzheimer i altres demències, i procurar millorar la qualitat de vida al malalt i la seva família a través de la informació, formació, assessorament i suport.

Amor i mort

Tant amor i no poder contra la mort.

César Vallejo

- Rebi informació dels recursos disponibles (serveis socials, prestacions, subvencions econòmiques, ajudes per millorar l'habitatge) i com aconseguir-los.
- Es posi en contacte amb altres famílies que tinguin la mateixa problemàtica. Per això, pot acudir a les associacions de malalts d'Alzheimer, grups d'autoajuda o reunions de grup.

Malalties terminals

- Són les malalties que **no es poden curar** i el resultat esperable de les quals és la **mort** dels pacients en un període curt de temps. Les famílies pateixen un gran impacte emocional, caracteritzat per la presència d'ansietat i preocupació davant d'aquesta situació tan difícil de superar. Les persones properes necessitaran suport físic i emocional durant tot el procés i també posteriorment, quan ja s'hagi produït la mort.
- Les **repercussions** en la **família** seran majors o menors depenent d'alguns factors: que el malalt estigui o no hospitalitzat, el número de membres disponibles per a l'ajuda a l'interior de la família, els vincles existents entre ells, el nivell cultural, el medi social en què resideixen (urbà o rural), la situació econòmica, les alternatives sociosanitàries o l'estat de gravetat del pacient.

  Els principals problemes dels familiars del malalt terminal són:

  - Falta d'informació sobre el procés de la malaltia (diagnòstic, evolució, possibles complicacions, recursos sanitaris...).
  - Angoixa i tensió davant de la malaltia. Per exemple, la família experimenta por i preocupació pel possible sofriment de l'ésser estimat.
  - Sensació de pèrdua de control. Les persones properes al malalt dubten de si seran capaces de cuidar-lo i de si tindran forces per fer-ho, senten inseguretat sobre el control dels símptomes, es pregunten si sabran reconèixer o no el moment de la mort, etc.
  - Manca de solucions a les seves necessitats psicològiques; moltes vegades, els cuidadors s'obliden de tenir cura de si mateixos.
  - Dificultats econòmiques o materials (per les despeses que comporta la malaltia, la pèrdua d'ingressos, l'abandonament de l'habitatge...).
  - Claudicació familiar: a vegades, els membres de la família se senten incapaços d'oferir una resposta adequada a les múltiples necessitats i demandes del pacient. Es reflecteix en la seva dificultat per mantenir una comunicació positiva entre el pacient, els membres sans i l'equip cuidador.

4

Les persones més properes al malalt terminal dubten sovint de si seran capaces i si tindran forces suficients per cuidar-lo.

Un bon **suport a la família** en la terminalitat haurà de cobrir els aspectes següents:

- Informació clara, concisa i realista, per conèixer i comprendre el procés de la malaltia, el significat dels símptomes i els objectius del tractament.
- Ha de saber que s'està fent tot el possible pel pacient.
- Comptarà amb la disponibilitat, comprensió i suport de l'equip sanitari.
- Disposarà de temps per estar-se amb el malalt.
- Tindrà intimitat per al contacte físic i emocional.
- Se li ensenyarà i facilitarà la cura del malalt com a forma de comunicació afectiva (ajudar-lo a banyar, a alimentar-lo...).
- Se li prestarà companyia i suport emocional.
- Se li facilitarà l'expressió d'emocions i la comunicació de sentiments, així com la presa de decisions. És molt important per a la família poder-se acomiadar, veure el pacient per última vegada, donar-li l'últim petó o dir-li l'últim "t'estimo".
- Aprendrà a cuidar el malalt.
- S'haurà de sentir acompanyada en l'agonia i el dol.
- Rebrà suport espiritual: la mort desperta dubtes i conflictes religiosos que necessiten ser compresos sense jutjar-los.

– És fonamental que conservi l'**esperança**: va canviant a mesura que s'aproxima el final; al principi, és una esperança en la recuperació i, al final, d'alguna forma d'immortalitat i de retrobament.
– La família, per intentar protegir el pacient del sofriment, moltes vegades arriba a l'acord de **no parlar sobre la veritat** (conspiració de silenci). Això porta el pacient a l'aïllament emocional i el deixa sol davant dels propis sentiments, ansietats i temors. En aquest cas, és necessari que els familiars s'adonin de les repercussions negatives que té mantenir aquesta actitud i se'ls ha d'estimular per tal que expressin els seus sentiments i mostrin aquesta proximitat amb el malalt, tan necessària en els últims moments.

5

Els familiars del malalt terminal han de rebre informació clara, concisa i realista sobre la malaltia i la seva evolució per poder col·laborar en tot el procés.

Activitats

3·· Per quines fases passa la família quan un dels seus membres està malalt? Explica en què consisteix cada una d'aquestes fases.

4·· Per què és important ajudar la família del malalt des del mateix moment del diagnòstic?

5·· Quines orientacions donaries als familiars d'un malalt mental per afavorir-hi la convivència?

6·· En el cas d'una família que té un membre que pateix una malaltia terminal, es pot arribar a una situació de claudicació familiar? En què consisteix?

7·· Explica què és la conspiració de silenci i indica quines són les causes que poden portar la família a adoptar aquesta actitud.

8·· Les dificultats a l'hora de tenir cura d'un malalt d'Alzheimer són moltes. Explica quines orientacions poden seguir els familiars per portar millor aquesta difícil situació.

9·· En les associacions per a familiars de malalts d'Alzheimer, quines ajudes es poden rebre?

2.2 > Reaccions en la família segons el membre que emmalalteix

Crisi

La paraula "crisi" té dos significats contraposats en la cultura oriental: "caos" i "oportunitat".

Quan qualsevol membre de la família emmalalteix, es produeix una crisi tant en el **malalt** com en la pròpia **família**, ja que és necessari adaptar-se al nou esdeveniment. Els problemes d'adaptació dependran dels requeriments que faci el malalt, de l'estructura familiar i de la seva capacitat de canvi, dels recursos disponibles, del tipus d'incapacitació i, és clar, del rol o la funció que desenvolupa el malalt abans d'emmalaltir.

Algunes famílies són capaces d'adaptar-se fàcilment al canvi, però a altres els resulta molt més complicat. Sovint, el trastorn familiar es deu al fet que un membre de la família ha d'assumir el paper del pacient malalt o ha de desenvolupar un nou paper com a cuidador principal, de manera que sobrecarrega la seva feina i es veu obligat a abandonar alguna tasca pròpia per no sucumbir en l'intent.

Si el malalt és el membre que exerceix el paper de **cap de família**, a més dels temors deguts a la malaltia, en sorgiran altres de derivats de problemes econòmics i/o socials.

En els casos en què no hi havia distribució prèvia de les tasques de la llar i és **la mestressa de casa o la persona encarregada** d'aquestes tasques la que emmalalteix, es necessitarà una reorganització per tal que totes les activitats de neteja, alimentació o cura de la llar es puguin seguir duent a terme.

Per la seva banda, els **ancians** són els més vulnerables a l'hora d'emmalaltir i és freqüent que presentin més limitacions. Aquestes necessitats de l'ancià també afecten la família i la col·loquen davant d'una situació que ha de resoldre. Els familiars solen adoptar postures molt diferents, que abracen des de la sobreprotecció fins a l'abandonament de l'ancià en les diferents institucions. Cal recordar que avui dia es compta amb múltiples recursos per a l'atenció de les persones grans (serveis geriàtrics, centres de dia, ajuda domiciliària, etc.).

6

Davant de la malaltia, un altre membre de la família ha d'assumir els rols del malalt.

Per últim, quan el malalt és un **infant**, degut al seu alt grau de dependència i a la major exigència en la seva cura, en poden resultar afectats el funcionament familiar, les relacions entre els pares, amb els altres fills, etc. A més, veure un infant malalt és especialment dolorós i pot generar reaccions inadequades en els adults que en tenen cura, com sobreprotecció, excessiva permissivitat a les seves demandes, autoculpabilització (en especial, en el cas d'accidents), dependència mútua (fonamentalment mare-fill) i, en casos extrems, la dificultat per suportar el sofriment pot portar a evitar estar al costat de l'infant. Per suportar aquesta difícil situació serà d'ajuda donar informació als pares, a l'infant malalt i als germans, adequant-la a les edats corresponents; mostrar comprensió; animar els pares —ja que són els cuidadors primaris— a participar en les cures i decisions que afectin el seu fill, etc.

Activitats

10·· Quines actituds inadequades poden aparèixer en els familiars d'un infant malalt?

3 >> La família i el dol

El **dol**, terme que etimològicament prové del llatí "*dolus*" (dolor), és la resposta emocional que es produeix per la pèrdua i la separació, total i irreversible, d'algú o d'alguna cosa significatius.

A continuació, ens centrarem en el dol que pateix la família per la mort d'un ésser estimat, que és, sens dubte, un dels esdeveniments vitals més estressants.

El **dol normal** presenta una sèrie de **manifestacions** que cal tenir en compte:

– **Físiques:** falta d'energia, alteracions digestives (inapetència, pèrdua de pes), plor i alteracions del son (insomni, hipersòmnia), entre moltes altres.
– **Psicològiques:** incredulitat, confusió, enyorança, hipocondria, ràbia, retret, hiperactivitat, ansietat, soledat, tristesa o, a vegades, sentiment d'alliberació.
– **Socials:** usar la roba del difunt com una forma d'identificació, deixar de pertànyer a un grup i elaborar una identitat i un nou paper social.
– **Espirituals:** consciència de limitació, recerca de Déu i del sentit de la vida.

Convé recordar que tots els membres de la família que perden un ésser estimat travessen un procés d'adaptació fins que arriben a acceptar la realitat.

Cada un tindrà un procés diferent, però, en general, les **fases** seran les següents:

1. **Desconcert, atordiment, entumiment i retraïment.** Sol ser breu i cursar amb un cert grau de xoc. Es caracteritza per la negació: "Això no és possible".
2. **Tristesa profunda i recerca.** Existeixen pena i dolor, acompanyats moltes vegades de por, ira, culpabilitat o ressentiment. S'intenta buscar la figura perduda.
3. **Desorganització i desesperació.** Es pren consciència del fracàs de la recerca i apareixen l'apatia, el desinterès, la soledat, la fragilitat física i la falta d'objectius.
4. **Reorganització i recuperació.** L'esperança reapareix i el membre de la família s'adapta a la realitat, amb la qual cosa recondueix la seva vida i es planteja nous objectius.

A vegades, la persona es veu superada per la gravetat de la pèrdua i aleshores es trenca l'equilibri físic i psíquic, fet que dóna lloc a un **dol patològic**.

Algunes de les circumstàncies que poden ser factors de risc per a la seva aparició són: modalitat de la mort (sobtada o inesperada), relació amb la persona morta (ambivalent o dependent), suport social deficitari o sentiments d'inutilitat durant el procés de la malaltia. En tots aquests casos, cal recórrer a l'ajuda professional i terapèutica.

Esdeveniments vitals estressants

Els esdeveniments vitals estressants són els esdeveniments de la vida que poden trencar l'equilibri de la persona. Entre molts altres, figuren: la mort de la parella (un dels que més afecta), la d'un familiar o amic, el divorci, la separació, un empresonament, una malaltia o lesió, un canvi de residència, la pèrdua de feina o un canvi en les condicions laborals.

***Masked grief* (o dol emmascarat)**

Es tracta de l'aparició, en el familiar, de símptomes similars als que va tenir el difunt (és una manera d'identificar-s'hi). Si els símptomes no es poden controlar, és probable que es tracti d'un dol complicat.

4 >> Com cuidar el cuidador

Detecció de problemes en el cuidador

S'utilitzen alguns tests, com ICUB 97 (per a la identificació de les cures que cal prestar), **ZARIT** (per a la detecció de risc o cansament del cuidador) o l'**escala GIJÓN** (en què s'estudia la situació sociofamiliar).

Atenció a la dependència

A la pàgina web del *Butlletí Oficial de l'Estat* (BOE) (www.boe.es), pots consultar la Llei 39/2006, de 14 de desembre, de promoció de l'autonomia personal i atenció a les persones en situació de dependència. L'objectiu d'aquesta llei és "regular les condicions bàsiques que garanteixin la igualtat en l'exercici del dret subjectiu de ciutadania a la promoció de l'autonomia personal i atenció a les persones en situació de dependència".

És habitual que, quan algú emmalalteix o presenta algun tipus de dependència, aparegui dins del sistema familiar una persona, **cuidador principal**, que assumeixi les tasques de les seves cures bàsiques i hagi de fer front a una gran quantitat de demandes contínuament canviants. La cura pot generar un **desgast** que, en ocasions, condueix a una reducció de les relacions socials i a una disminució de l'autoestima. Tot això es manifesta amb uns símptomes que poden ser físics, per somatitzacions, i/o psicològics, que conformen el que es coneix com la **síndrome del cuidador**. Entre les seves **manifestacions** principals figuren les següents:

- **Símptomes depressius:** trastorns del son, tristesa, fatiga excessiva, incapacitat de concentració, pèrdua d'interès per activitats prèviament plaents, cefalea, alentiment del pensament i disminució de l'energia.
- **Canvis d'humor, agressions verbals i expressions de crueltat.** En els casos més extrems, pot portar al maltractament de la persona al seu càrrec.
- **Símptomes físics:** digestius, cardiovasculars, respiratoris.
- **Abús d'alcohol o drogues.**

Per tal que el cuidador desenvolupi el seu rol en les millors condicions possibles, tant per a ell mateix com per al malalt, cal tenir en compte les **necessitats** següents:

- **Informació.** Els **programes educatius** proporcionen informació sobre la malaltia, les seves cures i el maneig de les possibles complicacions, de forma que el cuidador se sent més segur i disminueix la seva ansietat.
- **Xarxa de suport social.** Necessita rebre afecte i comprensió d'altres persones, ja que compartir vivències permet trencar la sensació d'aïllament i reforça l'autoestima. En els **grups d'ajuda mútua**, els cuidadors es relacionen amb persones que tenen els mateixos problemes, per la qual cosa es poden intercanviar opinions i oferir-se suport emocional.
- **Períodes de descans.** El cuidador principal pot recórrer a l'ajuda d'altres familiars o als **serveis comunitaris** per tal que supleixin, de forma temporal o parcial, les seves funcions (centres de dia, serveis d'ajuda a domicili, estades temporals en residències, etc.).
- **Suport emocional.** Les intervencions psicoterapèutiques ajuden el cuidador a prendre consciència de la seva situació, a substituir pensaments inadequats per altres de més positius, a desenvolupar habilitats i estratègies per millorar l'autoestima, a afrontar els diferents problemes que se li plantegen, a organitzar el temps o a dur a terme activitats gratificants.

Activitats

11·· A qui anomenem cuidador principal? Indica quines dificultats pot trobar.

12·· Descriu en què consisteix la "síndrome del cuidador".

Activitats finals

1·· Explica com pot influir la família en la malaltia d'un dels seus membres.

2·· Redacta alguna situació en què la família estigui travessant una fase de frustració i ira davant de la situació de malaltia d'algun dels seus membres i l'actitud correcta del sanitari davant de l'agressivitat dirigida envers seu.

3·· Quins aspectes serveixen de suport a la família en la terminalitat?

4·· Com consideres que la conspiració de silenci influeix negativament sobre la malalt i la seva família?

5·· Explica les fases —des de la d'adaptació fins a la de normalitat— per les quals pot passar el familiar davant de la mort d'un ésser estimat. Sempre passa per aquestes fases i en el mateix ordre o amb la mateixa intensitat?

6·· Escriu una redacció que tracti sobre un cas en què emmalalteixi la persona encarregada de les tasques de la llar. Analitza qüestions com: quins problemes creus que es plantejaran en la família? Com respondrà?, etc.

7·· Indica quines són les necessitats més importants que cal cobrir per tal que el cuidador principal pugui desenvolupar el seu paper en les millors condicions possibles.

8·· Quin nom rep el dol en què el familiar sofreix símptomes iguals o similars al difunt?

9·· Quins problemes es pot plantejar a la família en què un membre és diagnosticat de malaltia terminal?

10·· El diagnòstic d'una malaltia crònica genera estrès en els familiars. Quina és la manera correcta d'actuar per part dels sanitaris per disminuir aquest estrès?

11·· Explica breument com pot influir la malaltia en els rols que exerceixen habitualment els components d'una família.

12·· En l'individu minusvàlid es presenten problemes físics que poden repercutir en l'esfera afectiva. Saps quins són aquests problemes i com pot col·laborar la família per solucionar-los?

13·· Davant de la malaltia d'un ancià, la família pot adoptar dues postures molt diferents. Quines són aquestes postures? Expressa la teva opinió sobre les causes que porten a adoptar una postura o una altra.

14·· La Martina té tres anys i està ingressada a conseqüència d'una intoxicació per fàrmacs; els seus pares, en un moment de descuit, van deixar les pastilles que pren l'avi, com a tractament per a la seva diabetis, al damunt de la taula i la nena se'n va prendre unes quantes en confondre-les amb caramels.

La mare s'està culpant contínuament per l'incident i, tot i estar esgotada —la Martina porta quatre dies ingressada i no se n'ha separat ni de dia ni de nit—, respon a totes les seves peticions a l'instant i li vol consentir tots els capricis. En canvi, el pare gairebé no ha aparegut ni per l'hospital, amb l'excusa que té molta feina.

a) Aprecies en els pares alguna reacció inadequada?
b) Quina seria l'actitud idònia per part dels sanitaris per ajudar la Martina i els seus pares a superar millor aquesta difícil situació?

15·· Després d'una entrevista clínica, una exploració i una sèrie de proves complementàries, el metge diagnostica que el Marc pateix asma. Però els seus familiars pensen que no té importància, que les crisis li passaran de seguida i que, possiblement, el metge fins i tot s'ha equivocat... Així que, per què hauria de prendre tanta medicació?

Davant d'aquesta actitud:

a) En quina fase creus que es troba la família?
b) Quina seria la postura que hauria d'adoptar el personal sanitari?

16·· Defineix el "dol". Explica breument les manifestacions que poden aparèixer en un dol normal.

Casos finals

1·· Quan el que cuida ja no pot més

Al Josep li van diagnosticar un càncer de pulmó molt avançat. La seva dona, la Trini, l'ha portat a múltiples centres a la recerca de solucions —fet que els ha suposat moltes despeses— i al final s'ha convençut que no té curació i que l'únic que pot fer és cuidar-lo i intentar que passi els seus últims dies el millor possible. Viuen en un pis petit situat en un barri perifèric de Barcelona amb la seva filla Llúcia, que no els pot ajudar gaire per la seva feina. Els familiars més directes viuen lluny, així que la Trini és la que s'encarrega de cuidar el Josep.

La Trini i la Llúcia han decidit no parlar de la malaltia per evitar sofriments al malalt, però el Josep ja coneix la seva situació i l'únic que estan aconseguint és que se senti enganyat i sol i que no pugui expressar els seus sentiments just quan més ho necessita. Els familiars, les poques vegades que els van a visitar, en comptes d'ajudar, es dediquen a exigir i ordenar, culpabilitzant la Trini de la situació del Josep. Els símptomes de la malaltia últimament han empitjorat. La Llúcia sent por i fuig de la situació, passant cada vegada menys temps a casa. La mare gairebé no es comunica amb ningú, però acut amb freqüència als centres sanitaris amb dolències múltiples. A mesura que passa el temps, sent que és més difícil tenir cura del Josep, està bloquejada i, fins i tot, descuida el seu aspecte personal.

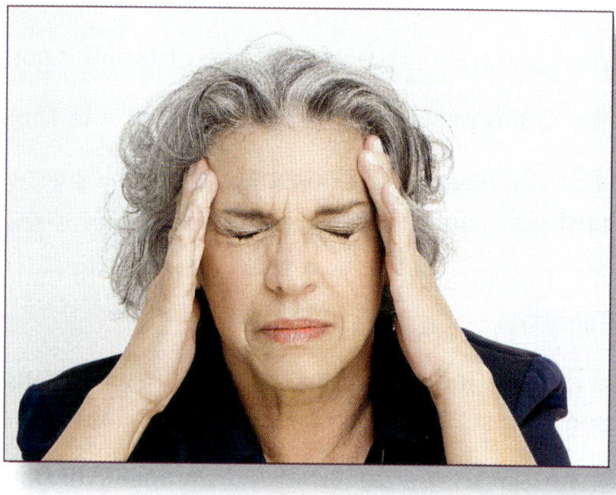

Ens trobem davant d'un cas en què hi ha hagut un afrontament inadequat del diagnòstic, s'ha donat un pas brusc des de les cures curatives a les pal·liatives, existeix un baix nivell econòmic, hi ha pocs familiars a l'entorn del malalt que es puguin alternar en les cures i cap suport familiar; a més, l'habitatge és petit, fet que dificulta adaptar-lo per eliminar-ne les barreres arquitectòniques. Tots aquests són factors que han pogut influir en el fet que la família arribi a una situació de claudicació familiar.

Reflexiona sobre com podríem actuar per ajudar aquesta família i donar-li suport tant físic com psicològic i social, i respon les preguntes següents:

a) Quines manifestacions psíquiques i físiques detectes en la Trini per poder afirmar que pateix la síndrome del cuidador? Com a sanitari, com creus que es podria ajudar per superar millor la situació?

b) Per protegir el Josep del sofriment, la Trini i la Llúcia han decidit no parlar de la malaltia. Com s'anomena aquest tipus de reacció? Quines repercussions negatives pot tenir tant en el malalt com en la família?

c) Quines altres reaccions inadequades observes en la resta de la família? Pensa en una possible solució.

2·· Quan el malalt és un infant

"Em dic Martí i tinc 6 anys. L'altre dia em vaig posar molt malaltet i em van haver d'ingressar a l'hospital. Després de fer-me moltes proves i fer-me moltes punxades que em van fer bastant mal, el metge va cridar als meus pares i els va dir que tenia diabetis".

Presta atenció als comentaris del Martí i indica, en cada circumstància, en quina fase es troben els familiars després del diagnòstic de la malaltia, i quina actitud és la més adequada per part del personal sanitari:

a) "La mama s'ha posat a plorar i diu que aquest metge és molt jove i que no té experiència... Que s'ha equivocat".
b) "El papa diu que ell en té la culpa perquè no va prestar atenció quan jo li deia que tenia set, molta gana i que em feia molt pipí".
c) "L'àvia s'ha passat tota l'estona resant amb les seves estampetes... Diu que, si em curo, resarà cada dia".
d) "El papa i la mama m'estan ajudant molt. Ells, gràcies a les infermeres i auxiliars, han après a punxar-me la insulina, i jo cada vegada també ho faig millor".

Autoavaluació

1. Quin paper té la família del malalt?

a) És un suport social i personal.
b) És una font d'informació i aportació de dades al personal sanitari.
c) Col·labora en l'aplicació de cures.
d) Totes les respostes anteriors són correctes.

2. De les afirmacions següents, indica la que creguis que és correcta:

a) Davant de la malaltia d'un dels seus components, la família sempre reacciona negativament.
b) El que succeeix a un membre de la família no sol repercutir en la resta, ja que cada un és un ésser individual.
c) La família, a l'igual que el malalt, també passa per una sèrie d'etapes davant de la malaltia.
d) La millor actitud que pot tenir la família és treure importància a la malaltia.

3. En el cas del malalt terminal, la família:

a) No té problemes econòmics perquè tot està subvencionat.
b) El malalt és l'únic que pateix, per la qual cosa els familiars no solen experimentar por ni preocupació.
c) En el procés de la malaltia, els cuidadors solen oblidar-se de cuidar-se a si mateixos.
d) Totes les respostes anteriors són incorrectes.

4. La claudicació familiar consisteix en:

a) La incapacitat per part de tots els membres de la família per donar resposta a les necessitats del pacient.
b) Un període de descans obligatori anual de la família.
c) Un problema físic que impedeix caminar més de 50 passos.
d) Un document oficial, signat davant de notari, en què tots els membres de la família es comprometen a cuidar el malalt.

5. Indica la resposta correcta respecte de la conspiració de silenci:

a) És la millor opció que pot prendre la família per tal que el malalt no pateixi.
b) La necessitat d'arribar a un acord de silenci entre els familiars del malalt els ajuda a crear vincles més forts entre ells.
c) Condueix el malalt a l'aïllament emocional.
d) Ajuda a superar les ansietats i els temors del malalt en fer front sol a la situació.

6. Davant dels canvis en la personalitat d'un pacient amb una malaltia degenerativa, la família:

a) Renyarà severament el malalt per tal que reaccioni.
b) Atendrà exclusivament els problemes físics; els psíquics són gairebé inexistents.
c) No culparà el malalt d'aquests canvis, que són fruit de la seva malaltia.
d) Se sentirà alleujada, tenint en compte que la personalitat en aquests malalts amb malalties degeneratives tendeix a ser més tranquil·la i pacífica.

7. Indica la resposta correcta respecte del dol patològic:

a) La persona trenca el seu equilibri psicofísic, superada per la gravetat de la pèrdua.
b) Existeixen factors de risc, com per exemple, que es tracti d'una mort sobtada i inesperada, o l'existència d'un suport social deficitari.
c) Les respostes a i b són correctes.
d) Totes les respostes anteriors són incorrectes.

8. El dol normal davant de la mort d'un ésser estimat:

a) Presenta manifestacions que solen ser físiques, psíquiques, socials i espirituals.
b) És una reacció patològica.
c) Si és normal, no ha de presentar símptomes.
d) Dins de les manifestacions físiques, es troben la tristesa i la confusió.

9. Indica el punt correcte respecte del cuidador:

a) El cuidador no patirà mai estrès perquè la seva tasca és monòtona.
b) Pot presentar manifestacions físiques i psíquiques.
c) Se l'ha d'aconsellar que centri tots els seus esforços i atenció en el malalt, i que no es dispersi amb altres activitats ni tingui períodes de descans.
d) Els programes educatius són ineficaços; el cuidador ha de ser autodidacta.

10. El cuidador principal és:

a) El familiar que rep l'herència.
b) Entre les persones que es dediquen a cuidar el pacient, la que té major nivell social.
c) La persona que assumeix les tasques corresponents a la cura del malalt.
d) Totes les respostes anteriors són incorrectes.

Unitat 12

Promoció i Educació per a la Salut

Preguntes inicials

1·· Coneixes algun factor que influeixi en la salut?

2·· Creus que es poden modificar?

3·· Com has après els hàbits saludables que segueixes?

En aquesta unitat aprendràs a...

- Identificar els determinants de la salut.
- Reconèixer les mesures encaminades a la prevenció de la malaltia.
- Promocionar la salut en funció del camp d'acció.
- Utilitzar adequadament cada model d'educació adaptant-lo a una situació real.

- **SALUT**
  - **Determinants de la salut**
    - Biologia
    - Estils de vida
    - Medi ambient
    - Sistema d'assistència sanitària
  - **Promoció i prevenció sanitària**
    - Promoció de la salut
      - Mesures mediambientals
      - Mesures envers l'individu i la comunitat
    - Prevenció de la malaltia
      - Primària
      - Secundària
      - Terciària
  - **Educació per a la Salut**
    - Objectius
    - Models
      - Model de creences de salut
      - Model de comunicació persuasiva
      - Model basat en la política econòmica
      - Model pragmàtic
    - Camps d'actuació
      - Població sana
      - Població malalta
    - Agents
      - Personal sanitari
      - Docents
      - Comunicadors
      - Associacions

Per al projecte final

- Buscaràs els factors que afecten la salut de les persones.
- Fomentaràs estils de vida saludables.
- Aplicaràs coneixements tant sanitaris com del comportament, la comunicació i l'educació en la promoció de la salut.
- Elegiràs el model d'EpS adequat segons el camp d'actuació i les circumstàncies concretes de cada cas.

1 >> La salut

Miratge

La salut és un miratge que val la pena buscar, encara que és essencialment inassolible.

René Dubos

És difícil definir la salut d'una manera exacta i indiscutible, i per això podem trobar diferents definicions de salut.

L'any 1946, l'OMS va definir la salut no només com l'absència de malaltia, sinó com l'estat complet de benestar físic, psíquic i social. Aquesta definició aporta un sentit integral (per aquests tres adjectius) i positiu (benestar versus no-malaltia) de la salut, però es critica per ser utòpica, estàtica i subjectiva. Milton Terris la va modificar i va tractar de compensar aquestes limitacions en afegir-hi la funcionalitat:

La **salut** és l'estat de benestar físic, psíquic i social i la capacitat de funcionar en societat, i no només l'absència de malaltia.

Per comprendre el sentit dinàmic de la salut, s'introdueix el concepte de "contínuum salut-malaltia":

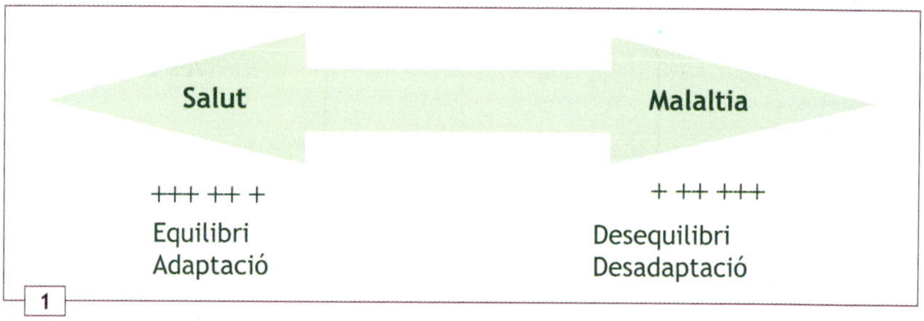

1
Contínuum salut-malaltia.

Determinants de salut

Els **determinants** de salut són el conjunt de factors personals, socials, econòmics i ambientals que donen lloc a l'estat de salut dels individus i de la comunitat.

En la recerca de models sobre la salut o la seva pèrdua i els factors que incideixen de forma positiva i negativa en les poblacions humanes, destaca el proposat i desenvolupat per Marc Lalonde, ministre de Sanitat de Canadà, el 1974. Els determinants de salut, segons Lalonde, són:

- **Biologia.** Són factors que depenen de l'estructura biològica i de la constitució de l'individu: genètica, edat i sexe.
- **Estils de vida** o conductes de salut. Per exemple, el consum de drogues, el sedentarisme, el menjar escombraries o, per contra, conductes saludables. Són els que més influeixen en la salut dels països desenvolupats.
- **Medi ambient.** És la unitat d'espai ocupada per una població en un moment donat; ambient inorgànic o inert: factors físics i químics; ambient biològic: fauna i flora, i ambient social: factors socioculturals, socioeconòmics i psicosocials.
- **Sistema d'assistència sanitària.** Es concreta a través de la seva qualitat, cobertura, accés i gratuïtat.

Gens i estil de vida

Els gens carreguen l'arma. L'estil de vida prem el gallet.

Doctor Elliott Joslin

Conceptes de promoció i prevenció sanitàries

La **promoció de la salut** és el procés que proporciona a les poblacions els mitjans necessaris per exercir major control sobre els determinants de la salut i així poder protegir-la i millorar-la.

L'**Educació per a la Salut** és una de les eines fonamentals per a la promoció de la salut, però no s'ha d'oblidar que comprèn estratègies multisectorials i abraça més actuacions. Així, inclou mesures adreçades tant al medi ambient com a l'individu:

- En el **medi ambient**, mitjançant:
  - **Sanejament ambiental:** intervé en la higiene dels habitatges i locals públics, en l'abastament d'aigua potable, en l'eliminació de residus, en la vigilància de la contaminació de l'aire, etc.
  - **Higiene alimentària:** es tracta del control dels aliments, la seva manipulació, etc.
- En l'**individu**, mitjançant:
  - **Educació sanitària**: fomenta les conductes positives de salut i el canvi dels estils de vida insans.
  - **Medicina preventiva:** procura intervenir sobre les malalties transmissibles, les malalties cròniques, els accidents, etc.

www.greenfacts.org

El projecte Greenfacts busca presentar els informes científics sobre salut i medi ambient de forma clara i simple per tal que arribin a la població no experta.

Determinants socials de salut

Segons la Comissió sobre els Determinants Socials de la Salut (OMS), entre les causes socials de mala salut hi ha la pobresa, l'exclusió social, les males condicions de l'habitatge i un sistema sanitari deficient.

La **prevenció de la malaltia** abraça les mesures destinades a evitar l'aparició de la malaltia, com ara la reducció dels factors de risc, a més de les mesures destinades a detenir-ne l'avanç i atenuar-ne les conseqüències un cop establerta.

Els nivells de prevenció sanitària estan en relació amb les fases de la malaltia i són els següents:

- **Prevenció primària.** S'aplica en el període de salut o prepatogen. Són mesures adreçades a la població sana i estan orientades a evitar l'aparició de la malaltia mitjançant control dels agents causals i els factors de risc. Inclou activitats de promoció (modificar estils de vida, entorn, valors culturals, etc.) i protecció de la salut. Les vacunes són un exemple de prevenció primària.
- **Prevenció secundària.** Es relaciona amb el període patogen, és a dir, les accions estan destinades a persones ja malaltes. Els seus objectius són el diagnòstic i el tractament precoços. Els programes de mamografies per a detecció del càncer de mama són mesures de prevenció secundària.
- **Prevenció terciària.** Les accions es realitzen en el període de convalescència, invalidesa o cronicitat. Són mesures orientades a evitar, retardar o reduir l'aparició de seqüeles d'una malaltia. Pretenen limitar la incapacitat física, psíquica i social de la persona. Inclou la rehabilitació i la reinserció. El tractament de suport psicològic que rep una dona després d'una mastectomia és un exemple de prevenció terciària.

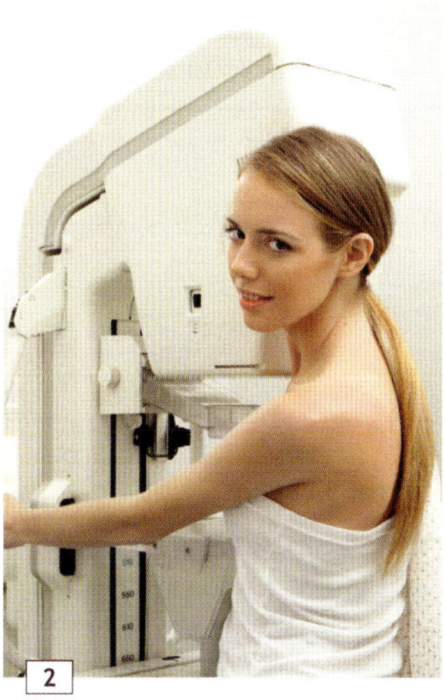

2
La realització de mamografies per a la detecció del càncer de mama és un exemple de mesures de prevenció secundària.

Bases de les polítiques de salut

En la Primera Conferència Internacional per a la Promoció de la Salut, celebrada a Canadà el 1986, l'**Organització Mundial de la Salut** va elaborar la **Carta d'Ottawa**, en què es proposaven cinc estratègies per assolir un millor nivell de salut:

1. Desenvolupar habilitats personals que millorin la salut.
2. Reorientar els serveis de salut de forma que l'individu sigui considerat globalment.
3. Desenvolupar polítiques saludables.
4. Reforçar l'acció comunitària.
5. Crear ambients favorables per facilitar les eleccions sanes.

Durant aquesta primera conferència, sorgeix el concepte actual de **promoció de la salut** que, juntament amb la prevenció de la malaltia, constitueixen la base més important de les polítiques de salut.

A partir de l'adopció de la Carta d'Ottawa, s'han subscrit un gran nombre de resolucions en diferents nivells –mundial, nacional o fins i tot local– en suport de la promoció de la salut i de la prevenció de la malaltia.

La **Unió Europea**, per la seva banda, ha establert uns eixos preventius comuns a tots els seus membres. L'elecció d'aquests eixos preventius no és aleatòria, sinó que s'han estudiat les formes de viure, emmalaltir i morir dels seus ciutadans. Arran d'aquest estudi, s'ha considerat prioritari prevenir en matèria de càncer, drogues, sida, sexualitat, alimentació i alcoholisme.

A **Espanya**, la **Constitució** de 1978 recull, a l'article 43, el dret de tots els ciutadans a la protecció de la salut, i la Llei 14/1986, de 25 d'abril, General de Sanitat (LGS), reconeix la importància de la promoció i la prevenció per fer efectiu aquest dret, i afirma a l'article 3 el següent:

"Els mitjans i les actuacions del sistema sanitari estan orientats prioritàriament a la promoció de la salut i la prevenció de la malaltia".

A més, a l'article 6 d'aquesta llei s'indica que:

"Les actuacions de les Administracions Públiques Sanitàries estaran orientades a:

- Fomentar la promoció promoció de la salut.
- Promoure l'interès individual, familiar i social per la salut mitjançant l'adequada educació sanitària de la població.
- Garantir que totes les accions sanitàries que es desenvolupin estiguin adreçades a la prevenció de les malalties i no només a la seva curació.
- Promoure les accions necessàries per a la rehabilitació funcional i la reinserció del pacient".

També l'article 18 de la LGS estableix que les administracions públiques, a través dels seus serveis de salut, tindran actuacions de promoció i prevenció en general, i en particular s'hi recullen les adreçades a camps com la salut ambiental, la salut mental, la salut laboral o la salut alimentària.

Prerequisits per a la salut

La pau, l'educació, el vestuari, el menjar, l'habitatge, un ecosistema saludable, la justícia social i l'equitat.

Carta d'Ottawa

Declaracions internacionals sobre salut

L'OMS ha anat estudiant la salut i ha elaborat variades estratègies d'actuació que s'han plasmat en documents com són la Declaració d'Alma-Ata, la Declaració d'Adelaide, Sundsvall, Jakarta, la Carta de Mèxic o la Carta de Bangkok.

Europa i salut

L'assistència sanitària és competència dels governs nacionals. El paper de la UE consisteix en complementar les seves polítiques.

http://europa.eu/pol/health/index_es.htm

Activitats

1·· Indica els avantatges i els inconvenients que té la definició de salut de l'OMS.

2·· Explica en què consisteix el contínuum salut-malaltia.

3·· Esmenta els grups de determinants de salut, segons Lalonde, i posa'n un exemple de cada un.

4·· Prevenir és evitar que alguna cosa passi. Què evitem amb cada un dels tipus de prevenció: primària, secundària i terciària?

5·· Identifica quin tipus de prevenció es duu a terme en les següents accions sanitàries i explica per què s'utilitza cada una:

a) La Maria és una dona nul·lípara de 33 anys d'edat. Ha estat prenent anticonceptius orals durant cinc anys. Acut a una revisió ginecològica anualment. A la consulta mèdica, la ginecòloga li diu que s'ha de fer diverses proves: una citologia ginecològica i una mamografia. A més, degut a la seva anèmia ferropènica crònica, ha de prendre ferro.
b) El Pep va al metge amb el seu fill de 9 anys perquè pensa que menja massa i s'està engreixant. El pediatre li dóna consells sobre hàbits alimentaris i exercici. El pare haurà de fer un registre dels aliments que el nen consumeix durant una setmana, especificant quins pren per esmorzar, per dinar i per sopar, així com les quantitats que n'ingereix. A més, al fill del Pep li agrada el bàsquet i s'apuntarà a l'equip de l'escola.
c) La Diputació de Tarragona ha realitzat un estudi sobre la qualitat de l'aigua potable a la província i s'observa que és inferior a la recomanada. Demana a la universitat una investigació per corroborar-ho i li sol·licita que proposi les mesures oportunes per solucionar el problema.
d) En un accident de trànsit, el Jesús va patir una lesió medul·lar i ha quedat paraplègic. Ha estat ingressat a l'Hospital Nacional de Paraplègics d'una ciutat propera i, degut a la seva evolució favorable, ja pot tornar a casa. Viu en un petit poble amb la seva família i actualment el seu pare està tractant d'adequar l'accessibilitat del domicili per a ell.
e) En sortir de l'escola, l'Anna lliura un paper a la seva mare: ha de signar l'autorització per tal que li posin la vacuna de la varicel·la la setmana vinent. En el document s'especifiquen les indicacions, així com els efectes secundaris que es poden patir després de la seva administració.
f) La Glòria acut una vegada a la setmana a una teràpia de grup. Va ser diagnosticada d'anorèxia i bulímia nerviosa fa cinc mesos i va arribar a necessitar alimentació parenteral, però ara ja s'està recuperant a poc a poc. El grup de teràpia li dóna suport per superar aquesta situació i fa que se senti compresa perquè tots els membres del grup han passat per la mateixa experiència. Això ajudarà la Glòria per no patir recaigudes durant la seva recuperació.
g) A l'hospital li faran a la Marta la prova del taló. Com que no sap de què es tracta, la seva mare està una mica nerviosa: "Però si això no és res —li diu la infermera—, una punxadeta i prou. Serveix per detectar malalties endocrinometabòliques greus".
h) El Jaume té 60 anys i el mes passat va patir un infart cerebral. La seva dona acut a la consulta i ens explica que li costa trobar els noms de les coses i no reacciona amb tanta agilitat com abans. Li hem dit que exercitar la memòria és bo i li aconsellem que faci cada dia unes activitats determinades: jugar a cartes, llegir el diari, etc., i que parlin amb ell deixant-li temps per respondre i animant-lo a expressar-se.

6·· Quines similituds i diferències existeixen entre les mesures de prevenció de la malaltia i les de promoció de la salut?

7·· Quines són les cinc estratègies proposades a la Carta d'Ottawa per tal d'aconseguir l'èxit en la promoció de la salut?

8·· Fes un resum dels diversos articles de la Constitució Espanyola que fan referència de forma explícita a la sanitat i la salut.

9·· Quines actuacions duran a terme les administracions públiques sanitàries per protegir la salut?

2 >> És la salut educable?

> **Salut pública (OMS)**
>
> La salut pública és la ciència i l'art d'impedir la malaltia, prolongar la vida i fomentar la salut i l'eficiència, mitjançant l'esforç organitzat de la comunitat, per tal que l'individu en particular i la comunitat en general es trobin en condicions de gaudir del seu dret natural a la salut i la longevitat, però a un cost que la comunitat pugui assumir.

No existeix una solució única i simple a la pregunta de si la salut és educable. La resposta comprèn la confluència de diverses àrees del saber des d'on trobem solucions a aquest dilema. Cal fer-se les preguntes següents: quins són els comportaments que milloren la salut? Com es produeixen el canvis de comportament? Com es pot facilitar l'aprenentatge? Com es comuniquen les persones?

Sobre quins són els comportaments que milloren la salut se n'ocupen les **ciències de la salut**, la Medicina i la salut pública, entre altres. Les investigacions en aquest camp no cessen, incloent-hi nous comportaments que incideixen sobre la nostra salut.

Sobre com podem canviar les conductes i els comportaments insans se n'ocupen les **ciències del comportament**, entre les quals ens trobem amb l'Antropologia, la Sociologia o la Psicologia.

> **Poder de la publicitat**
>
> *Cap prova, cap rectificació ni desmentit pot anul·lar l'efecte d'una publicitat ben feta.*
>
> Hermann Keyserling (1880-1946)

Sobre com s'aprenen aquestes noves conductes se n'ocupen les **ciències de l'educació**, al capdavant de les quals figura la Pedagogia.

De la forma en què es transmet tota aquesta informació, se n'ocupen les ciències de la comunicació, que la tracten detalladament. La Publicitat intenta dirigir aquest procés per assolir els seus interessos, no sempre afavoridors de la salut.

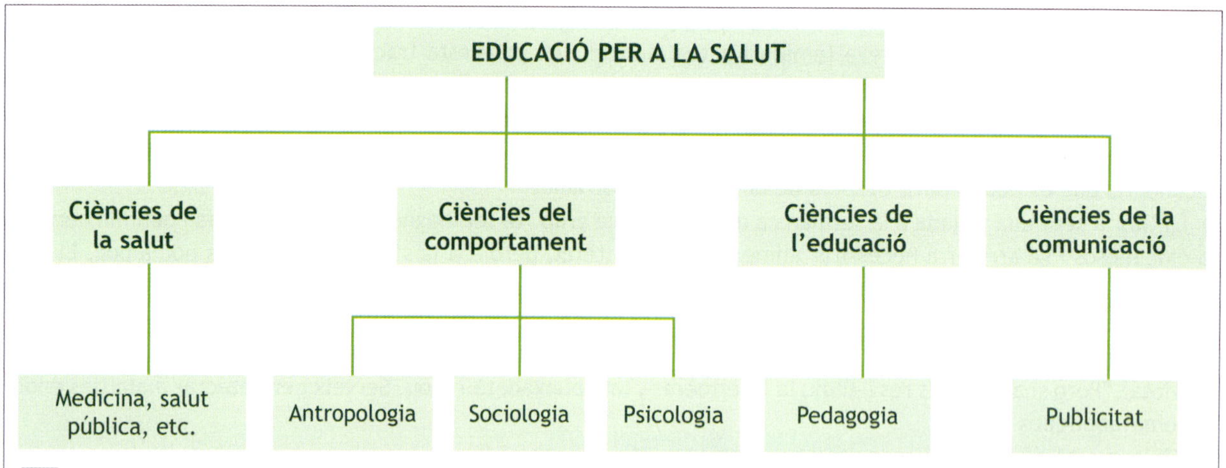

3
Bases científiques de l'Educació per a la Salut.

Activitats

10·· Seguint l'exemple, completa un quadre similar al següent amb les aportacions de cada una de les ciències per a l'Educació per a la Salut.

Aportacions de les ciències a l'Educació per a la Salut	
Ciències	Aportació
Ciències de la salut	Comportaments que milloren la salut

Estils de vida

L'**estil de vida** és un conjunt de comportaments compartits per un grup social, en un temps històric determinat i en íntima connexió amb les formes, condicions de vida i patrons culturals d'aquest grup social.

L'estil de vida és un dels **determinants de salut** i, a l'igual que el que es refereix a la biologia, és de caràcter personal, però amb un perfil més esperançador, ja que podem actuar sobre seu.

Els estils de vida es caracteritzen per ser modificables pel propi individu i pel fet que es poden adquirir de forma automàtica, a través de la socialització.

Quan l'individu tracta de modificar la seva conducta a favor de comportaments més saludables, l'entorn, amb els seus aspectes físics, socials, econòmics i culturals, pot ser un element afavoridor o entorpidor del canvi. Cal tenir present la gran influència que la publicitat exerceix en el consum, els hàbits i l'estil de vida.

Alguns dels **elements més significatius de la vida diària** que intervenen en la nostra salut són:

- Alimentació i dieta. Per exemple, la dieta mediterrània enfront del consum excessiu de greixos saturats d'origen animal.
- Exercici i activitat física. Per exemple, el sedentarisme enfront de l'exercici moderat diari.
- Descans, son. Per exemple, privacions de son enfront d'un so reparador, segons l'edat corresponent.
- Consum de drogues institucionalitzades (tabac i alcohol) i no institucionalitzades (drogues de disseny, heroïna, etc.).
- Neteja i higiene. Tant per excés com per defecte poden tenir un efecte perjudicial sobre la salut.
- Manipulació d'aliments. Es poden produir perills biològics associats a bacteris, fons o virus, així com perills químics deguts a la toxicitat natural dels aliments i l'ús irracional d'additius alimentaris.
- Comportament sexual. Per exemple, promiscuïtat sexual o relacions sense protecció enfront de conductes sexuals responsables.
- Conducció de vehicles. Per exemple, conducció temerària enfront de conducció prudent.
- Relacions interpersonals, comportament social, violència.
- Lleure i aficions. El seu desenvolupament contribueix de forma directa a mantenir la salut mental de l'individu.
- Estrès. Eustrès enfront de distrès.

Per a què vols realitat?

La contrapublicitat serveix per neutralitzar els efectes que la publicitat té sobre els estils de vida dels individus, desenvolupant una perspectiva crítica que aporten els diferents mitjans de comunicació. El text següent és un exemple de contrapublicitat:

"Les finestres ja no serveixen per mirar, perquè la televisió et promet una realitat molt més divertida i morbosa. Per a què vols realitat?"

La tiranía de la comunicación, Ignacio Ramonet, Ed. Debate.

Activitats

11·· El consum excessiu d'alcohol entre els adolescents és un estil de vida no saludable. Determina quines poden ser les formes d'adquisició d'aquest estil de vida.

Consells de salut de semFYC

Organitzacions de professionals sanitaris, com la Societat Espanyola de Medicina Familiar i Comunitària, posen a disposició de la població a les seves pàgines web consells de salut sobre diversos problemes.

http://www.semfyc.es/es/informativo/consejos_salud/

3 >> Educació per a la Salut

Molts problemes de salut estan relacionats amb la forma i l'estil de vida de les persones, de manera que si canviessin a altres de més saludables la mortalitat es podria veure reduïda.

Mitjançant el procés d'**Educació per a la Salut** (EpS) s'aconsegueixen canvis en les conductes dels individus a través d'una combinació d'experiències d'aprenentatge elaborades per facilitar adaptacions que condueixin a la salut.

L'OMS, el 1983, va definir l'EpS com:

> Qualsevol combinació d'activitat d'informació i educació que condueixi a una situació en què les persones desitgin estar sanes, sàpiguen com aconseguir la salut, facin el que poden individualment i col·lectivament per mantenir-la i busquin ajuda quan la necessitin.

Com que es tracta d'**educació**, les actuacions s'enquadren en un procés d'ensenyament-aprenentatge. Les persones tenen capacitat d'aprendre i els professionals sanitaris, en assumir el seu rol d'educadors, també desenvolupen la capacitat d'ensenyar.

És fonamental conèixer les tècniques d'EpS com a instruments per abordar tant la **promoció** i la **prevenció** de la malaltia com la curació i la **rehabilitació**.

És possible incidir tant en els factors de risc (consum de tabac, drogues, alcohol, etc.) com en els de protecció (alimentació saludable, maneig de l'estrès, vivència del lleure, exercici físic, etc.), de manera que l'individu sigui capaç d'assumir responsablement l'elecció dels seus comportaments.

3.1 > Implicacions de l'EpS

El treball en educació sanitària té una sèrie de requisits. Aquí recollirem les conclusions de la Conferència Nacional de Prevenció dels Estats Units (1975) al respecte:

1. Informar la població sobre salut, malaltia, invalidesa, formes per millorar o protegir la salut, i ús eficaç dels serveis d'assistència mèdica.
2. Motivar per al canvi de pràctiques i l'adquisició d'hàbits més saludables.
3. Ajudar la població a adquirir els coneixements i capacitats necessaris per adoptar i mantenir uns hàbits i estils de vida saludables.
4. Propugnar canvis en el medi ambient que facilitin condicions de vida i conductes saludables.
5. Promoure ensenyament, formació i capacitació de tots els agents d'educació sanitària de la comunitat.
6. Incrementar, mitjançant la investigació i l'avaluació, coneixements sobre la forma més efectiva d'assolir els objectius abans esmentats.

4

L'educació i la salut estan íntimament relacionades.

3.2 > Objectius de l'EpS

Els objectius de l'educació sanitària consideren la salut com a patrimoni de la **col·lectivitat**, comunitat conscient i responsable de la seva salut. Els individus i les col·lectivitats han d'assumir la salut com un valor bàsic de la comunitat i acceptar les seves responsabilitats.

Aquests objectius són:

- **Modificar conductes negatives** relacionades amb la pèrdua de la salut, eliminant els hàbits insans instaurats en la societat i la seva cultura. Els estudis sobre mortalitat i morbiditat l'avalen.
- **Promoure noves conductes positives** favorables per mantenir i millorar la seva salut. Ha d'existir una correspondència entre els avenços sanitaris i la seva aplicació pràctica en la comunitat.
- **Canviar cap a ambients positius que afavoreixin les conductes saludables.** A Espanya, normatives com la Llei Antitabac o la Llei de Prevenció de Riscos Laborals són exemples de canvis legislatius que impliquen canvis ambientals favorables.
- **Capacitar l'individu per mantenir una actitud activa davant de la salut pròpia i la comunitària.** Si anteriorment es tractava l'individu com a pacient-infant, des d'aquesta perspectiva se li dóna la majoria d'edat. El terme que usen alguns teòrics és el d'*empowerment,* traduït com a traspàs de poder, o apoderament.

Apoderament o traspàs del poder sobre la salut

Aquest concepte —encunyat per l'OMS (*empowerment for health*)— es refereix al procés mitjançant el qual les persones adquireixen major control sobre les decisions i les accions que afecten la seva salut.

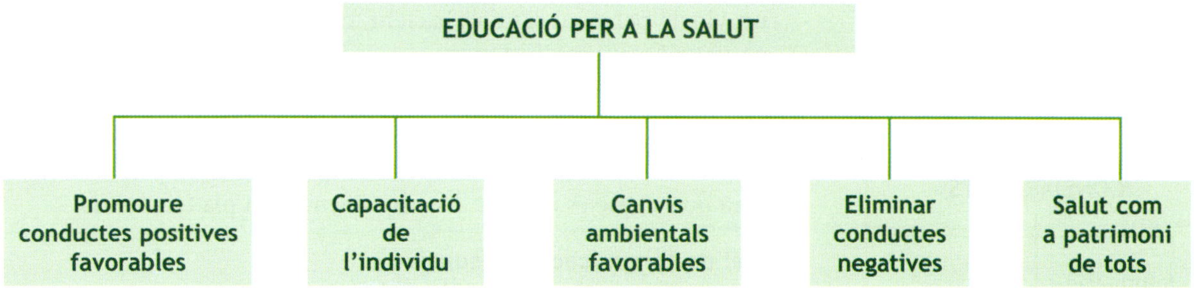

5

Objectius de l'Educació per a la Salut.

Activitats

12·· Respon si aquestes afirmacions són vertaderes o falses. Si són falses, canvia-les per tal que siguin correctes:

a) L'Educació per a la Salut s'adreça exclusivament a persones que no pateixen cap malaltia.

b) En educació sanitària, els individus només ha de fer el que diuen els experts, i les decisions les prenen altres per ells.

c) Eliminar una conducta negativa per a la salut s'ha de dur a terme mitjançant la substitució d'aquesta conducta negativa per una altra de caràcter més saludable.

d) Els objectius de l'educació sanitària se centren exclusivament en l'individu.

e) L'educació sanitària responsabilitza l'individu de la seva salut, i elimina altres tipus de responsabilitats de caràcter més general.

f) Només es pot realitzar educació sanitària en infants, ja que són els que realment es troben en el moment adequat per aprendre.

4 >> Models teòrics de l'EpS

Les diferents formes de planejar la intervenció en l'EpS es recullen en els models que apareixen a continuació.

Model de creences de salut (teoria psicosociològica)

El model de creences de salut és un model subjectiu que explica la modificació de la conducta treballant sobre les percepcions que el subjecte posseeix.

Existeixen uns criteris que aporten dades sobre la possibilitat que el subjecte segueixi o no les nostres pautes educatives:

- **Susceptibilitat personal** a la malaltia que es pretén prevenir.
- **Gravetat.** Fa referència a l'afectació que la malaltia pot tenir, ja sigui en el nivell biològic (funcionament del cos) o social en les activitats pròpies de la vida diària.
- **Beneficis potencials** de les mesures preventives proposades. Eficàcia en reduir la susceptibilitat o la gravetat de la malaltia.
- **Obstacles o dificultats.** Per exemple, el cost econòmic o la incomoditat de les mesures que s'han d'adoptar.
- **Motivació general** sobre les qüestions de salut.
- **Resusceptibilitat** a la malaltia: existeix menor probabilitat que el pacient abandoni el tractament si hi ha risc de tornar-la a patir.
- Característiques de la **relació pacient-personal sanitari.** Si ja existeix un vincle personal sanitari/pacient, és més probable que les nostres pautes educatives s'instaurin.
- **Confiança** general en el personal sanitari i en l'assistència sanitària.

Aquest model se sol criticar per no tenir en compte el context, i no es considera adequat per modificar el comportament de persones sanes, encara que sí que és útil per al compliment d'un pla terapèutic.

Comunicació per a la salut *(health communication)*

És una estratègia clau destinada a informar la població sobre aspectes relatius a la salut i a mantenir qüestions sanitàries importants a l'agenda pública.

Model de comunicació persuasiva i model de les contingències situacionals de Kapferer

En aportar a l'individu una **informació** clara i fidedigna acompanyada de les **instruccions** del que ha de fer per modificar els seus hàbits de vida, es produeix un canvi d'**actitud** que, al seu torn, condueix a un canvi en el **comportament**.

Per tal que es produeixin aquests canvis, cal tenir un **medi ambient propici**.

Alguns dels inconvenients d'aquest model són:

- Els receptors de la comunicació desenvolupen una sèrie de **mecanismes defensius** que els fan insensibles. Típic comentari del fumador: "D'alguna cosa ens hem de morir".
- Els canvis d'actituds no sempre porten associat un canvi en el comportament, la qual cosa està relacionada amb la **desitjabilitat social**. Per exemple, tots estem d'acord que la violència no és una forma de solucionar problemes (actitud), però la seguim exercint d'una manera o una altra (hàbit).

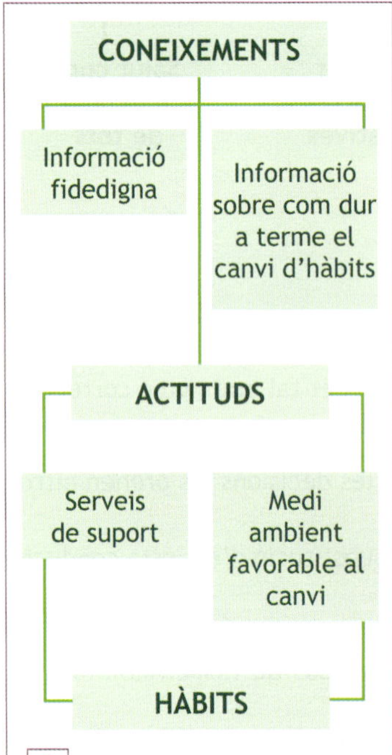

6 Model de les contingències situacionals de Kapferer.

Model teòric basat en la política econòmica

Aquest model, clarament crític amb el sistema sociopolític i econòmic actual, **responsabilitza la societat** de les diferents formes d'emmalaltir dels seus ciutadans, fins al punt que considera que l'**individu** és una víctima del sistema, i és la societat la vertadera culpable de la seva manca de salut.

Segons aquesta teoria, el poder es concentra en mans d'uns pocs grups industrials que marquen formes de viure, de consumir i, per tant, d'emmalaltir. Influeixen en els estils de vida a través de poderoses campanyes de publicitat enfront de les quals l'individu es troba desarmat; només a través de lleis restrictives que protegeixin el ciutadà es podran controlar els seus efectes. Les principals crítiques que rep aquest model procedeixen de la seva focalització en problemes, en principi, insalvables i que rebutja l'educació individualitzada, tot i que els diferents estudis sobre el tema en posen de manifest l'eficàcia.

Model pragmàtic

No existeix un model ideal d'educació sanitària, i en la confluència dels anteriors és on es troba la major efectivitat de l'Educació per a la Salut **(model multifactorial)**.

Es considera que la informació, acompanyada de les instruccions oportunes, és necessària, que la motivació és imprescindible i que, des de la motivació, s'arriba a un canvi en la conducta, sempre que existeixin serveis d'ajuda i un medi ambient favorable.

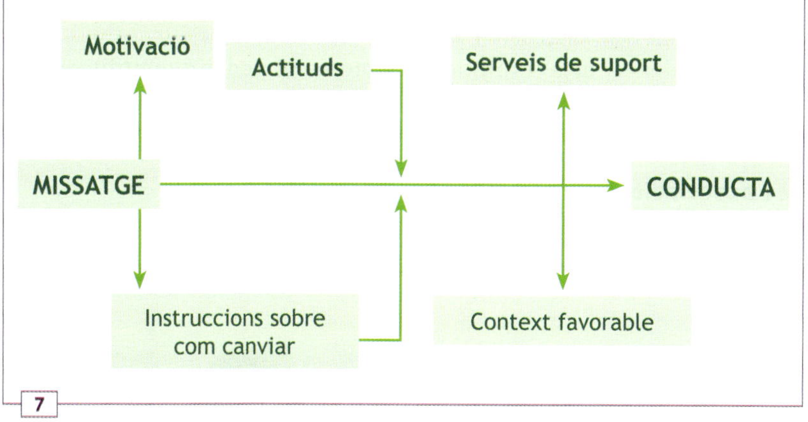

7
Model pragmàtic.

Economia política de la salut

Les relacions entre desenvolupament econòmic i desenvolupament de la salut són complexes i tenen diverses perspectives:

- El creixement econòmic dóna lloc a millors condicions de vida i serveis de salut.
- Les millores en la salut contribueixen a una major productivitat dels treballadors i a menor demanda de recursos sanitaris.
- El creixement econòmic augmenta la "càrrega de malaltia" (accidents, ambients poc saludables, etc.).
- La distribució irregular dels recursos condueix a fer que la salut d'alguns millori i empitjori la d'altres.

Activitats

13·· Després de llegir l'apartat anterior, fes un resum que reculli i expliqui els diferents models teòrics d'Educació per a la Salut.

14·· Entenent la indefensió apresa com un estat psicològic que es dóna generalment quan el subjecte percep o creu que els successos són incontrolables, que no pot fer-hi res per canviar-los i que existeix independència entre la resposta voluntària i el resultat (Seligman, 1975), quin model dels exposats seria l'adequat per superar aquest estat definit per Seligman? Què aportaries per contrarestar-lo?

5 >> Agents de l'EpS

> **Què és l'educació?**
>
> *Educació és el que la majoria rep, molts transmeten i pocs tenen.*
>
> Karl Kraus (1874-1936)

Els agents de l'Educació per a la Salut són les persones que l'han de dur a terme. La salut és una responsabilitat de tots i, en aquest sentit, tots som possibles agents de l'Educació per a la Salut. La família, els amics i els que ens envolten són fonts d'informació, però hi ha persones que tenen més oportunitats de transmetre missatges de salut. Els principals agents de l'Educació per a la Salut són els següents:

El personal sanitari

La població considera que el personal sanitari és el que més sap sobre salut i malaltia, i que per això pot influir de manera important sobre els coneixements, actituds i conductes positives i negatives per a la salut dels individus. A més, el personal sanitari té un doble paper: com a educador, és el responsable de l'educació formal i, com a model, de l'educació informal. No només els metges i el personal d'infermeria tenen aquest paper d'educadors; el personal auxiliar sanitari (zeladors, recepcionistes, secretàries, etc.), en la seva relació amb l'ambient sanitari, també pot actuar com a educador i adoptar un rol positiu afavorint l'EpS.

> **Educació formal**
>
> L'educació formal és la que té caràcter intencional i està planificada. El rol de l'educador és actiu.
>
> **Educació informal**
>
> L'educació informal és la que es dóna de forma no intencionada ni planificada. El rol de l'educador és passiu.

Els docents

Els professors tenen moltes ocasions per exercir influències formals i informals. Els infants i els joves assimilen millor els ensenyaments i el que aprenen és més durador. Aquest és un dels avantatges amb què compten els docents com a educadors per a la salut.

Els comunicadors

La transcendència dels comunicadors rau en el poder que utilitzen. Els seus missatges persuasius arriben a moltes persones, a gran distància i en poc temps.

Les associacions

Les associacions, especialment les creades per a certes patologies, tenen una implicació molt directa i són molt actives en l'Educació per a la Salut.

8

El personal sanitari pot influir positivament o negativament sobre els hàbits saludables de la població.

6 >> Camps d'actuació en l'EpS

En realitat, el camp d'acció de l'Educació per a la Salut el constitueix la societat, encara que cada individu ha de rebre educació sanitària segons les seves necessitats. Per això, si ens fixem en la situació de salut de les persones, és evident que els objectius no seran els mateixos. D'aquesta forma, trobem dos grans camps d'acció: el de la població sana i el de la població malalta.

Educació de les persones sanes

Les persones sanes són l'objectiu prioritari de l'educació sanitària. Es tracta que arribin a assolir les seves màximes possibilitats de salut i que desenvolupin hàbits i estils de vida saludables.

Dins de la població sana, l'educació sanitària duu a terme les seves intervencions sobretot:

- **A l'escola**, a través de l'aprenentatge de temes transversals, educació per a la salut o campanyes de sensibilització.
- **Al món laboral**, mitjançant la prevenció de riscos laborals, treballant sobre els riscos de patir lesions (accidents de treball) o els riscos de patir malaltia (malalties professionals).
- **A la comunitat**, per a la qual cosa afavoreix hàbits de vida sans, informa sobre els riscos i motiva per al canvi de comportament, ja sigui en l'àmbit del domicili, dels centres de salut o dels llocs de reunió.

També ens podem referir a les persones sanes des del moment del cicle vital en què es trobin: infància, adolescència, adultesa o vellesa.

Salut dels adolescents

L'adolescència pot semblar una etapa de bona salut. Tot i això, molts adolescents moren a causa d'accidents, suïcidis i violència, entre altres causes. A més, certes malalties de l'edat adulta tenen el seu origen en els mals hàbits adquirits durant aquesta etapa.

Educació de les persones malaltes

Les persones malaltes són, en teoria, més susceptibles al canvi. La seva motivació és clara: recuperar el seu estat de salut. Aquesta receptivitat a l'educació sanitària també és evident en la família del malalt. L'inconvenient és que aquests canvis no sempre perduren, ja que, a mesura que l'experiència de malaltia s'allunya en el temps, es perd la motivació.

En el cas dels malalts, podem establir distinció segons el lloc en què es realitzi l'acció educativa (hospital, centre de salut, domicili, etc.) o segons el tipus de malaltia (aguda o crònica).

Aquests camps d'actuació es resumeixen a la taula següent:

Camps d'actuació de l'EpS

Població sana		Població malalta	
Medi	Etapa del cicle vital	Medi	Tipus de malaltia
- Escola - Món laboral - Comunitat (llocs de reunió, domicili, centre de salut, etc.)	- Infància - Adolescència - Joventut - Adultesa - Vellesa	- Centre de salut - Hospital - Centre de dia - Domicili - Associacions	- Aguda - Crònica

Casos pràctics 1

L'Anna, auxiliar d'infermeria, actua com a agent de salut

L'Anna és auxiliar d'infermeria i es troba amb la família del Pau, un ancià que ha estat ingressat per un infart. Arriba el moment que el Pau torni al seu context familiar. La seva família està molt preocupada i li demana consell i orientació.

Quins factors tindrà en compte per ser més eficaç com a educadora per a la salut?

Solució

L'auxiliar d'infermeria és un dels principals agents en l'Educació per a la Salut, que serà realment efectiva si l'auxiliar està convençut de la seva utilitat i està correctament preparat, fet que requereix que actualitzi permanentment els seus coneixements i conegui les seves funcions específiques.

L'Anna, com a auxiliar d'infermeria, es trobarà en una situació privilegiada. Es donen una sèrie de factors per tal que així sigui:

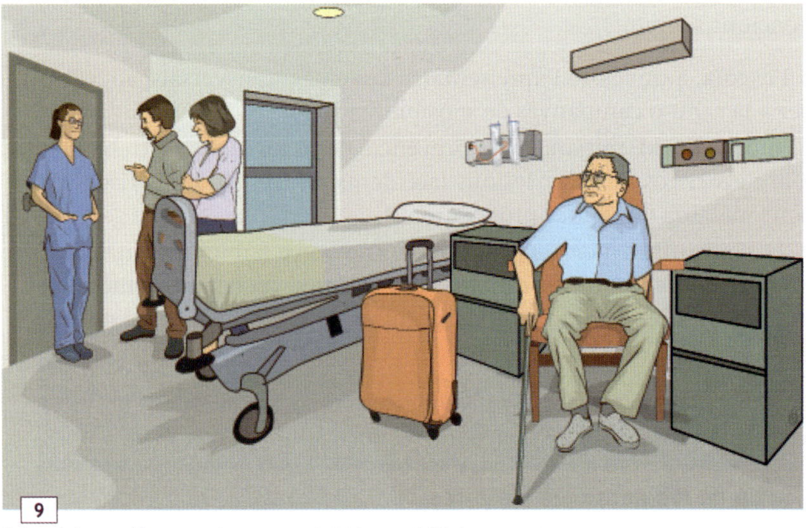

9

Rebre informació proporciona seguretat i tranquil·litat.

- La credibilitat de què gaudeixen els professionals sanitaris. És cert que, enfront del metge, l'auxiliar d'infermeria té menor credibilitat i això suposa un inconvenient en el seu rol educatiu, però també pot actuar de canal i dirigir el pacient cap al personal més especialitzat.
- El treball de l'Anna és de contacte directe. Respecte d'altres professionals sanitaris, en aquest punt l'Anna es troba amb avantatge, perquè l'auxiliar d'infermeria és el que té un tracte més proper i durant més temps amb el pacient i la seva família. Ha d'aprofitar aquesta circumstància per informar i motivar.
- L'Anna podrà obtenir millor èxit si aconsegueix una bona relació amb el pacient i aconsegueix obtenir la seva confiança. Per aproximar-se a les persones, haurà de tenir en compte les seves característiques individuals, així com les seves necessitats físiques, psíquiques i socials.
- La situació de demanda d'ajuda predisposa els pacients a acceptar els consells. El Pau i els seus familiars presenten major receptivitat. En viure la malaltia en primera persona o com a persones properes al malalt, és més fàcil que s'adonin de la necessitat i de la conveniència de canviar els hàbits nocius.
- L'Anna és integrant de l'equip d'atenció sanitària i, com a part d'aquest equip, col·laborarà en la planificació, l'execució i l'avaluació dels programes d'EpS.
- I, molt important: l'Anna, com a professional sanitària, serà per a moltes persones un model d'estil de vida. Encara que el paper exemplar no és intencionat, ha de ser conscient que les seves conductes incideixen de forma important, positivament o negativament, sobre les conductes de salut de la població, i molt especialment sobre les persones que reben la seva assistència i consell. És molt probable que l'Anna fracassi si suggereix canvis de conducta i ella no els ha assolit abans.

Activitats finals

1·· Completa al teu quadern els espais en blanc d'aquest paràgraf amb les paraules següents:

malaltia - negatius - positius - promoure - salut

La • • • • no només és l'absència de • • • • , sinó també un estat integral de benestar. La salut es pot construir i • • • • , centrant-se en els efectes • • • • més que en els • • • • .

2·· Els determinants de la salut de Lalonde són: biologia, estil de vida, medi ambient i sistema d'assistència sanitària. Relaciona'ls amb les situacions següents:

a) Herència genètica	e) Sexe	i) Depressió econòmica d'un país
b) Edat	f) Contaminació atmosfèrica	j) Potabilitat de l'aigua
c) Consum d'alcohol	g) Plaga de mosquits	k) Gratuïtat dels medicaments
d) Relacions sexuals sense protecció	h) Guerra entre dos sectors d'una població	l) Universalitat de l'atenció sanitària

3·· Reflexiona sobre la influència que té cada grup de determinants sobre la salut. Sobre quin centraries els esforços per millorar-lo?

4·· Una mare porta per primera vegada el seu fill de 10 anys a la consulta del dentista. Altres revisions mèdiques que li han fet fins ara no incloïen la de control de la salut bucodental. En aquest moment, se li detecten diverses càries i la seva mare explica que a casa tots són molt llaminers i, és clar, el nen menja "moltes llaminadures". A més, segons les seves paraules, en la família tots tenen "molt malament la boca" i una vegada els van dir que tenien "facilitat per tenir càries". Quan se li va preguntar al nen quantes vegades es raspallava les dents, va dubtar una mica, però va respondre que gairebé tots els caps de setmana. A partir de la història presentada, identifica els determinants de salut que apareixen en aquest cas.

5·· El Joan és un nen de 6 anys al qual se li acaba de diagnosticar una diabetis mellitus tipus I. Quin model d'Educació per a la Salut utilitzaries en l'ambient familiar, escolar i de lleure del nen? Explica les raons que et porten a fer-ne servir un o un altre.

6·· Utilitza la contrapublicitat per desmuntar els hàbits de vida no saludables que propugna la publicitat. Per fer-ho, elegeix un anunci de la premsa escrita o digital, un altre de la televisió i per últim un de la ràdio. De cada un:

a) Redacta un contraeslògan.
b) Ridiculitza el missatge que propugna.
c) Realitza una proposta en positiu.

7·· Realitza les següents preguntes a un company:

- Quants àpats fas al dia?
- Quants dies a la setmana menges carn?
- Consumeixen fumats de forma freqüent?
- Quantes vegades et dutxes a la setmana?
- Quantes hores dorms normalment?
- Quantes hores d'exercici fas a la setmana?
- Quantes hores passes cada dia a Internet o amb el mòbil jugant a videojocs?

Troba algun hàbit de vida no saludable i pensa quin model d'educació sanitària elegiries per intervenir, quin seria l'agent més adequat i en quin context el realitzaries.

Casos finals

1·· Recaure amb el tabac

El metge ha tornat a aconsellar al Joan que deixi de fumar. Ja li ha advertit moltes vegades que el tabac és molt perjudicial i què hi guanyaria si abandonés aquest mal hàbit, però li costa molt no fer un cigarret a la feina quan veu que tots es reuneixen per fumar al carrer o a les tardes al cafè, o mentre mira la televisió. I a casa tots fumen. Encara que aquesta vegada s'ho ha pres seriosament perquè ha tossit tot l'hivern i se sent cansat. Està decidit!

Li han dit que reculli un fullet que resumeix el que el metge li ha explicat i que no s'oblidi de demanar cita per al control.

Quan parla amb l'auxiliar, nota que fa olor de tabac. El Joan recorda haver-la vist fumant a la terrassa de la cafeteria que hi ha al costat del centre de salut.

En aquests moments, no té fullets, però ja els hi donarà en la propera consulta. Li ha dit que, en uns dies, el trucarà per comprovar-ne el seguiment; és com solen fer-ho amb tots els pacients que deixen de fumar. Han passat 15 dies i el Joan segueix fumant. Encara està esperant que el truquin per telèfon.

Tingues en compte que el Joan és un adult que té l'hàbit de fumar des de fa molts anys. L'edat, el temps i la resta de circumstàncies es tindran en compte si volem canviar l'hàbit del Joan.

Determina quins factors afavoreixen o entorpeixen l'eliminació d'aquesta conducta insana.

2·· Lluitar contra l'obesitat

Com hem vist, un dels eixos preventius de la Unió Europea és la lluita contra l'obesitat. Més de la meitat de la població adulta té obesitat o sobrepès, fet que s'associa a importants patologies (diabetis, malalties cardiovasculars, càncer, trastorns psicològics, etc.) i suposa un gran cost en l'assistència sanitària de la Unió Europea.

La Plataforma Europea d'Acció sobre Alimentació, Activitat Física i Salut té com a objectiu evitar la mala alimentació i la falta d'activitat física. Per això, ha promogut actuacions en diferents sectors, com per exemple, la prohibició de la publicitat de begudes ensucrades adreçades a infants, una millor informació nutricional en restaurants i la promoció de l'esport a les escoles.

A més, aquestes actuacions inclouen regular les normes sobre l'etiquetatge dels productes alimentaris, de forma que els ciutadans europeus rebin informació fiable del que estan consumint. Per exemple, per tal que a l'etiqueta d'un aliment hi posi que és "bo per al cor", ha d'estar científicament demostrat. Les etiquetes d'informació nutricional detallaran el valor energètic i els nivells de greixos, àcids grassos saturats, hidrats de carboni, sal i sucre.

Comprova i exposa a classe si aquestes mesures es compleixen al teu entorn. Fixa't si es respecten les limitacions en la publicitat adreçada als infants, si hi ha informació a les cartes dels restaurants o bé quines activitats de promoció de l'esport es realitzen; una altra opció és estudiar les etiquetes d'algun producte alimentari.

Autoavaluació

1. Què és cert respecte de la definició clàssica de salut de l'OMS?

a) És utòpica.
b) És dinàmica.
c) És objectiva.
d) Totes les respostes anteriors són correctes.

2. Quins són els determinants que més influeixen en la nostra salut?

a) Els biològics.
b) L'estil de vida.
c) Els mediambientals.
d) El sistema sanitari.

3. Quin tipus de prevenció és el raspallat dental adequat?

a) Prevenció primària.
b) Prevenció secundària.
c) Prevenció terciària.
d) Prevenció quaternària.

4. Quin és el camp d'acció propi de l'Educació per a la Salut?

a) Tota la col·lectivitat.
b) Només els individus sans.
c) Només els individus malalts.
d) Únicament els infants i adolescents.

5. Indica la resposta falsa:

a) Entre els eixos preventius fonamentals a Europa hi ha el control de les malalties infeccioses.
b) La LGS afirma que els dos aspectes prioritaris del sistema sanitari són la promoció de la salut i la prevenció de la malaltia.
c) Una de les estratègies que va recollir la Carta d'Ottawa és la de crear ambients favorables per facilitar les eleccions sanes.
d) La promoció de la salut usa estratègies multisectorials.

6. Entre els objectius de l'Educació per a la Salut figuren:

a) Modificar conductes negatives i promoure noves conductes positives.
b) Canviar envers ambients positius que afavoreixin conductes saludables.
c) Capacitar l'individu per mantenir una actitud activa davant la salut pròpia i comunitària.
d) Totes les respostes anteriors són correctes.

7. En la definició d'Educació per a la Salut donada per l'OMS el 1983 no es troba la idea de:

a) Recerca d'ajuda.
b) Actitud passiva.
c) Desig d'estar sa.
d) Coneixement de com assolir la salut.

8. Dins del personal sanitari, poden ser agents que intervenen en l'Educació per a la Salut:

a) Només els metges i les infermeres.
b) Tot el personal sanitari.
c) El personal que treballa de cara al públic.
d) El personal sanitari que es dedica a la docència.

9. Indica l'afirmació correcta respecte de l'educació informal:

a) És la que es dóna de forma no intencionada ni planificada.
b) El rol de l'educador és passiu.
c) Les respostes a i b són correctes.
d) Totes les respostes anteriors són incorrectes.

10. La susceptibilitat en el model de creences de salut es refereix a:

a) La permeabilitat del subjecte al missatge que el professional sanitari li dóna.
b) La predisposició que té el subjecte a desenvolupar algun tipus de malaltia.
c) La gravetat de les diferents malalties que pot desenvolupar.
d) Totes les respostes anteriors són incorrectes.

11. Les crítiques que rep el model de creences de salut es deu a:

a) Responsabilitzar el context com a agent actor de la malaltia.
b) No modificar comportaments en el cas de les persones sanes.
c) No ser útil en el compliment terapèutic d'una persona malalta.
d) Totes les respostes anteriors són incorrectes.

12. Els estils de vida es caracteritzen per:

a) Ser immutables; entren dins del context cultural que heretem.
b) Ser modificables per l'individu segons l'interès i la motivació.
c) Ser adquirits de forma voluntària i conscient.
d) Totes les respostes anteriors són incorrectes.

Unitat 13

Programació sanitària

En aquesta unitat aprendràs a...

- Explicar les característiques fonamentals dels programes d'Educació per a la Salut.
- Participar en l'elaboració i l'execució de programes sanitaris.
- Conèixer i valorar diferents programes de la salut, prevenció de la malaltia i Educació per a la Salut.

Preguntes inicials

1·· Quan te'n vas de vacances o prepares qualsevol altra activitat, com l'organitzes? Què tens en compte?

2·· Penses que les coses surten millor si es programen o si s'improvisen?

- **PLANIFICACIÓ**
  - **Anàlisi de la realitat**
    - Recollir dades
    - Detectar problemes
    - Definir necessitats
  - **Establir prioritats**
    - Extensió del problema
    - Gravetat
    - Transcendència sociocultural
    - Evolució en el temps
  - **Determinar metes**
  - **Estratègies d'actuació**
    - Programes de salut (de promoció i prevenció)
      - Apartats
        - Introducció
        - Objectius
        - Activitats
        - Recursos
        - Cronograma
        - Avaluació
      - Exemples
        - Segons població diana
        - Segons malalties específiques
  - **Avaluació**

Per al projecte final

- Reconeixeràs les necessitats i els problemes de salut de la població.
- Programaràs actuacions sanitàries adreçades al pacient, la família i la col·lectivitat.
- Avaluaràs de manera contínua totes les activitats.

1 >> Planificació i programació

La importància de la planificació

Si no saps on vas, cap camí t'hi portarà.

Lewis Carroll, *Alícia al País de les Meravelles*

Pla de salut

Cada comunitat autònoma redacta el seu pla de salut per a un període de temps més o menys llarg.

La **planificació** consisteix en un procés d'anticipació dels recursos i serveis necessaris per assolir uns objectius definits segons un ordre de prioritats, sense oblidar el context actual i les possibles alteracions que poden aparèixer.

Una adequada planificació ha de complir una sèrie de **requisits**:

- **Racionalitat**: cal fer una anàlisi objectiva i crítica de la realitat, fonamentada en bases científiques sòlides.
- **Globalitat**: inclourà totes les variables possibles que puguin incidir en la necessitat o el problema sobre el qual es treballa.
- **Integració**: unitat i consonància entre els diferents apartats.
- **Realisme**: exigeix objectivitat en identificar els problemes i les possibilitats d'èxit.
- **Obertura i flexibilitat**: ha de ser un procés dinàmic que s'adapti a noves situacions, necessitats i demandes en el transcurs de la seva aplicació.

En el llenguatge col·loquial, a vegades pla i programa s'utilitzen indistintament, però tenen un abast diferent i es refereixen a diferents nivells de concreció. En parlar del pla, ens referim a un projecte global en què es recullen decisions de caràcter general que expressen les línies fonamentals, i que es concreta en un o diversos programes on apareixen, de forma detallada i clara, tots els elements de la intervenció.

La **programació** consisteix en organitzar, en el temps i en l'espai, les activitats i els recursos disponibles amb la finalitat d'assolir uns objectius definits en relació amb les necessitats d'una determinada població.

Tot això es plasma en un document, el programa, que ha de tenir les **característiques** següents:

- **Creativitat**: proposar solucions innovadores o generar noves idees.
- **Prospectivitat**: expressar els resultats esperats després de la seva implantació.
- **Sistemàtica**: ajustar-se a una seqüència de passos ordenats i relacionats entre si.
- **Flexibilitat i dinamisme**: estar obert als canvis que el millorin.
- **Claredat, senzillesa i precisió**.

Activitats

1·· Què entens per programa?

2·· Ratlla, de cada parella, la característica que no correspongui amb la que ha de presentar una programació:

a) Flexible/rígida.
b) Ambigua/precisa.
c) Complicada/senzilla.
d) Prospectiva/retrospectiva.
e) Dinàmica/fixa.
f) Anàrquica/sistemàtica.

2 >> Etapes en la planificació sanitària

Una adequada planificació sanitària ha de seguir una sèrie d'**etapes**, que es tracten en els apartats següents.

2.1 > Anàlisi de la situació

Com sabem, els factors que influeixen en la salut són molts i variats. Això exigeix que l'anàlisi sigui intersectorial i multidisciplinària. Es tracta de la **fase de recollida de dades i interpretativa**. És necessari recollir la informació sobre les condicions reals de la població.

S'intentarà que sigui el més completa possible i ajustada al que es pretén realitzar. Com a mínim, s'hi inclourà:

- **Marc referencial:** dades geogràfiques, demogràfiques, socioeconòmiques, educatives, polítiques i culturals.
- **Perfil epidemiològic:** per analitzar amb objectivitat la situació s'utilitzen indicadors de salut.
- **Recursos:** materials, humans, financers i organitzatius.
- **Elements afavoridors i obstacles** que existeixen per tal que la població estigui sana.

Per a la recollida de les dades s'utilitzaran: tècniques quantitatives (enquestes i qüestionaris) i qualitatives (observació, entrevistes, grups de discussió, etc.), a més d'altres fonts com documents, estudis, tesis, assaigs, publicacions, estadístiques o investigacions prèvies.

De les dades recollides i de l'anàlisi de la realitat s'extrau un diagnòstic de salut que ha de ser objectiu, complet (que valori tot el conjunt de la població) i temporal (es refereix a un moment determinat), la qual cosa condueix a descobrir els problemes i les necessitats de la població:

- **Problemes de salut:** són els estats de salut deficient.
- **Necessitats:** és el que falta per tal que la situació real es correspongui amb la ideal.
  Els **tipus** de necessitats són:
  - **Normativa:** la defineix l'expert quan jutja que alguna cosa s'aparta del que és normal.
  - **Sentida:** és la que perceben les persones en relació amb el seu estat de salut i els seus desigs sobre els serveis sanitaris.
  - **Explícita:** representa la necessitat sentida que es manifesta.
  - **Comparativa:** és la que es dedueix que té un grup perquè la presenten altres amb característiques similars.
  - **Latent:** només s'identifica quan es realitza una anàlisi.

En definitiva, l'anàlisi dels resultats fa que es detectin els problemes i les necessitats, i exigeix que la planificació sanitària presenti una hipòtesi de treball sobre les possibles causes i les corresponents solucions, i que finalment es prenguin les decisions, tenint en compte els diferents factors que hi influeixen.

Per exemple, si decidim canviar un comportament no saludable, trobarem que existeixen i influeixen factors predisposants, facilitadors i de reforç.

Indicadors de salut

Els indicadors més utilitzats són:

- Indicadors de mortalitat. Taxa de mortalitat infantil, índex de Swaroop, taxa de mortalitat bruta, etc.
- Indicadors de morbiditat. Indicadors d'incapacitat, esperança de vida sense incapacitat, etc.
- Indicadors de salut global o positiva. Indicador de Grogono i Woodgate, que es basa en paràmetres com treball, lleure, alimentació, son, comunicació, dependència d'un altre, etc.
- Indicadors socioeconòmics: renda per càpita, taxa d'atur, despeses sanitàries, etc.

Factors predisposants

Factors predisposants són factors personals o interns que condueixen o motiven les persones a realitzar una nova conducta o a tornar-ne a repetir, abandonar-ne, modificar-ne o suspendre'n una altra.

Factors facilitadors

Factors facilitadors són les aptituds i els recursos personals i de la comunitat que afavoreixen un comportament.

Factors reforçadors

Factors reforçadors són els que contribueixen a mantenir o cessar una conducta. Es refereixen a les recompenses o els càstigs que segueixen la conducta concreta.

Mètodes per determinar prioritats

Podràs conèixer alguns instruments per determinar prioritats informant-te sobre:

- Mètode Hanlon.
- Mètode Dare.
- Graella d'anàlisis per a la determinació de prioritats.
- Procediment de trillatge (eliminar problemes).
- Mètode de ponderació de criteris (Blum).
- Mètode símplex.

2.2 > Establir prioritats

El pas següent en la planificació és **jerarquitzar els problemes** per poder definir les actuacions preferents. S'utilitza com a criteri de prioritat la importància del problema, i per això **es valoren**:

- L'**extensió**: l'amplitud o freqüència amb què apareix (incidència i/o prevalença).
- La **gravetat**: mortalitat, qualitat de vida, producció d'invalideses o limitacions funcionals, pèrdua d'anys de vida i riscos per a la comunitat que se'n deriven.
- La **transcendència sociocultural**: per la valoració, les creences i les actituds de la població davant del problema i la necessitat que sent de solucionar-lo.
- L'**evolució**: quina seria la tendència o l'evolució natural si no intervinguéssim sobre aquest problema de salut.

Després de l'estudi de prioritats, se selecciona el problema sempre que la intervenció sigui pertinent, és a dir, es disposi de tècniques adequades, resulti econòmicament factible, sigui acceptable per la comunitat, existeixin recursos disponibles i estigui dins de la legalitat.

Incidència

La incidència és el número de casos nous d'una malaltia que es produeixen en una col·lectivitat durant un període de temps determinat.

Prevalença

La prevalença és el número de casos existents d'una malaltia en un moment determinat.

2.3 > Determinació de metes

Per desenvolupar un pla, és imprescindible que prèviament es determinin les metes fonamentals i que es plantegi per a un termini de temps més aviat llarg. Així, cal descriure:

- **Les metes o finalitats ideals:** serien, per exemple, "millorar l'estat de salut de la població, augmentar l'esperança de vida i els anys lliures d'incapacitats".
- **Les grans línies directrius del pla:** seguint amb l'exemple anterior, una línia prioritària d'actuació podria ser "fomentar els hàbits saludables en els diferents entorns socials".
- **Els objectius:** per redactar correctament cada un dels objectius, es tindrà present que:
  - S'expressi amb un verb d'acció dirigit al problema o la necessitat de salut i que faciliti l'observació de l'aconseguit.
  - Sigui un criteri graduable i es quantifiquin els resultats esperats, perquè, si són mesurables, seran avaluables.
  - Expressi l'àmbit d'acció i concreti la població a la qual s'adreça; és l'anomenada població diana.
  - Delimiti el temps per aconseguir el resultat.
  - Existeixin procediments útils per a l'avaluació.

Activitats

3·· Quines dades cal recollir per a una correcta planificació?

4·· Explica la diferència entre necessitat normativa i necessitat sentida.

5·· Explica si l'objectiu "reduir en els propers dos anys la mortalitat per accidents de trànsit en un 50%" està o no ben redactat i per què.

2.4 > Estratègies d'actuació: programes de salut

Les **estratègies de salut** incideixen tant en l'assistència sanitària com en la promoció, prevenció, docència i investigació. Entre aquestes actuacions, adreçades a aconseguir que les persones i les comunitats estiguin sanes, destaquen els diferents **programes de promoció i prevenció**. Encara que més endavant es descriuen en detall, és interessant anticipar la conveniència que sigui una tasca multidisciplinària, en què participin tots els grups implicats i que puguin aportar idees sobre cada un dels aspectes que intervenen en la programació (econòmics, polítics, administratius, sanitaris i educatius). Serà la millor manera que el treball es vegi enriquit i s'ajusti a la realitat.

Cada programa de salut ha de presentar els seus corresponents objectius específics —que siguin coherents amb els de l'estratègia nacional de salut—, i també ha d'establir clarament les necessitats en matèria de personal, locals, tecnologia, equips i subministraments, mètodes, vigilància i avaluació, calendari d'activitats i la manera d'assegurar la concordança entre els seus diversos elements i amb els programes afins.

App del Pla Nacional Sobre Drogues

A la pàgina web del Pla Nacional Sobre Drogues, et podràs descarregar una *app* per a dispositius mòbils i tauletes tàctils. Es tracta d'una eina d'informació i conscienciació adreçada a qui vulgui conèixer els riscos de les drogues i, a més, altres addiccions sense substàncies.

www.pnsd.msssi.gob.es

2.5 > Avaluació

Amb l'avaluació s'intenta valorar una activitat i els resultats corresponents, per a la qual cosa s'utilitzen una sèrie de criteris i normes. No s'ha d'interpretar mai com una crítica negativa, ni mostrar recel o por davant seu. L'avaluació s'ha de considerar un pas imprescindible per aprendre i per millorar les actuacions presents i futures.

L'avaluació és un procés continu que ha d'abraçar totes les fases de la planificació, de forma que s'han d'avaluar la definició del pla, el disseny, l'execució i el resultat. Encara que un dels punts fonamentals és aquest últim: la valoració del resultat o l'impacte que ha tingut el pla, ja que no té sentit dur a terme una actuació si no s'observa posteriorment si ha estat eficaç, efectiva i eficient.

Eficàcia

L'eficàcia és la capacitat d'aconseguir el resultat que es pretén.

Efectivitat

L'efectivitat és el percentatge d'èxit que s'ha assolit en els resultats.

Eficiència (rendibilitat)

L'eficiència és la relació entre els resultats del programa i el seu cost.

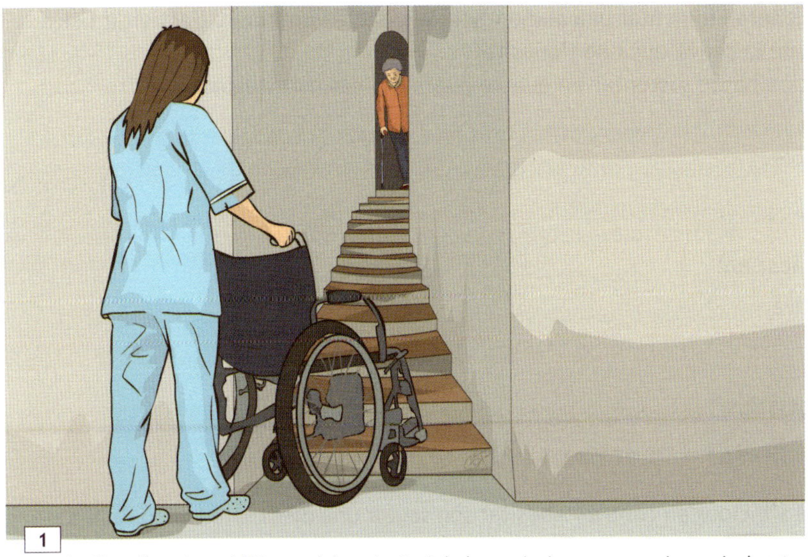

1

En la planificació, cal no oblidar-se del context ni de les variacions que puguin sorgir degut a factors interns o externs.

Casos pràctics 1

L'obesitat infantil

Els estudis epidemiològics dels últims anys evidencien un increment preocupant de la prevalença de sobrepès i obesitat en la població general i en la infantil en particular, de tal forma que l'OMS utilitza l'expressió "epidèmia mundial". Sens dubte, aquest fet està relacionat amb l'estil de vida sedentària i amb factors nutricionals.

L'obesitat infantil té com a conseqüència múltiples i variats problemes físics, com són el major risc d'hipertensió arterial, hiperlipèmies, dispnea d'esforç, deformitats òssies, etc. A aquests problemes s'afegeixen una pitjor qualitat de vida i trastorns psicològics, com disminució de l'autoestima, estigmatització, fracàs escolar i de relacions socials i, sovint, depressió, ansietat i alteracions del comportament. Al seu torn, l'obesitat que s'inicia en la infància té tendència a mantenir-se en l'edat adulta i això la fa doblement important, perquè és un problema en la infància i serà un problema en la maduresa. En molts plans de salut, es pretén fomentar una alimentació saludable i promoure l'activitat física per invertir la tendència ascendent de la prevalença de l'obesitat. L'anàlisi d'aquestes dades ens descobreix la necessitat de prevenir l'obesitat infantil. Per definir un pla enfront d'aquest problema, hem de respondre les preguntes següents:

a) L'obesitat infantil és un problema prioritari? Per què?
b) Quina és la meta que s'ha de marcar el pla de salut?
c) Quines estratègies es poden proposar per solucionar el problema?
d) En quins llocs caldria actuar?
e) Quines recomanacions inclouries en les activitats d'un programa contra l'obesitat?

Solució

a) L'obesitat infantil és un problema prioritari per l'extensió del problema: segons els estudis epidemiològics, existeix un augment de la prevalença de l'obesitat; també per la gravetat del problema: alta mortalitat, empitjora la qualitat de vida, ocasiona disminució de les capacitats o limitacions funcionals, existeixen una pèrdua d'anys de vida i una major morbiditat associades al sobrepès. A més, té una gran transcendència sociocultural, ja que existeix un rebuig social envers les persones obeses, que se senten assenyalades i freqüentment presenten problemes psicològics i de relacions socials; a més, l'evolució del problema és la de persistir en el temps.

b) La meta o finalitat del pla de salut serà "fomentar una alimentació saludable i promoure l'activitat física per invertir la tendència ascendent de la prevalença de l'obesitat".

c) La prevenció de l'obesitat infantil s'ha de sustentar en quatre pilars o línies estratègiques:

- Promoció de la lactància materna.
- Promoció de l'alimentació saludable.
- Promoció de l'activitat física.
- Intervenció enfocada a la família.

d) Els llocs on es pretén actuar abraçarien:

- Els centres d'atenció socioeducativa.
- Els centres escolars.
- Els serveis sanitaris.
- Els municipis i els moviments associatius.
- El medi laboral i les empreses.
- Els mitjans de comunicació.

e) Les principals recomanacions que s'inclourien contra l'obesitat són seguir una dieta saludable i realitzar exercici físic habitualment.

3 >> Disseny d'un programa de salut

Un programa no és un procés lineal, sinó **circular**; a més, s'ha de tornar contínuament als passos anteriors per mantenir la cohesió.

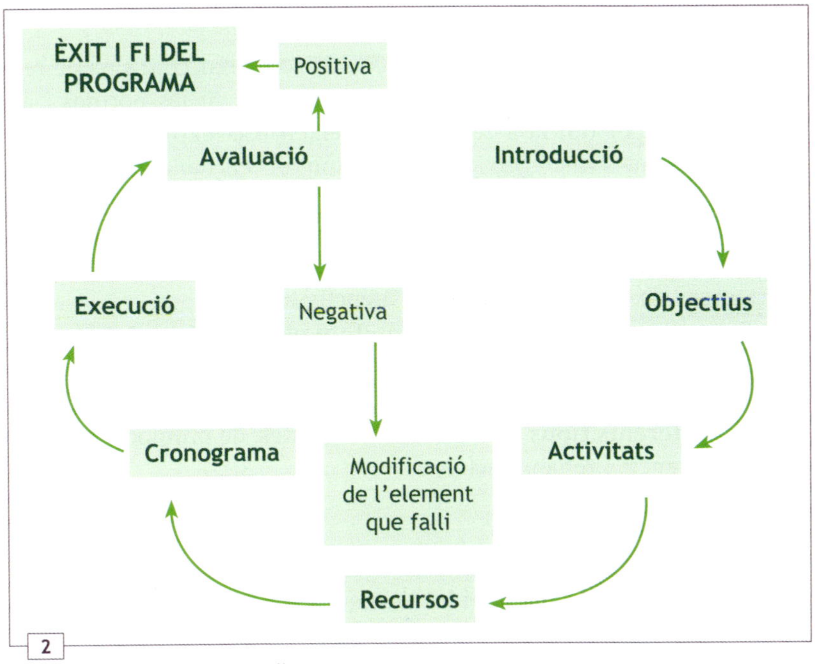

2 Seqüència circular del disseny d'un programa.

Xarxa Espanyola de Ciutats Saludables

En concordança amb el projecte "Healthy Cities", de l'Organització Mundial de la Salut, va néixer a Espanya el 1988 la Xarxa Espanyola de Ciutats Saludables.

www.ciudades-saludables.com

3.1 > Introducció

El primer que apareix en una programació és la descripció de:

- Els aspectes del problema de salut:
  - En què consisteix el problema o la necessitat.
  - Quines són les dimensions del problema (extensió i gravetat).
  - Factors de risc i la seva contribució al problema.
- La població diana: edat, factors socials i culturals, hàbits, etc.

3.2 > Objectius

Els objectius enunciats descriuen el resultat que es busca.

Els objectius es poden classificar en:

- **Objectius generals**: recullen les grans línies d'acció.
- **Objectius específics**: desenvolupen els generals.

Els requisits per formular els objectius són:

- **Factibilitat**: que es puguin realitzar.
- **Viabilitat**: es podran posar en pràctica, segons la política existent.
- **Concreció**: que expressin amb exactitud el que es desitja aconseguir.
- **Pertinença**: han de ser apropiats per resoldre el problema.
- **Claredat**: han de ser comprensibles.
- **Mesurables**: s'han de poder mesurar per tal de poder avaluar si s'han aconseguit els resultats perseguits.

3 Els objectius han de representar les metes que es pretén assolir.

3.3 > Activitats

> **www.activilandia.es**
>
> Activilandia és una plataforma virtual adreçada a infants per promoure, a través de jocs, l'alimentació saludable i la realització d'activitat física, a més d'altres hàbits saludables. Aporta informació i consells pràctics per a pares i educadors.

> **Informació i recursos d'Educació per a la Salut**
>
> El Ministeri de Sanitat, Serveis Socials i Igualtat ofereix un Sistema d'Informació de Promoció i Educació per a la Salut (SIPES) que té com a finalitat principal l'intercanvi d'informació i bones pràctiques en promoció de la salut.
>
> http://sipes.msssi.es/
>
> Algunes comunitats autònomes compten amb serveis similars.

Per definir les activitats, es tindran en compte les **característiques de la població**: edat, formació, motivació, etc., així com els valors culturals i els coneixements previs de les persones a les quals van adreçades. Evidentment, les activitats s'han d'ajustar als recursos disponibles.

Quan l'activitat sigui nova o sigui necessari concretar com s'ha de realitzar, s'indicarà detalladament a la programació. Si les normes i els procediments per dur-la a terme requereixen una explicació àmplia, és preferible que s'hi afegeixi un annex amb tots els detalls necessaris.

Quan **es planifiquen** les activitats d'un programa, es pretén:

- **Organitzar el temps de treball**, ja que el treball planificat optimitza el temps i això és fonamental en l'atenció sanitària.
- **Enfocar els problemes de salut des d'un punt de vista global** (biopsicosocial), per un equip multiprofessional que proporcioni educació, cura, suport, rehabilitació i atenció.
- **Oferir diferents tipus d'activitats integrades**: de promoció, prevenció, assistència i rehabilitació.

El **disseny de l'acció** suposa:

- **Seleccionar la metodologia**, decidint com es durà a terme cada activitat i establint els mètodes i les tècniques educatives.
- **Identificar les etapes prèvies** a cada activitat.
- **Ordenar cronològicament les activitats**, marcant els temps, els terminis i el ritme.
- **Especificar les responsabilitats de cada membre de l'equip** i assegurar-se que sap què ha de fer.
- **Buscar la col·laboració** d'organitzacions i persones interessades en les tasques, i en particular de líders naturals.
- **Definir els recursos necessaris** per a cada actuació.

Activitats

6·· Aquí es presenten desordenadament diferents objectius, activitats i poblacions diana. Relaciona els objectius amb les seves activitats corresponents i amb la que creguis que és la seva població diana:

- Entrenar en processos de presa de decisions raonades davant de situacions d'oferta de drogues.
- Disminuir la incidència d'osteoporosi en la població major de 60 anys.
- Informació oferta en els diferents mitjans de comunicació sobre els beneficis d'utilitzar els sistemes de retenció infantil en el cotxe.
- "Joc de decisions": davant de situacions proposades, predir conseqüències i elegir la decisió adequada.
- Pares.
- Detectar les hipoacúsies en els primers mesos de vida.
- Disminuir la letalitat per lesions per accidents de trànsit.
- Nounats.
- Grup de 12 a 16 anys d'edat.
- Sessions tutoritzades d'exercicis físics en centres de salut.
- Dones en el climateri.
- Cribratge amb prova d'otoemissió acústica a tots els nounats en la maternitat.

3.4 > Previsió de recursos

Els **recursos** són el conjunt de mitjans amb què es compta i que són necessaris per assolir els objectius programats. Es refereixen tant a les persones com als béns materials, financers i tècnics requerits.

És necessari que aquests recursos siguin:

- **Adequats:** que serveixin per desenvolupar les activitats.
- **Eficaços:** que siguin capaços d'aconseguir les finalitats.
- **Suficients:** que no existeixi infrautilització ni suprautilització.
- **Accessibles:** que se'n pugui disposar.
- **Productius:** proporcionen millors resultats que altres recursos.

En la previsió d'aquests recursos, **els programes inclouran**:

- **Finançament:** capacitat econòmica per desenvolupar el programa. És important que es faci un còmput de despeses (cost del programa), perquè aquesta informació servirà per avaluar la rendibilitat del programa.
- **Equipaments:** materials necessaris per dur a terme el programat.
- **Personal:** els agents del programa, que se seleccionaran per:
  - Qualificació (que sàpiga).
  - Disposició (que vulgui).
  - Disponibilitat (que pugui).
  - Remuneració (que estigui ben pagat).

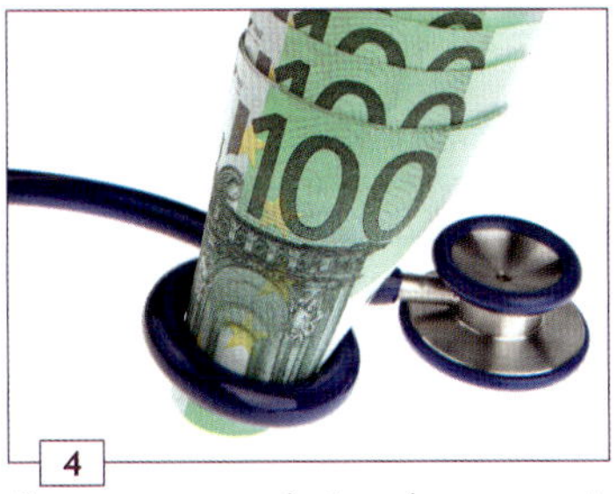

4

Els recursos econòmics són necessaris per dur a terme un programa sanitari.

3.5 > Cronograma

Cal establir el temps i el ritme d'execució del programa, delimitant-ne l'inici i el final, i s'ordenaran les activitats, precisant quan es realitzarà cada una i durant quant temps. Algun dels **procediments** per estructurar les actuacions són: els **calendaris d'operacions**, com el diagrama de Gantt, que consisteix en una matriu de doble entrada: temps/activitats; les **estructures de xarxa** del tipus diagrama de flux, que representen el camí que cal realitzar dins d'una organització, o el PERT (*program evaluating and review technique*), que representa i analitza la seqüència d'accions juntament amb el temps calculat per a cada tasca.

Un exemple senzill de **cronograma en un programa de salut bucodental** en escolars pot ser el següent:

Cronograma

Del grec *kronos* (temps) i *gamma* (traçat, escrit), es tracta de la seqüència temporal d'una actuació.

Setembre	Octubre-maig	30 de juny	15 de juliol
Inici del curs	Curs escolar	Final de curs	
- Presentació del programa a les escoles. - Nomenament dels responsables en cada centre.	Desenvolupament de les activitats programades a les escoles: - Educació per a la Salut: • Ensenyament de tècniques de raspallat correcte. • Aprenentatge d'aliments cariogènics. - Autoaplicació setmanal de col·lutoris de fluor.	Avaluació en cada centre: - Resultats d'un qüestionari sobre coneixements de salut bucodental. - Registre de dades de col·lutoris setmanals.	Enviament d'avaluacions a la unitat de salut responsable del programa.

3.6 > Execució

Un cop completades les fases anteriors, arriba el moment de l'execució o de posar en pràctica el programa. Existeixen molts programes possibles i és evident que serà diferent executar-ne un de vacunacions que un d'educació sanitària.

Podem utilitzar com a exemple el cas de la **implantació d'un programa d'Educació per a la Salut**. En aquest cas, cal:

- Presentar-se com a col·laborador.
- Conèixer els punts de vista amb la població diana.
- Augmentar l'autoestima i reforçar els punts positius de les persones.
- Aprofitar el lloc que ocupen els grups amb què es treballi dins de la comunitat.
- Oferir dades objectivables.
- Relacionar i comparar les actuacions amb altres problemes resolts anteriorment.
- Crear seguretat psicològica en els membres del grup.

En l'execució dels programes d'educació sanitària, els aspectes més importants són:

- **La capacitat de treballar en equip.**
- **Tenir i crear iniciativa:** influir activament en les situacions per arribar als objectius.
- **Fomentar la motivació.**
- **Desenvolupar una bona comunicació,** ja que és un element clau en l'educació, necessari per tal que es realitzi una vertadera interacció.
- **Intentar provocar el canvi,** però procurant que sigui la persona la que elegeixi canviar.
- **Ajudar a veure la situació real amb més objectivitat,** prenent com a punt de partida un punt de vista diferent, que s'obté buscant nous models i noves situacions i actuant.
- **Que els destinataris s'impliquin lliurement i es coresponsabilitzin en les tasques.** Han d'identificar el problema i voler el canvi.
- **Afavorir l'adhesió al projecte.** Per fer-ho, ajuda mostrar:
  - Credibilitat. Per inspirar confiança, es buscarà ser percebut com un expert, demostrant coneixement i competència en el camp. També reflectint objectivitat enfront de les dades que es valoren per no transmetre que es persegueix un interès o benefici personal.
  - Adaptabilitat. La modificació del projecte, per respondre a una necessitat justificada, fa que augmenti la confiança envers l'equip i augmenti la motivació.
  - Disponibilitat. Estar present i disposat per oferir l'ajuda que es requereixi.
  - Escoltar i donar facilitats per parlar, actuar amb afabilitat, gentilesa, delicadesa i empatia.
  - Utilitat. S'ha d'intentar ser útil en els diferents nivells: oferir solucions, trobar recursos, crear material, donar informació, fer circular la informació, actualitzar els continguts del projecte, avaluar per millorar, etc.

Qui ens ho diu?

Les persones que més influència exerceixen sobre nosaltres són les que ens resulten:

- Expertes: tenen més credibilitat davant del públic.
- Fiables: perquè ens sembla que busquen el nostre bé.
- Agradables: en qüestions trivials ens influeixen més les persones que ens agraden.

5

Qualsevol activitat o feina que s'executa en equip té més possibilitats d'èxit.

3.7 > Avaluació

Avaluar és emetre un judici segons uns criteris. La seva finalitat no és "aprovar" o "suspendre", sinó buscar millorar les actuacions presents i futures. Això exigeix un mecanisme de seguiment permanent i un registre de dades per conèixer el desenvolupament del projecte i el grau en què s'estan assolint els objectius.

6

En desenvolupar qualsevol activitat, és imprescindible valorar el treball realitzat.

L'avaluació s'ha de realitzar de manera contínua i totes les **fases de la programació** s'han de revisar. Per tant, s'ha d'avaluar:

- La **definició del programa**. S'ha de valorar el model de recollida de dades (fonts, procediments, mostres, instruments, sistema de registre, etc.) i si ha estat correcta l'anàlisi del context (observant els efectes dels factors físics, socials, d'organització i de relacions interpersonals). Per últim, es realitzarà l'avaluació de la viabilitat (existència de requisits tècnics, socioeconòmics i polítics per dur a terme la programació).
- El **disseny del programa**. Es jutjarà la qualitat de les decisions. Inclou l'avaluació de l'estratègia, de l'estructura de les activitats i dels recursos.
- L'**execució del programa**. S'avaluaran el desenvolupament del programa, les tasques, les conductes i els comportaments del personal, la gestió i la capacitat d'identificació i resolució dels problemes.
- La **conclusió del programa**. És necessària una avaluació final, revisant tot el treball. És important comprovar si s'han assolit els objectius i el seu grau de consecució, sense oblidar que alguns efectes poden aparèixer a llarg termini; també interessa recollir els resultats no previstos. A més, també és útil valorar el grau de satisfacció amb enquestes d'opinió dirigides a la població o als diferents participants en el programa. L'avaluació global és un bon punt de partida per a posteriors programes, introduir mesures correctores i els canvis oportuns en els casos en què les accions no s'acompanyin dels resultats esperats.

7

La supervivència infantil és un indicador del grau de desenvolupament d'una població. Entre les accions importants en els països en vies de desenvolupament, es troben els programes dissenyats i dirigits a reduir la mortalitat infantil.

Activitats

7·· Com han de ser els recursos per tal que no fracassi la programació?

8·· Quines característiques de l'equip afavoreixen l'adhesió dels participants al programa?

9·· En quin moment s'ha de realitzar l'avaluació d'un programa de salut?

10·· Explica en què consisteix un cronograma i posa'n algun exemple.

11·· Informa't sobre un programa de salut concret i valora si recull apartats com la definició del problema de salut, de la població diana i dels objectius que es pretenen. També comenta si reconeixes les activitats que proposa, si apareixen els recursos que s'usaran i si estableix el temps d'execució.

4 >> Programes de promoció i prevenció

Població diana: és aquella a la qual es dirigeix una acció. Serà necessari definir el grup, edat, característiques demogràfiques, dimensions poblacionals, segmentació, etc.

Només a mode d'exemple, i per tal que serveixi d'explicació, ens fixarem en un hipotètic pla de salut que té com a línia prioritària d'actuació: "reduir la morbiditat, la mortalitat prematura i la discapacitat, a través del desenvolupament d'un pla integral contra el càncer". Posteriorment, es desenvoluparà aquest pla integral d'oncologia, que proposarà diverses **estratègies**:

- Promoció i prevenció (dieta, tabac, alcohol, sol, etc.).
- Prevenció secundària: diagnòstic precoç del càncer (mamografies, citologies, cribratge del càncer colorectal, etc.).
- Prevenció terciària: millorar els resultats clínics i de qualitat de vida dels pacients i els seus cuidadors (com la implantació d'una unitat de cures pal·liatives).
- Adequar els serveis i les tècniques assistencials a les necessitats.
- Docència i investigació oncològiques en els serveis sanitaris.

Per concretar el pla, es desenvoluparan diferents programes de salut: programa de prevenció del tabaquisme, programa de detecció precoç del càncer de mama, programa de qualitat en atenció, programa de millora en els serveis d'assistència, etc.

Si estudiem els **programes de salut**, veurem que en la seva majoria atenen tant aspectes de promoció com de prevenció, i són tan variats com ho són els problemes i les necessitats que presenten els diferents col·lectius, la qual cosa fa impossible que puguem abraçar-los tots, i fins i tot la seva classificació pot ser complicada.

Per a una correcta elaboració i posterior aplicació, **els programes han de donar resposta clara a les preguntes següents**:

Què es vol aconseguir?	Un cop identificada la necessitat, s'ha de definir el que pretén el programa. Poden ser objectius més o menys amplis, però sempre realistes.
A qui va adreçat?	La població diana és essencial per poder decidir els objectius i les activitats que es podran dur terme i caldrà fer-ho.
Com i amb què es farà?	És a dir, quins mètodes i mitjans es proposen, que s'han d'ajustar als recursos disponibles i a la comunitat de destinació.
Qui el durà a terme?	És fonamental que hi apareguin els responsables i les corresponents tasques que tenen assignades.
On s'aplica?	Tindrà present el lloc on es durà a terme l'actuació, pensant en els àmbits més propicis per tenir èxit.
Quan es farà?	Cal delimitar la durada del programa i organitzar el temps i els moments d'actuació.

A més d'aquests punts, que defineixen el que es farà, els programes també han de recollir respostes als punts següents: **què**, **qui**, **com**, **amb què** i **quan avaluar**.

Activitats

12·· Explica els elements fonamentals que han d'incloure els programes de salut.

4.1 > Programes de salut segons la població diana

Alguns dels programes més representatius, segons la població diana a la qual van adreçats, és a dir, segons la població diana, són:

Població diana	Programes de salut
Infants	- Vacunacions - Accidents domèstics - Hàbits alimentaris - Exercici físic - Salut bucodental - Descans/son - Problemes posturals - Hàbits d'higiene personal - Habilitats socials, emocionals i cognitives.
Adolescents i joves	- Sexualitat/anticoncepció. - Malalties de transmissió sexual (MTS) i sida - Drogodependències (tabac, alcohol i altres) - Altres addiccions - Problemes psicosocials - Trastorns alimentaris (anorèxia nerviosa) - Seguretat vial - Lleure i temps lliure - Publicitat i consum
Adults	- Automedicació - Problemes d'estrès/síndrome del cremat - Salut laboral (accidents de treball, malalties professionals i relacionades amb l'àmbit de treball)
Ancians	- Vacunacions en l'ancià - Alimentació en persones grans/desnutrició - Agudesa visual i trastorns auditius - Activitat física i temps lliure - Salut mental
Dones	(A vegades, són programes adreçats a la salut de dones i infants, i es defineixen com a programes de salut maternoinfantil) - Embaràs, part i puerperi - Lactància materna - Planificació familiar - Climateri - Càncer (de mama, úter, pell, etc.) - Violència de gènere

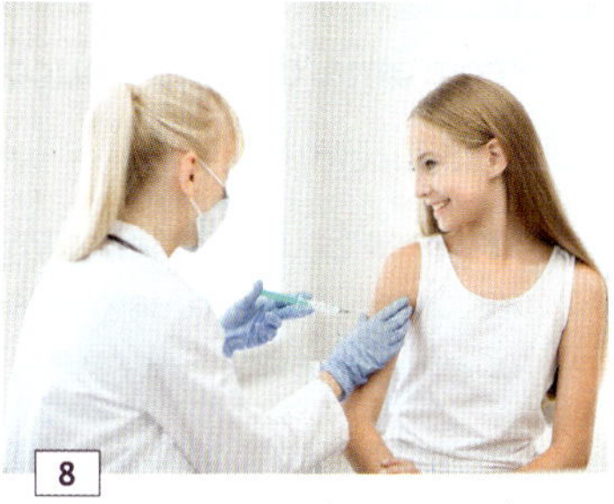
8
Programa de salut de vacunació d'infants.

Climateri

El climateri és el període que es prolonga uns anys abans i després de la presentació de la menopausa, o cessament de la menstruació.

Violència de gènere

El servei d'atenció permanent del **900 900 120** contra la violència masclista, de la Generalitat de Catalunya, és gratuït i confidencial i funciona tots els dies de l'any, durant les 24 hores del dia. Atén les demandes relacionades amb qualsevol forma de situació de violència contra les dones.

Activitats

13·· Pensa quins són els problemes i les necessitats principals que se solen presentar en infants, adolescents, joves, adults i ancians. Hi ha relació entre aquests problemes i les necessitats i els programes que proposen els serveis de salut?

14·· Consulta diversos dels programes que es destinen a poblacions de diferents edats i elabora un esquema que reculli els punts clau de cada un.

15·· Busca i descriu activitats que es desenvolupin en els programes sobre salut maternoinfantil.

Exemples 1

Programa de salut bucodental a l'escola

Introducció

La càries és un problema important per l'alta prevalença que presenta en la població infantil. La malaltia pot produir la pèrdua de dents, amb les conseqüències que això comporta: alteracions en la masticació, fonació, estètica, etc.

Població diana: infants entre 6 i 12 anys dels centres d'Educació Primària.

Objectius

- **Generals:**
  Millorar en els propers quatre anys la salut infantil mitjançant la realització d'activitats preventives, educatives i de promoció de la salut.
- **Específics:**
  - Millorar la participació dels alumnes en les activitats del programa de salut bucodental, així com els seus hàbits higienicodietètics en els propers quatre anys.
  - Per al proper quadrienni, ensenyar les mesures preventives i de protecció de la salut bucodental en els escolars.
  - Actualitzar els coneixements científics dels professionals sanitaris i els docents en relació amb la salut bucodental.
  - Realitzar un estudi epidemiològic de la salut bucodental en la població diana.

Activitats

- Ús de col·lutoris amb solució de fluor: es realitzaran a l'escola, de forma setmanal, i sota la responsabilitat dels pares durant les vacances.
- Educació per a la Salut: promoció i prevenció de la salut bucodental, treballant els hàbits i els comportaments sans en els alumnes i estratègies com el raspallat correcte de les dents, alimentació adequada i disminució en el consum de sucres.
- Elaboració i divulgació de material informatiu sobre salut bucodental adreçat a escolars, pares i docents.

Recursos

- **Personals:** un odontòleg, una infermera i un auxiliar de clínica.
- **Materials:** garrafes de fluor, vasos, fantomes, raspalls i dentifricis, fullets i cartells, material d'exploració i odontogrames per a l'avaluació i el material de papereria.

Avaluació

- Índex CO (càries i obturacions).
- Seguiment de l'ús dels col·lutoris de fluor.
- Grau d'aprenentatge de les mesures de promoció i prevenció.
- Abast del material informatiu.

Per a aquests últims, l'equip farà una enquesta, al final de curs, a pares, infants i professors.

4.2 > Programes de prevenció de malalties específiques

Entre tots els programes de **prevenció de malalties específiques**, destaquen els referits a:

- Malalties cardiovasculars i hipertensió arterial.
- Càncer (pulmó, mama, cèrvix, pròstata, colorectal, etc.).
- Malalties respiratòries (grip, MPOC, malaltia infecciosa aguda i pneumònies).
- Malalties transmissibles: MTS, sida, tuberculosi, etc.
- Lesions produïdes per accidents, sobretot de trànsit, o bé per violència.
- Obesitat.
- Hipercolesterolèmia.
- Patologies congènites (metabolopaties i malalties genètiques).
- Hipoacúsia infantil.
- Trastorns de dèficit d'atenció i hiperactivitat (TDAH).
- Problemes mentals i suïcidis.
- Diabetis mellitus.
- Drogoaddicció, tabaquisme i alcoholisme.
- Malalties bucodentals (càries, malaltia periodontal i càncer oral).
- Problemes de salut relacionats amb l'aparell locomotor (osteoporosi, dolors lumbars, problemes osteoarticulars, etc.).

No s'ha d'oblidar que hi ha molts altres programes de salut i alguns fan referència a:

- La salut ambiental (febres tifoides, legionel·la, plaguicides, qualitat de l'aigua potable, condicions higièniques, eliminació de residus, animals de companyia, etc.).
- La seguretat alimentària (toxiinfeccions alimentàries, triquina, brucel·losi i encefalopaties espongiformes, entre altres).
- El bon ús dels medicaments.
- La donació d'òrgans i trasplantaments.

9

Campanya de lluita contra la sida.

Activitats

16·· Si s'estudien les principals causes de mort i de discapacitats, sobretot en joves, encapçalen la llista els accidents de trànsit, fet que els converteix en un dels principals objectius dels programes d'Educació per a la Salut. Per a la seva elaboració, medita i respon:

a) Quins factors influeixen en els accidents de trànsit?
b) Quins mecanismes de prevenció proposes?

17·· Partint del desconeixement enfront de les mesures preventives contra el càncer que té el grup de treballadors de l'empresa CLAUS, SA, elabora la informació sobre el pla de cures que els proposaràs.

Exemples 2

Programa de prevenció: detecció precoç del càncer de mama

Introducció

La segona causa de mort per a les persones són les neoplàsies. El càncer de mama és el més freqüent en la dona, té un gran impacte en la qualitat de vida i és la principal causa de mortalitat femenina entre els 35 i els 55 anys.

Els factors associats a la seva incidència són: sexe femení, edat i antecedents familiars.

La importància del càncer de mama fa necessari un programa de detecció precoç.

Població diana: dones de 45 a 69 anys.

Objectius

- **General:** detectar precoçment el càncer de mama en les dones del grup de població diana, per disminuir la mortalitat i augmentar la qualitat de vida de les dones afectades.
- **Específics:**
  - Garantir les mamografies cada dos anys a les dones de risc.
  - Aconseguir una participació superior al 75% de la població diana.
  - Assolir nivells de qualitat estandarditzats en detecció, diagnòstic i tractament del càncer de mama.

Recursos

- Recursos humans
  - **A les unitats de mamografia:** un tècnic especialista en radiodiagnòstic (TER), un auxiliar sanitari o d'infermeria i un auxiliar administratiu.
  - **Al centre de lectura:** dos radiòlegs.
  - **Personal de referència:** coordinador del programa i responsable de la gestió.
  - **Personal de suport:** professionals d'atenció primària i personal d'informàtica.
  - **Recursos materials:** mamògraf, material d'impremta, història clínica específica del programa, targetes d'identificació i citacions de la dona, sobres per a les mamografies, fullets i cartells.

Activitats

- Coordinació i gestió adequada del programa.
- Realització de mamografies en la població diana cada dos anys.
- Seguiment i avaluació del programa.
- Elaboració i difusió de la informació necessària per a la prevenció precoç.

Avaluació

Resultats: s'usarà com a indicador el número de casos detectats de càncer de mama entre les mamografies realitzades.

Estructura: per a la seva valoració, s'utilitzaran els paràmetres recollits en una enquesta anual que realitzaran els professionals de les unitats de mamografia:

- Recursos humans disponibles.
- Unitats de mamografia (tipus d'unitats, ràtio d'unitat/població).
- Comissions de seguiment i avaluació del programa.
- Unitats de gestió.

Procés. S'avaluarà la taxa de participació: proporció de les dones cribrades en relació amb la població diana.

Activitats finals

1·· Respon les preguntes següents:

a) En què consisteix la planificació?
b) Com se sap que una intervenció és pertinent?
c) Quins són els apartats que ha d'incloure una programació?
d) Quin sentit té l'avaluació d'un programa?

2·· Ara que sabem en què consisteix la planificació, hem de tenir present que, en planificar, cal evitar una sèrie d'errors. Partint d'això, indica si les afirmacions següents són correctes o incorrectes:

a) La planificació la confeccionaran només teòrics o experts en salut, que són els que en saben.
b) No es necessiten coneixements sobre l'aprenentatge.
c) El més important és actuar, i per això, es dedicarà poc temps a la planificació.
d) La programació és una tasca dificilíssima.
e) La programació inclourà com a elements: què, com, qui, on, quan fer i avaluar.
f) Quan es defineixen les actuacions, sempre es tenen presents les finalitats que es pretenen.
g) Per avaluar, serveix qualsevol indicador, sempre que sigui quantitatiu.
h) Les programacions es fixaran per a molt llarg termini.

3·· Investiga el pla de salut de la teva comunitat autònoma i identifica algun dels programes de promoció i prevenció que s'hi estiguin desenvolupant.

4·· En els països desenvolupats, molts dels programes destinats a la infància, es dirigeixen a la prevenció de riscos domèstics i accidents infantils; no en va és la primera causa de morbimortalitat infantil després de les malformacions. Segons el període, veiem que l'atenció se centra en diferents problemes, perquè també són diferents els riscos segons l'edat de l'infant. Busca alguna d'aquestes campanyes de prevenció infantil i anota-la al teu quadern.

5·· Consideres que l'osteoporosi és un problema prioritari? Et sembla necessari desenvolupar programes de prevenció de l'osteoporosi? Per què?

6·· Elegeix un problema que sigui freqüent al teu quadern i respon les preguntes que defineixen un programa:

Punts a recollir al programa	
Què vols aconseguir?	• • • • •
A qui va adreçat el programa?	• • • • •
Com i quins recursos utilitzaràs?	• • • • •
Qui seran els responsables de dur-lo a terme?	• • • • •
On es realitzaran les activitats?	• • • • •
Quan es farà?	• • • • •
Avaluació	• • • • •

7·· Quan s'estudia una situació de conducta insana, per exemple els adolescents que fumen, trobem alguns factors que influeixen per dur a terme aquest comportament. Entre els factors predisposants, poden figurar el desconeixement sobre el dany que fa el tabac. També existeixen factors facilitadors, perquè els amics els ofereixen cigarrets; i factors reforçadors, per exemple, que l'adolescent se senti més gran i interpreti que per això pot fumar. Pensa i anota més factors predisposants, facilitadors i reforçadors de fumar.

Casos finals

1·· Elaborant un programa d'EpS: ho estic fent bé?

En la seva tasca d'investigació, l'equip d'atenció primària en què treballa la Mariona ha observat que hi ha diversos problemes de salut en la població que atén. Quan ha decidit quins són els prioritaris, es proposa desenvolupar programes d'educació per prevenir-los. És una tasca en què la Mariona no ha participat mai, però tu tens més experiència en la programació i l'orientaràs. Com la guiaràs?

2·· Mama, em pica el cap

Com cada inici de curs, la Carla i la Paula van a l'escola Ramon Llull, ja que, en aquestes dades, cada any hi sorgeix una epidèmia de pediculosi. Elles són les encarregades d'impartir el programa de prevenció, amb l'objectiu que alumnes i pares coneguin els símptomes del contagi, com prevenir la malaltia i com tractar-la.

El problema de la pediculosi preocupa especialment els pares, d'una banda, per les molèsties que comporta estar infectat per polls (picors, possible infecció dels grans per rascar-se amb les ungles, etc.) i, de l'altra, perquè encara existeix un prejudici social que associa aquesta malaltia a la falta d'higiene. La comunitat escolar sent la necessitat d'actuar-hi i reclama l'actuació dels serveis de salut.

Per començar, els infants expliquen a la Carla i la Paula el que pensen i saben dels polls, i després elles els corregeixen i els expliquen què poden fer per no transmetre-se'ls uns als altres i com eliminar-los. A més, els reparteixen un fullet amb aquesta informació i pengen un gran cartell al tauler de la classe. En sortir, la mestra s'encarregarà de repartir als alumnes unes circulars d'informació per als pares.

Busca un eslògan per a aquesta campanya contra els polls.

Quina és la població diana? Per què es pot considerar una necessitat prioritària?

Recull informació sobre la pediculosi i investiga sobre els programes de prevenció que es duen a terme al nostre país.

3·· Prova del taló

La Cristina acaba de tenir el seu primer fill. Tot és nou per a ella i el seu marit. S'han sorprès molt quan els han dit que han de fer la "prova del taló" al nen. En realitat, es tracta d'un programa de cribratge poblacional per a la detecció precoç de certes malalties congènites metabòliques (hipotiroïdisme neonatal, fenilcetonúria, fibrosi quística, hiperplàstia suprarenal congènita i altres).

Tu ja saps en què consisteix, però pots informar-te més per poder-los explicar quin és l'objectiu d'aquest programa, com es realitza, a qui es fa aquesta prova —és a dir, quina és la població diana— i quan es fa.

Autoavaluació

1. Indica l'afirmació correcta:

a) Un pla és un projecte global on es recullen decisions de caràcter general.
b) Els plans de salut no necessiten ser realistes.
c) Les millors actuacions són les que s'improvisen.
d) Totes les respostes anteriors són correctes.

2. Com ha de ser una programació?

a) Rígida.
b) Retrospectiva.
c) Creativa.
d) Complicada.

3. Quin és el primer pas en una planificació?

a) Definir metes.
b) Analitzar la situació.
c) Establir prioritats.
d) Actuar.

4. Els experts recomanen una ingesta d'1 gram de proteïnes per quilo al dia. Si una població no arriba a la meitat d'aquesta quantitat en el seu consum, davant de quin tipus de necessitat ens trobem?

a) Necessitat sentida.
b) Necessitat manifesta.
c) Necessitat normativa.
d) No existeix necessitat.

5. Què es té en compte per decidir que un problema és prioritari?

a) Si existeixen molts casos.
b) Si és un problema que empitjora molt la qualitat de vida.
c) Si la població considera important solucionar-lo.
d) Totes les respostes anteriors són correctes.

6. Què és correcte en redactar els objectius d'un pla?

a) No posar límits en el temps.
b) Expressar-se amb un verb d'acció.
c) Adreçar-se sempre a la població en general.
d) No quantificar els resultats.

7. En un programa de salut, quines persones constitueixen la població diana?

a) Les persones que elaboren la programació.
b) Les persones que executen la programació.
c) Les persones a les quals s'adrecen les accions programades.
d) Les persones que avaluen la programació.

8. Sobre la programació, és correcte que:

a) Hi ha d'aparèixer el cronograma de treball.
b) El millor és treballar individualment.
c) El més important en posar-lo en pràctica és imposar les nostres idees a la població.
d) Totes les respostes anteriors són correctes.

9. Què avaluarem en un programa?

a) Els resultats obtinguts.
b) El disseny del programa.
c) L'execució del programa.
d) Totes les respostes anteriors són correctes.

10. Indica l'afirmació correcta:

a) Els programes de salut només s'adrecen a la prevenció de les malalties.
b) Existeixen diferents programes de salut segons la població diana.
c) L'última fase en la programació sanitària és l'execució del programa.
d) Totes les respostes anteriors són correctes.

11. Per dissenyar correctament les activitats d'una programació, què és necessari?

a) Seleccionar la metodologia adequada.
b) Definir els recursos per realitzar-la.
c) Especificar les persones responsables.
d) Totes les respostes anteriors són correctes.

12. Si, en realitzar una activitat no disposem de materials per a tots, en què hem fallat?

a) En seleccionar recursos adequats.
b) En disposar de recursos eficaços.
c) En disposar de recursos suficients.
d) En ser productius.

13. Quan s'executa un programa d'Educació per a la Salut, què és l'encertat?

a) Imposar els canvis.
b) Que cada membre de l'equip treballi pel seu compte.
c) Fomentar la motivació.
d) Procurar ser subjectius.

14. Per què pot fallar un pla?

a) Per una coordinació deficient.
b) Per falta de preparació.
c) Per una escassa implicació.
d) Totes les respostes anteriors són correctes.

Unitat 14

Mètodes i mitjans en Educació per a la Salut

Preguntes inicials

1·· Sabries reconèixer quins mètodes s'han usat durant la teva formació?

2·· Amb quins mètodes i en quines circumstàncies creus que has acumulat més coneixements?

3·· Quins inconvenients trobes a l'hora d'aprendre les diferents matèries?

En aquesta unitat aprendràs a...

- Conèixer els diferents mètodes i mitjans per educar en la salut i les seves característiques.
- Identificar els avantatges i els inconvenients que pot presentar cada mètode educatiu.
- Reconèixer en cada situació quin és el mètode més adequat per assegurar l'acció educativa.

- **MÈTODES D'EDUCACIÓ PER A LA SALUT (EpS)**
  - **Definició d'EpS**
    - Definició
    - Interrelació entre elements d'aprenentatge
  - **Tipus de classificacions**
    - Atenent al número de persones a què s'adreça la informació
      - Individuals
      - Grupals
        - De caràcter expositiu
        - Mètodes actius
      - Comunitaris
    - Atenent a les característiques de la relació educador-receptor
      - Mètodes bidireccionals o socràtics
      - Mètodes unidireccionals o didàctics
    - Atenent a la proximitat o distància entre educador i receptor
      - Mètodes directes
        - Caràcter expositiu davant del grup / individu
          - Debat
          - Lliçó magistral
        - Amb participació activa del grup / individu
          - Diàleg
          - Pluja d'idees *(brainstorming)*
          - Seminari
          - Jocs de rol
          - Simulació
      - Mètodes indirectes
        - Visuals
        - Audiovisuals
        - Sonors

Per al projecte final

- Reconeixeràs, entre tots els mètodes, quin és el més adequat en cada circumstància per educar en salut.
- Sabràs aplicar cada un dels mètodes en Educació per a la Salut.
- Tindràs en compte els avantatges i inconvenients que té el mètode educacional per poder arribar a l'objectiu d'educar per a la salut.

1 >> Definició de mètodes d'Educació per a la Salut (EpS)

El millor mètode d'educació

La vertadera educació consisteix en obtenir el millor d'un mateix. Quin altre llibre es pot estudiar millor que el de la Humanitat?

Mahatma Gandhi (1869-1948)

Per aconseguir arribar a la població, els **agents de salut** han d'elaborar missatges de forma clara i persuasiva, i així aconseguir els quatre objectius clàssics de l'Educació per a la Salut (EpS), que són:

- Informar la població.
- Inculcar la importància de la salut.
- Promoure conductes sanes.
- Modificar les conductes nocives.

Les **eines i estratègies** que usa el professional sanitari per aconseguir els objectius d'aprenentatge en la població són els anomenats mètodes d'Educació per a la Salut.

No oblidem que la paraula **"metodologia"**, etimològicament, significa "el camí envers".

Amb l'objectiu de promocionar hàbits saludables, s'utilitzen diferents mètodes d'educació sanitària el contingut dels quals és el missatge educatiu persuasiu.

Educand

Un educand és la persona que rep l'educació. En l'àmbit sanitari, es tractarà del pacient, client o usuari.

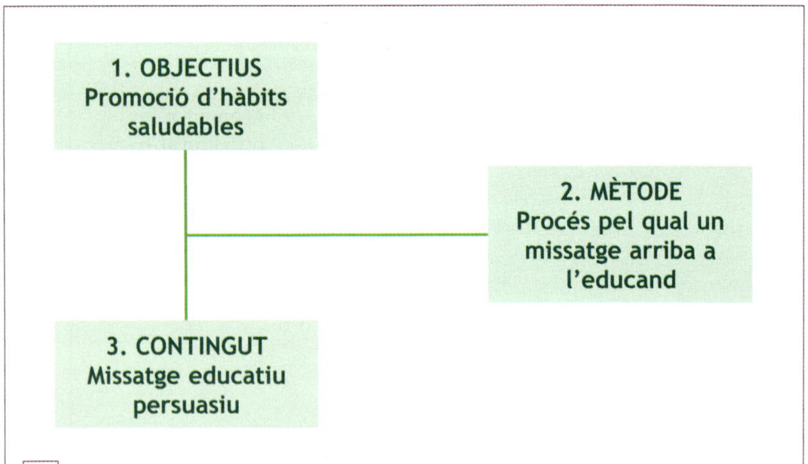

1 Interrelació entre elements de l'aprenentatge.

Activitats

1·· Què s'entén per mètode d'Educació per a la Salut?

2·· En un centre de salut s'estan duent a terme els reconeixements de salut als infants d'onze anys. En finalitzar, l'auxiliar sanitari s'encarrega de repartir entre tots els infants un fullet explicatiu sobre l'alimentació adequada per a la seva edat, i aconsella que el mostrin als seus pares per tal que també n'estiguin informats. En aquesta activitat educativa, identifica:

a) Quins objectius es pretén aconseguir.
b) Quin és el mètode usat.
c) Quin és el contingut que es vol transmetre.

2 >> Classificació de mètodes d'Educació per a la Salut

Els **mètodes d'EpS** es poden classificar de diferents maneres en funció del criteri que prevalgui, encara que no sempre és clara la inclusió d'un mètode en un grup o un altre, i més si tenim en compte que es tendeixen a complementar els uns amb els altres per reforçar l'acció educativa.

Podem classificar els diferents mètodes atenent al número de persones a les quals va adreçada la informació, les característiques de la relació educador-receptor o la proximitat o la distància que existeixi entre l'educador i el receptor.

Mètodes d'Educació per a la Salut
Atenent al número de persones a les quals s'adreça la informació
Individuals Quan el missatge va adreçat a un individu. Un exemple és l'entrevista clínica, que pot abordar les necessitats del receptor de forma individualitzada i detectar-ne les dificultats a l'hora de rebre la informació.
Grupals Ens adrecem a un grup de persones que solen tenir unes característiques o uns interessos comuns: grups de treball de professionals, de discussió, d'autoajuda, la família, grups de pacients amb determinades patologies, etc. Són menys costosos que els individuals, ja que, amb els mateixos recursos, s'arriba a un major nombre de persones. - De caràcter expositiu: no hi ha participació dels receptors de la informació com en la lliçó magistral. - Mètodes actius: necessiten la discussió o la participació del grup. En alguns casos, relatar experiències personals els fa més eficaços; és el cas del *role-playing* o psicodrama.
Comunitaris Són els mètodes que s'adrecen a la comunitat, també denominats "mitjans de comunicació de masses", o *mass media*. Arriben a un gran nombre d'individus, però no es pot especificar la població receptora de la informació i, en no permetre la comunicació directa, l'efectivitat és menor. Un exemple d'aquest tipus de mètodes és la televisió.
Atenent a les característiques de la relació educador-receptor
La forma de classificació que va adoptar el grup d'experts d'Educació per a la Salut de l'OMS el 1954 atén a la relació entre l'educador i el receptor.
- **Mètodes bidireccionals o socràtics** Existeix un intercanvi actiu entre l'educador i el receptor, de manera que poden intercanviar els seus papers i l'educador pot convertir-se en el que rep la informació per part de l'educand. Un exemple és la discussió grupal. - **Mètodes unidireccionals o didàctics** No existeix la possibilitat d'interacció entre l'emissor o educador i el receptor, per la qual cosa aquest últim no pot intercanviar informació ni aclarir dubtes. Pertanyen a aquest grup tots els mètodes adreçats a la comunitat, com el cine, la premsa, la ràdio, etc.

Model participatiu

Segons l'OMS (1983), si enfoquem l'educació sanitària des d'un model participatiu i adaptat a les necessitats, la població adquirirà una responsabilitat en el seu aprenentatge, que no estarà centrat en el saber, sinó en el saber fer.

2

El camí de l'ensenyança per mitjà de teories és llarg; per mitjà d'exemples és breu i eficaç. (Sèneca)

Revistes sanitàries

www.fisterra.com/herramientas/recursos

A través d'aquesta pàgina web, pots accedir a centenars de revistes de temàtica biomèdica, que s'hi presenten per ordre alfabètic. S'hi indica si s'enllacen amb el sumari, el resum o el text complet en obert o si són de pagament.

Atenent a la proximitat o la distància entre l'educador i el receptor

Aquesta classificació, basada en la relació de proximitat en el temps i en l'espai entre l'educador i el receptor, és la més utilitzada i, per tant, és la que desenvoluparem en aquesta unitat.

Mètodes directes

Són aquells en què existeix una relació directa entre l'educador i el receptor.

- Es poden adreçar a individus o grups i, en general, s'utilitza la paraula parlada amb el suport de mètodes audiovisuals.
- Com més estreta és la relació entre els participants en el procés educatiu, més eficaç és el mètode.
- Habitualment, aquest tipus de mètodes susciten canvis en el comportament.

Mètodes indirectes

Són aquells en què existeix una distància en el temps i/o en l'espai entre l'emissor i el receptor.

- Van adreçats a individus, grups o a la població en general; utilitzen la paraula parlada, escrita o imatges, però interposen entre l'emissor i el receptor una àmplia varietat de recursos o mitjans tècnics, que són els anomenats "mitjans auxiliars".

Mètodes auxiliars

Són els mètodes usats com a suport a altres, per reforçar o facilitar l'acció educativa. Alguns es poden considerar com a mètodes educatius en si mateixos. Entre altres, figuren:

- Text imprès.
- Videodisc interactiu.
- CD-ROM.
- Presentacions.
- Diapositives.
- Ensenyament assistit per ordinador.
- Àudio.
- Vídeo.
- Paperògraf.
- Retroprojector.
- Pissarra.

3 L'educació serà més eficaç com més estreta sigui la relació entre l'educador i el receptor.

Activitats

3·· Les autoritats sanitàries pretenen que la població es conscienciï de la importància de fer exercici físic com a tractament i prevenció de patologies tan freqüents com la hipertensió, la diabetis, l'obesitat o la dislipèmia. En aquest cas, si es té en compte que el que es pretén és la conscienciació de la població en general, quin tipus de mètodes d'educació sanitària usaries? Raona la teva resposta.

4·· Si l'acció educativa està adreçada a una persona en particular (per exemple, un hipertens), en un moment i un espai concrets (per exemple, durant una consulta en un centre de salut) i amb la intenció de promoure un canvi de comportaments, quin tipus de mètodes en EpS utilitzaries i per què?

3 >> Mètodes directes d'Educació per a la Salut

Els mètodes directes d'EpS es poden dividir, al seu torn, en dos grups:

– Els de caràcter expositiu davant del grup/individu.
– Aquells en què participa activament el grup/individu.

Vegem-ne alguns:

Caràcter expositiu davant del grup/individu	Amb participació activa del grup/individu
- Lliçó magistral - Debat - Altres: • Panel • Taula rodona	- Diàleg (entrevista clínica) - Pluja d'idees - Seminari - Joc de rol - Simulació (sales de demostració) - Altres: Phillips 66, fòrum, solució de problemes i estudi de casos

Aprender a hablar en público

En aquest llibre de Juan Antonio Vallejo-Nájera (Editorial Planeta, 2006), es mostren les claus i els trucs per poder parlar en públic amb naturalesa.

3.1 > De caràcter expositiu davant del grup/individu

Lliçó magistral

En la **lliçó magistral**, el formador transmet els coneixements de manera oral a un gran grup de persones. Els continguts exposats poden ser molt variats.

El **formador** té un paper de transmissor de coneixements i els **oients** actuen de manera passiva, rebent la informació ja processada. Quan s'associa aquest mètode a altres, com el col·loqui, els oients poden participar-hi formulant preguntes o discutint alguna qüestió.

Les **condicions** en què cal dur a terme una lliçó magistral són:

– La **durada** d'aquesta activitat ha de ser, idealment, inferior a 45 o 60 minuts, tenint sempre en compte que l'atenció decau després de 10 minuts d'exposició.
– Les **sessions** s'estructuren en tres parts: presentació, exposició del tema i conclusió. Per augmentar l'eficàcia d'aquest mètode, en aquesta última part s'ha de realitzar un resum de l'exposat i fixar els punts més importants que es desitja que l'auditori recordi.
– L'**orador** ha d'estar atent als senyals no verbals que poden indicar falta d'atenció per part de l'oient (com per exemple, mirar cap a l'altre costat, parlar, remoure's en la cadira, recolzar el cap sobre una mà, etc.).
– Es poden fer servir diferents trucs per mantenir l'atenció de l'oient:
  • Incloure elements que trenquin la monotonia (anècdotes).
  • Recórrer al suport de mitjans auxiliars (presentacions, vídeos...).
  • Fer preguntes als participants.
– És preferible que el formador no estigui assegut, sinó de peu, i es desplaci per la sala per mantenir contacte directe amb tots els assistents.

– És convenient que la sala sigui àmplia, amb bona acústica i visibilitat des de tots els punts.
– S'han d'aprofitar al màxim tots els recursos de l'exposició oral.

Avantatges	Inconvenients
- No necessita mitjans complexos per a la seva aplicació. - Es pot combinar amb altres tècniques. - Permet transmetre informació a un gran nombre de persones al mateix temps de forma ràpida i generalitzada.	- No atén a les diferències individuals. - Actitud passiva dels oients. - L'eficàcia depèn de l'interès i l'atenció dels participants. - Poc eficaç en programes que pretenen canvis d'actitud i comportament.

Debat

El **debat** gira entorn a una discussió en què dues o més persones dialoguen davant d'un auditori sobre un tema específic que és significatiu o d'interès per a aquest grup i sobre un esquema prèviament determinat.

Tipus de discussió

Discussió dirigida. Tècnica en què un grup discuteix i intercanvia informació o idees sobre un tema prèviament elegit i una persona fa el paper de moderador i director.

Discussió lliure. També basada en la dinàmica de grup, els membres d'un petit grup discuteixen de forma lliure, informal i espontània sobre un tema.

Els **participants** en la discussió són, generalment, experts en el tema de què es tracta, i és convenient que tinguin punts de vista diferents per tal que es faciliti la reflexió, el diàleg i la participació. Hi intervé un **moderador** que presenta els experts, introdueix el tema, determina un esquema de treball (que pot ser un qüestionari amb preguntes que suscitin controvèrsia) i, un cop finalitzat el debat, presenta un esquema amb les conclusions més importants. En finalitzar el debat, el moderador pot obrir una discussió general en què participi tot el grup.

Els **objectius** que es pretén assolir amb aquest mètode són:

– Proporcionar informació sobre una o diverses qüestions d'interès grupal.
– Crear un clima de participació, afavorint així el diàleg i la comunicació.
– El diàleg s'ha de desenvolupar en termes comprensibles per tal que l'entengui el grup.
– Oferir de manera informal diferents punts de vista, de forma que ajudin a la reflexió.

Altres: panel i taula rodona

El **panel** i la **taula rodona** són mètodes de característiques molt similars al debat. El panel consisteix en una **discussió informal** mantinguda per un grup d'especialistes que analitzen diferents aspectes d'un tema, intenten resoldre problemes i aclarir punts enfrontats. L'objectiu de la taula rodona és proporcionar **nous coneixements**, per a la qual cosa es reuneixen diverses persones, habitualment de tres a sis, sota la direcció d'un moderador, i exposen els continguts del tema proposat.

4 Taula rodona.

3.2 > Amb participació activa del grup/individu

Diàleg (entrevista clínica)

El **diàleg** es fonamenta en una trobada en què dues o més persones entren en comunicació per rebre i donar informació. En l'àmbit de l'EpS, parlaríem d'**entrevista clínica**, i els elements que hi participen són el professional sanitari i les persones sanes o malaltes. Entre ells s'estableix un contacte humà i una relació que són imprescindibles per aconseguir no només transmetre informació, sinó també promoure un canvi d'actituds i comportaments.

El **professional sanitari** ha de procurar un ambient adequat i una relació de confiança per facilitar que el pacient expressi els seus dubtes, inquietuds i creences, i així poder-hi influir de manera positiva.

Condicions en què cal desenvolupar una entrevista:

- **Cordialitat i calidesa.** Hem de rebre l'entrevistat amb educació, de manera amable i personalitzada, creant un clima adequat de relació.
- **Respecte.** L'aspecte, el comportament, les idees i les creences de l'entrevistat han de ser respectats encara que no els compartim.
- **Empatia.** Consisteix en la capacitat del professional per entendre la informació de l'entrevistat, el missatge o les emocions que li transmet, i fer-li-ho notar.
- **Bidireccionalitat.** La informació ha de fluir de l'entrevistat envers l'entrevistador i a la inversa.
- **Assertivitat.** Relacionada amb la transmissió de seguretat per part del professional, és la capacitat d'actuar amb la certesa que és l'adequat.
- **Llenguatge comprensible.** La informació es transmetrà gradualment, amb frases curtes i pauses, evitant paraules tècniques i acompanyada de llenguatge no verbal.
- **Secret i confidencialitat.** Es respectarà sempre la intimitat de les persones.
- **Comprovació.** L'entrevistador ha de verificar, amb les seves pròpies paraules, el que sembla que l'entrevistat vol dir: "Aleshores, pel que veig...", etc.

A l'etapa final de l'entrevista, ens assegurarem que el pacient ha comprès la informació transmesa, utilitzant frases com: "Està tot clar?" i similars.

Tipus d'entrevista clínica

A. Segons els objectius:
A1. Diagnòstica o d'escolta.
A2. Operativa o consensuada.

B. Segons el canal de comunicació:
B1. Cara a cara.
B2. Telefònica.
B3. Altres: carta, intercanvi, etc.

C. Segons el receptor:
C1. Dual
C2. Múltiple.
C3. Grupal o familiar.

D. Segons la metodologia:
D1. Lliure.
D2. Estructurada o dirigida.

5 Per tal que una entrevista clínica sigui eficaç, el professional sanitari ha de saber escoltar, conversar i aconsellar.

Avantatges	Inconvenients
- No necessita mitjans complexos per a la seva aplicació. - Atén diferències individuals. - Fomenta la participació activa de l'entrevistat. - És eficaç en programes que pretenen canviar actituds i comportaments.	- No permet transmetre informació a moltes persones al mateix temps, per la qual cosa no existeix estalvi de temps ni material.

Pluja d'idees (*brainstorming*)

6

La pluja d'idees o *brainstorming* ajuda a estimular la creativitat.

La **pluja d'idees** és una tècnica que consisteix en l'exposició, de manera informal i lliure, de totes les idees que sorgeixen en relació amb un tema o problema plantejat.

El **formador** tindrà un paper d'**estimulador** i els participants exposaran les seves idees, escoltant positivament les dels altres i sense emetre judicis o comentaris negatius que poden frustrar el procés creatiu.

Avantatges	Inconvenients
- S'obté una gran varietat d'idees i alternatives de solució en poc temps. - Estimula la creativitat. - Evita el monopoli participatiu. - Estimula el treball dels participants tímids o passius.	- Porta a la dispersió. - Motiva la confusió. - Incita el desordre. - Es poden confondre les idees resultants (que, en realitat, són el punt de partida per a la posterior avaluació i anàlisi) amb dades reals.

Seminari

El **seminari** es basa en el treball en **grups petits** amb la finalitat d'estudiar de forma intensiva un tema elegit prèviament pels participants juntament amb el formador. Es caracteritza per la discussió, l'elaboració de documents i conclusions i l'acceptació corresponent per part dels components del seminari.

En aquest mètode, el **formador** té un paper dinamitzador: dirigeix, forma grups petits partint d'un de gran i aporta material didàctic. Els membres dels **grups** hi tenen un paper participatiu: han de conèixer el tema prèviament, l'estudien de forma intensiva, elegeixen un responsable i després exposen les seves conclusions a la resta dels membres del seminari en una reunió plenària.

Aquesta forma d'aprenentatge de forma participativa s'anomena **"per descobriment"**.

Avantatges	Inconvenients
- Els membres dels grups aprenen a raonar de manera científica i a manejar fonts de dades. - La participació activa fomenta la motivació per l'aprenentatge. - Permet la participació de tothom de manera democràtica. - Possibilita arribar a conclusions grupals interessants i creatives.	- És necessari disposar d'un espai físic per treballar sense que es molestin uns grups als altres. - Es necessita disposar de material i fonts d'informació i altres classes de recursos materials. - Ha d'existir voluntat de participació.

Aprenentatge per descobriment

Cada vegada que s'ensenya prematurament a un infant alguna cosa que hagués pogut descobrir sol, se l'impedeix inventar-ho i, en conseqüència, entendre-ho completament.

Piaget

Joc de rol o *role-playing*

El **joc de rol** consisteix en la **representació** en directe de determinats rols (personatges, llocs de treball, etc.) que portin a reflexionar sobre el comportament o l'actitud que es pretén modificar.

Els **participants** hauran de simular personatges definits amb antelació en situacions conflictives i motivadores. El **formador** tindrà un paper de facilitador, sense intervenir-hi, per no condicionar o distorsionar les accions dels participants.

Per tant, s'encarregarà de moderar, agilitzar els comentaris, ajudar a aprofundir en les raons, els sentiments o les actituds que es presentin o a col·laborar en l'elaboració de possibles alternatives.

Avantatges	Inconvenients
- Desenvolupa la capacitat d'observar i analitzar comportaments humans davant de diferents situacions. - Facilita la motivació i la identificació de diferents formes de reaccionar, en ser el participant el que prova i experimenta el problema concret.	- Necessita espai, recursos materials i temps per a la seva execució. - Cal procurar que la representació no es converteixi en una simple comèdia, eliminant així tot el valor pedagògic.

Aplicar el mètode *role-playing*

Molts dels programes sanitaris de promoció i prevenció adreçats a joves en el maneig de situacions de risc consten de diferents mòduls: uns per a la presa de consciència, d'habilitats socials i de comunicació, i altres en què es treballa l'autoimatge, l'autoestima i l'autocontrol a través de dinàmiques de grup i de *role-playing*.

Simulació (sales de demostració)

Les **sales de demostració** són un mètode que consisteix en la realització de forma **simulada** de determinades activitats o procediments, sempre supervisats per un professional, de manera que els participants ho aprenguin i després ho puguin dur a terme de forma correcta en la vida real.

Poden anar **adreçades a diferents col·lectius**:

- **Professionals sanitaris:** d'aquesta manera practiquen tècniques que els poden ser útils en la seva feina. És el cas de les simulacions destinades a l'aprenentatge del maneig de pacients politraumatitzats.
- **Pacients:** alguns tipus de tractaments requereixen l'aprenentatge, per part del pacient, de determinades tècniques; per exemple, els diabètics que s'han d'injectar insulina.
- **Familiars:** els familiars de persones amb patologies/problemes que, mitjançant aquest tipus d'entrenament, poden aprendre a manejar o a superar algunes situacions. En aquest cas, citarem l'important que pot ser que familiars de persones amb malalties cardíaques coneguin i practiquin tècniques de reanimació cardiopulmonar (RCP).

En les simulacions, podem usar **maniquins** (per exemple, per a l'aprenentatge del massatge cardíac), o també poden ser persones que col·laborin en la tècnica (per exemple, per aprendre a treure un casc de motorista en cas d'accident).

Aprendre traient la por

En un taller de simulació, el monitor ensenya habilitats pràctiques que els alumnes aprenen "perdent la por", realitzant-les sobre un maniquí. Posteriorment, els seran útils per a la seva pràctica professional.

Avantatges	Inconvenients
- Realitzar una tècnica en forma de simulació facilita dur-la a terme en la realitat de forma més correcta i reduir la por. - Aquest procediment permet desenvolupar habilitats que, d'una altra manera, no es podrien aprendre.	- Generalment, es necessiten mitjans materials per realitzar la simulació. - En l'aprenentatge influeix molt l'interès que tingui el receptor de la informació. - Si la mida del grup és gran, la pràctica pot ser menys eficaç.

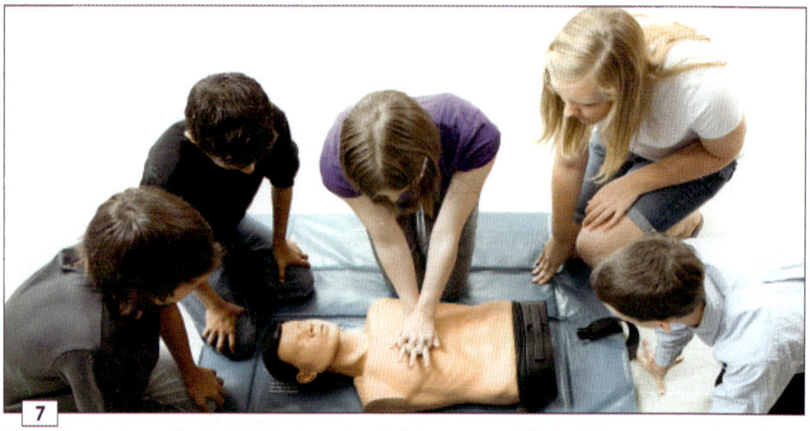

7

En les simulacions, s'aprenen tècniques i activitats que es podran utilitzar en la vida real.

Altres

Encara que no és possible estendre's amb detall en tots els mètodes, també n'esmentarem altres de molt útils en l'Educació per a la Salut, com són Phillips 6/6, fòrum, solució de problemes i estudi de casos.

- **Phillips 6/6**: un grup gran es divideix en subgrups de sis persones que discuteixen durant sis minuts sobre un tema per arribar a una conclusió. Posteriorment, s'exposen les idees al grup inicial i s'arriba a una conclusió general.
- **Fòrum**: tècnica en què un grup gran de persones, conduïdes per un moderador, tracta sobre un tema o un problema, exposant idees i opinions de manera lliure en un ambient informal.
- **Solució de problemes**: en aquesta tècnica, es planteja un problema que el grup ha de resoldre, estimulant així el pensament creatiu.
- **Estudi de casos**: es presenten les informacions necessàries per descriure un problema o una situació real i, a partir d'aquestes informacions, proposar formes d'actuació.

Activitats

5·· Quins paper desenvolupen el moderador i els participants en un debat?

6·· Quina ha de ser l'actitud del formador en una lliçó magistral?

7·· Quins són els diferents avantatges i inconvenients que presenten els mètodes directes amb participació activa que hem vist?

8·· Imagina una situació que es pugui representar en un *role-playing* i indica, en aquest cas, quines actituds es podrien modificar.

4 >> Mètodes indirectes

Els **mètodes indirectes** utilitzen la **paraula** parlada o escrita, o la **imatge**. Tal com hem indicat anteriorment, en aquests mètodes l'educador i el receptor es troben separats en el temps i/o l'espai.

Els **avantatges** i **inconvenients** que podem trobar en aquest tipus de mètodes són els següents:

Avantatges	Inconvenients
- La informació pot arribar a una gran quantitat de persones. - Cost relativament baix per a l'àmplia cobertura poblacional. - Contribueixen a la conscienciació de la comunitat i a crear una cultura positiva de salut. - Aporten informació i reforcen actituds positives prèvies.	- Sensibilització màxima a l'inici de la campanya, però decreix o cessa en finalitzar. - La informació s'adreça cap al nivell general, i no es pot adaptar a necessitats de grups específics o de manera individual. - Per si sols no són eficaços en la modificació de comportaments i s'han de combinar amb mètodes directes d'EpS si es desitja incidir en conductes individuals.

A diferència dels mètodes directes, amb els indirectes no hi ha una relació cara a cara entre l'educador i l'educand, per la qual cosa no hi pot haver reflux d'informació i l'eficàcia en la comunicació és menor.

També es diferencien dels mètodes directes per l'elevat número de receptors a què arriben. Així, els missatges no poden ser específics per a un grup determinat de població amb unes necessitats educatives i una capacitat d'aprenentatge específiques. D'altra banda, en general, el grup receptor no fa gaire esforç per rebre el missatge, la qual cosa resta eficàcia.

Els mètodes indirectes d'educació sanitària es poden classificar en:

- **Visuals:**
  - Cartells i pòsters.
  - Premsa escrita (revista, diaris...), llibres (diccionaris, manuals...).
  - Fullets.
  - Pissarra, presentacions, diapositives, transparències, etc.
- **Cartes circulars.**
- **Audiovisuals:**
  - Cine.
  - Vídeo i videoconferències.
  - Televisió.
  - Internet.
- **Sonors:**
  - Ràdio.
  - Gravacions.

Tots són d'ús molt freqüent, però ara ens centrarem en **Internet**, per ser el mètode més modern i en contínua expansió.

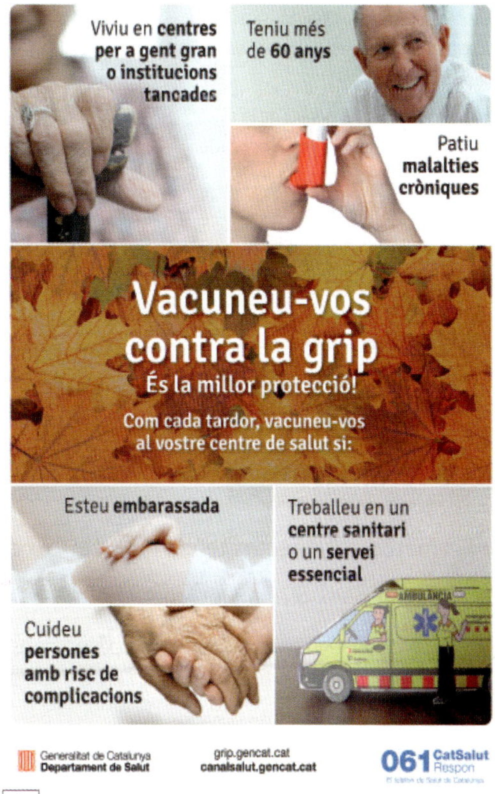

8

Cartell d'una campanya de vacunació contra la grip.

9

Gràcies a Internet, milions de persones poden accedir de manera fàcil i immediata a una informació extensa i variada.

Internet

És una **xarxa de comunicacions** que interconnecta ordinadors de tot el món, fent possible accedir a una gran quantitat d'informació sobre temes molt variats. Es coneix com la "xarxa de xarxes".

A Internet, trobem **sis serveis** ben diferenciats:

- **Pàgines web**: són documents que contenen text, imatges, so o animació en format HTML i als quals es pot accedir des de qualsevol ordinador ubicat en qualsevol punt del món.
- **Grups de discussió o *news***: permeten a diversos participants entrar en debats sobre diferents temes.
- **Xats**: es tracta de diversos usuaris que mantenen conversacions parlades o escrites en temps real.
- **Tecnologia FTP**: és un procediment mitjançant el qual podem enviar i rebre qualsevol tipus de fitxer digital.
- **Videoconferència**: permet la visualització de diversos interlocutors distants que es comuniquen en temps real.
- **Correu electrònic**: permet enviar missatges a altres usuaris amb la possibilitat d'adjuntar fitxers de diferents tipus (fotos, vídeos, documents escrits, etc.). La visualització del missatge per part del destinatari es pot realitzar immediatament després del seu enviament.

Avantatges	Inconvenients
- És un mètode àgil, ràpid i barat que facilita l'accés a l'educació, la informació o l'entreteniment amb moltes possibilitats educatives, inclosa l'educació en temes de salut. - Qualsevol usuari pot ser emissor i receptor d'informació en el nivell mundial.	- La informació, a vegades, pot ser excessiva i poc rigorosa. - Pot crear addicció. - A vegades, existeix problemes legals en relació amb la propietat intel·lectual.

Actualment, es poden trobar a **Internet** múltiples cursos en línia, de prestigioses institucions, que substitueixen el tradicional ensenyament presencial. En aquests cursos en línia, nombroses eines multimèdia ajuden l'alumne a adquirir els coneixements a un ritme que ell mateix pot anar marcant.

Educar per a la salut mitjançant la xarxa de xarxes

Existeixen multitud de pàgines web adreçades a diferents col·lectius que aporten informació sanitària en diversos temes. Alguns exemples són:

- Adreçada a professionals de la salut: www.healthfinder.gov (cercador de temes de salut).
- Adreçada a pacients: www.sehlelha.org (Societat Espanyola d'Hipertensió).
- Adreçada a infants: www.primeraescuela.com.
- Adreçada a la joventut: www.informajoven.org.

Activitats

9·· Els mètodes indirectes tenen el mateix èxit a curt i a llarg termini? Explica per què.

10·· Quins serveix ofereix Internet que es poden orientar cap a l'educació sanitària?

11·· Quin dels següents mètodes d'EpS es considera directe i quin indirecte?

- *Role-playing*.
- Lliçó magistral.
- Cartells.
- Seminari.
- Fullet.
- Internet.
- *Brainstorming*.
- Cartell.

Activitats finals

1·· Defineix mètodes directes i esmenta els que coneguis.

2·· Quins avantatges presenten els mètodes indirectes respecte dels mètodes directes?

3·· Una xerrada-col·loqui, en quin tipus de mètode es podria classificar: directe o indirecte?

4·· Indica si les següents afirmacions són vertaderes o falses, justificant la teva resposta:

a) Els mètodes grupals són, en general, més costosos que els individuals.
b) Els mètodes directes no poden suscitar canvis de comportaments.
c) En els mètodes bidireccionals, l'educador també pot rebre informació.
d) Tant els mètodes directes com els indirectes es poden recolzar en mètodes auxiliars.
e) Els mètodes indirectes s'adapten a les necessitats individuals.

5·· Relaciona cada un d'aquests mètodes d'EpS amb la seva característica corresponent:

- Debat.	- Treball en grups petits per estudiar de forma intensiva un tema.
- Lliçó magistral.	- Exposició lliure de múltiples idees.
- Diàleg.	- Representació de diferents rols que porta a la reflexió.
- Pluja d'idees.	- L'orador transmet coneixements a un grup gran.
- Seminari.	- Trobada entre dues o més persones que transmeten i reben informació.
- Joc de rol.	- Realització de tècniques en forma de simulació.
- Simulació.	- Discussió entre dues o més persones davant d'un auditori.

6·· El fet d'utilitzar la simulació pot ajudar diferents col·lectius a saber com i quan realitzar diferents tècniques i, el que és més important, a perdre la por a practicar-les en cas necessari.

Utilitza la teva imaginació i planteja:

a) Una tècnica que puguin exercitar els auxiliars d'infermeria en sales de demostració i que sigui útil per a la seva pràctica professional.
b) El procediment o la forma d'administració d'alguna medicació crònica que un pacient pot aprendre practicant prèviament en un maniquí.
c) Alguna habilitat que sigui útil i en la qual es puguin instruir mitjançant simulació els familiars de pacients amb patologies importants, com cardiopatia, diabetis, etc.

7·· Imagina que ets expert en nutrició i dietètica i que et proposen participar com a orador, en una lliçó magistral, en el marc d'un congrés d'auxiliars d'infermeria que es realitzarà a Mallorca:

a) A més de posar-te el banyador a la maleta, què portaries i prepararies per realitzar l'exposició?
b) Quan entres a la sala on realitzaràs l'exposició, et trobes amb un auditori gran, les condicions de la sala són excel·lents i hi ha mètodes auxiliars en els quals et pots recolzar. Quines condicions penses que són les adequades per a la sala i quins són els millors mètodes auxiliars?
c) Et col·loques rere el faristol i comences la teva llarga exposició. De sobte, observes que els participants comencen a badallar, alguns s'aguanten el cap amb la mà i es mouen en els seients.

Quins errors creus que cal corregir? Quines mesures adoptaries per mantenir l'atenció de l'auditori?

8·· En el procés d'EpS, indica amb un exemple qui realitza el paper d'agent de salut i qui el d'educand.

9·· Quins són els elements que intervenen en el procés d'aprenentatge?

10·· Quina finalitat té el model participatiu en l'àmbit de l'Educació per a la Salut?

11·· L'entrevista clínica és una forma de comunicació en què es rep i es proporciona informació. Quines seran les condicions més idònies en què s'ha de desenvolupar per assolir l'objectiu d'educar per a la salut?

Casos finals

1·· Taller de suport vital

La Jana és monitora de suport vital en atenció primària (SVAP) i li han proposat que instrueixi un grup d'auxiliars d'infermeria en tècniques de suport vital. Es planteja quin serà el millor mètode adreçat a aquest col·lectiu per obtenir un rendiment òptim i decideix impartir un taller. El prepara minuciosament i té en compte que va adreçat a personal sanitari que es pot trobar en situacions en què serà molt útil l'actuació precoç i correcta. A més, és conscient que el coneixement i la pràctica de les diferents tècniques suposaran una disminució de l'estrès del sanitari.

En el dia i l'hora fixats, es troba en una sala molt espaiosa i il·luminada i, el més important, amb dotze auxiliars d'infermeria que estan desitjant aprendre.

Posa't en el lloc de la Jana i planteja el desenvolupament d'aquest taller (presentació, títol, objectius, desenvolupament, plantejament de dubtes, conclusió i cloenda) a partir dels aspectes següents:

1. Has de començar presentant-te (el nom, l'experiència i la relació que tens amb el tema a tractar). És convenient, en grups petits com aquest, que els alumnes també es presentin i exposin el per què del seu interès pel tema, la raó de la seva presència i què esperen del taller.
2. A continuació, caldrà plantejar els objectius. S'ha d'explicar la importància del tema per a l'audiència (freqüència de casos, gravetat, possibles repercussions morals i legals, implicacions en el seu exercici professional...).
3. El desenvolupament ha de ser conforme al contingut. Utilitzaràs mètodes apropiats i materials adequats. Tingues molta cura del teu llenguatge verbal i no verbal, i tracta d'involucrar-hi també l'audiència.
4. Després del desenvolupament, afavoriràs el plantejament de possibles dubtes.
5. En exposar les conclusions, han d'incidir en els punts clau en relació amb els objectius.
6. Per últim, en la cloenda, t'acomiadaràs agraint cordialment la presència i la participació dels assistents.

2·· Aprendre i ensenyar

L'Enric, el Ferran i la Raquel són companys i treballen al Centre de Salut de Cervera.

Cada un, dins de la seva professió (metge, infermer i auxiliar), està molt ben preparat i amb moltes ganes de treballar i ajudar els seus pacients. Tots tres són els encarregats del programa de diabetis i estan d'acord que una de les seves principals tasques és educar aquest col·lectiu en tot el referent amb la seva malaltia. Estan convençuts que la informació permetrà als seus pacients tenir millor qualitat de vida.

Encara que ells estan molt conscienciats i preparats, el coneixement de la malaltia i el seu tractament va evolucionant i necessiten actualitzar els seus coneixements contínuament.

En considerar aquestes dades, reflexiona:

a) Com poden els propis professionals rebre més informació sobre la diabetis i estar cada dia millor preparats? Pensa que no només es tracta de llegir publicacions especialitzades, sinó que hi ha alguns mètodes que els permetran accedir a una informació més actualitzada, i amb altres podran adquirir més destresa en determinades tècniques per després poder-les transmetre als seus pacients.
b) Com podran traslladar aquesta informació als seus pacients de la manera més eficaç? Raona-ho i indica els diferents mètodes que es poden usar a partir de la circumstància (lloc en què es dugui a terme l'educació: consulta, domicili...), del moment evolutiu de la malaltia, de les característiques del pacient al qual vagi adreçada la informació (edat, nivell intel·lectual, tipus de diabetis) o del número de pacients receptors.
c) Els professionals sanitaris pretenen no només transmetre coneixements als pacients diabètics i els seus familiars, sinó també aconseguir un canvi en les seves actituds. Quins seran els mètodes d'Educació per a la Salut més indicats: els directes o els indirectes? Raona la teva resposta.

Autoavaluació

1. Dins dels objectius clàssics de l'EpS es troben:

a) Informar la població.
b) Inculcar la importància de la salut.
c) Promoure conductes sanes i modificar les nocives.
d) Totes les respostes anteriors són correctes.

2. En el procés d'educació sanitària, l'educand és:

a) El pacient, client o usuari.
b) El metge.
c) Tot el personal sanitari.
d) Només els usuaris menors de 14 anys.

3. A partir del número de persones a què va adreçada la informació, els mètodes d'EpS es classifiquen en:

a) Directes i indirectes.
b) Individuals, grupals i comunitaris.
c) Bidireccionals i unidireccionals.
d) Socràtics i didàctics.

4. Quin mètode d'EpS utilitzaries per portar informació a un major número de persones?

a) Entrevista clínica.
b) Taula rodona.
c) Pàgina web.
d) Seminari.

5. Per aconseguir una relació més estreta entre educand i educador, s'utilitzen mètodes d'EpS:

a) Directes.
b) Indirectes.
c) Comunitaris.
d) Totes les respostes anteriors són correctes.

6. Respecte de la lliçó magistral, indica l'afirmació correcta:

a) La durada ha de ser superior a seixanta minuts.
b) L'orador ha d'ignorar qualsevol senyal verbal que indiqui falta d'atenció de l'oient.
c) Les sessions s'estructuren en tres parts: presentació, exposició i conclusió.
d) És poc eficaç realitzar un resum de l'exposició en l'última fase.

7. Per mantenir l'atenció de l'oient és útil:

a) Incloure anècdotes que trenquin la monotonia.
b) Utilitzar mitjans auxiliars com presentacions o vídeos.
c) Preguntar als participants.
d) Totes les respostes anteriors són correctes.

8. En quin d'aquests mètodes d'EpS no és necessari que participin experts en el tema?

a) En un fòrum.
b) En una lliçó magistral.
c) En un debat.
d) En un panel.

9. Atenent als objectius que persegueixen, les entrevistes es poden classificar en:

a) Cara a cara, telefònica i altres.
b) Dual, triple i grupal.
c) Diagnòstica i operativa.
d) Lliure i estructurada.

10. Una entrevista s'ha de desenvolupar en condicions de:

a) Cordialitat.
b) Respecte.
c) Empatia.
d) Totes les respostes anteriors són correctes.

11. Per aconseguir un llenguatge fàcil de comprendre per l'entrevista hem de:

a) Transmetre informació de manera ràpida.
b) Utilitzar frases curtes.
c) Evitar l'ús de pauses.
d) Utilitzar paraules molt tècniques.

12. En el joc de rol:

a) Es desenvolupa la capacitat d'observar i analitzar comportaments humans davant de diferents situacions.
b) El formador no té cap paper.
c) Els participants representen els seus papers espontàniament i sense preparació.
d) El formador ha d'influir en l'actuació.

13. Quin dels següents és un inconvenient de l'entrevista clínica?:

a) Es fomenta la participació activa de l'entrevista.
b) No es permet transmetre informació a moltes persones alhora.
c) S'atén a diferències individuals.
d) No es requereixen mitjans complexos per a la seva realització.

14. Internet, com a mètode d'EpS, és:

a) Àgil.
b) Ràpid.
c) Barat.
d) Totes les respostes anteriors són correctes.

Projecte final

***Role playing*: atenció integral i educació sanitària**

El Josep, la Cristina i la Cecília han estudiat amb èxit el cicle de grau mitjà de Tècnic en Cures Auxiliars d'Infermeria. La cura física segueix uns protocols que han practicat a l'aula, moltes vegades amb ninos, però ara que han trobat feina comprovaran que el pacient necessita alguna cosa més que cures físiques: tindrà diferents reaccions, requereix atenció individualitzada i respondrà segons les seves característiques personals i de l'entorn. És més, els propis professionals tindran comportaments diferents segons el context i les interaccions. Hi ha un altre aspecte important, potser primordial, entre les actuacions del sanitari: consisteix en la seva tasca de promocionar la salut de l'individu i la col·lectivitat, fet que l'obliga a estar preparat per educar la gent en relació amb la cura de la seva salut, tasca que no és senzilla.

Aquest projecte es realitzarà de manera conjunta. Per preparar-lo, tots tres hauran de tenir en compte els coneixements apresos en cada unitat, que apareixen resumits a l'apartat "Per al projecte final". Es tracta d'un treball en equip que planteja el desenvolupament de rols al voltant del paper de l'auxiliar d'infermeria.

Cal tenir clar que no es pretén escenificar una simple dramatització; l'important no és l'estrena final, sinó el procés previ de buscar, analitzar, comprendre i assajar els possibles afrontaments i reaccions de l'individu davant de diferents situacions reals. Aquest procés inclou la investigació sobre el que experimenta cada una de les persones dels casos proposats, inclòs allò a què s'enfronten els professionals sanitaris.

Role playing o desenvolupament de rols

S'elegirà tres alumnes per tal que representin tres auxiliars acabats de titular que troben la primera feina en diferents llocs: un hospital, una fundació i un centre de salut. La resta dels papers es repartiran entre la resta de companys de classe.

En el desenvolupament de rols de cada cas, se segueixen els passos següents:

Fase 1: planificació

- Explicació de la tècnica i l'objectiu de la sessió.
- Distribució dels papers als participants.
- Elaboració dels guions basats en el fet estudiat.

Fase 2: desenvolupament

- Representació de la sessió.
- Discussió i anàlisi de la sessió.
- Síntesi de la sessió per part del coordinador.

Cas 1

Han contractat el Josep a l'Hospital Clínic. Allà haurà d'ajudar psicològicament, i també en l'educació sanitària, el Carles i les persones del seu entorn més proper.

El Carles ocupa l'habitació 301. Té 50 anys i en porta més de 30 sent fumador empedreït. Treballa com a comercial i està casat amb la Marta, amb la qual té un fill de 10 anys, el Leo.

Fa uns dies, ha estat operat de càncer de laringe i han hagut de practicar-li una traqueostomia. Tot el que està vivint li està provocant un intens estrès i es planteja com afectarà la seva vida en aquesta nova situació. Encara no se sap cuidar l'estoma i, a més, es nega a valer-se per si mateix. La seva dona és la que l'està atenent i també té molts dubtes.

Quan el Josep parla amb la Marta, ella li comenta que se li ajunta "això del meu marit amb el problema del nen". I és que el Leo està diagnosticat de trastorn per dèficit d'atenció i hiperactivitat (TDAH).

L'equip d'infermeria es troba amb bastants casos similars al del Carles i la seva família. Prepararan fullets d'informació de les cures i atencions davant d'aquesta malaltia crònica i altres. I, encara que saben que hauran de dedicar-hi temps extra, estan disposats a elaborar un programa contra el tabaquisme perquè estan convençuts que l'educació és essencial per evitar molts efectes negatius sobre la salut.

Guia per al desenvolupament de rols - Cas 1

Malalt (Carles)

Per entendre el Carles i poder actuar com ell, és a dir, representar el seu paper, tindràs en compte que es tracta d'una situació de cronicitat. També cal considerar la seva personalitat; depenent de com sigui, el Carles mostrarà una resposta o una altra.

A més, necessitem plantejar-nos les pors, les reaccions i el comportament que pugui tenir (agressivitat, signes d'ansietat, rebuig, depressió, etc.).

En aquest cas, plantegem un afrontament negatiu, ja que el malalt es nega a cuidar-se l'estoma, s'enfada, no vol seguir amb les activitats que feia prèviament, etc.

Amb tot això, has d'intentar descobrir les necessitats físiques, psicològiques i socials que presentarà un malalt en una situació com aquesta.

Família i persones del seu entorn

Imagina quina serà la reacció de la Marta en una circumstància així i els seus sentiments, tant davant de la situació del Carles com de la del seu fill Leo.

Quina postura adoptaran la resta de persones de l'entorn? Intenta suposar el comportament que experimentaran segons la relació que mantinguin amb el Carles. Sempre has de tenir en compte què aporten la família i els amics en l'ajuda del malalt i el suport que, al seu torn, necessiten ells.

Sanitari (Josep)

Per representar el paper del personatge de l'auxiliar, has de plantejar-te les competències i les qualitats del sanitari, així com l'estil de relació assistencial i d'ajuda que estableix. No has d'oblidar d'exposar-hi les condicions de l'entorn sanitari.

Estudia les propostes d'intervenció per ajudar en les necessitats i les reaccions que tindran el pacient i la seva família, i busca com prevenir i tractar els problemes que puguin existir.

A més, convé que t'informis de si pots disposar de suports addicionals, com són associacions o altres serveis.

T'hauràs de preparar per seguir un model de comunicació eficaç, i especialment hauràs d'aprendre a escoltar de forma activa.

Repassa les cures postquirúrgiques i les relacionades amb una traqueostomia que calgui realitzar. Programa les actuacions que duràs a terme, almenys quines tècniques es faran i com, el material necessari per dur-les a terme, qui les realitzarà i quan.

Tant en l'elaboració del projecte d'educació contra el tabaquisme com en els fullets que dissenyeu, és imprescindible tenir ben definits els objectius, la població diana, el temps, el lloc, els recursos i qualsevol punt necessari per ensenyar adequadament.

D'altra banda, per poder ajudar en l'atenció al Leo, el que desenvolupi el rol de sanitari prepararà com orientar la família davant del TDAH, i així aconsellar-la en la relació amb el nen i en com explicar-li la malaltia del seu pare.

Es tindrà en compte l'edat del nen per adaptar el missatge al seu moment de desenvolupament psicològic, segons la teoria de Piaget. Així, es considerarà en quina etapa es troba i quines característiques s'hi presenten. A més, es pensarà en altres aportacions que ofereixen els diferents models teòrics sobre la psicologia evolutiva.

ALTRES PROPOSTES

Pots elegir qualsevol altra situació de cronicitat (diabetis, hipertensió, hipercolesterolèmia, obesitat, alcoholisme, insuficiència renal crònica, càncer, MPOC, discapacitat, etc.).

L'important en el projecte final no és la patologia concreta, sinó les implicacions psicològiques i socials.

És evident que si et centres en una altra malaltia crònica o discapacitat, hauràs d'adaptar tant la programació de cures com el missatge d'Educació per a la Salut al nou problema.

1. Com és la relació assistencial que heu plantejat?
2. Explica les circumstàncies especials de la malaltia i de l'entorn a les quals heu estat atents.
3. Quins sentiments i afrontaments es produeixen en cada una de les persones de la història?
4. S'han representat les dificultats que poden aparèixer en les malalties cròniques? Descriu-les.
5. Quines són les solucions que plantegeu davant de l'estrès i davant de cada un dels problemes que es presenten?
6. En quin moment heu tingut en compte l'edat i la personalitat dels individus?
7. Esmenta les actuacions que duu a terme l'auxiliar d'infermeria en aquest cas.
8. Analitza el fullet d'atencions i cures que haureu elaborat. Consideres que és suficientment complet i clar?
9. Pots justificar que el programa contra el tabaquisme compleix tots els requisits necessaris pel que fa a objectius, recursos i temps?
10. Quines decisions has pres sobre l'atenció al nen i sobre com explicar-li la malaltia del pare?

Cas 2

La Cristina aconsegueix feina a la fundació El Miracle. Aquesta institució duu a terme tasques per millorar la qualitat de vida de les persones en situació de dependència.

El centre ofereix serveis de diferents tipus: atenció residencial, centre de dia/nit, ajuda a domicili i teleassistència.

La seva intenció és assolir alts estàndards de qualitat i aconseguir les certificacions que AENOR —entitat espanyola, privada i independent, sense ànim de lucre, que desenvolupament activitats de normalització i certificació (N+C)— té per als serveis prestats amb les següents certificacions: centres residencials, UNE 158101; centres de dia/nit, UNE 158201; ajuda a domicili, UNE 158301, i teleassistència (UNE 158401).

Entre els diferents aspectes que valora hi ha la prestació del servei, els protocols d'atenció higienicosanitaris i psicosocial, els recursos humans i la gestió de la qualitat.

Al centre assistencial s'estan prenent mesures per aconseguir aquesta certificació de qualitat. L'espai per plantejar-les i discutir-les són les reunions d'equip, en què el personal sanitari (infermers, metges, fisioterapeutes, terapeuta ocupacional i auxiliars d'infermeria) es reuneix de les 14.00 a les 15.00 hores cada divendres.

En una d'aquestes reunions, s'avalua la intervenció de la Cristina, que s'ha incorporat recentment al centre. Un membre de l'equip comenta la seva mala actuació en aixecar habitualment el to de veu per informar les famílies sobre les normes de la residència. La resta de l'equip dóna suport a aquesta opinió i comencen a enumerar crítiques en relació l'actuació que duu a terme la Cristina.

Li diuen el següent:

- "Cristina, renuncio a treballar amb gent tan tancada com tu", "amb tu no hi ha qui es posi d'acord!".
- "El veritable problema és el tipus d'imatge que estàs donant a les famílies".
- "El problema és clar: sempre crides a les famílies! Aquest és l'únic problema. Tu ets el problema, no nosaltres".
- "La vegada anterior ja t'ho vaig advertir i no vas voler rectificar, et vaig dir que passaria això. Tu ets la que ha de canviar... De nosaltres, no se n'ha queixat ningú".
- "No tens raó. De tot això ja en parlarem".
- "La directora del centre dirà qui té la raó i qui no. Ella posarà les coses clares a tothom".
- "Sé exactament què estàs pensant. A tu l'únic que et preocupa és rebre el sou a final de mes, no la residència ni nosaltres".

Guia per al desenvolupament de rols - Cas 2

Auxiliar d'infermeria (Cristina)

En aquest supòsit, treballaràs especialment la resposta de l'auxiliar d'infermeria davant dels comentaris dels seus companys. Reflexiona com se sentirà davant de les crítiques. Pensa la forma en què respondrà: potser amb actitud relaxada i mirant-los a la cara, parlant de manera fluida i amb to de veu ferm; o, per contra, amb actitud agressiva, movent les mans i gesticulant de manera violenta, amb un to de veu elevat. Decideix quina seria una tècnica adequada per a la resolució del conflicte. Planteja la forma per millorar en el seu comportament i l'actitud en el treball.

Els altres components de l'equip

La resta de personatges tenen el perfil definit pels comentaris.

Clarament han generat un conflicte. Per representar la seva resolució, cal analitzar-ho, preguntant-se si s'estan oferint alternatives, en què es falla o s'encerta i com millorar les habilitats comunicatives.

ALTRES PROPOSTES

Pots elegir qualsevol altra situació comunicativa que es dóna en la pràctica diària (respondre a objeccions i rèpliques, fer crítiques, afrontar l'hostilitat, l'escepticisme o el desànim, etc.).

L'important és treballar la capacitat comunicativa, reflexionar sobre com et comuniques, tant en el context d'equip de treball com en el context terapèutic, i considerar aquesta capacitat una eina més, bàsica en les cures d'infermeria.

11. Analitza, de cada un dels rols, les actituds, els comportaments i els sentiments.
12. Quin tipus d'actitud cal tenir en realitzar i rebre crítiques?
13. Quin mètode de resolució de conflictes és el que es mostra en alguns dels comentaris que fan els companys de la Cristina?
14. Creus que per millorar els estàndards de qualitat de la fundació en aquestes reunions s'hauria de fixar un mediador?
15. Quina importància desenvolupen la comunicació inconscient i les relacions interpersonals en tot aquest procés?
16. Dels comentaris que fan els companys de la Cristina, quins correspondrien a un estil comunicatiu assertiu, no assertiu i/o agressiu?
17. Porta a terme una seqüència de preguntes en què la Cristina pugui reflexionar sobre les situacions que originen les crítiques.
    - Quines són les conseqüències del seu propi comportament?
    - Quins són els objectius del comportament que duen a terme les famílies?
    - Existeix alguna incoherència entre els objectius que planteja la Cristina i les conseqüències del seu comportament?
    - Existeixen altres possibles comportaments més adequats a l'hora de comunicar-se amb les famílies?
18. Analitza els comentaris que fan els companys de la Cristina i determina quins constitueixen una crítica positiva i quins no. Els que consideris inadequats, canvia'ls de forma que responguin a una crítica constructiva i, per tant, constitueixin una oportunitat de canvi per a la Cristina.

Cas 3

La Cecília aprova l'oposició d'auxiliar d'infermeria i obté una plaça en un centre de salut. L'equip d'atenció primària del qual forma part la Cecília es troba amb un nou repte: el cas de la Teresa.

La Teresa s'acaba de queda vídua. Tota la seva vida s'ha dedicat a cuidar els altres (primer els fills, després el seu marit...) i ara que s'ha quedat sola decideix anar-se'n a viure amb dues germanes solteres que, en aquests moments, necessiten la seva ajuda.

La Llúcia és la més grans de les germanes, té 80 anys i encara es val per si mateixa per fer les coses de casa, però cada vegada li falla més la memòria. Fa uns mesos li van diagnosticar "demència tipus Alzheimer en fase inicial".

L'Agustina té un càncer terminal de pàncrees i es preveu un final imminent. Està pràcticament tot el dia ajaguda al llit, té incontinència urinària, menja molt poc i sembla que les forces l'abandonen per moments.

Té por a no entendre el que li passa i està perdent l'esperança de curar-se, però ningú s'atreveix a parlar-li amb claredat sobre la seva malaltia; sembla que les seves germanes han arribat a l'acord de no dir-li la veritat.

Guia per al desenvolupament de rols - Cas 3

Llúcia

Imagina quines emocions pot generar el fet d'anar perdent la memòria i la capacitat de raonament (ràbia, tristesa, enuig...).

A més, tingues en compte que es tracta d'una persona anciana i que, a més de l'Alzheimer, també presentarà altres canvis psíquics, biològics o socials propis de l'edat.

Hauràs d'imaginar com poden influir la malaltia i tots aquests canvis en la seva relació amb els que l'envolten i amb el personal sanitari al seu càrrec.

Agustina

Posar-se en la situació d'aquesta pacient és complicat, però, per interpretar-ho, interessa situar-ho en una etapa concreta en el procés de terminalitat (negació, negociació, depressió o acceptació). Per entendre millor aquest paper, reflexiona sobre les qüestions següents:

- Quines reaccions psicològiques presenta? (per exemple, li preocupa la soledat, té por al dolor o al desconegut, etc.).
- Quins símptomes físics té? (en aquest cas, caldrà identificar quins grans síndromes geriàtrics presenta: incontinència urinària, síndrome d'immobilitat, etc., i pensar en com repercuteixen en l'anciana i el seu entorn).
- Quines són les seves necessitats psicològiques? (necessita sentir-se valorada, preservar la seva intimitat, reconciliar-se i perdonar, preservar l'esperança...? O el que necessita en aquest cas també és que la informin de tot el que li està passant per poder-se enfrontar millor a la realitat i prendre les seves pròpies decisions?).

Teresa

Té el difícil paper de cuidadora principal. En el seu cas, també pot estar passant per una de les fases davant de la malaltia de les seves germanes (frustració, resignació, etc.) i, a més, davant d'aquesta situació d'estrès, poden aparèixer-li diversos símptomes tant físics com psíquics (canvis d'humor, símptomes depressius, etc.).

No t'oblidis que fa poc ha perdut el seu marit, amb la qual cosa també està passant per una etapa d'adaptació davant d'aquesta pèrdua.

Auxiliar sanitari

Els sanitaris tenen un paper fonamental. En aquest cas, s'enfronten a situacions difícils, com l'ancianitat, la terminalitat, la viduïtat, la malaltia degenerativa o a situacions d'ajuda al cuidador principal.

Reflexiona sobre com creus que la Cecília pot identificar les necessitats d'aquests personatges i planteja't les qüestions següents:

- Com distingiries els canvis normals en l'ancianitat dels que són patològics?
- Com identificaries els problemes socials o mèdics (les grans síndromes geriàtriques, com la incontinència urinària o la immobilitat de l'Agustina, o el deteriorament cognitiu de la Llúcia)?
- Quins qüestionaris pots fer servir per fer una valoració geriàtrica de la capacitat funcional o per detectar si es presenten criteris d'ancià de risc?
- Quina actitud és la millor per detectar els problemes que es poden plantejar en la terminalitat, ancianitat, viduïtat o en ser un cuidador principal?

En el teu paper de sanitari, no t'oblidis que es tracta de tres persones ancianes. Com pot la Cecília ajudar psicològicament en els aspectes que faciliten un "bon envelliment"? Planteja't com es comunicarà amb les germanes i com les informarà de la situació i dels recursos disponibles. Així mateix, planteja't una altra cosa importantíssima: com els donarà suport psicològic en cada circumstància?

Per poder interpretar el rol de la Cecília, no t'oblidis que hi influeixen molts factors (la preparació prèvia, la personalitat, l'experiència adquirida, el suport rebut dins del grup sanitari, recursos interns per enfrontar-se a situacions difícils, habilitats de comunicació, etc.).

19. Quins canvis ha experimentat la Teresa en la seva vida? Què han suposat per a ella?
20. Presenta la Teresa un dol normal o un de patològic?
21. Es descriuen els riscos que té la cuidadora principal?
22. Quines característiques especials (psíquiques, biològiques i socials) es presenten en les persones ancianes de la història?
23. Quines són les manifestacions de la malaltia d'Alzheimer que reconeixes en el guió d'aquest cas?
24. Quins fets ens permeten situar la fase de terminalitat en què es troba l'Agustina?
25. Enumera els detalls que ajuden a identificar les necessitats de cada personatge.
26. Descriu les propostes que es desenvolupen per ajudar cada germana.
27. S'ha plantejat algun factor que influeixi en la relació sanitari-pacient, sanitari-família, sanitari-companys de l'equip? Identifica'l.

RESPOSTES DE L'AUTOAVALUACIÓ

.: UNITAT 1 :.

1·· b
2·· c
3·· b
4·· d
5·· b
6·· a
7·· d
8·· d
9·· a
10·· c
11·· d

.: UNITAT 2 :.

1·· b
2·· c
3·· d
4·· d
5·· d
6·· a
7·· d
8·· b
9·· a
10·· a
11·· c
12·· d

.: UNITAT 3 :.

1·· d
2·· a
3·· a
4·· c
5·· d
6·· d
7·· a
8·· a
9·· a
10·· d
11·· a
12·· d

.: UNITAT 4 :.

1·· a
2·· d
3·· d
4·· d
5·· a
6·· d
7·· a
8·· b
9·· b
10·· d
11·· d
12·· c
13·· b

.: UNITAT 5 :.

1·· a
2·· d
3·· b
4·· c
5·· a
6·· d
7·· b
8·· c
9·· d
10·· b
11·· c
12·· c
13·· d

.: UNITAT 6 :.

1·· a
2·· c
3·· d
4·· b
5·· d
6·· b
7·· c
8·· b
9·· c
10·· d
11·· a
12·· d
13·· c

.: UNITAT 7 :.

1·· d
2·· d
3·· d
4·· d
5·· b
6·· d
7·· d
8·· a
9·· d
10·· d
11·· d
12·· a

.: UNITAT 8 :.

1·· c
2·· b
3·· d
4·· c
5·· b
6·· d
7·· d
8·· a
9·· d
10·· c
11·· b
12·· d
13·· d

.: UNITAT 9 :.

1·· c
2·· d
3·· c
4·· b
5·· d
6·· a
7·· b
8·· d
9·· c
10·· a
11·· c
12·· c
13·· d
14·· d

.: UNITAT 10 :.

1·· d
2·· b
3·· a
4·· d
5·· a
6·· d
7·· b
8·· d
9·· d
10·· c
11·· c

.: UNITAT 11 :.

1·· d
2·· c
3·· c
4·· a
5·· c
6·· c
7·· c
8·· a
9·· b
10·· c

.: UNITAT 12 :.

1·· a
2·· b
3·· a
4·· a
5·· a
6·· d
7·· b
8·· b
9·· c
10·· b
11·· b
12·· b

.: UNITAT 13 :.

1·· a
2·· c
3·· b
4·· c
5·· d
6·· b
7·· c
8·· a
9·· d
10·· b
11·· d
12·· c
13·· c
14·· d

.: UNITAT 14 :.

1·· d
2·· a
3·· b
4·· c
5·· a
6·· c
7·· d
8·· a
9·· c
10·· d
11·· b
12·· a
13·· b
14·· d